가나안 신자의
종교인류학

가나안 신자의 종교인류학
― 교회 밖 신앙의 종교성

2023년 2월 20일 처음 펴냄

지은이 | 안창덕
펴낸이 | 김영호
펴낸곳 | 도서출판 동연
등 록 | 제1-1383호(1992년 6월 12일)
주 소 | 서울시 마포구 월드컵로 163-3
전 화 | (02) 335-2630
팩 스 | (02) 335-2640
이메일 | yh4321@gmail.com
인스타그램 | https://www.instagram.com/dongyeon_press

ISBN 978-89-6447-755-7 93200

가나안 신자의 종교인류학

교회 밖 신앙의 종교성

안창덕 지음

동연

이 책을
하늘에 계신 어머니와
소연, 마리, 이루에게 드립니다.

책 을 펴 내 며

이 책은 한국의 가나안 신자를 종교인류학적으로 접근한 연구서이다. 종교인류학(anthropology of religion)은 인간과 문화에 관한 광범위한 인류학적 연구에서 역사적, 지리적으로 나타나는 사회구조 속에 종교적 상징과 의미가 어떻게 형성되고 변화되는지에 대한 총체적 연구를 말한다. 종교인류학 연구를 위해서는 문화 현상에 직접 참여하여 생활양식과 사고방식, 관습 등을 관찰하는 현지 조사(fieldwork)와 이를 기술하는 민족지(ethnography)적 방식이 필요하다. 이 책은 한국 사회의 가나안 현상을 종교인류학적으로 연구한 것으로 직접 그들의 모임에 참석하고 개개인을 인터뷰하면서 그들의 종교적 문화, 신학적 성찰, 신앙적 관점 등을 바탕으로 작성되었다. 이 책은 가나안 신자 모임인 S모임에 대한 인류학적 현지 조사(2017년 7월-2018년 5월) 연구를 기본으로, 그동안 여러 학회지에 발표한 논문들을 추가하였다.

이 연구를 위해 매주 수요일마다 다방에서 열리는 모임에 참석할 뿐아니라 학기 방학 중 약 2개월에 걸쳐 진행되는 '독서 모임'에도 참여하였다. 한국의 종교 상황에서, 교회를 떠난 사람들의 모임은 극히 드물었고, 여기에 연구를 위한 목적으로 참여한다는 것은 환영받지 못할 일이다. 예상대로 이 모임에는 이미 여러 연구자가 다녀갔고, 필자 또한 그들중 하나일 뿐이었다. 그러나 기존 연구자들이 외부 관찰적 개입에 그친반면 필자는 연구자로서 참여하지 않고 그들과 같은 가나안 신자의 자격으로 들어가는 방식을 취했다. 이는 좀 더 깊은 연구를 위한 것이기도하지만 필자 자신이 가나안 신자의 입장이었기 때문에 공감하는 부분이많았던 까닭이다. 인류학 현지 조사의 민족지적 방법론이 연구 대상의

'생활 세계'에 참여하여 그들 자신의 문화에 대한 해석 과정을 기술하는 것이라고 정의한다면, 필자의 가나안 신자 신분은 오히려 자신의 문화 해석 같은 공감을 가질 수 있었다. 물론 이것은 연구를 위한 객관적 태도를 유지하면서 그들의 정서를 이해하는 정도를 말한다.

그동안의 가나안 신자 연구는 주로 사회학적인 것으로, 교회를 떠난 이유와 이를 수치화해서 통계로 정리하는 것이 대부분이었다. 이를 통해 가나안 신자 현상이 사회 현상 중 하나로 떠로은 것은 중요한 일이다. 이런 연구로 인해 한국 교회의 도덕적이고 합리적인 갱신을 촉구하거나 시대적 변화에 미흡한 부분을 드러내는 것은 반드시 필요하다. 그러나 교회를 떠난 가나안 신자에 대한 부정적 인식 또한 커진 것이 사실이다. 이러한 인식은 교회를 떠났다는 것이 정통 교리에 대한 무시나 교회의 신학적 특성을 이해하지 못하고 자신들의 유익을 구한다는 편견을 가지게 한다. 그럼에도 불구하고 한국에서 가나안 신자들에 대한 이해는 아직도 부족한 상황이다. 가나안 신자라는 정체성도 제대로 규명되지 못한 상황에서 교회를 떠난 사람들을 모두 이 범주에 넣거나 가나안 신자들의 모임이라고 하는 여러 모임과 교회들은 정확하지 못한 인식에 기인한 경우가 많다. 필자가 S모임에 참석하면서 얻은 결론은 이들이 그동안의 연구에서 말하는 가나안 신자들과는 다르다는 것이다. 이들은 단순히 교회 밖의 대안 운동으로 자리매김될 것이 아니라 새로운 종파 운동으로 발전할 가능성이 있다. 이들의 신앙은 개신교의 그것과 다르며 앞으로 나타나게 될 종교 형태를 미리 보여주는 척도(barometre)의 역할을 하고 있다.

종교인류학적으로 진행한 이 작업은 먼저 '가나안 신자'를 규명하는 것으로 시작된다. 이는 '가나안 성도'라는 그동안의 호칭이 이를 선구적으로 사용했던 함석헌의 의도와 다르며, 단순히 교회에 '안 나가'는 것을 거꾸로 읽어서 부르게 된 편의적 발상을 바로잡고 의미 분석을 통해 재호칭하려는 것이다. 이렇게 될 때 비로소 가나안 신자가 무엇인지에 대한 올바른 인식이 가능하고 이들에 대한 연구도 제자리를 찾을 수 있다.

이 책의 또 다른 목적은 가나안 신자 문화를 개신교[1]에서 일어나는 종교적 현상이 아니라 동시대성을 가진 현대적 종교 문화로 접근함으로써 가나안 신자 연구의 전환점을 모색하는 것이다. 이는 가나안 신자 현상이 단순히 종교계의 문제가 아니라 현대의 문화 생산자들이나 소비자들에게 문화적 현상으로 인식되도록 하는 것이며, "그들에게 가나안 신자는 무엇인가?"가 아니라 "우리에게 가나안 신자는 무엇인가?"라는 인식의 전환을 요구하는 것이다. 이들은 정치와 사회, 경제 문제 등에 신앙의 적극적 개입을 촉구하며, 초월적인 신앙의 개념들을 재해석하고 폐기한다. 무엇보다 이들의 정체성과 위치는 불안정하며 항상 주변인으로 남는다. 여기도 저기도 속하지 않는 이러한 혼돈의 양상은 교회와 사회를 비판할 수 있는 자격이다. 따라서 가나안 신자 현상의 이해는 종교계의 문제가 아닌 사회·문화적 관점을 요구한다.

이 책이 나오기까지 서강대학교 종교학과 교수님들의 가르침과 특히 은사 김성례 교수님, 필자의 연구 참여를 허락해주고 면접과 설문을 도와준 S모임 가나안 신자들과 α대표, 이 책의 출판 기회를 주신 도서출판 동연 김영호 대표님과 수고하신 편집위원께 감사드린다.

2022년 10월

안창덕

차 례

머 리 글

'가나안 신자'라는 문화 현상

　가나안 신자[1]를 종교인류학의 시야에서 살펴볼 때 종교는 관습적이고 교리적으로 구별되고, 고립된 형이상학적 차원이 아니라 한국 사회와 문화 속에서 변화하며, 재정립되어 온 종교 현상과 문화 현상으로 자리 매김된다. 인류학적인 종교 연구는 신학적인 접근과 달리 종교의 실천적 차원에 집중한다. 이는 종교가 시대의 사회구조, 문화 현상 그리고 역사 과정에서 어떻게 형성되고 변화하며 그 의미는 무엇인지에 대한 총체적 연구를 추구하는 것이다.

　일반적으로 종교란 무엇인가에 대한 설명은 학자들의 연구에 따라 다양하게 도출될 수 있지만, 비슷한 결론들을 묶으면 크게 두 범주로 구분할 수 있다. 먼저 종교를 초월성과 형이상학적 감각으로 설명하는 것이다. 라파포트에 따르면 종교의 본질은 성스러움이며, 이는 '신성성'을 의미한다.[2] 여기서 '신성성'은 구체적인 신격 대상과 별개로 그 대상에 대한 의례와 행위가 만들어지는 과정 그 자체이다. 그러나 도덕적이고 윤리적인 부분마저 제거된 본질적인 성스러움으로 종교를 이해하기도 한다.[3] 다른 하나는 종교를 인간과 사회의 문화적 산물로 보고 이를 현실 세계를 이해하는 문화 체계로서 이해하는 것이다.[4] 기어츠(Clifford J.

Geertz)에 의하면, 인간만이 실재에 대한 상징 체계를 창조하고 형성할 수 있다. 여기서 종교적 상징 체계는 사회적 삶을 구현한 의미 체계로서 인간들의 행위 과정에 형식을 부여하고 변화를 일으킨다. 이런 변화의 과정에서 종교적 의례는 근본적인 역할을 한다. 따라서 상징에 구현된 의미 체계를 분석하는 것이 중요하며, 이는 불완전하고 다양하게 나타난다. 의미 체계 분석은 종교를 형이상학적인 '신성성'으로 볼 뿐 아니라 현실 세계의 인간과 사회에서 어떻게 문화적 담론을 형성하며, 이를 어떻게 드러내는가 하는 관점으로 볼 필요가 있다는 것을 말한다. 그러나 이 둘을 명확하게 구분하여 종교를 설명하는 것은 불가능하다. 종교는 초월적인 형이상학뿐 아니라 인간과 사회에 의해 구성되고 이를 설명하기 위한 체계로 작동하기 때문이다.[5]

따라서 기어츠가 말한 '사회적 삶을 구현'한 '가나안 신자' 모임과 라파포트의 '신성성'에 그들이 어떻게 반응하는지를 종합하여 연구의 지향점을 종합하면 다음과 같다. "가나안 신자는 신성성의 담론을 어떻게 구현하는가? 이들의 모임이 추구하는 종교적 진리는 '사회적 삶을 구현'하기 위해 어떻게 드러나는가? 시대적 상황에 따라 이들의 신성성 담론은 어떻게 변화하는가?" 이러한 질문은 이 책이 추구하는 핵심 주제이다.

이런 질문에 따라 이 책에서는 '가나안 신자'의 신성성 담론의 특성과 그 모임이 탈구조화 시대의 한국 사회에서 어떻게 드러내는가를 탐구한다. 그것은 가나안 신자들의 현재와 삶을 종교의 형이상학적 지형보다 더 주목해야 하는 이유가 된다. 곧 이 문제의 연구에서 가나안 신자의 초월적 원형성보다 현재성(contemporaneity)과 일상성이 중요한 이유는, 이들이 살고 있는 한국 개신교[6]의 현실 상황에 대한 성찰과 함께 이들의 신앙과 세계와의 관계를 이해하는 사고의 틀로서 가나안 신자의 신앙 체계가 얼마만큼 포괄적으로 변화의 주체로서 작용하고 있는지에 대한 구체적인 성찰이 필요하기 때문이다. 가나안 신자에 대한 이와 같은 접근 방식은 "가나안 신자는 이런 현상이다"라는 개론적인 접근이 아니라 "가나안 신자는 무엇을 하고 있는가"라는 현재적이며 일상적인 삶에서 실천적 양상을 드러내는 것이다. 따라서 종교를 신학적 체계로 설명하는 것보다 문화적 이론으로 분석하는 것이 이 책의 목적이며, 이는 곧 종교와 사회, 종교와 문화의 연결을 의미한다.

이 책에서 한국 가나안 신자는 두 주제로 구명(究明)된다. "가나안 신자는 누구인가?", "가나안 신자와 그 모임은 무엇을 하는가?" 첫째 질문은 가나안 신자와 그 모임을 정의(definition)하고 분석하며 그들의 정체성을 정립하는 질문이고, 둘째 질문은 가나안 신자들의 신앙과 그들의 실천적 사고(思考)가 오늘의 현실에서 어떻게 드러나는가를 이해하는 것과 관련된다. 이러한 두 질문은 가나안 신자의 모임이 기존의 전통적 교회나 종교 기관과는 다른 양상으로 드러난다는 전제 아래 진행된다.

가나안 신자는 현재 여기에서 등장하고 있는 현대적 종교 현상이다. 이러한 사실은 '한국 가나안 신자의 종교인류학'의 전제이며, 문화적 분석의 필요성을 증명한다. 오늘날 가나안 신자는 한국 개신교에서는 이질적이며 세계적인 현상임에도 불편한 속성을 가진다. 가나안 신자는 믿음을 잃어버린 자 또는 잘못된 믿음의 소유자로 비판을 받아 왔지만 오늘날 이들은 새로운 종교 현상으로 수용되고 있으며, 기존 교회의 비판적 세력으로, 대안을 제시하는 모델로 등장하고 있다.

교회 밖 새로운 신앙 모델로 위치하여 점점 더 증가하고 있는 가나안 신자 현상은 그동안의 비판적 대상에서 벗어나 새로운 종교 문화적 현상을 창출하고 있으며, 이들을 새롭게 고찰할 필요성을 제기한다. 가나안 신자는 개신교 신앙에 익숙하며 교회의 공동체적 유대를 추구하기보다는 개별적인 자아 성취를 추구하고 광범위한 지적 조건에 노출되어 있는 사람들이다. 이들은 합리성과 개연성 위에 자신의 신앙을 두며 초월성보다는 내재성에, 저 너머보다는 현실에, 미래보다는 현재에 초점을 맞추는 경향이 크다. 이들은 탈구조주의화된 시대에서 개체화되고 다중적인 현실 세계를 이해하는 하나의 신앙 모델로 '가나안 신자'를 택한 것이다. 기어츠가 말한 것처럼 문화 체계로서의 종교가 개인과 사회, 인간과 자연을 설명할 수 있는 현실의 모델이라면, 가나안 신자는 오늘날 한국 개신교의 상황을 설명할 수 있는 중요한 모델이 된다.

가나안 신자는 누구인가: 개념 정의와 정체성

가나안 신자는 오늘날 한국 사회에서 교회를 떠났지만 자신의 종교적 정체성은 가지고 있는 사람들을 말한다. 그런 이들은 '가나안 성도'라는 말로 지칭되어 왔는데, 이는 교회에 '안 나가'라는 말의 패러디로서 단순히 단어를 거꾸로 읽는 '난독증 패러디'라고 할 수 있다. 교회를 떠나는 일은 중세를 지나 계몽주의로 인한 근대화의 영향으로 합리주의, 이성주의, 과학주의가 등장하면서 본격적으로 시작되었다. 그들은 더 이상 교회의 일반적인 가르침에 따르지 않으며, 진리의 유일성을 거부한다. 집단으로 형성되던 삶의 정초를 개별적이며 파편화된 삶으로 변화시키며, 자신이 이해 불가한 것은 수용하지 않는다. 이는 초월적인 것이 그 능력을 잃어버렸다는 것을 의미하며, 현실의 것이 저 너머의 것을 이겼다는 것을 의미한다.

서구 유럽에서 이런 현상은 1900년대 초기부터 본격화되기 시작했으며, 그 이후 하나의 사회적 현상으로 취급되었다. 그들은 '무소속 신앙인'(Believing without belonging), '교회 없는 이'(Unchurched, churchless) 등으로 불리며 많은 연구가 이루어졌다. 한국에서는 2000년대 들어서 이런 현상들에 대한 관심이 고조되었다. 1907년 평양 대부흥운동에서부터 1980년대까지 지속적으로 성장한 한국 개신교에서 가나안 신자 현상은 '거품이 빠지는 시기', '헛 신자들의 정리' 등으로 점차 안정화되는 것으로 생각했다. 그러나 이러한 현상이 지속적으로 일어나자 그들에 대한 관심이 생겨났고, 이를 사회적 현상으로 보는 관점들이 등장했다. 그러나 이때까지는 종교에 국한된 현상 또는 종교 자체의 문제로 보는 시각이 많았다. 이런 현상들이 사회적 관계와 연결된다는 사실에 주목한 것은 2000년대 이후 사회학자들에 의한 진단과 설명에 의해서였다. 그런데도 외국의 연구와의 차이점으로 인해 간극은 더 벌어지고 있다. 그 이유는 첫째, 이들에 대한 정확한 명칭의 차이 때문이다. 외국의 연구 사례를 보면 그들을 칭할 때 '교회 출석을 완전히 멈춤'이라는 확실한 전제가 있다. 그러나 한국의 경우에는 교회를 떠난 이들을 대상으로 한 연구에서 "다시 교회로 돌아가고 싶다"고 한 응답의 비율이 약 70%에 달했다는 보고가 있는데, 이것은 그들이 완전히 교회 출석을 멈춘 사람들이 아니라는 사실을 말해준다. 그런데도 그들을 모두 '가나안 성도'라고 부르는 것은 기본적으로 문제 삼는 대상자들과 의미상으로 외국의 연구와 차이가 있다. 따라서 이 둘의 차이점을 고려하여 대상자를 정하고 분석할 필요가 있다. 둘째, 그런 차이는 그들을 '성도'라고 칭하는 것에서도 나타난다. 성도(聖徒)란 기독교에서 하나님과의 관계에서 구원을 받은 사람들을 칭하는 '구원론적 의미'가 있다. 좀 더 신학적으로 말하면 이 명칭은 하나님과의 친밀성, 구원받은 사람들의 거룩성 등을 내포하는 용어이다. 그런데도 교회를 떠난 사람들을 모두 이 명칭으로 부르는 것은 개념상 혼동을 일으킬 수 있다. 셋째, 사회문화적 배경이다. 외국의 경우는 기본적으로 기독교적인 문화로 사회가 구성되었다고 할 수 있다. 종교와 국가, 종교와 정치를 분리한다고 해도 기독교가 국가적 종교로서의 위치를 차지하는 경우가 많으며, 사회와 문화, 역사에서 영향력을 끼치는 정도가 한국과 다르다. 한국은 다종교 사회이며, 국가적 차원의 종교는 없다. 이런 점들을 기본으로 삼아 헤아리면 외국에서는 이들에 대한 정확한 정의(definition)로 '교회 출석을 멈춘 신앙인'이라고 할 수 있다. 이들은 교회 출석을 하지는 않지만, 결혼이나 장례 등 의례의 필요성을 위해 기꺼이 교회를 이용하고 그 문화를 수용한다. 그러나 한국의 가나안 신자들은 교회를 문화의 한 부분으로 받아들이지 않는다. 이런 여러 차이점은 외국의 학술적 연구를 그대로 차용할 수 없다는 것을 의미하며, 한국에서 말하는 가나안 성도의 경우에도 정확한 정의에 따른 명칭 부여와 함께 이들의 범위와 한계를 정해야 할 필요성이 제기된다. 이는 이들의 정체성에 관한 문제이다.

그들의 모임도 마찬가지 문제가 제기될 수 있다. '가나안 성도 모임' 또는 '가나안 성도 교회'라고 지칭할 때 이들의 모임이 앞서 말한 요건을 충족하고 있는가 하는 문제이다. '가나안 성도'라는 명칭을 수정해야 한다면 이들의 모임에 대한 정체성 문제도 요구된다. 가나안 성도들이 모인다고 할 때 이들은 정체성을 유지할 수 있는가? 이들이 모이는 '모임'은 어떤 조건을 갖춰야 하는가? 교회를 떠난 사람들을 무조건 '가나안 성도'라고 할 수 없다고 했듯이 이들이 모이는 모임도 '가나안 성도 모임'이나 '가나안 성도 교회'라고 이름 지을 수 없는 것이다. 그들의 모임이 가나안 성도 모임이나 가나안 성도 교회가 되기 위해서는 그에 합당한 조건을 갖추어야 하는 것이다. 그동안의 연구에서는 이런 정체성의 구명 없이 진행되어 왔고, 이는 잘못된 결론을 도출할 수 있는 것이다.

가나안 신자는 무엇을 하는가: 존재의 당위성과 정당성

'가나안 성도'는 교회에 불만을 품고 떠나는 사람들이다. 이들은 믿음이 약한 사람들, 믿음을 버린 사람들 또는 잘못된 믿음을 따라간 사람들로 취급되는 경우가 많았다. 이러한 시각은 교회 밖의 모임에 대한 오해

속에 비판을 일으켰다. 이들의 모임은 기존 믿음과는 다른 것이며, 신학적으로 잘못된 길을 가고 있다고 여겼던 것이다. 따라서 이들이 하는 모든 것은 기존 교회에서는 수용할 수 없으며, 이들과의 교류는 불가능하다고 여겨지기도 했다. 그러나 교회의 반성적 태도로 교회 밖의 모임들을 어느 정도 수용할 수 있는 환경이 조성되기도 했지만, 이들에 대한 정확한 평가는 이루어지지 못한 것이 현실이다. 이들을 기존 교회의 파생적인 모임으로 보는 시각이 많으며, 이는 언젠가 다시 합병할 가능성이 있다는 생각을 내포한 것이다. 기존 교회에서 적극적으로 교회 밖의 모임을 추진하는 경우도 있다. 'FX platform' 같은 형식은 교회 밖의 세속적 모임이나 동호회 같은 곳으로 들어가 자연스럽게 복음을 전하는 새로운 운동이다. '새로운 교회 운동'의 경우도 '오는 교회'에서 '가는 교회'라는 형식으로 교회 밖 어느 장소를 불문하고 찾아간다. 그러나 이런 운동들은 모두 선교적 차원의 운동이라는 점에서 가나안 신자들과 접점을 찾는 일은 희박해 보인다.

가나안 신자가 무엇을 하는가를 알려면 이들을 '대안 종교성'의 차원으로 볼 필요가 있다. 여기서 '대안 종교성'이란 기존 교회와의 연관 속에서 일어나는 새로운 신앙 운동의 차원을 벗어난다. 기존 교회의 하위문화로 형성되는 대안 운동은 교회의 쇄신이나 갱신, 회복 등에 초점을 맞춘다. 또는 기존 교회의 확장 개념으로 이용하기도 한다. 그러나 성격이 분명한 가나안 신자는 기존 교회 문화와 성격이 완전히 다른 새로운 것을 추구한다. 따라서 그동안 이들을 개신교의 한 운동으로 분석하던 것은 오류로 볼 수 있다. 이들을 신학적으로만 다르게 보는 시각도 불완전하다. 이들을 이해하기 위해서는 신학적 관점뿐 아니라 문화적 관점을 함께 볼 필요가 있다. 이렇게 할 때 비로소 그들을 온전히 파악할 수 있다. 특히 가나안 신자 모임은 문화적 분석으로 파악하는 것이 더 유용하다. 문화적 분석은 이들이 단순히 신앙적 모임이 아닌 문화의 한 현상적 의미가 더 크다는 것을 말한다. 이때 이들의 모임은 종교계뿐 아니라 사회의 현실 체계를 설명할 수 있는 현실 모델로 자리매김한다. 터너(Victor Turner)가 의례 체계를 문화적으로 해석하고 리미널(liminal) 과정을 중시한 것은 이들 모임을 설명하는 데 중요한 기제이다. 이들은 일시적으로 모였다가 흩어지며, 공동체성을 추구하지 않는다. 이들이 모이는 장소는 주변을 이용하는 신앙 형식으로, 새로운 문화를 창출하는 공간이 된다. 이들이 하는 것은 종교적이라기보다는 사회적이며, 초월보다 현실을 강조한다. 여기서 종교는 이들의 주장의 정당성을 확보하는 정도로만 의미가 있다. 이들의 신앙은 탈구조주의적이며, 전혀 새로운 신학적 경향을 보인다. 개인의 상상(imagine)과 놀이(play)는 성스러움을 벗어난다.

이 책에서 분석 대상으로 설정한 S모임은 신앙의 공공성을 목적으로 일시적으로 모이는 가나안 신자들의 모임이다. 여기에는 터너의 리미널, 하버마스의 공론장, 카사노바의 종교 공공성에 관한 논의들이 필요한 내용들로 다루어진다. 이는 교회와 사회를 비판할 수 있는 위치에 관한 논의이며, 이를 비판할 수 있는 자격에 관한 논의임과 동시에 그들의 정당성에 관한 논의이다. 이렇게 가나안 신자들은 전혀 새로운 유형으로 등장하는 새로운 종교 운동으로 볼 수 있다.

가나안 신자의 문화론 정립의 필요성

가나안 신자는 개신교인의 범주 안에서 취급될 만큼 신앙적 관점이 강하다. 그동안 가나안 신자는 정확한 명칭의 정의나 체계적인 분석 없이 세속화된 종교 관행의 한 현상으로만 접근했다. 그리고 이런 접근은 이들의 모임에도 적용된다. 따라서 정확한 개념을 확보하지 못한다면 이 책에서 시도하는 가나안 신자의 연구는 기존의 연구 분석과 혼동을 일으킬 수 있다. 외국의 개념과도 다른 한국 가나안 신자 연구는 개념부터 정립한 후에 처음부터 새롭게 접근해나가야 한다.

그러나 가나안 신자들이 가진 신앙에 대해 기존 교회의 신앙 체계와 의례 양식으로 이해하려는 것은 한계가 있다. '가나안 신자'는 기존의 개신교 신앙 외에도 파편화된 개인의 삶의 현실과 사회적 이슈에 대한 관점을 제시하고 세속으로 나아가는 종교 현상이다. 이들은 나름대로 체계를 형성하며, 새로운 종파적 운동의 가능성을 보여준다. 이들은 교회에서 신앙생활을 하고, 직분을 가지고 봉사하던 신앙인이며, 바꾸어 말하면 개신교인의 정체성을 부인하지 않는다. 이들의 관심은 자신의 삶에서 일어나는 모든 일들이다. 여기서 초월은 삶의 현장(Sitz im Leben)에서 재해석되며, 현실은 초월보다 앞선다. 신앙은 개인적으로 부인되고, 수정되고, 첨가되어서 재편성된다. 이렇게 해서 새로운 신학이 정립되고, 이로 인해 기존의 개신교인으로서의 정체성은 다원주의 안에서 흔들린다.

문화적으로 표현하면 S모임의 가나안 신자들이 지닌 신앙은 인간의 현실을 설명하고 해석하는 것에만 유용하며, 세속의 문제에 개입하는 정도에서만 유용한 기제로서 지극히 인본주의적 관점을 가진 종교 문화이다. 이것이 가나안 신자의 연구 범위를 종교인의 초월적 종교 체험을 넘어서 종교 문화의 영역으로 확대·심화시켜야 하는 이유이다. 이전의 가나안 성도 연구가 단순히 교회에 불만을 자기고 교회를 떠난 현상을 여러 설문조사로 수치화하고, 이를 교회 갱신의 필요성과 비판적 자료로 제시하는 데 비중을 두었다면, 이제는 자신들의 종교 경험을 현실과 세속에서 적용하고 나아가 자신들의 종교적 근거를 확보하는 새로운 '종교 문화' 현상으로 연구할 필요가 있다.

이를 위해서는 지금까지 개신교와의 연관성에서만 해석되어 온 가나안 신자 현상을 한국 사회의 변화에 적응하는 새로운 문화적 맥락에서 보아야 한다. 이는 이 현상을 개신교의 신학적 관점에서 분석하거나 교회의 역사 안에서 설명하는 것이 아니라 사회와 세속과의 관계 속에서 해석하는 것이다.

S모임의 인류학적 현지 조사 과정

필자의 가나안 신자 연구는 서울의 한 지역에 모이는 S모임을 분석하는 데 기반을 두었다. 그동안 교회를 떠난 이들에 대한 연구는 명칭도 분명하게 정리되지 못한 채 사용되어 왔고, 이들의 모임 또한 그 수를 헤아리기 어려우며, 지역적으로는 주로 서울에 편중되어 있는 것으로 알려져 왔다. 필자는 이 연구를 위해 2017~2018년 동안 S모임에 매주 수요일마다 참석했다. 이는 그동안의 연구처럼 설문조사나 기타 국가 기관의 통계를 가지고 분류한 후 이를 수치화하는 것에 그치는 것이 아니라 현장에서 일어나는 실질적 현상들을 관찰하는 것이 더 정확한 분석이 가능하다는 판단에서였다. 이는 곧 인류학적 조사로서, 인류학 조사는 현지 조사를 기본으로 한다.

필자는 2014년 8월부터 가나안 성도들의 모임 또는 교회라는 곳을 찾아다니며 이들의 예배(의례)와 신앙관을 관찰했다. 그러나 이런 모임들은 지속성과 일관성이 없이 곧 해체되었다. 이런 모임들은 일관된 인도자가 없거나 재정적인 이유, 기타 내부의 갈등 등으로 오래 지속되지 못했다. 이들을 관찰한 결과는 이 연구에서 거의 반영하지 않았다. 이 연구의 주제와 상관없이 교회의 형식을 갖추고 있었고, 그들이 가진 목적이 연구와 일치하지 않았기 때문이다. 따라서 이 기간 동안의 경험은 연구에 참고만 한다. 필자는 2016년부터 팟캐스트(podcasts)를 통해 S모임의 설교를 들었으며, 2017년 7월부터 이 모임 예배에 참석했다. 필자는 이 모임이 소속되었던 β교회 산하 모임의 회원으로 S모임을 알고 있었다. S모임은 같은 그룹 안에 있어서 모임의 성격이나 지향하는 바를 예측할 수 있었고, 이로 인해 α대표의 설교를 꾸준히 들었다. S모임은 2013년에 모임을 시작한 이후로 지속적으로 모이고 있어서 연구에 적합하다고 판단하여 2017년부터 참석하게 되었던 것이다. 그에 따라 현지 연구는 2017년 7월부터 2018년 5월까지 진행되었다.

이 연구는 민족지적 현지 조사 방법으로 진행하였다. 이에 따라 면접 조사를 우선으로 하고, 부족한 부분은 설문조사를 병행하였다. 가장 중요한 것은 이들의 모임에 직접 참여하여 관찰하는 것이다. 연구의 정확성을 확보하기 위해서는 한두 가지의 방법보다는 다양한 방법을 병행·종합하는 것이 유리하다.

면접 조사는 S모임에 참석하는 사람들을 대상으로 주로 모임 전에 만나서 식사를 하며 실시하거나 가끔 있는 MT 등의 모임에 참석하여 진행하였다. 면접 조사는 총 9명으로 이루어졌으며, 기간은 2017년 11월~2018년 1월(3개월)이다. 면접은 개별적으로 만나는 경우도 있지만, 두 사람을 함께 하는 경우도 있었다. 면접 조사의 경우 멀리서 오는 사람들이 많고, 일주일에 한 번 모이는 모임이어서 개별적인 만남을 가지는 것이 쉽지 않았다. 그곳에 모이는 이들을 모두 개별적으로 만나는 것은 불가능해 보였다. 그러나 이 연구를 이해해주는 사람들이 있어서 개별적 만남이 불가능하지는 않았다. 다만 오가는 사람이 매주 바뀌고, 시간적으로, 개인 사정상 개별 면접이 불가능한 사람들도 있어서 더 많은 자료를 수집하는 것에는 한계가 있었다. 개별 면접을 한 경우에도 미진한 부분은 이메일을 통해 설문지를 추가로 작성해주도록 협조를 구했다. 또한 개별 면접이 어려울 경우에 이메일을 통한 설문지로 대신하였다. 이메일을 통한 설문의 경우에도 다시 의문이 생길 때는 재차 이메일을 통한 조사가 계속될 수 있음을 알리고 협조를 구하였다. 면접 시간을 내기가 어려운 경우에는 모임 시간에 일찍 가서 예배 시작 전에 면접을 하는 경우도 있었다. 면접은 녹음을 하려 했으나 본인들의 거부와 여러 가지 사정으로 할 수 없었다. 식사나 차를 마시며 할 때는 필기를 하면서 했고, 그렇게 하지 못한 때는 들은 내용을 기억하며 정리했다. 이들과 면접을 하면서 이 내용을 연구에 활용하는 것에 대한 동의를 구했고, 모두 이를 수락했다. 이런 시간은 그들의 신앙을 파악하는 데 아주 유익했다. 특히 그들이 살아온 삶의 궤적과 자신과 가족의 신앙적 상황 그리고 현재 모임에 참석하고 있는 개인의 생각 등 많은 정보를 얻을 수 있었다.

설문조사에서 설문의 문항은 22개로 하고, 모두 주관식으로 작성하도록 했다. 객관식은 여러 상황을 모두 포함할 수 없고 고정적 질문이기 때문에 단적인 응답만 가능한 경우가 많기 때문이다. 그 때문에 주관식으로 서술하는 것이 자신의 상황을 좀 더 정확하게 설명할 수 있는 방법이 된다. 문항들의 주제는 무작위로 정했다. 일정한 주제에 따라 문항을 이어 나가기보다는 무작위로 섞을 경우에 오히려 자신도 몰랐던 생각들이 나올 수 있다고 보았기 때문이다. 마지막 문항은 자신이 하고 싶은 말을 하도록 했다. 물론 이런 방식은 응답자들이 귀찮아할 수도 있다. 객관식은 일목요연하고 쉽게 표시할 수 있지만, 서술식은 시간이 필요하고 더 많은 생각을 해야 하기 때문이다. 또한 이를 작성하는 것도 쉬운 일은 아니다. 이런 사정으로 설문 내용은 그 자리에서 쓰지 않도록 하고, 메일로 설문 내용을 보내고 응답하도록 했다. 이런 방식은 시간과 노력이 필요한 상황이라 세 가지 방법 중 가장 응답률이 떨어졌다. 또한 이런 의도에도 불구하고 단답식으로 응답해서 분석에 이용할 수 없는 경우도 있었다. 설문조사는 총 22명에게 메일을 보내서 13명의 응답을 받았다.[7]

참여 관찰은 이 모임에 참석해서 함께 예배를 드리며 관찰한 것을 바탕으로 한다. 필자는 이 연구를 위해서 다양한 방법을 이용했다. 첫째, 특별한 경우를 제외하고는 매주 저녁 7시 30분 모임에 계속 참석했다. 이 모임을 분석하기 위해 체크 리스트를 만들어 날씨, 성별, 모임 인원

등을 기록하고, 앉는 자리를 관찰했다. 날씨나 기타 이유로 모임 인원이 달라졌고, 새로 오는 사람들도 많았지만, 고정적인 인원은 소수여서 모인 수는 큰 변동이 없었다. 다음으로 설교의 핵심을 파악하기 위해 설교의 강조점을 기록했다. 설교 후에 진행되는 질문 시간에 참석한 사람들의 질문도 기록했는데, 이것은 그들의 관심사가 무엇인지 그리고 개별적 신앙의 특성이 무엇인지를 알 수 있는 기회가 되었다. 또한 순서지에 나온 기도 제목과 개인들이 요구하는 기도 제목들도 기록했다. 여기서 공식적인 기도 제목과 개인의 기도 제목은 다르다는 것을 알 수 있었다. 둘째, 주중 모임 외 일박으로 진행되는 MT나 그 외 송년 모임에도 빠지지 않고 참석했다. 그곳에서는 공식적인 프로그램이 없이 개인들이 자유롭게 많은 말을 하는 분위기여서 좀 더 깊은 상황을 들을 수 있는 좋은 계기가 되었다. 자유롭게 이야기하다 보면 자신의 신앙과 이곳에 참석하게 된 이유들에 대해 자연스럽게 말해주는 부분이 있어 도움이 되었다. 면접자는 다음과 같다.[8]

[표 1] 면접자 배경

		성별	직업	참석 정도	부모	교회 출석
1	m1-50대	여	직장	고정	목회자	O
2	m2-20대	남	대학 졸업	고정	목회자	×
3	m3-30대	여	직장	비고정	목회자	O
4	m4-40대	남	직장	비고정	장로 · 권사	O
5	m5-30대	남	대학원	비고정	장로	×
6	m6-30대	여	가정주부	고정		O
7	m7-50대	여	가정주부	비고정		×
8	m8-30대	남	직장	비고정		×
9	m9-30대	여	직장	비고정		×

1장에서는 한국의 '가나안 성도' 현상과 그 주제가 어떻게 다루어지고 있는가를 살펴보고, 그들에게 붙인 명칭에 관해 알아본다. 이는 가나안 신자의 정체성을 명확히 하는 것으로, 교회를 떠난 이들에 대한 모든 연구의 혼란을 바로잡을 수 있다.

2장에서는 '종교'에 대한 역사적 기준이 탈구조주의 시대에서 어떻게 변화하며, 이로써 종교는 어떤 개념들을 포함하는가를 다룬다. 이들 종교 관련 단체의 종교적 행태를 소개하는 것은 먼저 이들 기관에서 나타나는 종교적 개념들이 오늘날 교회 안과 밖의 새로운 종교 운동을 설명하는 데 중요하며, 특히 S모임의 신앙을 이해하는 데 필요하기 때문이다. 다음으로 이들의 종교 운동은 세속화 이론과 달리 오늘날 새롭게 부흥하고 있는 종교가 어떻게 세속에 적응하며 그 속으로 들어가는가를 여러 가지 방식으로 보여준다. 이런 적응의 양식은 오늘날 교회 밖의 신앙인과 그 모임이 어떻게 세속과 연결되는지를 이해하는 데 중요하다.

3장에서는 가나안 신자의 정체성 기준으로 '소속'을 제시하고, 교회 '안'에서 소속되지 못한 가나안 신자들이 자신들의 정체성을 속이는 방식을 예를 들어 설명했다. 이들은 '외적 가장'(external disguise)과 '내적 가장'(internal disguise)을 하며, 교회는 이를 약화시키기 위해 여러 가지 수단을 강구한다. 1장에서 3장까지는 "가나안 신자는 누구인가"에 대한 연구이다.

4장은 S모임의 의례 분석에 초점을 맞춘다. 이들은 기존 교회의 의례 형식만 빌릴 뿐 그 내용의 모든 것은 사회를 향한다. 여기서는 '축복', '은혜', '구원' 같은 교회 용어는 전혀 사용되지 않으며, 그 대신 신앙의 공공성, 신앙의 사회참여, 신앙의 사회적 의미만을 다룬다. 이는 "S모임은 무엇을 하는가"에 대한 것이다.

5장은 이 모임에 참석하는 가나안 신자들의 개별적 신앙을 분석하였다. 이들은 탈구조주의적 신앙을 가지고 있으며, 따라서 진리의 유일성을 수용하지 않는다. 기존 신앙의 모든 것은 재해석되며 초월보다 현실을, 미래보다 현재를, 영혼 구원보다 사회 구원에 초점을 맞춘다. 다원주의적인 신앙으로, 자신을 개신교인으로만 정의하지 않는다.

6장에서는 S모임이 신앙의 공공성을 지향하는 데 대한 의미와 자격에 관해 논의한다. 종교가 사라진다는 세속화 이론과는 달리 오늘날 전세계적으로 종교는 공공장소에서, 공적인 자격으로 등장하는 경우가 많아지고 있다. 그러나 신앙의 공공성을 다룰 때 이는 일정한 기준을 요구한다. S모임의 지향점은 이 기준에 합당한 것인가에 관한 논의는 곧 S모임의 내용의 정당성에 관한 논의이다.

7장에서는 S모임의 의례와 구조적 특성을 분석했다. 가나안 신자를 문화적 현상으로 볼 때 이들의 모임 또한 문화적 이론으로 설명이 가능하다. 이는 S모임이 가나안 신자들의 모임이라는 정체성을 확보하는 것이며, 이로써 이 모임의 가나안 신자 또한 정체성을 확보한다. 이 둘은 서로 보완 관계이다. 터너가 의례를 사회극이라고 한 정의에 따르면 S모임의 의례는 사회극의 장(field)이 되며, 리미널(liminal)한 과정에 위치하며, 이로써 참석자들은 이것도 저것도 아닌 존재가 된다. 이는 반-구조(Anti-structure)를 형성하며, 교회와 사회를 비판할 수 있는 자격이 된다. S모임의 구조에 관한 분석은 가나안 신자 모임의 기준이 될 수 있다.

8장은 결론으로 오늘날 한국 개신교에서 가나안 신자와 모임의 의미와 한계를 설명했다. 나아가 한국교회에 대한 제안을 제시했다.

이 책의 출판은 2020년에 기획되었으나 팬데믹 현상으로 2년이나 미뤄졌다. 그동안 종교계에서는 팬데믹으로 인한 교회 출석의 제한으로 많은 피해를 본 것으로 나타났다. 팬데믹으로 인한 교회 이탈을 새로운 가나안 신자의 증가로 볼 것인가는 또 다른 논의가 필요하지만, 이들은 자의적인 것보다는 환경에 의한 타의적 이탈이 주된 요인으로, 기존 가나안 신자의 개념과 다른 특성이 있다. 이들의 신앙관은 가나안 신자와는 또 다른 맥락을 가질 것이다. 물론 이들이 팬데믹의 완전한 종료로 교회 출석에 제한이 없어졌다고 해도 다시 돌아가지 않을 것이라는 연구도 있다. 그럼에도 이들의 신앙은 기존의 가나안 신자들의 그것과 다른 맥락으로 이해되어야 한다. 이에 대한 연구도 필요하다.

팬데믹으로 인한 종교계의 변화에도 불구하고 이 연구는 가나안 신자의 신앙에 대한 기본적인 이해를 제공할 것이다. 가나안 신자에 대한 본질적 이해는 현시대의 한국 종교계, 특히 개신교의 상황과 미래를 예측하는 데 도움이 될 것이다.

이 책에서 제시된 통계 수치는 시간이 지났지만 여전히 유효하다. 여기에 나타난 통계 수치를 통해 말하고자 하는 것은 '가나안 성도'의 증가 현상이 지금도 여전히 계속되고 있다는 것이다. 그럼에도 새로운 수치나 통계를 제시하지 않은 것은 팬데믹 현상으로 인해 각 조사기관이 통계를 조사하기 어렵거나 일정한 간격으로 이루어지는 통계 조사 기간이 다가오지 않은 이유도 있다.

연구에 도움이 되기 위해 가나안 신자 현상에 대한 배경과 이론적 설명을 상세하게 다루었다. 가나안 신자 현상을 이해하기 위해서는 탈구조주의 시대의 종교가 전 세계적으로 어떤 방식으로 나타나고 있는가와 종교와 사회를 분석하는 학자들의 이론적 배경이 중요하다고 생각된다.

각 장의 출처와 구성

이 책은 필자의 2018년 종교학 박사학위 논문을 확대·수정한 것이다. 일부는 완전히 새롭게 첨가했고, 다른 부분도 문장과 오탈자 수정 및 보완했다. 이 책의 일부분은 다른 학술지에 게재되었으며, 여러 세미나에서 발표한 것도 있는데, 이는 다음과 같다. 1장 "가나안 신자 연구의 쟁점과 과제"에는 "무소속 신앙인의 정체성에 관한 연구"(느헤미야 연구원, 2019), 3장 "교회 안의 가나안 신자"에는 "무소속 신앙인과 모임의 특성에 관한 연구"(한국종교학회 세미나, 2018), 4장 "S모임의 구성과 의례 분석"에는 "무소속 신앙인과 모임의 상관관계"(「종교 문화연구」, 2019), 5장 "S모임 가나안 신자의 신앙 특성"에는 "무소속 신앙인과 모임의 특성에 관한 연구 ─ 세속 성자 수요 모임을 중심으로"(「종교와 문화」 33호, 2019), 6장 "S모임의 신앙 공공성 자격"에는 "세속 성자 수요 모임 예배에 드러난 신앙공공성에 관한 연구"(「신학과 실천」 59호, 2018), 7장 "유동적인 S모임과 의례의 구조"에는 "기독교에서 가나안성도 모임의 구조적 특성"(서울대학교 인류학과 세미나, 2020) 등으로, 학회지와 수록된 논문과 세미나에서 발표한 논문들을 수정하고 보완해서 실었다. 논문들의 제목에서도 알 수 있듯이 필자는 한국의 가나안 신자와 모임의 정체성 규명과 특성에 초점을 맞춘 연구를 하고 있다. 이는 정체성의 정확한 정의(definition) 없이 진행되는 연구는 결과에 오류를 가져오고, 이들의 신앙적, 문화적 의미에 대한 이해가 불가능하기 때문이다.

1장

가나안 신자는 누구인가

한국 사회의 가나안 신자 현상은 비교적 최근에 연구가 시작되었고, 심도 있는 연구는 아직 미진하다. 그러한 현상이 오래전부터 시작된 서구에서는 교회를 떠나 다시 교회에 출석하지 않지만 여전히 종교적 정체성을 어느 정도 가지고 있는 사람을 '소속 없는 신앙인'(Believing without belonging) 또는 '교회 없는 사람'(Unchruched) 등으로 부르고 있다. 이들은 어느 종교 기관에도 연결되지 않으면서도 문화적 이유만으로 교회나 종교 기관을 이용하는 행태를 보인다. 한국에서는 교회를 떠났지만 종교적 정체성을 유지하고 있는 이들을 '가나안 성도'라고 부르며, 그런 이들은 점점 더 증가하는 추세를 보이고 있다. 그러나 이런 이들에 대한 서구적 명칭과 한국적 지칭은 조금 더 세밀한 분석이 필요하다. 왜냐하면 서구에서 그러한 용어는 '교회의 출석을 완전히 멈춘' 신앙인이라는 개념으로 쓰이지만, 한국 사회에서 '가나안 성도'의 경우는 한 연구에서 교회로 다시 돌아가고 싶다는 반응을 보인 이가 열에 일곱을 넘는다는 보고가 알려주듯이, 단지 교회를 떠났다는 것으로 그런 이들을 모두 '가나안 신자'라고 지칭할 수 있을지는 의문스럽기 때문이다. 문제는 그런 이들의 정체성이다. 이들에 대한 연구에서 무엇보다 필요한 것은 그들의 정체성을 밝히는 일이다. 그들의 정체성이 중요한 것은 '모임'의 정체성과도 연관되는데, 그들의 '모임'은 가나안 신자들로 구성된 모임이며, 일정한 조건이 요구되는 것으로 파악되기 때문이다. 따라서 이러한 연구가 결여된 채 교회를 떠난 사람들의 모임을 일률적으로 '가나안 성도 모임'이나 '가나안 성도 교회'라고 부르는 것은 문제가 있다. '가나안 신자'는 '가나안 신자 모임'의 정체성을 만들며, 역으로 '가나안 신자 모임'은 '가나안 신자'의 정체성을 유지시킨다. 이 둘은 서로 보완적이다.

한국의 '가나안 성도' 연구는 주로 교회를 떠나는 이유와 현상들에 대한 사회학적 접근이 주류를 이룬다. 이는 주로 통계나 설문조사를 통해 이루어지며, 수치로 그 결과를 드러내는 것이다. 그러나 그들이 교회를 떠나 어떻게 신앙을 영위하는지, 그들의 신앙은 어떤 특징이 있는지에 관한 깊은 연구는 찾아보기 어렵다. 곧 교회를 떠나는 현상에 주목할 뿐 '그 이후'에 관한 연구의 부재(不在)를 나타내는 것이다. 따라서 이 장에서는 먼저 한국 사회의 '가나안 성도' 현상에 관해 설명할 것이다. 이어서 '가나안 신자'의 정체를 명확히 밝힐 것이다. 이들에 대한 정체성 구명은 이들에 대한 정확한 이해를 가능하게 할 뿐만 아니라 한국 종교, 특히 개신교의 변화를 가늠하게 할 수 있을 것이다.

I. 가나안 성도 현상

한국에서 '가나안 성도'라고 일컬어지는 이들은 서구의 '소속 없는 신앙인', '교회 없는 이' 그리고 '종교 없이 영성을 추구하는 사람'이나 '교회에서 벗어난 영성 수련자'에 상응한다.[1] 외국에서 이런 용어는 조직적이고 체계적인 종교를 벗어나 다양한 종교적 실천 방식을 추구하는 신앙인을 일컫는 것보다 교회를 떠난 개신교인들을 지칭할 때 주로 사용된다. 그들은 여전히 기독교인[2]의 정체성을 가지지만, 조직적인 교회나 종교 기관과 연결되지 않으며, 지속적인 종교 서비스에 참여하지 않는 사람들을 말한다. 이러한 용어들은 개념적 차이에도 불구하고 첫째로 조직적 교회나 종교 기관에 '소속'되지 않으며, 둘째로 다양한 종교적·영적 추구를 멈추지 않으며, 마지막으로 그럼에도 여전히 기독교인의 정체성을 유지한다는 공통점이 있다.

이 장에서는 한국의 '가나안 성도' 현상에 대해서 개괄하고, 그동안의 연구 방향을 알아본다. 한국의 가나안 성도 현상은 비교적 최근에 심각하게 인식되었다. 따라서 이들에 대한 연구는 아직 미미한 수준이라고 할 수 있고 그나마 잘못된 결론을 도출하는 경우가 많다. 가장 큰 이유는 가나안 성도의 정체성을 올바르게 규명하지 않은 것에서 기인한다. 따라서 이들이 누구인지에 대한 정체성 연구가 선행되어야 한다. 그들의 정체성을 밝히는 것은 곧 그들 모임의 정체성을 밝히는 것이며, 이 둘은 서로 보완 관계에 있다.

1. 널리 알려진 '가나안 성도'

'가나안 성도'를 바로 이해하기 위해서는 같은 현상에 대한 연구가 풍부한 외국의 사례를 먼저 살펴보는 것이 순서일 것이다. '소속 없는 신앙인'(believing without belonging)이라는 용어는 영국 학자인 그레이스 데이비(Grace Davie)가 자신의 연구에서 처음 사용했다. 1994년 데이비는 1945년 이후의 영국 종교에 관해 서술한 책에서 4년 전에 논문으로 소개했던 '소속 없는 신앙인'이라는 개념을 발전시켰다.3 데이비는 여기서 사람들이 공언하는 종교적 가치(믿음)와 실제 교회의 종교적 관습(소속) 사이의 깊은 불일치가 존재한다고 주장했다. 사람들은 유럽의 전통에 따라 출생부터 자연적으로 기독교인이 되는 확률이 많았다. 그러나 그들이 신앙하는 행태는 이전과는 전혀 다르게 나타났다. 그들은 역사적으로 구성된 전통적 교리를 그대로 받아들이지 않는 경우가 많았다. 교리를 받아들여 기독교인이 된다 할지라도 그것을 유지하는 신앙적 실천은 이전과 같지 않았다. 그들은 더 이상 교회에 나가지 않으며, 그 외에도 교회가 지정하는 모든 신앙적 실천을 전부 또는 일부분 거부했다. 교회에서 가르치는 윤리적 가르침도 선택적으로 받아들이거나 거부되었다. 교회는 전통적 양식에 따라 신앙적 의례(ritual)를 행하는 장소로 한정되었고, 이들은 그런 의례가 필요할 때만 교회를 이용했다. 이들은 기독교인의 정체성을 가지고 있었지만 교회에 소속감이 없었고, 교회 출석이나 헌금 등의 신앙적 의무에는 소홀했다. 데이비가 말한 '소속 없는 신앙인'이라는 개념은 "영국과 유럽의 다른 지역에 대한 종교 생활을 이해하는 유익한 방법을 제공했다."4

데이비의 개념은 오늘날 한국 상황에도 유용하게 적용된다. 여러 조사나 연구에 의하면 한국의 종교적 상황, 특히 개신교에서는 기존의 전통적 교회에 소속되지 않으면서도 개신교적인 정체성을 유지하고 있는 사람들이 늘어나고 있다. 그러나 한국의 연구 결과와 외국에서 사용된 용어의 차이는 분명히 밝힐 필요가 있다. 외국의 경우 그들은 교회의 가르침이나 전통적 교리를 거부하고 교회 출석을 하지 않는다. 그러나 다음에 자세히 다루겠지만 한국의 '가나안 성도' 70% 이상이 교회로 돌아가기를 원한다는 점에서는 교회의 전통적인 가르침을 거부하는 것으로 볼 것이냐는 문제가 제기된다. 다음으로 교회 출석을 멈추는 것은 같지만, 외국의 경우에는 의례가 필요할 경우에 교회를 이용한다는 점에서 전혀 교회 출석을 하지 않는 한국의 가나안 성도와는 다르다. 이 책에서는 교회의 전통적 가르침에 회의를 가지며 새로운 형태의 모임을 추구하는 이들을 대상으로 삼는다. 그들은 기독교인의 정체성은 유지하지만 전통적 신앙 체계나 교리를 따르지 않으며, 모든 전통적 종교의 공통점인 "축적적 전통"(cumulative tradition)[5]에 회의적이다.

2. 가나안 성도의 현실

한국에서 '가나안 성도' 현상에 관한 문제는 2010년 이후 사회학자들에 의해 먼저 제기되었다. 서구에서는 이미 20세기 초부터 이런 문제에 대한 논의가 활발했으며, 『보이지 않는 종교』(Invisible Religion)를 쓴 루크만(Thomas Luckmann)은 현대인의 종교성을 개인주의의 정교화로 말미암아 기존의 종교적 형태가 무너지고 개인의 영성만 살아남는 사적 종교의 세계로 들어섰다고 주장했다. 이는 전통적 사회에서 분화된 사회 형태가 개인의 자율성과 정체성을 추구하게 하며, 제도적인 종교에 대한 것들의 쇠퇴와 함께 종교도 분화되는 과정을 말한다.[6] 이러한 현상은 사회가 다양하게 분화되고 다원화되었기 때문에 일원화된 기존 종교 체계나 신학적 관점을 더 이상 수용할 수 없다는 것을 의미한다. 여기서 개인화된 신앙은 영성으로 존재하며, 탈제도화된 영성은 개인의 정체성의 특징이 된다. 앞서 언급한 바와 같이 오늘날 이런 형태는 '소속 없는 신앙인'(believing without belonging)[7]이나 '교회 없는 이'(unchurchd) 또는 '종교 없는 영성 수련자'(spiritual but not religious) 등으로 표현되며, 한국에서는 '가나안 성도'로 불린다. 이들은 '소속되지 않지만' 믿는 사람들로서 여전

히 자신의 종교적 정체성을 유지하고 있는 경우가 대부분이며, 교회는
나가지 않아도 하느님은 믿는 사람들을 말한다. 한국의 개신교적 상황에
서 '가나안 성도'의 수는 정확하게 파악할 수 없지만, 각 개신교단의 출석
교인 수가 지속적으로 감소함에도 불구하고 자신을 종교인으로 응답하
는 사람들이 많은 것으로 미루어 볼 때, 상당히 많은 이들이 교회를 출석
하지 않은 채 개신교인의 정체성을 가지고 있는 것으로 여겨진다.[8]

이들은 대부분 산업화와 민주화를 급격하게 겪은 세대와 그 이후 개
인화가 정체성의 주된 요소가 되어버린 젊은 세대로 파악될 뿐 아니라
의외로 65세 이상의 은퇴 세대들로 많다.[9] 그들은 산업화로 인한 분화와
민주화로 인한 평등, 공정 등의 개념이 신학적으로도 이루어져야 한다고
생각하며, 특히 그런 과정 속에서 보여주었던 교회의 역할에 대해 회의
를 가지고 있다. 결국 교회의 사회적 역할과 그에 대한 신학적 설명이
부족하고, 나아가 개인에 대한 신앙적 요구와 방식을 수용하지 못하기
때문에 교회를 떠나는 것이다. 여기에는 신앙에 대한 개인적 주체성을
강조하는 시대적 환경도 지나칠 수 없는 요소로 작용한다. 교회의 권위
와 신학적 해석이 개인의 그것과 충돌할 때 그들은 자기 자신의 신학을
정립하는 방향으로 나아가는 경향을 보인다.

1) 가나안 성도의 증가

한국 개신교 상황에서 가나안 성도의 상황은 2000년대 초반과 후반
으로 나누어 헤아릴 수 있다. 이 두 시기의 가나안 성도는 양적으로 늘어
났을 뿐 아니라 계속 증가하고 있다.

조성돈은 2005년에 이루어진 '인구센서스'(Census)의 조사를 바탕으
로 개신교인이 1995년에 비해 1.6% 줄어들었다고 보고 "한국에서 개신
교인이 줄어들고 있다는 사실은 이제 공공연한 사실이 되었다"[10]고 했

고, 류성민도 이를 분석하며 "개신교의 침체가 두드러지고 있다"[11]고 주장했다. 이들이 개신교인의 감소를 집중적으로 거론하는 것은 불교, 천주교, 개신교 등 3대 종교 중에서 1995년부터 2005년까지 10년 동안 '인구센서스' 중 유일하게 마이너스 성장을 했기 때문이다. 통계청의 '인구센서스'에 의하면 1995년부터 2005년까지 10년 동안 개신교는 약 1.4% 마이너스 성장을 한 것으로 나온다.[12] 역시 통계청의 조사를 보면 1995년에서 2005년까지 10년 동안 한국의 종교 인구는 오히려 늘어났다. 1995년의 종교 인구는 42.6%였지만, 2005년은 53.3%로 오히려 10.7%라는 높은 성장률을 기록하고 있다. 개신교는 감소했지만, 전체 종교 인구는 오히려 늘어난 것이다. 이를 최현종은 "종교 인구 면에서 본다면 한국은 세속화의 예외"[13]라고 분석하고 있다. 이는 일반적인 우려와는 달리 종교의 영향이 더 커지고, 이에 따라 세계 종교 인구가 계속 증가할 것이라는 연구와 같은 맥락이다.[14]

그러나 2015년 한국갤럽의 조사에 의하면 전체 조사 대상 중 비종교인의 비율을 50%로 밝히고 있다. 이는 2005년 통계청이 조사한 다섯 차례 조사 평균인 51.4%에 비해 오히려 낮은 수치이다.[15] 한국갤럽의 2021년 조사에서는 이 수치가 60%로 늘어났다.[16] 한국기독교목회자협의회(이하 한목협)에서도 종교 인구 비율에서 2017년 무종교인 53.1%로 비슷하게 조사되고 있다.[17] 역시 한목협이 2017년 조사한 바로는 종교인에서 비종교인으로 전환한 비율이 1998년 34.9%에서 2004년 33.7%로 조금 낮아졌다가 2017년에는 43.5%로 높아졌다. 통계청의 2015년 자료에서는 "종교가 있다"는 43.9%, "없다"는 56.1%로 2005년에 비해 역전되었다.[18] 이런 조사로 볼 때 2005년 이후 다시 비종교인이 증가하고 있는 것으로 나타났다. 그런데도 개신교만 유일하게 2005년 대비 2015년에 약 100만 명이 증가한 것으로 조사되었다.[19] 2005년까지 조사에서는 개신교인이 줄어들었지만, 2015년 조사에서는 개신교인이 오히려 늘었다. 두 조사에서 비종교인의 수치는 유의미한 결과로 볼 만큼 큰 차이는 나지 않았다. 그런데도 개신교인의 수는 큰 차이가 났다. 이는 개신교 각 교단에서 개신교인의 수가 감소한다는 연구들과 다른 결과들이어서 정확한 파악이 필요한 사항이다.

2) 개신교의 가나안 성도

한국갤럽이 2015년 비종교인들을 대상으로 한 "과거에 종교를 믿은 적이 있는가"에 대한 응답자 중 35%가 "있었다"고 답했고,[20] 이들에게 자신의 종교를 이탈할 때까지 믿은 종교가 무엇인가를 물었을 때 68%는 "개신교", 22%는 "불교", 10%는 "천주교"라고 답했다. 개신교의 종교 이탈자가 가장 많았고, 2004년에 비해 증가 추세에 있다. 그런데도 전체 종교별 분포는 1984년에 비해 오히려 4% 늘어난 21%를 유지하고 있다.[21] 이는 기존 교회에 출석하지 않고 자신만의 신앙을 유지하면서 스스로를 개신교인이라고 생각하는 사람들이 늘어났다는 것으로 헤아릴 수 있다. 한목협에 의하면 자신을 그리스도인이라고 밝힌 사람들 중 약 10.5%가 "교회에 출석하지 않는다"고 했다.[22] 이를 바탕으로 한목협은 교회에 출석하지 않으면서도 개인적인 신앙을 가진 사람을 약 100만 명으로 추정했다. 이는 한국 개신교인의 수가 약 860만 명이라고 한 통계청의 2005년 인구센서스의 보고에 10.5%를 적용한 수치이다.[23] 또 한국기독교총연합회가 개신교 인구를 1,200만 명으로 주장하는 것에서 860만 명을 뺀 340만 명을 개신교 이탈자라고 하는 주장도 설득력이 없다. 그러나 이런 수치들을 근거로 하면 교회를 떠나서도 기독교인의 정체성을 유지하고 있는 사람들이 상당히 많다는 결론은 공통적으로 지지된다.

개신교인으로서 교회에 출석하지 않는 비율은 1998년 11.7%, 2004

년 11.6%, 2012년 10.5%에서 2017년 23.3%로, 2012년 대비 두 배 이상 높아졌다. 한목협은 이를 가나안 성도로 분류한다.[24] 이런 수치를 보면 전체 인구 중 비종교인의 비율 변동 폭보다 개신교인에서 비종교인으로 전환한 비율이 크게 높아졌다. 그럼에도 전체적인 비종교인 비율이 높아지지 않은 것은 이들이 여전히 기독교적 정체성을 가지고 있다는 것을 의미한다. 연령별로는 2012년 대비 2017년에 개신교는 40세 이후부터 마이너스를 기록해서 50세에 −4.7%로 최고를 기록하고, 60세 이후 −3.1%를 기록함으로써 지속적인 출석 감소를 보이고 있다. 천주교의 경우는 60세 이후 −6.5%로 가장 높게 나타났다. 조사한 전체 종교 중 60세 이상 출석 감소폭이 기독교가 가장 컸다. 불교는 오히려 40세 이후부터 감소폭이 적어졌다.[25] 이는 불교의 특성상 정기적인 출석에 제한받지 않고, 규칙적인 봉사 요구를 받지 않아서일 수 있다. 이는 일주일에 한 번 이상 종교 의례 참석 여부를 묻는 질문에 개신교 80%, 천주교 59%임에 비해 불교는 6%에 불과한 것으로도 알 수 있다. 교회나 종교 기관의 출석률이 감소하는 현상은 종교를 믿는 이유에서도 찾을 수 있다. 한국갤럽의 조사에서는 종교를 믿는 이유를 "마음의 평안을 얻기 위해서"가 2014년 60%로 다른 응답의 4~5배 정도로 압도적으로 높았다.[26] 이는 구원이나 선행, 복을 받기 위한 조건으로 일정한 행위나 봉사를 행하는 것보다 개인의 마음에 중점을 두거나 자신에게 의미가 있는 종교 생활이 중요하다는 것을 의미한다. 따라서 교회나 종교 기관에 출석하는 것은 더 개인의 선택이 되는 것이다.

3) 통계청과 기독교 교단의 차이

2015년 통계청은 5년마다 조사하는 종교 조사에서 한국 내 개신교 인구를 19.7%로 발표했다. 여기서 개신교는 종교 인구 내 비율에서

45%로 절대적인 비율을 차지했다. 지난 2005년 통계와 비교했을 때 불교(29% 감소), 가톨릭(24% 감소)은 줄었지만, 개신교만 오히려 12%(123만 명 증가)가 늘었다.[27] 그러나 각 교단별 상황은 이와 전혀 다르다.

한국 최대 교단인 대한예수교장로회합동총회(이하 합동)의 경우 2017년 2월까지 교인 수는 270만 977명이었다. 이는 2013년(285만 7,065명), 2014년(272만 1,427명) 연속 감소세다. 2년여 만에 무려 15만 명이 줄어든 셈이다. 합동 교단과 함께 최대 개신교 교단 중 하나인 대한예수교장로회통합총회(이하 통합)의 전체 교인 수는 278만 9,102명으로 조사됐다. 이는 전년(281만 574명)과 비교해 약 3만여 명이 줄어든 수치이다. 기독교대한감리회(감리교단)는 교인 수가 129만 7,281명으로 전년 대비(137만 5,316명) 5.7% 줄었다. 이는 최근 20년 이래 최대 감소폭을 보인 것이다. 한국기독교장로회도 28만 4,160명에서 26만 4,743명으로 6.9% 감소했다.[28]

그렇다면 국가 기관의 종교인 수와 각 교단의 종교인 수가 일치하지 않는 이유는 무엇일까? 먼저 들 수 있는 요인은 기독교 계통의 새로운 종파의 증가이다. 2018년 문화체육관광부 조사에 의하면 개신교의 교단 수가 374개로 나타났다. 이 중 확인 교단이 126개, 미확인 교단이 248개로 확인되지 않는 교단이 두 배가량 많았다.[29] 미확인 교단이 많다는 것은 기존 기독교 교단에서 이단으로 분류된 교단이나 종교 단체로 등록되지 않는 교단이 많다는 것을 말한다. 확인된 교단에서도 기존 개신교와 불분명한 경계에 있는 교단도 있다. 예를 들어 통일교의 경우 대부분의 기독교 교단에서는 이단으로 인식하지만, 통일교 내부에서는 자신들을 기독교라고 주장한다. 이런 교단들의 교인을 모두 포함한다면 국가 기관의 수에 접할 수 있다. 다음으로 보아야 할 것은 중복 교인들이다. 1990년 이후 수평 이동하는 교인들이 증가했다. 대부분의 조사를 종합해 보면 수평 이동 교인은 전체 교인의 45~75%에 달하는 것으로 알려졌다.[30] 이 경우 기존의 교회에 등록이 남아 있는 상황에서 새로운 교회에 새로 등록되어 이중으로 계수될 수 있다. 또 다른 요인은 교회에 등록은 되어 있지만 실제로 교회에 출석하지는 않는 사람들의 증가이다. 이경우에도 교회 통계와 정부 통계에 이중 계수가 가능하다. 여기서 정부의 통계와 각 교단의 통계만큼의 차이가 가나안 성도일 가능성이 높다.

3. 가나안 성도에 대한 몇 가지 서술

가나안 성도에 대한 현상은 2000년대 들어서 여러 세미나를 통해 관심이 높아졌으나 단편적인 글로 발표되는 경우가 대부분이고, 연구 결과를 심화한 연구서로 저술된 경우는 많지 않다. 현재까지도 '가나안'이라는 개념에 대한 진지한 연구는 몇 사람에 의존되는 상황이다. 그중 몇연구자를 꼽으면 이원규는 이런 현상을 종교사회학적으로 연구하고 있고, 조성돈과 정재영은 목회사회학적으로, 양희송은 이들의 모임을 실질적으로 이끌고 있는 상황에서 연구를 한 바 있다.[31] 이들은 모두 가나안성도가 교회를 떠난 이유와 이런 현상이 일어나는 한국의 종교적·사회적 상황을 밝히고 있다. 이 연구들을 보면 한국에서 가나안 성도에 대한연구는 대부분 교회를 떠나게 되는 상황과 원인에 초점이 맞추어지고 있다. 이 연구들에 의하면 교인들이 교회를 이탈하는 이유를 교회가 돌봄(caring)과 나눔(sharing)의 공동체가 되지 못하는 것, 목회자의 자질이나능력 부족 그리고 세속적인 것의 추구 등을 들거나[32] 목회자나 다른 신자와의 갈등도 이유가 된다.[33] 자신의 영성을 추구하기 위해 떠나는 경우도 있다.[34] 이런 현상들은 "탈현대 시대"의 특징이며, "탈현대의 세계는고도로 다원화된 세계이며… 탈현대 사회에서는 집단보다는 개인이 중시"[35]된다. 따라서 기존의 전통적인 종교 체계에 속하기보다 개인적인신앙생활을 선호하는 경향이 크다고 한다. 세속화는 이런 탈제도화 현상과 맞물려 있고, 다원적인 세계를 허용한다. 이 때문에 종교도 전통적인 것만을 고수할 수 없고, 다양한 영성을 추구하는 사람들은 변하지 않는 교회의 현실에 적응하지 못하는 것이다. 따라서 근대 사회에서는 탈제도화의 영향으로 획일적이고 상투적인 규범에 의존하지 않는 '소속 없는 개인'이 등장한다. 전 세계적으로 이런 세속화와 탈현대적 종교 상황을 맞고 있지만, 한국 기독교에 나타난 가나안 성도들은 이런 현상으로서 세속화 경향을 나타내지 않는 것으로 보는 견해도 있다. 그 이유는 각종 수치에 나타난 것처럼 "우리 사회가 종교적으로 세속화되었는지 여부를 단정하기는 어렵다"[36]는 것이다.

가나안 성도들이 교회를 떠나는 이유보다는 가나안 성도 그 자체에 대한 연구도 있다. 이들은 이단이나 열광주의와는 다르다.[37] 이들이 교회를 떠났을 때 맞게 되는 상황에 대한 분석도 있다. 첫째는 반지성주의로 가는 것이다. 이것은 아무거나 믿어버리는 스타일의 신앙이다. 교회를 떠났지만, 믿지 않는 상태로 견딜 수 없어서 무엇인가를 믿는다. 문제는 신뢰할 만한 것을 믿어야 하는데 무엇인가를 의지하고 아무거나 믿어버리는 것이다. 이 사람들은 대부분 이단으로 규정되는 집단으로 간다. 그러나 교회가 싫어서 나온 사람이 다시 교회와 같은 조직체[38]인 '이단집단'으로 가는 일은 더 심도 있는 분석이 필요하다. 둘째는 열광주의로 가는 것이다. 현재의 교회가 뜨뜻미지근한 것이 싫어서 나온 만큼 더 뜨겁고 강한 곳을 찾는다. 떠난 교회는 설교도 점잖고, 사역도 평범하다. 그래서 불만이 있으므로 이들은 더 스펙터클한 열망을 찾아 나선다. 이들은 은사주의와 같이 행동하는 것을 좋아하는 경향이 있다. 이들이 이단은 아닐지 모르지만, 신앙의 균형이 있다고 볼 수도 없다. 이들은 권위나 힘에 대한 숭배심이 있다. 그래서 열정에 대해 집착한다. 이런 사람들은 비판하기가 쉽지 않다. 신앙의 행태가 과도한 것 말고는 문제삼기 어려우며, 은사주의라 할지라도 전통적인 신앙에서 벗어난 것은 아니기 때문이다. 셋째로는 냉소주의이다. 이 경우에는 '웬만한 것은 다 해본' 경험자일 확률이 높다. 이들은 대부분 반지성주의와 권위주의에 대해 반발한다. 그뿐만 아니라 모든 것을 비판한다. 그런데 역설적으로 지성적인 것에 열려있는 경우가 많고, 따라서 대화가 가능하다.[39]

그럼에도 양희송은 이들을 부정적으로만 보는 한국교회의 시각에 합리적인 진단도 내린다. 그들은 소위 '교회 쇼핑족'이 아니다. 그들은 편의와 안락함의 부재 때문에 교회를 떠난 것이 아니다. 그들은 '교회 난민들'도 아니다. 이들은 대부분 기존 교회 분규를 경험하는 경우가 많다. 이런 상황에서 교회가 이상적인 공동체가 아니라는 인식을 가지게 되는 것이다. 이들은 교회가 "상식과 합리성을 전적으로 결여하고 있기에 도저히 있을 수 없어서"[40] 떠나는 것이다. 이들은 또한 '엘리트주의자'들이 아니다. 그들은 성격이 유별나거나 필요 이상으로 '가방끈'이 길어서 교만한 사람들이 아니다. 그들이 자연스럽게 가질 수 있고, 질문할 수 있는 문제들에 대한 답을 구하지 못하기 때문이다. 그 질문들은 "일상적이고 구체적인 신앙 문제"[41]이다. 이들은 '영성 소비자'들도 아니다. 영성을 소비하는 시대이기는 하지만, 가나안 성도들은 그렇게 까다로운 사람들이 아니다. 교회 안의 여러 프로그램이 무한 반복적으로 지향하는 것들에 대한 의문을 가지고 공감하지 못하는 것이다.[42] 따라서 그는 교회가 스스로 변화하지 않고 해결책을 무시한 채 '가나안의 귀환'이 가능하지도 않고, 바람직하지도 않다[43]고 주장한다.

그에 따르면 이런 연구에서 공통적으로 나타나는 결론은 '교회론'이다. "가나안 성도 논의는 교회론을 정면으로 건드린다."[44] 본질을 훼손하지 않는 범위에서 교회는 사회의 변화에 대응하고, 시대의 요구를 수용할 수 있어야 한다고 한다.[45] 이제는 교회 공동체가 "어떤 공동체여야 하는지에 대해 논의해야 할 때"[46]라는 것이다. 이런 연구들은 교회를 떠난 가나안 성도들에게 다시 교회가 회복되는 것만이 이런 현상을 해결할 수 있는 길이라는 점을 제안하고 있다.

4. '가나안 성도' 그 이후

위에서 살펴본 것처럼 한국의 가나안 성도 현상에 대한 연구는 아직 많지 않으며, 세부적인 내용까지 미치지 못하고 개괄적인 연구에 머무는 경향을 보인다. 그것은 주로 '가나안 성도'들을 대상으로 면접과 설문조사를 통해 이들이 교회를 떠난 이유와 신앙적 특성을 사회학적으로 밝히는 데 그친다. 이러한 연구 성향은 종교사회학적으로 가나안 성도들에 대한 전 세계적인 현상을 소개하고, 직접 조사한 자료를 바탕으로 우리 사회의 현상을 설명한다. 종교사회학적 이론을 바탕으로 분석한 설명은 학구적인 이해를 요구하지만, 한국 사회의 한 측면인 종교적 현실을 잘 풀어내고 있기도 하다. 연구들 중에는 교회와 신앙의 현장에서 체험을 바탕으로 진단하는 경우도 있다. 이런 분석은 외부의 사람들이 볼 수 없는 부분을 드러내고, 학자적 관점으로 분석하는 것보다 체험적으로 느끼며 깨달은 내용이 더 많다. 이렇게 체험을 바탕으로 한 연구는 현장에서 만나는 이들의 신앙을 더 깊이 이해하고 대변할 수 있다. 그리고 이런 현상들을 알기 쉽고 공감할 수 있도록 잘 설명하고 있다.

그러나 한국의 연구는 모두 가나안 성도가 교회를 떠난 이유와 이런 현상이 일어나는 한국의 종교적 사회적 상황을 밝히는 데 치중한다. 주로 설문조사나 면접 방법을 통한 데이터와 그 밖의 관련된 문헌 자료들을 제시하며 가나안 성도들이 교회를 떠나게 된 이유와 그로 인한 한국 개신교의 위기를 진단한다. 그리고 한국 개신교 교회가 변하지 않으면 이런 위기를 벗어날 수 없다는 것을 경고하고 있다. 하지만 이런 연구들은 이들이 "왜 교회를 떠났는가", "교회를 떠난 이유는 무엇인가"에 관한 현상과 상황 등에 초점을 맞추고 또 이런 현상을 세속화나 탈구조적인 현대와 연결시켜 해석하는 한계를 보이고 있다. 교회를 떠난 이후 그들이 "어떻게 신앙하는가", "이들의 신앙은 어떤 형식으로 표현되며, 어떻게 실천되고 있는가", "이들의 신앙하는 목적은 무엇인가"를 주제로 삼는 연구는 찾아보기 힘들다. 다시 말해서 교회를 떠난 '그 이후'에 대한 연구가 부족하다. 교회를 떠난 이유를 찾다 보면 교회를 비판하는 것에 초점을 맞출 수밖에 없을 것이다. 그것은 가나안 성도에 대한 연구가 아니라 그들이 떠날 수밖에 없게 한 교회의 설교나 교리, 구조와 운영 등의 비리에 더 많은 관심을 가지는 결과를 내놓게 된다. 이것은 결국 그동안의 연구가 주인공인 가나안 성도가 소외된 채 이들이 나타난 배경과 상황적 연구에만 머물게 된 이유가 되었다. 가나안 성도보다는 그 주변적인 것에 한정된 주제들이 연구 대상이었다는 것이다. 따라서 그들에 대한 연구는 방법론적인 방향 설정을 수정해야 할 것이다.

가나안 성도에 관한 연구는 무엇보다도 다음 주제들이 포함되어야 한다. 먼저 이들의 정체성을 어떻게 규정할 것인가이다. 교회를 떠난 이들은 모두 '가나안 성도'인가? 만약 그렇다면 이는 '가나안 성도'의 다양성과 주체를 설명하지 못한다. 다음으로 '가나안 성도' 모임의 정체성이다. 교회를 떠난 사람들이 모이는 곳은 모두 '가나안 성도 모임'이나 '가나안 성도 교회'가 되는가? 이는 '가나안 성도'의 정체성과 함께 이들의 모임에 대한 특성을 고려하지 않은 정의(定意)이다. 단순히 교회를 떠난 이들을 '가나안 성도'라고 하고, 이들의 모임을 '가나안 성도 모임'이나 '가나안 성도 교회'라고 한다면 이들에 대한 연구는 시작부터 잘못된 것일 수 있다. 그들을 이해하기 위해서는 그들을 어떻게 규정할 것인가를 먼저 헤아려보아야 하고, 그 후 그들 모임의 정체성을 밝혀야 한다. 그렇게 될 때 한국의 '교회를 떠난 이들'의 현상을 올바르게 이해할 수 있고, 이에 대한 종교적 지형을 제시할 수 있다. 이 책에서는 시도하는 것이 바로 그것이다. 이 책에서는 먼저 '교회를 떠난 이들'은 누구이고, 그들을 어떻게 불러야 하느냐는 명칭과 정체성의 문제를 다룬다. 다음에 그들의 모임은 어떤 특성을 가지고 있는가를 설명함으로써 다른 교회 밖 모임들과 구별한다. 나아가 그들의 신앙적 특성을 분석함으로써 현실 교회와 그들이 가진 인식의 차이를 드러내었다. 이런 과정은 한국의 종교적 지형, 특히 개신교 지형의 변화를 이해할 수 있고, 미래에 대한 전망도 가능하게 할 수 있을 것이다.

1) '가나안 성도들의 교회'

교회를 떠난 이들 중 교회 밖의 모임을 가지는 수는 극히 일부분에 불과하며, 이들이 모이는 모임 자체도 적은 것으로 파악된다. 그러나 이들의 모임을 모두 '가나안 성도들의 모임'으로 규정할 것인가에 대해서는 논의가 필요하다. 정재영에 의하면 그가 방문한 세 곳의 '가나안 성도들의 교회'는 주일에 예배를 드리며, 안수를 받은 목사나 신학 교육을 받는 전도사가 이끌고 있다.[47] 물론 이들 중 일반 평신도가 돌아가며 설교를 하는 경우도 있지만, 정식 신학 교육을 받은 사람이 있다는 것은 그가 정신적 지도자 역할을 하는 것으로 볼 수 있다. 이들은 설교 후 그 내용에 대한 의견을 서로 나눈다는 점에서 기성 교회와의 차별성이 있지만, 그렇다고 그들을 '가나안 성도들의 교회'라고 부를 수 있는가.

오늘날 한국의 개신교 상황에서 교회 밖 대안 운동으로 모이는 '교회'들은 의례의 차이에도 불구하고 여전히 '교회' 형식을 지니고 있으며, 내용적으로 다른 점이 있다고 하더라도 조직이나 특성을 유지한다는 점에서 '교회'라고 할 수 있다. 이런 점에서 교회 밖 대안 운동 모임들은 기존 교회의 교회 밖 '대안 교회'라고 할 수 있다. 이런 교회들의 지향점은 정도의 차이가 있을 뿐 대부분 위에서 말한 '새로운 교회 공동체'에 포함된다고 볼 수 있다.

그러나 대안적인 교회들은 오래 지속되지 못하는 경우가 많다.[48] 그것은 장소와 재정의 한계, 모임의 목적이 분명하지 못하기 때문에 결집력의 약화가 주된 이유가 된다. 먼저 가정에서 모이는 경우에 그 가정의 사정이 변함으로 인해 당일 모임이 취소되기도 하고, 이런 일들이 반복되면 모임이 시들해져서 모임이 없어지게 되는 것이다. 또 자유로운 기부 형식으로 모임의 재정을 충당하지만, 계속적인 적자가 발생하면서 장소 대여비나 식대 같은 비용을 감당할 수 없어서 모임 자체가 없어지게 되는 경우도 있다. 모임의 목적이 불분명할 때도 쉽게 해체된다. 교회에 대한 불만으로 교회를 떠난 신자들이 의기투합해서 모임을 결성하지만, 강력한 리더십이나 목적이 부재할 경우에 쉽게 균열이 생기고, 끝이 좋지 않게 없어지는 경우도 있다. 그런데도 여전히 교회 밖 대안 공동체의 형식으로 모이는 교회는 존재하며, 이들은 '새로운 교회 공동체' 형식에 포함되지만, '가나안 성도들의 교회'라고 할 수 없다. 그 이유를 살펴보자.

2) '가나안 성도' 명칭에 대한 재고의 필요성

'가나안 성도'에 대한 연구를 위해서는 먼저 이 용어에 대한 명확한 정의가 필요하다. 한국 사회와 종교계에서 광범위한 현상으로 인식되고 있는 '가나안 성도'는 교회를 떠났지만 기독교인으로서 정체성을 유지하고 있는 신앙인을 가리킨다.[49] '가나안'이라는 말은 교회에 '안 나가'는 것을 거꾸로 읽은 것이며, 교회나 종교 단체에 '나가지 않는' 사람들을 가리키는 대중적인 속어에서 유래한 것으로 알려져 있다. 그러나 이는 너무 단순하게 규정한 개념이며, 실제로도 이 말에 대한 정확한 의미가 정립되지 못한 채 정착된 용어로 쓰이고 있는 것이다. 따라서 이 용어에 대한 개념 규정이 필요한 것이다.

'가나안 성도'에 대한 의미를 명확히 하기 위해서는 이 말을 쓰기 시작한 두 기원에 관해 살펴볼 필요가 있다. 먼저 한국 개신교에서 시작을 찾아보자. 한국 개신교에서 이 말이 쓰이기 시작한 것은 신학교에서 언어적 유희 정도로 떠돌던 것을 함석헌이 나름대로 정의한 것에서 볼 수 있다.[50] 함석헌은 자신의 글에서 '가나안'을 물질에 빠져 현상 유지에 급급한 구조적 교회로 보았다. 그는 민중의 종교였던 기독교가 지금은 중류 계급의 종교가 되었고, 이런 현상을 유지하려는 가나안의 소망이 거꾸러지면 '안 나가'가 된다고 주장했다. 이는 현대 교회가 성경에서 풍요의 이미지로 묘사되는 가나안과 같이 물질적 풍요를 추구하며 안주하는 현실을 비판한 것이다. 교회가 사회의 역사적 현실에서 물러나 우상 앞에 절을 하며 예배하는 상황에서 민중들이 교회를 빠져나가는 것은 당연한 일인 것이다. 함석헌은 이런 한국교회의 특징을 "'안 나가'는 부대이다"[51]라고 쓰고 있다. 다음으로 성경에서 가나안의 의미를 찾아보는 것이다. 이는 이스라엘 백성들이 출애굽을 한 후 40여 년간의 광야 생활을 '가나안 성도'들의 상황을 설명하는 데 적용하는 것이다.[52] 이스라엘은 애굽에서 노예 생활을 하던 중 모세에 의해 출애굽을 단행한다. 그러나 그들이 목표로 삼았던 가나안 땅까지 도달하기 위해서 40여 년 동안을 광야에서 떠돌아야 했다. 한국 개신교에서 '가나안 성도'라고 할 때는 대부분 교회를 떠난 이들이 새로운 곳에 정착하기까지 광야와 같은 세상과 현실을 떠도는 것을 비유한 것으로 쓰인다.

이처럼 '가나안 성도'에는 두 가지 의미가 혼재되어 있다. 함석헌은 기존의 교회를 물질적 풍요를 좇는 가나안으로 비유하고 있고, 다른 하나는 출애굽을 기존의 교회를 떠나는 것으로 표현하고 약속의 땅인 가나안까지 가는 광야의 여정을 '가나안 성도'의 현실로 비유하는 것이다. 만약 함석헌의 의미로 사용한다면 '가나안 성도'는 물질적 만능에 빠진 기존 교회의 신자들을 말하는 것이 된다. 그러나 일반적으로 성경의 '가나안'은 출애굽과 연관시켜서 인식하는 경우가 많다. 대부분의 기독교 신자들은 '출애굽-광야-가나안'의 구조로 성경을 인식한다. 따라서 '가나안'이라는 이름 자체가 출애굽을 연상시키는 것이다. 그러나 오늘의 '가나안 성도'는 기존의 교회를 떠난 채 기독교인으로서 정체성을 유지하고 있으며, 이들은 ① 개인으로 존재하고, ② 소속이 없으며, ③ 규칙적이고 지속적으로 이루어지는 의례(ritual)에 참여하지 않는다는 점이 가장 큰 특징이라고 할 수 있다. 성경에서 출애굽한 이스라엘 백성은 강력한 신앙 공동체였으며, 40여 년의 광야에서도 제사와 절기를 반드시 지켰다. 그렇다면 그들은 모든 것을 떠나 개인으로 존재하는 '가나안 성도'와는 다르다. 그러므로 교회나 종교 단체를 떠나 '소속' 없이 개인적으로 존재하는 신앙인들을 가리켜 '가나안 성도'라고 표현하는 것은 문제가 있으며, 출애굽한 이스라엘 백성들과 이들의 광야 생활을 연상시키는 '가나안 성도'는 잘못된 용어라고 할 수 있다.

또 하나 '가나안 성도'라고 할 때 '성도'(聖徒, saint)라는 말의 남용 문제가 있다. '성도'는 "하나님께 부름 받은 구별된 자"로서 기독교의 복음을 받아들이고 거듭나서 구원이 이루어진 신자를 말한다. 성경에서 '성도'는 하나님의 '거룩'과 연결된다.[53] 따라서 이 말은 초대교회부터 그리스도교인들, 특히 그리스도의 인격을 닮은 사람들로 그리스도와의 개인적이고 인격적 관계를 형성한 사람들을 칭할 때 사용되었다.[54] 이들은 '거듭난' 사람들로, 그리스도와 같이 하나님의 말씀에 헌신하는 사람들이었다. 그러나 교회 안이나 밖에서 자신을 개신교인이라고 할 때는 거듭난 사람과 그렇지 않은 사람이 있을 수 있고, 단순히 기독교에 호기심을 가진 사람도 존재한다. 물론 교회에 갓 입회한 사람도 있을 것이다. 따라서 엄격한 의미에서 이들을 모두 '성도'라고 부르기에는 이 단어가 가진 의미가 한정적이다. 이를 엄격하게 적용하면 '성도'는 일정한 자격을 가진 이들에게만 부여되는 호칭이 되는 것이다. '가나안 성도' 중에는 아직 기독교의 진리를 알지 못하는 사람들도 있고, 이제 시작하는 사람들도 있다. 또 '가나안 성도'라는 말이 기독교적 현상만을 설명하는 데만 사용되는 것이 아니라는 점도 주의를 기울여야 한다. 오늘날 한국에서 '성도'는 불교나 다른 종교인에게도 적용되고 또 그런 종교에서도 출석을 하지는 않지만 여전히 그 종교적 정체성을 가진 사람들을 통칭할 때도 사용되고 있기도 하다. 그러므로 이 용어를 기독교에만 적용시키는 것은 오해를 불러일으킬 수 있다.

'가나안 교인'이라는 말도 적절한 명칭이 될 수 없다. 여기서 '교인'이라는 것은 이미 교회에 소속된 사람을 말한다. 그러나 '가나안 성도'는 교회에 참석하지 않거나 탈퇴한 사람들이다. 그러므로 이들을 '교인'으로 부르는 것도 적절하지 않다.

이들의 정체성을 규정하는 데 가장 중요한 것은 '소속' 여부이다. '소속'은 단순히 어느 기관이나 단체에 속해 있다는 것을 의미하지 않는다. 또는 어느 종교 기관에 등록되어 있다는 것도 아니다. 뒤에 자세히 설명하겠지만, '소속'을 규정하기 위해서는 '친숙성'이나 '감정적' 차원에서 마음을 둘 뿐 아니라 자신이 속한 곳에서 '호혜적' 책임을 자발적으로 행할 수 있어야 한다. 그리고 이런 모든 것의 전제는 '자발성'이다. 부모나 다른 상황 때문에 어쩔 수 없이 속해 있거나 의무를 감당하는 것은 '소속'이라고 할 수 없다. '소속'이 이들의 정체성을 규정하는 데 가장 중요한 요소 중 하나라면, 이들에 대한 명칭은 '무소속 신앙인'이나 '무소속 신자'가 정확하다. 그러나 한국에서 '가나안 성도'라는 명칭이 통용되고 또 정착되고 있기 때문에 '가나안 신자' 정도는 허용될 수 있을 것이다. 따라서 이 책에서 이후의 논의들은 이들을 '가나안 신자'라고 칭할 것이다.

5. 가나안 신자 모임 이해하기

'가나안 신자'들이 모이는 S모임[55]은 수행되는 종교적 의례가 '리미널'한 과정을 나타내고 '액체 교회'의 특성을 지니는 것으로 파악되는데, 이 책은 이를 통해 '신앙의 공공성'이 어떻게 드러나는가를 분석하였다. S모임의 이러한 특성은 교회 밖 대안 종교성을 가진 것으로 성격이 규정될 수 있는데, 그것은 곧 새로운 종교 문화의 창출로 인식될 수 있는 것으로서 전통적인 개신교의 현실 상황을 넘어서는 대안으로 기능할 수 있는 것이다.

한국 개신교[56]는 출석 인원의 계속적인 감소로 위기감을 느껴 왔다.[57] 그런데도 뚜렷한 대안을 제시하지 못하고 모든 것을 세속화의 영향으로 치부하고 있는 상황이다. 문제는 겉으로 드러난 출석 인원의 감소가 곧 개신교인의 감소로 연결되지 않는다는 것이다. 각종 조사에 나타난 수치는 개신교 교인의 수가 답보 상태이거나 오히려 늘어난 경우도 있다.[58] 이런 현상은 한국의 종교적 상황이 세속화의 예외적 사례라는 견해도 있지만,[59] 이는 종교의 영향이 더 커지고, 이에 따라 세계 종교 인구가 계속 증가할 것[60]이라는 연구와 같은 맥락으로 보아야 할 뿐이다.

한국교회 출석 인원의 감소와 가나안 신자의 증가는 한국교회 문제의 원인이 무엇인가에 대한 연구로 바로 이어진다. 이 원인에 대한 연구의 결과는 크게 두 가지로 요약할 수 있다. 첫째, 한국교회의 문제에 대한 연구는 대부분 교회 내부의 문제들에 초점을 맞춘다. 둘째, 교회를 떠난 가나안 신자에 대한 연구가 부족하다. 한국교회 내부의 문제점들을 연구할 때 나오는 결과들은 대부분 비슷하고, 그 결과들은 종교의 '사사화'(privatization)라는 관점에서 분석한 것이 많다. 종교의 사사화는 공공 영역에서 역할을 감당하던 종교가 개인적이고 사적인 영역으로 자신의 경계를 한정하는 것을 가리킨다. 종교의 사사화는 우주와 사회, 사람들에게 궁극적 의미를 부여하고, 이로 인한 질서를 규정하는 역할을 더 이상 하지 못한다는 것을 말한다.[61] 종교의 사사화는 곧 신앙의 사사화[62]나 교회의 사사화로 연결되어 논의될 수 있다. 역사적으로 교회는 종교의 공적 영역을 담당해 왔지만, 종교가 사사화되면서 집단적 신앙은 개인주의화되고, 종교는 선택의 대상이 되었다. 교회의 사사화에는 두 가지 의미를 내포한다. 첫째로 교회 자체가 공적 영역이 되기를 포기하는 것으로, 교회가 공적인 구조나 공간이 되지 않고, 세상과 분리된 철저한 이분법적 사고(思考)로 인해 폐쇄적인 구조가 되는 것이다. 이는 교회 내에서 공적인 담론(discourse)을 형성하지 않는 것을 말한다. 둘째로 교회가 더 이상 공적 영역으로 나아가지 않고 내적으로 몰두하는 것이다. 이는 교회가 세상에서 공적 역할을 포기하는 것으로, 교회 내에서 형성된 공적인 담론을 세상에 적용시키려는 노력을 포기하는 것이다. 그리고 이런 상황은 한국교회 위기의 가장 큰 요인 중 하나로 거론된다.

이런 상황에서 교회 밖 대안 운동 모임들이 생겨났고, 그중 가장 널리 알려진 모임 중 하나가 S모임이다. 이 모임은 교회를 떠난 가나안 신자들이 모이는 모임으로서 기존 교회의 모순과 문제점들에 대한 대안을 제시하고 이를 실천하는 모임으로 알려졌다. 이 모임은 기존 교회와 비슷한 형식의 예배를 하지만, 내용의 차별성을 통해 자신들의 목적을 구현한다고 주장한다. 기독교의 예배는 시대에 따라 변화했고, 그 당시의 문화 속에서 적응했다. 따라서 예배는 "문화와의 통전적인 만남이 필요하다."[63] 이는 기독교 복음이 당시의 지배 이데올로기에 대한 비판을 통해 변혁을 유도하며, 문화의 해방적 기능을 내재하고 있기 때문이다. 이는 한 사회 안의 종교는 그 시대의 문화적 변화에 적응해야 한다는 말이며, 이에 따라 예배의 형식도 문화의 흐름에 맞춰 포용력을 키워야 한다는 의미이다. 오늘날 기독교의 예배를 문화적 맥락과 틀 속에서 분석하려는 연구도 이에서 기인한다.

S모임의 예배가 기존 교회의 그것과 다른데, 그것은 새로운 시대적 변화에 적응하는 새로운 문화의 모습을 가진다고 볼 수 있다. 이는 S모임의 예배를 종교적 틀로만 해석해서는 안 되며, 문화 현상 가운데 하나로

해석하는 것이 가능하다는 말이기도 하다. 예배를 문화적 맥락과 틀 속에서 분석하기 위해서는 예배를 의례(ritual)로 보아야 한다. 의례를 의례절차(ritual script), 의례 역할(ritual role), 의례 청중(ritual audience), 의례도구(ritual artifacts)[64]로 구별하여 이를 S모임의 의례에 적용하면, 의례의절차에서는 신앙의 공공성을 드러내고, 의례의 역할에서는 설교자의 복음이 어떤 것인가를, 의례의 청중에서는 이 모임에 참석하는 가나안 신자들의 신앙적 특성을, 마지막으로 의례의 도구에는 이들이 모이는 장소와 의례의 도구를 분석할 수 있다. 그리고 S모임에서는 이 모든 것들이리미널의 과정 속에 존재하며, 따라서 이 모임은 일시적이며, 이것도 저것도 아닌(betwixt and between) 중간적인 상태에 존재하는 사회극 무대의 성격을 가진 것으로 파악할 수 있다. 따라서 S모임의 예배는 세 관점에서 분석이 가능하다.

1) S모임은 어떤 형식인가?

모임의 형식은 S모임의 구조에 관한 것으로, S모임의 예배를 의례로보았을 때 이런 구조가 시대의 변화 속에 나타난 문화의 한 현상으로서어떤 역할을 하는가를 드러낸다. 그것은 기존 교회를 떠난 가나안 신자들이 이 모임에서 예배를 드리는 것은 문화적으로 어떤 현상으로 보아야하는가, 이때 S모임에서 수행하는 의례는 무엇을 상징하며 이들에게 어떤 의미가 있는가라는 것이다. 이 책에서는 S모임을 '액체 교회'의 특성을 '리미널'한 구조 속에서 드러내고 있다고 보고, 이러한 탈구조적인 형태가 가나안 신자들에게 어떤 역할을 하는지를 밝힌다.

오늘날 '선교적' 운동에서 교회 사명에 관한 대화는 계속 줄어들고 있다. 신학적인 스펙트럼을 가로지르는 학자들과 교회 사역자들은 탈구조주의적인 지형을 이해하는 방법뿐 아니라 이를 수용하려고 노력하고 있다. 이는 교회의 형식, 의미, 실천뿐 아니라 그 근거가 되는 비판적인 신학적 통찰이 필요하다는 인식이 늘어나고 있다는 표시이다. 시대의 변화에 따라 교회가 소비주의 문화와 세속주의 속에서 새로운 세대에 어떻게 참여할 수 있는가의 문제가 그 핵심이다. 그 대답은 문화적 추세와 움직임에 창조적으로 참여할 수 있는 방법을 모색하는 것이다. 종교인의 삶이 문화에 의해서 중재되는 것은 기존의 종교에 대한 '재융통성의 방법'(method of reflexivity)[65]으로 가능하다. 이 방법을 수용한 교회는 '유동적인 교회'(ecclesia fluidity)[66]로서 주로 교회 밖 대안 종교로 등장하는 경우가 많다. 이런 교회나 모임은 종교와 문화를 중재하는 역할로 인해 더 넓은 문화권에서 생산적이고 순환적으로 나타나는 현상이다. 여기서 '중재'(mediation)는 교회가 문화적 영향에 따라 복음을 전하는 방법이며, 이것에 '참여'하는 것은 전통적인 교회 체제를 넘어서서 '하나님의 삶'을 확장하는 방법으로 간주된다.[67] 즉, '중재'는 다양한 형태의 문화적 의사소통을 통해 신앙을 표현하는 것이며, '참여'(participation)는 신성한 삶의 대화와 교회의 문화적 표현으로 볼 수 있다. 그러므로 중재와 참여는 불가분의 관계가 된다. 따라서 유동적 교회는 '문화 다양성', '맥락화', '번역' 등과 관련되며, 이는 현재의 문화를 재해석하고, 종교를 시대의 맥락에서 이해하며, 기존의 교회가 이를 수용할 수 있도록 번역하는 것을 말한다. 이러한 폭넓은 문화적 수용은 미디어가 교회의 정체성과 어떻게 소통되는지에 대한 이해를 동반한다. 오늘날 미디어(Mass-Media)는 신앙의 개인화를 촉진하는 역할을 하며, 이는 새로운 종교 문화를 창출한다. 유동적 교회란 일정한 형태가 없는 교회나 모임의 형식을 말하지만, 그것이 전파되는 경로와 방식을 포함한다. 여기서 미디어는 다양한 방식으로 종교 문화를 창출하며, 이는 곧 유동적 종교가 가능하게 하는 수단이 된다.

'리미널'은 터너가 주장한 사회극(social drama)의 '위반'(breach)-'위기'(crisis)-'교정'(redress)-'통합'(reintegration)/'분열'(schism)의 단계에서

둘째와 셋째에 해당하며, 터너는 이를 '리미널리티'(liminality)[68]라고 불렀다. 터너는 사회극을 객관적으로 구분할 수 있고, 서로 경쟁적이거나 논쟁적으로 충돌하는 "사회적 상호 행위들의 시퀀스"[69]라고 정의하고, 이를 "전 세계적으로 일어나는 보편적 사회문화 현상"[70]으로 보았다. 리미널의 구조에서는 모든 것이 모호하고 지나가는 중간 단계의 특성을 가지며, 이전과 이후의 상태를 알 수 없는 문화적 영역이 혼재되어 있다. 따라서 여기에는 불확실성이 나타나며, 모든 것이 어중간한 중간적인 상태를 보인다. S모임은 교회를 떠난 가나안 신자들의 모임이라는 점에서 사회극의 단계를 거치는 과정에 있으며, 체계적이고 구조적인 모임이 아니라는 점에서 리미널한 특성을 가진다. 따라서 S모임의 의례는 "여기에 속한 것도 아니고 저기에 속한 것도 아닌"(betwixt and between) 리미널한 과정에 있으며, 구조적인 기존 교회와 사회에 대한 반-구조(anti-structure)로서 존재한다. 이런 구조는 기존의 것들에 대한 저항과 대립을 가능하게 한다. 이런 특성은 교회 밖 '가나안 신자 모임'의 공통적 특성이며, 이를 판단할 수 있는 중요한 기준이 된다.

2) S모임은 어떤 내용인가?

S모임의 '내용'은 S모임의 의례가 무엇을 목적으로 하는가, 이들은 의례를 통해 무엇을 주장하는가 하는 주제를 다루는 것이다. S모임은 자신들의 의례가 '신앙의 공공성'을 드러내고, 이는 '새로운 복음주의' 운동의 일환이라고 주장한다. 여기서 '공공성'(publicness)을 사회 구성원들이 사회적 행위 범례를 규정하고, 사회적 관계를 조직하는 원리를 공공성의 철학에 의해 재구성하는 것[71]으로 보면 그것은 시대에 따라 변하는 것임을 알 수 있다. 그런데 '우리는 어떤 방식으로 공존해야 하는가'에 대한 사회집단들 간의 갈등[72]은 시대에 따라 계속 야기될 것이므로 그런 갈등

은 공공성의 위기를 가져올 뿐 아니라 공공성의 재구성을 요구하게 되기도 할 것이다. 즉, 변화란 국가에 의해 주도되었던 공공성이 사회 구성원에 의해 재정의되거나 재실행된다는 것을 의미한다. 국가적이고 거시적으로 시행되거나 조직되었던 공공성은 민주주의의 발달로 시민사회의 일상 영역에서 체험되는 것으로 '생활 공공성'73으로 옮겨지는 경향이 있다. 이런 '생활 공공성'은 "시민단체나 온라인을 매개로 움직이는 자발 집단 등 다양한 운동의 주체들을 행위자로 하고… 거시정치와는 다른 다양한 미시정치를 구성한다."74 시민사회의 미시정치를 위해서는 '공론장'(public sphere)이 중요한 역할을 하는데 공론장은 근대 부르주아 시민사회의 여론, 적절한 정보, 공중, 공개성, 발표하는 것 등과 관련된다.75 따라서 공론장은 국가 영역의 공적 역할과 구분되는 "사적 영역의 공공 의사소통 질서"라고 할 수 있다.76 이런 생활 영역의 공론장은 주로 시민단체에 의해 생성되며, 교회 밖 대안 운동으로 모이는 S모임과의 연관성을 찾을 수 있다.

S모임은 홈페이지에서 신앙의 '사회적 참여'를 목적으로 한다고 밝히고 있다. 이 모임은 그동안 교회가 공적 역할을 하지 못하고, 내부의 모순에 빠져 있다고 강하게 비판하고 있다. 이들이 신앙의 '사회적 참여'를 기존 교회의 대안 운동의 목적이라고 주장한다면 그것은 기존 교회의 '사사화'를 가장 큰 문제점으로 보고 있다는 반증이기도 하다. 따라서 이들이 말하는 '사회적 참여'는 신앙의 공공성을 말하며, 이는 신앙이 공공 영역으로 들어가는 것을 말한다. 이에 따라 이 모임의 의례에서는 신앙인으로 세상과 사회에서 무엇을 해야 하는가를 끊임없이 다루고 있다.

3) S모임은 새로운 복음주의인가?

'새로운 복음주의'란 역사적 복음주의와 다른 형태로 다양한 형태와 목적을 추구하는 복음주의 운동으로 현재 미국에서 활발하게 일어나고 있는 복음주의의 형태를 말한다.

S모임의 의례가 기존 교회의 것과 다르다는 면에서 이들을 '새로운 복음주의'로 볼 것인가, 그렇다면 이들의 '복음주의'는 기존의 그것과 어떻게 다른가를 볼 필요가 있다. 이 모임을 이끌고 있는 α대표는 자신을 '복음주의자'라고 밝히고 있다. 역사적으로 복음주의는 다양한 의미를 내포하고 있으며, 이에 따라 복음주의자들끼리의 선명도에 대한 경쟁도 치열하다. 한국 개신교에서도 기존의 교회뿐 아니라 새로운 신앙 운동으로 일어선 예배 형식들이 모두 '복음주의'를 자청했고, 이로 인해 복음주의 경쟁이 '부흥'이라는 이름으로 나타나기도 했다.77 복음주의의 역사가 긴 미국의 경우 기존 복음주의 교회가 좌파나 우파로 나뉠 뿐 아니라 '오순절교회'나 '이머징 처치'(emerging church), '신수행주의'(neo-monasticism)와 같은 다양한 형태의 새로운 복음주의 운동이 일어나고 있다. 이러한 상황은 한국의 복음주의에도 새로운 가능성을 제기하며, 이들을 복음주의 안에서 수용할 수 있는 인식의 변화를 요구한다.

이런 환경의 변화는 S모임이 교회 밖의 '대안 종교'로 자리 잡을 수 있는 가능성을 보여준다. 근대 이전까지 인간의 삶과 죽음에 관한 문제는 교리(dogma)에 연관된다고 보는 경향이 강했다. 그러나 오늘날 다원주의적인 사회에서 규범적 권위에 따르기 위해 자신의 내면을 무시하는 방식은 받아들이기 어려워졌다. 그것은 "특정한 교리적 틀에서 다원주의에 그치지 않는 무제한적 다원주의"78이다. 이로 인해 오늘날 대부분의 사람들이 "기독교 정통 신앙 밖의 종교 신앙이 있다고 표명한다."79 이는 다양한 비기독교적 종교뿐 아니라 내면의 자기감정에 충실하면서 그 속에서 초월적인 존재를 찾는 새로운 영성 운동이나 종교성이 나타났다는 것을 의미한다. 또한 기독교 신앙 내부에서도 이전의 교리적 종교가 아닌 실천적 신앙에 중점을 두고 현실적 종교 운동을 추구하는 변화도 일어났다. S모임은 "기존의 예배를 계승할 대안적 공간이 필요"하며, 교회에 가지 않는 성도들을 위한 예배를 위해 "다양한 대안적 선택 중 하나로 자리 잡을 필요"가 있다고 주장한다. 따라서 S모임은 자신들을 "대안적 예배"(alternative worship)로 규정하고 있다.[80] 실제로 이들의 모임의 특성과 추구하는 지향점은 교회 밖 대안 운동을 넘어 새로운 복음주의 형태를 제시하는 것으로 보인다.

II. 가나안 신자의 정체

앞에서 다루었던 '가나안 성도'에 관한 몇 가지 서술은 '가나안 신자'에 대한 정체성이 명확히 정립되지 않았다는 사실을 보여준다. 이는 곧 그들의 모임에 대한 정체성과도 연결되며, 이 둘은 서로 보완적 관계에 있다. 따라서 '가나안 신자'가 누구인가를 명확히 밝히지 않으면 이들의 모임 또한 규명할 수 없을 것이다. 이 절에서는 그것을 위해서 '가나안 신자'의 정체성을 몇 가지 관점으로 나누어 살펴본다.

우리가 여기서 목표로 삼는 것은 '가나안 신자'를 좀 더 구체적으로 정의(definition)하는 것이다. '가나안 신자'는 때로는 교회를 떠난 무교회주의자로, 신을 버린 무신론자로, 종교를 거부하는 무종교인 등 여러 의미로 대상화되었다. 이런 관점들은 그들을 이해하거나 현실의 종교적 지형을 올바르게 보는 것을 방해하며, 이들과의 관계에 부정적으로 작용한다. 따라서 이들의 정체성에 대한 정확한 논의가 먼저 필요하다.

1. '가나안 신자'는 무교회주의자들인가: 교회 밖, 교회 없는 신앙인

가나안 신자의 정체성에 관한 논쟁에서 반드시 규명해야 할 내용은 교회와의 관계를 밝히는 것이다. 여기서 말하는 교회는 전통적이고 조직적인 교회를 말하며, 가나안 신자는 교회를 떠난 신자로서 교회 밖에 위치한 이들이다. 우리 과제를 위해서는 그들의 모임이 신학적으로 '교회'인가를 정의하는 것에 앞서 한국의 개신교 역사에서 교회와 교회 밖, 교회와 교회 아닌 것이 어떻게 설정되어 왔는가를 살펴볼 필요가 있다. 이런 논의에서 최태용의 '비교회주의'와 김교신의 '무교회주의'는 가나안 신자 모임을 이해하는 데 중요한 논점을 제공한다.

최태용의 비교회주의는 교회주의(churchism)가 아닌 신앙을 말할 때 사용된다.[1] 여기서 비(非)는 교회주의를 반대하는 신앙으로 표현된다. 교회주의는 신앙의 생명력이 없이 교리와 의례만 남아 있는 형식적인 교회를 말한다.[2] 그는 교회 자체가 신앙의 대상이 되는 것을 거부하고, 이런 형식적 신앙이 신앙 생명을 방해하고 있다고 주장했다.[3] 교회주의는 신앙의 생명과 영적 진보를 방해한다. 따라서 조선교회의 신앙을 개혁하려면 근본적으로 신앙을 부흥시키고 제도화된 교회를 넘어 내적인 신앙을 추구할 필요가 있다.[4] 그는 이런 신앙의 생명력으로 교회의 문제들뿐 아니라 조선교회의 근본 문제를 해결할 수 있는 것으로 보았다. 이런 면에서 최태용의 비교회주의는 교회 자체를 거부하지 않는다. 오히려 그는 신앙의 생명력 회복을 통해 교회가 바로 설 수 있다고 믿었다. 신앙이 교리나 의례 또는 교회 조직으로 인해 그 생명력이 상실되는 것을 교회주의라고 하면, 최태용의 비교회주의는 신앙의 원초적 생명력을 회복하기 위해 교회주의적 요소들을 반대하는 것이다. 그런데도 그는 교회의 의례나 조직 등이 불필요하다고 거부하지 않았다.[5] 그것들은 신앙의 생명력을 통해 원래의 기능과 목적을 회복해야 할 대상인 것이다. 신앙의 생명력은 하나님과의 직접적인 경험을 통해 이루어진다. 성경은 하나님을 경험한 초기 제자들에 의해 기록되었기 때문에 하나님을 경험하는 것이 앞서게 된다. 이는 오토(Rudolf Otto)의 '누미노제'(Numinose) 경험이나 슐라이어마허(Friedrich Daniel Ernst Schleiermacher)의 '절대의존의 감정'을 연상시킨다. 그러나 신앙의 생명력을 회복하는 것은 인내와 시간이 필요한 과정이다. 먼저 교회에 출석하는 것을 멈추지 않고 교회를 위해 기도해야 한다. 다음으로 교회주의가 더 심각한 상황에 이르면 하나님의 말씀과 성령의 인도로 이를 바로 잡을 수 있도록 노력한다. 마지막으로 내가 할 수 없다면 교회 밖에서 그 교회를 위해 항의하고 반대(protest)해야 한다.[6]

최태용의 비교회주의를 정리하면, 신앙보다 교리나 의례, 조직 등이

기독교라고 잘못 이해하는 것이 교회주의이며, 이에서 벗어나 신앙의 생명력을 회복함으로써 진정한 교회가 될 수 있다는 것이다. 그러나 교회 안에서 이런 개혁이 불가능할 경우 교회 밖에서 이를 비판하고 반대할 수 있다. 그리고 이 모든 것은 교회의 부정이 아니라 교회를 다시 회복시키는 일이며, 따라서 비교회주의는 교회의 존재를 부정하는 것이 아니다. 이런 주장으로 인해 무교회주의자인 김교신은 최태용의 비교회주의를 장로교나 감리교 같은 조선교회의 한 분파로 취급하였다.[7]

김교신은 우치무라 간조의 영향으로 루터의 종교개혁에서 나타난 이신칭의(以信稱義, Justification)나 만인제사장(萬人祭司長, Priesthood of All Believers)을 무교회주의의 중심 내용으로 강조했다. 이는 구원을 매개하는 교회나 사제의 지위가 필요 없으며, 그리스도를 믿는 신앙, 즉 믿음만으로 구원을 얻는다는 종교개혁의 주장을 충실히 이행하는 것이다.[8] 그에게 제도적 교회는 구원과 연관해서 고려할 대상이 아니었으며, 신앙인들이 모이는 영적 단체[9]나 모임을 진정한 교회로 생각했다. 이런 모임은 주로 평신도 지도자에 의해 인도되었고, 신학적 교육이나 직업적 목회자를 인정하지 않았다. 의례 또한 신앙과 상관이 없었다. 이러한 것들은 조직적 교회와 마찬가지로 형식적인 것이며, 구원과는 아무런 관계가 없다. 이런 면에서 김교신은 철저한 무(無)교회주의자라고 할 수 있다. 그에게 성서는 교회 없는 신앙을 가능하게 하는 수단이 된다. 김교신에게 성서의 존재는 제도적 교회와 목회자로부터 벗어나서 신앙을 가능하게 하는 유일한 근거가 된다. 따라서 제도적 교회에 의미를 두지 않고 예수와 성서를 중심으로 나아가는 것이 무교회주의의 신앙이다.[10] 그러나 김교신은 교회에 출석하거나 교회가 존재하는 것을 부정하지는 않는다. 그는 교회에서 주일학교장이 된 적도 있으며, 교회를 건축한 경험도 있었다.[11] 그럼에도 그가 조직적 교회를 벗어나려는 것은 성서 이외의 것들에 중심을 두는 교회주의와 교회지상주의 때문이다. 그에게 교회주의는

조직, 목회자, 교리 등이 신앙에 반드시 필요하다는 인간주의에 불과하다.[12]

한국의 가나안 신자와 모임의 정체성은 이 두 가지 탈교회주의와 연관성이 있다. 우선 앞에서도 언급했듯이 한 연구에서 가나안 성도들이 "다시 교회로 돌아가고 싶다"고 응답한 비율이 71%[13]로 조사된 것은 이들 대부분이 교회 자체를 부정하는 것이 아니라 교회의 불의와 기타 여러 가지 원인으로 떠난 사람들이라는 것을 보여준다. 그러나 이들 중에는 기존의 교회 체제나 신학 자체를 문제 삼는 사람들도 있다. 이들은 교회나 신학이 현실의 상황들을 설득하지 못한다고 보고 새로운 대안을 찾는 것이다. 따라서 '가나안 신자'라는 용어를 쓸 때 그 둘을 분명하게 구별할 필요가 있다. 이런 구분은 우리의 연구의 대상을 명확하게 설정하게 하고 또 그에 따른 과정과 결론도 달라질 수 있는 것이다.

2. '가나안 신자'에게 구원이 있는가: 교회 밖과 구원 밖

한국의 가나안 신자 현상의 논의에서 반드시 다루어야 할 내용은 그들이 자리한 '교회 밖'의 상황과 구원(Salvation)의 상관성을 밝히는 것이다. 이는 전통적 교회에서 '가나안 신자'들에 대한 관점을 형성할 때 가장 중요한 개념으로 작용하며, '가나안 신자'들에게 자신의 신앙에 대한 정당성을 확보해주는 기제로 작용하기 때문이다. 이런 쟁점에서 가나안 신자의 정의와 정체성의 문제, 이들의 신앙과 신학적 정당성의 문제에 이르기까지 칼 라너(K. Rahner)의 연구가 핵심에 자리 잡고 있다. "오늘날의 그리스도인들은 교회를 구원의 상속자들의 무리로 경험하기보다는 역사적으로 사회학적으로 파악할 수 있는 그들의 전위대로 경험한다"[14]는 말은 구원의 담보로서의 교회가 사회적 변화를 통해 새롭게 인식되고 있다는 것을 말하는 것이다. 또한 그는 "그리스도인은 오늘날 분명하게 하느님의 보편적인 구원의 의지를 알고 있다"고 한다.[15] 여기서 라너가 말하려는 것은 그리스도의 임재를 위해 첫째로 하느님의 보편적이고도 역사하는 초자연적 구원의 의지와 둘째로 타 종교가 비그리스도인이 구원을 받을 때 칭의와 구원 획득에 부정적 역할을 하는 것이 아니라는 것이다. 따라서 비그리스도교인들에게 나타나는 구원의 역사도 비역사적인 것이 아니다.[16] 이런 주장은 전통적인 구원론의 배타주의를 파괴하는 것으로 "이름 없는 그리스도인"이라는 개념으로 전통적인 그리스도교의 구원관을 넓히려는 것이다.[17] 또한 "신은 인간 본성이나 교회보다 크다"[18]는 것을 강조함으로써 그리스도의 은혜를 확장시키려는 것이다. 그러나 라너는 그리스도를 구원의 "구성적 원인"[19]이며 교회는 "그리스도의… 계속적인 역사적 현존"[20]이라고 설명함으로써 전통적 교회의 역할을 포기하지 않는다.

한스 큉(Hans Küng)은 교회의 가시성(可視性) 속에 불가시성(不可視性)도 있기 때문에 보이는 교회와 보이지 않는 교회를 대립시키는 것은 정당하지 못하다고 주장했다.[21] 라너가 '익명의 그리스도인'이라는 개념으로 교회 밖 구원에 대한 가능성을 제시했다면, 큉은 조금 더 직접적으로 교회 밖 구원에 대한 질문을 하고 있다. 그는 베드로전서 3장 20절에 나오는 노아의 방주는 방주 밖에 있는 자들을 정죄하려는 것이 아니라 방주 안에 구원이 있음을 강조하려는 것이며, 19절에서 그리스도가 홍수 때 죽은 자들을 위하여 전파하신다는 말씀을 들어 방주 밖의 구원에 대한 가능성을 인정하는 것으로 해석했다. 즉, 그리스도 밖에는 구원이 없으나 방주 밖에는 구원이 있다.[22] 이러한 주장은 타 종교인이나 무신론자에게까지 열려있는 구원의 가능성을 인정한 '제2 바티칸 공의회'의 입장과 대립되지 않으며, 따라서 큉은 "교회 밖에 구원이 있다"(Ausserhalb der Kirche Heil)고 주장한다.[23] 그러나 큉의 주장은 구원에 관한 교회의 역할을 부정하지 않는다. 큉은 라너의 주장이 교회의 존재를 없애버리며, 이는 그리스도교의 본질을 상실하게 한다고 비판했다. 라너의 '익명의 그리스도인'은 구원의 과정에서 교회의 필연성을 제외시킨다는 것이다.[24] 이런 주장들에 의하면 그리스도와 교회는 하나이지만 그리스도의 은혜는 교회에 한정되지 않으며, 따라서 교회 밖의 구원은 가능성으로 존재한다. 그럼에도 이런 논의들은 교회 밖의 구원 가능성에 개방적일 수 있으나 교회의 역할에 대한 중요성은 여전히 강조하고 있다고 할 수 있다.

존 힉(John Harwood Hick)은 종교다원주의적 관점으로 이런 논의들을 이어간다. 그는 개신교적인 배타주의와 엘리트주의를 반대하고, 그리스도교를 해방하려는 모든 시도를 지지했다. 그에게 그리스도는 초대교회가 경험한 예수를 표현한 것이며, "인간을 신과 만나게 해주는 자로서 표현하는 효과적인 방식"[25]이다. 성육신은 폐기되는 것이 아니라 신화로서 받아들여져야 한다. 따라서 "그리스도교는… 신학적 근본주의… 문자적 해석의 단계로 떠나게 될 것이다."[26] 여기서 그리스도는 교회와 동일하지 않으며, 교회는 신화적 장소로서만 역할을 하며 구원에 관한 것을 독점하지 못한다.

파니카(Raimundo Panikkar)가 주장한 '범세계적 일치 운동'(ecumenical ecumenism)은 그리스도교 교회들뿐 아니라 이런 관점에 동의하는 세계 종교들의 일치 운동이다. 그에 의하면 전통적 종교들은 그 "'종교'가 대표하는 것을 독점하는 것 같은 태도를 버려야 한다."[27] 그에 의하면 인간의 주관적이고 객관적인 인식과 경험의 범위가 현대에 이르러 다원주의적으로 실재하기 때문에 세계는 철저히 변화되었다는 것이다. 따라서 그리스도의 유일회성과 보편성도 관한 전통적 이해도 재해석해야 한다. 그리스도는 나사렛 예수라는 실존 인물 안에서 성육신되었다는 것을 인정하지만, 그러한 성육신이 예수 안에서 유일하게 일어났다는 것은 거부된다. 이는 구원에 있어서 교회의 유일성과 보편성이 더 이상 담보되지 않음을 의미한다.

　오늘날 구원에 관한 교회의 역할은 더 이상 독점을 인정받지 못한다. 교회는 단순한 장소이며, 교인들이 모이는 건물에 불과하다. 따라서 교회를 크게 짓거나 확장하는 것을 사회적 윤리와 연결시켜 비판할 수 있게 된 것이다. 신학적으로 교회를 '믿는 사람들의 모임'이라고 할 때도 그 자격은 건물로서의 교회 밖에서도 얼마든지 가능하다는 점에서 교인들의 비판은 설득력을 잃는다.

　이러한 관점은 S모임의 가나안 신자들에게 분명하게 드러난다. 이들은 교회가 구원의 방주라고 생각하지 않으며, 심지어 예수의 유일성에 대해서도 의문을 나타냈다. 후술하겠지만 그들의 이런 신앙적 관점은 전통적 교회와의 간극을 더욱 벌어지게 한다. 다시 말하면 구원을 이들의 개인적인 신앙과 연결시키는 것은 가능하지만 단순히 이들이 교회에 출석하지 않는다거나 교인의 자격으로 판단하기에는 무리가 있다.

3. 가나안 신자들이 지닌 신앙의 대안 종교성

　오늘날 한국 사회 내에서 일어나고 있는 신앙 운동의 유형(특히 개신교)은 주로 기존 교회의 하위문화(sub-culture), 전통적 교회에 대한 신학적·문화적 대항 운동(counter-movement), 포스트모던(postmodern)적 상황 속에서 새로운 신앙적 표현(new way of expression)이라는 틀 안에서 분류할 수 있다. 하위문화는 자체 신념, 규범 및 가치를 가질 수 있지만, 일반적으로 주류 문화(mainstream culture) 내에 존재하며, 그것을 뛰어넘거나 사회적 흐름을 벗어나지 않는다. 대항 운동은 주류 문화와 다르며, 기존의 지배적인 문화에 도전하고 사회 변화를 일으키는 반작용으로 존재한다. 종교적으로 볼 때 이 둘은 모두 기존 교회 범위 안에서도 일어날 수 있다. 이는 대항 문화가 하위문화의 형식으로도 발전될 수 있다는 점에서도 확인된다.[28] 그러나 새로운 운동은 기존의 종교적 틀을 벗어나 새로운 영성이나 종교를 추구하는 것으로 분류되기도 한다. 이를 종교로 볼 것인가는 아직도 정리되지 않았지만, 종교의 정의가 다양해지고 있고, 이를 수용하는 시대적 상황이 더 넓어지고 있다는 점에서 긍정적이다.

신학과 신앙을 표현하는 방식은 달라도 이들의 공통점은 기존의 전통적인 종교 체계나 내용과는 다른 '대안 운동성'이다. 여기서 '대안'(代案)은 기존의 것을 대신 할 수 있는 다른 것을 제시하는 것을 말한다. 이때 대안은 기존의 실체나 상황에 대해 다른 의미를 만들거나 제시하고, 이에 따라 새로운 상황이나 실체를 창출해낸다. 이러한 대안적 특성이 문화나 종교에 적용될 때 '대안 문화'(alternative culture)나 '대안 종교'(alternative religion)가 될 수 있다. 이런 대안 문화는 주류 문화와 반드시 갈등 관계에 있지 않다. 대안 문화는 주로 비상업적이며, 참여에 중점을 두고 지역과 국가, 문화와 종교 등 다양한 사안에 대해 해결을 모색하게 된다.

여기서 가장 문제가 되는 것은 하위문화로서 수행되는 대안 운동이다. 기존 교회의 하위문화는 '청년예배'나 '교회 분립' 또는 선교를 위한 새로운 교회 운동 등과 같이 기존 교회의 확장의 일환으로 문화를 전략적으로 이용하는 것을 포함한다. 또 다른 경우는 전통적 교회를 떠난 신자들이 새롭게 세운 교회이다. 이때 기존 교회에 대한 비판적이고 대항적인 종교 문화를 추구하기도 하지만, 기존 교회의 도덕적·윤리적 반성 위에 신앙을 재정립하고자 하는 교회가 대부분이다. 이들은 대부분 기존 교회의 교리와 형식을 그대로 수용한다. 이런 교회들은 기존 교회의 의례의 형식이나 신학적 방향이 동일한 경우가 대부분이라는 점에서 이들이 대안 교회 운동을 한다고 보기는 어렵다는 주장도 있다.[29] 그러나 이들이 기존 교회의 불합리와 불의, 잘못된 관행 등으로 교회를 떠나 이를 수정하려는 목적으로 교회를 세웠다면, 이는 좁은 의미로 '대안'을 제시하는 것으로 보아야 한다. '대안'이 반드시 새로운 신학을 주장하거나 기존의 종교적 틀에서 벗어난 새로운 영성 운동 또는 모든 것을 개혁하고 대항적 사회운동에 참여해야만 하는 것이 아니라, 기존 교회에 대한 잘못된 점을 제시하고 이를 수정하고자 한다면 이를 '대안'을 추구하는 것으로 볼 수 있을 것이다. 따라서 기존 교회의 전통적·신학적·형식적 구조를 따르지만, 그 내용과 지향점이 다를 경우에 '대안'을 제시하는 것으로 보아야 한다. 여기서 '대안'은 기존 교회의 그것을 새롭게 확장하는 개념이 아니라 그것을 거부하고 수정하는 것을 말한다. 그러나 단순히 기존 교회의 신학과 의례를 답습하면서 의사소통이나 정책 결정 등의 과정만 새롭게 하려 한다면 이는 넓은 의미의 '대안 운동'으로 보아야 한다. 이들은 여전히 기존 교회의 하위문화 내에 있다고 볼 수 있지만, 그것을 선별 수용하고 나름대로 새로운 방향을 모색한다는 점에서 '대안 운동'을 한다고 볼 수 있다. 좁은 의미의 '대안 운동'이란 이보다 더 과격하고 급격한 것을 의미하며, 이는 기존의 의례나 신학 자체를 거부하거나 변형하려는 움직임을 포함한다. 이들은 또 다른 전통적 교회가 아닌 기존 교회에 대한 반성적·극복적 교회나 또는 모임으로 볼 수 있다. 그러나 이들을 '가나안 신자'의 모임이나 교회라고 하는 것은 이들의 정체성을 고려하지 않는, 문제 있는 인식이다.

S모임은 좁은 의미의 대안 운동의 성격을 가진다. 이들은 의례의 형식에서만 비슷할 뿐 그들이 추구하는 방향이나 이를 위한 성서의 해석 등에서 기존 교회와 다른 지향점을 가진다. 이들은 단순히 기존 교회의 과정과 절차에 이의를 가지는 것이 아니라 신학적 해석과 실천의 문제에서 다른 관점을 가진다. 따라서 이 모임은 기존 교회의 하위문화(sub-culture)가 아닌 전통적 교회에 대한 신학적·문화적 대항 운동(counter-movement)의 성격을 가진다.

4. 가나안 신자와 다른 유형들

'가나안 신자'에 대한 정체성을 명확하게 하기 위해서는 이들에 대한 여러 가지 오해를 제거해야 한다. 이는 기존의 교회에서 이들을 바라보는 신앙적 관점들이 다양하다는 것과 연관이 있다. 이들은 여러 측면에서 평가되고 있는데, 이러한 평가는 이들을 부정적으로 바라보게 하는 역할을 한다. 따라서 교회를 떠난 사람들을 무조건 '가나안 신자'라고 규정하는 것에서 그 둘을 구별할 필요가 있다.

1) 무신론자

먼저 기존 교회에서 신앙생활을 하다가 어떤 이유로 '무신론자'(atheism)가 된 이들을 상정할 수 있다. 무신론자는 말 그대로 신(神)의 존재나 초월적인 절대자를 부정한다. 그러나 무신론자라고 해서 종교까지도 거부한다고 생각하는 것은 잘못이다. 무신론자 중에서는 신의 존재에 대해서는 부정적이지만, 종교 자체에 대해서는 긍정적인 생각을 하는 사람들도 있다. 예를 들어 알랭 드 보통(Alain de Botton)은 자기는 무신론자이지만, 종교는 우리 삶에 두 가지로 매우 유용하다고 주장한다. 그 하나는 인간의 폭력적인 성향에도 불구하고 함께 살아야 한다는 필요성 때문이다. 다른 하나는 인간의 나약함 때문에 끔찍한 고통에 대처해야 하는 상황에서 역시 종교가 필요하다는 것이다.[30] 또한 무신론자들이 기존 종교에 부정적인 영향만 끼친다고 생각하는 것도 잘못이다. 로핑크(Gerhard Lohfink)에 의하면 세상에는 "다양한 부류의 무신론자들이 있으며, 매우 다양한 형태의 무신론들이 있다." 따라서 모든 무신론자들이 그리스도교 혐오자들이 아니며, "건전하고 자기비판적인 무신론과의 만남은 신앙을 더욱 견고하게 해준다."[31] 기존 전통적인 교회에서 신앙하다가 신의 존재에 대해 회의를 품고 신을 부인하는 무신론자도 마찬가지이다.[32] 신을 전제로 한 종교 생활이라면 불가능하지만, 위의 경우처럼 종교를 개인의 삶에 유용한 도구로 이용한다면 신을 부정하면서도 종교 생활이 가능하다. 종교를 도덕적이고 윤리적인 도구의 기준으로 이용하거나 개인의 정신적·육체적 안정의 도구로 활용하는 경우는 이미 철학자들이나 많은 실천가에 의해 증명되고 있다.[33] 물론 이것은 요가(yoga)나 기타 신종교로 불리는 새로운 운동들과는 별개의 논의로 해야 할 것이다. 무신론자들을 신앙의 한 개념으로 분류하는 학자들도 있지만, 이 책에서 '가나안 신자'의 경우 정도의 차이는 있으나 초월적 신을 전제로 한 종교를 말한다는 점에서 개인의 이익과 취향으로 종교를 이용하는 무신론자는 대상이 될 수 없다. 나아가 기독교인이었다가 교회를 떠나 '무신론자'가 된 경우도 '가나안 신자'에 속할 수 없다.

2) 무종교인

'무종교인'(religious none)은 무신론자와 다르다. 무신론자는 신이나 절대적 초월자의 존재를 인정하지 않지만, 무종교인은 신의 존재를 긍정하거나 그럴 가능성이 크다. 다만 특정한 종교를 가지고 있지 않을 뿐이다. 문제가 되는 것은 교회를 다니다가 무종교인이 된 경우이다. 이러한 경우는 수없이 많은 이유가 있겠지만, '가나안 신자'와 연관이 되는 경우는 교회에 불만 때문에 또는 신학적인 이유 때문에, 그 외 여러 가지 이유로 기존 교회를 떠나고, 기독교의 하나님에 대해 회의를 가지며, 자신의 종교마저도 거부하는 경우이다. '가나안 신자'를 정의할 때 자신의 종교를 계속 유지하면서도 교회에는 출석하지 않는 이들을 일컫지만, 이들 무종교인의 경우에는 다시 동일한 종교를 택할 가능성이 있기 때문에 잠재적인 '가나안 신자'로 분류하는 것도 가능하다. 이들은 다른 종교에 관심이 있어서 떠난 경우가 아니라 교회나 신학적 문제, 그 외 개인적인 관심사의 변동으로 더 이상 전통적 교회의 믿음을 유지하기 어렵다고 판단하고 자신의 종교를 포기하는 경우이다. 교회의 행태나 신학적 이유가 스스로를 설득할 수 없어서 종교를 포기한 것이다. 이들은 신을 인정하지만, 그 신을 섬기는 교회의 조직이나 행태에 동의할 수 없을 때 교회를 떠나게 된다. 또는 그 신을 해석하는 신학적 논리를 수긍할 수 없을 때 교회를 떠나는 것이다. 이는 주로 설교나 성경 공부의 내용에 동의할 수 없을 때 나타나는 현상이다. 이런 면에서는 '가나안 신자'들과의 접점도 있지만, 종교 자체를 거부한다는 점에서 다르다고 할 수 있다. '가나안 신자'들은 종교 자체를 거부하지 않는다. 종교의 형식, 종교의 내용을 거부할 뿐이다. 그들은 자신을 '개신교인'으로 알고 있으며, 이를 바탕으로 새로운 신학적 견해를 전개했다. 따라서 '무종교인'은 '가나안 신자'가 될 수 없다.

3) 개종자

'개종자'[34]의 경우는 조금 더 세밀한 분류가 필요한데, 먼저 전통적 개신교에서 새로운 개신교 계통의 종교로 옮겨 간 경우를 '가나안 신자'로 분류할 수 있는가 하는 문제이다. 여기서 말하는 개신교 계통의 종교란 개신교의 한 분류나 새로운 종파라기보다는 전통적 개신교에서 이단으로 분류되었지만 여전히 개신교 집단으로 자처하고 있는 종교들을 말한다.[35] 이들은 개신교라는 이름을 가지고 있지만 그 내용은 전통적 개신교에서 벗어난 경우를 말한다. 예를 들어 통일교의 경우 자신들을 개신교 집단으로 주장한다면 전통적 개신교단에서는 이단이 되지만, 개신교 집단임을 내세우지 않는다면 다른 종교 집단이 될 것이다.[36] 물론 이단의 기준은 언제나 자신이 정통이라고 주장하는 기득권자들의 판단에 불과할 수 있다. 특히 오늘날과 같이 다변화하는 세상에서 한 가지 기준으로 모든 것을 판단하는 것은 현대인들에게 받아들여지기 힘들다.

오늘날 이단들에 대한 우리의 가치판단에 대해 김쾌상은 의문을 가져보아야 한다고 주장하며 몇 가지 근거를 제시한다. ① 오늘날 교회의 다원성과 신학적 입장의 다양성이다. ② 이단이라는 것은 기본적으로 진리의 문제가 아니라 사회적 문제라고 보아야 한다. 그는 이런 논리로 정통과 이단을 상대적 논리로 놓고 봐야 한다고 주장했다.[37] 전통적인 교회에서 볼 때 이단에 속한 개신교 계통의 종교 단체에 속한 사람을 '가나안 신자'로 분류할 수 있는 이유는 그들이 전혀 신앙하는 사람들로 인정받지 못하기 때문이다. 그들이 속한 단체는 전통적인 교단이나 교회에서 볼 때 개신교가 아니다. 그들이 믿는 하나님은 성경에 나타난 하나님이 아니라고 판단된다. 따라서 그곳에 속해서 신앙을 하는 사람들은 올바른 개신교 신앙을 가진 것이 아니다. 그러므로 그들은 올바른 교회에서 떠나 잠시 '길을 잃은 어린양'이 되는 것이다. 그들은 언제든지 다시 돌아와야 할 잠재적 교인들이다. 이런 주장에 의하면 그들도 '가나안 신자'가 될 수 있다. 그러나 이단에 대한 여러 정의(定意)가 있다 할지라도 이들은 교회와 동일하거나 비슷한 건물 또는 체계, 조직을 가지고 있는 경우가 대부분으로 이에 정기적으로 출석하는 사람들을 '가나안 신자'로 분류할 수 없다. 이들은 기독교라는 명칭을 사용하며, 기존의 교회와 비슷한 조직과 체계를 갖추고 있고, 운영도 기존의 교회를 모방하는 경우가 많기 때문에 이에 '소속된' 사람들을 단지 신학적 판단만으로 '가나안 신자'로 보기는 어렵다. '가나안 신자'가 어딘가에 '소속'되지 않는 상태를 의미한다고 하면 이들은 고정적인 출석을 하고 있다는 점에서 '가나안 신자'라고 할 수 없다. 물론 여기에는 새로운 개신교 계통의 종교로 옮길 경우를 개종으로 봐야 하는가에 대한 문제도 있다. 여기서 말하는 개신교 계통의 종교란 이단이 아닌 정통 기독교의 한 분파나 교파를 말한다.

'개종'의 경우는 '신종교'[38]를 찾아 교회를 떠난 사람을 '가나안 신자'로 규정할 수 있는가 하는 문제도 있다. 신종교를 어떻게 정의할 것인가 하는 문제에 대해 연구자들은 일치된 견해가 보이지 않는다. 신종교를 기존의 전통 종교적 체계나 교리를 완전히 벗어난 일종의 과학적이고 심리적인 부류에 한정하는 경향이 있는가 하면, 전통 종교적 체계나 교리를 가지고 있음에도 신종교로 분류하는 학자도 있다. 또한 전통 종교적 체계나 교리를 갖추었다고 해도 신종교의 체계에서 제외되는 경우도 있다.[39] '가나안 신자'를 기존 교회를 떠났지만 여전히 개신교적 정체성을 가지고 있는 사람들이라고 정의하면, 신종교를 찾아간 이들을 '가나안 신자'로 규정하는 것은 어렵다. 그들은 기존 종교를 버리고 새로운 종교로 개종한 사람들이기 때문이다.

또 다른 부류로 무신론자처럼 신 자체를 거부하는 것도 아니고, 타종교로 개종한 것도 아니지만, 교회 출석을 하지 않거나 못하는 이들도 있다. 이런 사람들이 교회를 떠나는 이유는 주로 개인적인 이유[40]나 신앙을 할 시간의 확보가 어려운 경우라고 볼 수 있다.[41] 교회나 신학적 이유는 자신에게 상관이 없지만 개인적인 이유나 삶의 우선순위 때문에 교회 출석을 멈추는 경우가 이에 해당된다. 신앙은 있지만 개인적인 일이 바빠서 교회 출석을 하지 못하는 경우에 시간이 지남에 따라 교회 출석과 신앙이 무심해져버린 사람들도 있다. 물론 이들을 엄격한 의미로 '가나안 신자'로 보기에 어려울 수 있다. '가나안 신자'는 교회 출석과 신앙 지속의 의사(意思)가 있음에도 여러 가지 이유로 교회를 떠났지만 개신교인의 정체성을 가지고 개인적으로 신앙의 지속을 추구하는 경우를 말하기 때문이다. 따라서 개인적인 상황이나 일 때문에 일시적으로 교회 출석을 포기했다면 이들을 '가나안 신자'라고 할 수 없다. 그러나 이런 상황으로 교회를 출석하지 않다가 신앙이 시들해져서 교회 출석을 포기했다면 잠재적인 '가나안 신자'로 분류할 수 있다.

5. 가나안 신자 모임에 대한 두 시선

한국 가나안 신자 모임을 파악하는 데는 두 가지 시선이 존재한다. 하나는 시민 단체적인 관점으로, 사회의 공적인 것에 참여하는 것에 중점을 둔 종교 기반 시민단체로 보는 관점이고, 다른 하나는 전통적 교회의 모순에서 벗어나 새롭게 그들의 신앙을 재정립하는 모임으로 보는 관점이다. 가나안 신자 모임을 새로운 영성이라는 시야에서 보면 기본적으로 새로운 영성 운동은 개인주의적이라는 특성을 가지는 것이 일반적이지만, 이들은 종교를 대체한 운동이나 사상이 아닌 새로운 대안 종교라고 보는 것이 공통된 인식이라고 할 수 있다. 새로운 영성 운동은 지극히 개인주의적이면서도 세상과 사회에 참여한다는 역설을 가진다. 새로운 영성은 단순히 개인의 차원에서 머무는 것이 아니라 영성의 사회적 의미가 중요하게 다뤄진다. 이런 새로운 영성은 우주나 세계는 결코 쇠퇴하는 것이 아니라 풍성한 산출력을 가진 생명체로 여겨지며, 그 안에서 생명력과 자연 회복력을 수용할 수 있다고 믿는다. 따라서 환경 운동에 대한 관심이 크며, 이는 곧 사회운동이나 정책 등에 참여하는 계기가 되기도 한다. 종교의 사사화나 세속화로 인해 종교가 개인의 선택으로 남게 된 상황에서 기존의 자리를 잃어가는 종교는 공공의 영역으로 전략을 바꾸기도 한다.[42] 기존 종교의 재활성화는 공공의 영역에서 민주화 과정이나 대선 또는 경제적 위기 등의 상황에서 종교가 개입하는 것으로 나타난다. 이에 따라 새로운 영성 운동이나 대안 종교 등도 사회운동이나 특히 환경 보호 운동 등에 적극적으로 참여하는 경향이 있다. 이는 기존 종교가 주로 제도화된 정치나 그 외 제도화된 영역에서 영향력을 끼치는 반면 대안 종교나 새로운 영성 운동은 환경이나 동물 보호, 우주에 관한 관심 등과 같은 '틈새'로 나아가는 움직임을 보여준다. 여기서 '틈새'는 종교의 영역이 더 넓어지고 깊어지며 다양한 곳까지 진출하려는 것을 나타내고 또한 이런 움직임마저도 '종교'가 될 수 있다는 것을 표현하는 단어가 된다.

이러한 움직임은 이들의 모임에 대한 공공적 신앙의 문제를 제기한다. 여기서 공공적 신앙이란 사회학에서 주장하는 '공공성' 개념을 종교적 영역과 접목시키는 것이다. 공공성이란 영어로는 public으로 공중, 공적인 것, 공적 영역,[43] 공개된 등의 여러 가지 의미를 가지는데, 종교의 공공성이란 신앙이 개인의 것을 넘어 사회의 공적인 것, 공개된 개념들과 연결된다는 것을 말한다. 종교에서 공공성은 주로 윤리적인 관점에서 접근된다. 종교의 최고 가치를 사랑이라고 하면, 이러한 가치는 나와 타자, 나와 세상과의 관계에서 형성되기 때문이다. 따라서 '공'(公)은 개인의 사적인 종교를 넘어 사회집단, 민족, 국가 등 시민사회로 확대된다. 이에 비해 '공'(共)은 구성원들이 서로 공존하며 소통하는 것으로 개인과의 관계뿐 아니라 공동체, 세계와의 관계성이 중요하다. 이렇게 볼 때 종교적 공공성은 종교적 영역으로 타인, 사회, 세계를 포함하여 종교의 보편적 실천윤리를 적용하는 것이다. 이는 종교가 공적 영역으로 진출할 권리를 가지고 있으며, 특히 종교가 공적 영역에서 얼마나 공공의 가치와 공동선의 증진에 기여할 수 있는가 하는 것이 중요하다.[44]

종교가 공공사회학적 영역과 연결되는 것은 '종교 공공사회학'으로 분류되며, 마르코프스키(W. Markofski)는 이를 대중 사이의 성찰적 대화를 중시하고, 종교와 공공 문제들에 대한 표준적 관점을 제공하며, 시민사회에서의 종교의 자리와 실천을 탐구하는 학문으로 정의했다.[45] 그는 공공 생활에서 종교의 위치와 실천을 강조하고 공공 생활에 수행되는 종교의 역할을 공동체 발전, 조직, 공공서비스 등으로 확대했다. 여기서 '종교 공공사회학'은 종교를 포함한 공적 중요성의 문제에 대한 표준적 성찰로 통합시키는 역할을 사회학이 한다고 본다.[46] 이렇게 볼 때 '종교 공공사회학'은 사회정의 구현이나 정치적 개혁과 같은 거대 담론보다는 시민사회에서의 공공성에 대한 종교의 역할을 더 중시하는 것이다. 이는 국가의 정치 결정에 반발하고 이에 대항하기보다는 공공사회학적 주요 대상인 복지 빈곤, 자원봉사 등에 집중하는 것으로, 돌봄에 집중하는 것이다. 그러나 오늘날 종교와 공공성의 다양한 관점에서는 종교의 역할이 돌봄의 역할에서 벗어나 정치와 사회의 전 영역에 걸쳐 신학적 관점을 대입시키려는 움직임이 광범위하게 일어나고 있다.

이상의 논의에서 보면 S모임이 자신들을 지역사회를 위한 '사회적 운동'이라고 명시한 것은 이들의 종교와 신앙이 공공의 역할을 지향한다는 것을 밝힌 것이며, 시민사회에서 수행되는 종교의 역할에 적극적으로 반응한다는 표명이다. 이는 이들의 정체성을 위해 신앙과 공공성과의 담론이 필요하다는 것을 의미한다.

2장

다양한 형식의 종교성

종교는 근대를 거치면서 세속과의 분리로 인해 구별되고 차별화된 것으로 인식된다. 그것은 세속과의 구별뿐 아니라 종교가 아닌 것과의 구별도 분명히 하려는 과정이다. 그러나 현대에 들어 이런 구별은 새롭고 다양한 종교의 등장과 종교를 감지하는 대안적인 방법들이 나타남으로써 점점 더 어려워지고 있다. 글로벌 사회에서 이런 새로운 종교 방식은 재평가되고 있다. 이런 재평가의 대상은 그동안 지배적인 종교에 의해 '숨겨지고', '무시된' 종교이며, 이를 새로운 종교로 인정하려는 움직임이 활발해지고 있다.

그동안 종교는 유일하거나 일정한 기준을 충족하는 것으로만 인정되어왔다. 그러나 이러한 기준은 대부분 서구 유럽의 일방적인 관점에 의한 것으로 이런 기준에 의하면 서구 유럽 이외의 초월적 개념들은 '종교'의 범주에 들 수 없다. 실제로 슐라이어마허는 기독교를 가장 '고등한(advanced) 발전단계'라고 보았고, 리츨(Albrecht Ritschl)은 종교를 실천적이고 윤리적으로 적용할 때 기독교가 가장 효과적이라고 했다. 오토(Rudolf Otto)는 기독교가 타 종교에 비해 완벽한 우월성을 가진다고 주장했고, 칸트(Immanuel Kant) 또한 자신의 철학적 목적을 위해 기독교의 우월성을 말한 바 있다. 그러나 오늘날 종교의 기준은 더욱 다양해지고 점점 더 확장되고 있다. 따라서 종교에 대한 이해도 이와 함께 변화할 필요가 있다.

가나안 신자 현상을 이해하려면 종교에 관한 새로운 기준이 필요하다. 가나안 신자가 구현하는 종교가 이해되고 사회에 수용되기 위해서는 그들의 종교성에 대한 이해 역시 필요하기 때문이다. 한국의 가나안 신자들을 보면 대부분 기존의 개신교 신앙과 다른 전혀 새로운 신학적 사고를 갖거나 새로운 종교를 창출하는 것으로 보이지는 않는다. 그러나 기존의 전통적 교회 입장에서 볼 때는 가나안 신자들의 종교성이 그와 같이 인식되지 않기 때문에 이는 이단이나 구원에 관한 것과 연결되어 평가될 수밖에 없다. 따라서 종교란 무엇인가에 대한 기본적인 이해를 가질 때 가나안 신자들의 종교성을 더 잘 이해할 수 있다.

오늘날 전 세계에서 일어나는 새로운 종교 운동은 종교의 기준과 새로운 영성에 대한 이해를 넓혀줌으로써 종교의 의미가 무엇인지에 대한 우리의 감각을 확장시켜 준다. 나아가 이런 인식의 전환은 가나안 신자 현상에 대한 인식을 좀 더 수용적으로 바꿀 수 있게 해준다.

이처럼 오늘날 종교는 단일한 관점으로 판단하기 어려운 환경이 되었다. 탈구조주의 시대에서 종교를 판단하는 기준은 하나가 될 수 없으며, 수많은 초월적 운동들이 종교로 편입되었다. 이런 현상은 그동안 유일한 종교로 독보적인 위치를 차지하고 있던 기독교 내부에서도 일어난다. 진리에 대한 개념이 모호해지고 다변화되어 가는 시대에 기독교는 생존을 위해 다양한 방식을 시도하고 있다. 이는 기존의 틀을 벗어버리고 새로운 형식을 도입하려는 노력에서 나타난다. 아래에서 다루는 것과 같이 다양한 방식으로 세속의 영역으로 나아가려는 시도는 전혀 새로운 교회 형태를 낳게 하며, 이는 기독교 외부에서나 내부에서도 동일하게 일어난다. 기독교 외부에서는 그동안 유일한 지위를 차지해왔던 기독교를 대체하려는 운동이 일어나고 있으며, 기독교 내부에서는 변화하는 외부의 상황에 적응하려는 다양한 시도들이 나타난다.

이 장에서는 종교가 공공의 영역에서 다양한 형태와 방식으로 자신들을 표현하는 세 가지 사례를 살펴본다. 이는 종교가 세속으로 들어가는 다양한 방식에 관한 것이다. 이런 논의는 오늘날 종교의 공(public) ·

사(private) 구별이 혼란스럽다는 것과 연관된다. 세계에서 여러 목적으로 일어나는 종교는 공·사의 구별을 더욱 혼란스럽게 한다. 따라서 이런 현상들을 살펴보는 것은 오늘날 종교(여기서는 기독교)가 어떤 형식과 내용으로 세속적인 영역으로 들어가는지를 알 수 있는 계기가 된다. 탈구조화된 현대 사회에서 종교는 세속과 어울리면서 세속과 구분되지 않는 방식으로 파고든다. 이들은 국회에 로비를 하거나 술집(pub)에서 성경 읽기 모임을 하는 등 다양한 방식으로 세속 안으로 들어가고 있다. 이런 현상으로 종교의 공적·사적 구분은 더욱 어려워진다. 따라서 종교의 공공성은 그 개념을 어떻게 정의하느냐에 따라 적용이 달라질 수 있다. 이런 혼란은 오늘날 종교의 부활을 주장하는 학자들에게도 종교의 공공성에 대해 확실한 기준을 세울 수 없게 한다. 종교의 '공공성'은 특별히 정치나 사회적인 것과의 연관성에서 논의되는 경우가 많지만, 더 넓은 개념으로 보면 '공공성'이란 종교가 세속적인 세상에서 일어나는 현상을 말한다. 따라서 이에 대한 기본적인 개념을 정의한 후 논의를 이어갈 필요가 있다. 여기서 종교의 다양한 형태를 살펴보는 것은 세 가지 목적이 있다.

첫째, 오늘날 종교가 어떤 방식으로 세속의 영역으로 들어가는지를 살펴보는 것이다. 세속화된 세상에서 종교는 사적인 곳으로 후퇴하고 공공의 영역에서 모습을 감추게 될 것이라는 것이 대다수 학자의 주장이었다. 그러나 오늘날 종교는 세계 곳곳에서 다시 일어나고 있을 뿐 아니라 다양한 방식으로 영향력을 끼치고 있다. 이를 종교가 다시 세상으로 나오는 것이라고 섣불리 주장할 수 없지만, 종교에 대한 세속 이론의 판단은 예전보다 힘을 잃어가고 있는 것도 사실이다. 따라서 이곳에서 소개하는 세 가지 사례는 종교가 어떤 방식으로, 어떤 목적으로 세속화된 사회에서 영향을 끼치고 있는가를 볼 수 있는 기회가 된다. 그리고 이것은 오늘날 한국 사회에서 종교가 어떤 형태로 변화되고 있으며, 어떻게 작용하는지에 대한 이해의 폭을 넓혀준다.

둘째, 이 사례들은 오늘날 종교가 이전과는 다른 형태로 존재하며 기능하고 있다는 것을 알게 한다. 이들 종교는 기존의 종교와는 부분적으로 또는 전혀 다른 형태를 가지고 공공의 영역으로 나아간다. 이들은 기존의 종교적 체계나 신학적 구조를 가지지 않거나 이와는 차별적인 종교성을 드러낸다. 이런 현상을 전통적인 교회의 관점에서 볼 때 비성경적이고, 비정통적인 것으로 보일 수 있다. 그러나 종교는 다양한 방식으로 표현되며 진화한다. 이들 서로 간에는 접점이 거의 없으며, 마찬가지로 같은 종교를 서로 다른 방식으로 다룬다. 이렇게 종교를 다루는 다양한 방식은 오늘날 한국 개신교에서 일어나는 교회 밖 대안 운동의 다양성을 이해하는 데 도움을 줄 뿐 아니라 가나안 신자의 신앙관과의 유사점과 차이점을 알게 해준다. 이 세 가지 사례는 기존 종교 체계와 다르다는 점에서 이 책의 연구 대상인 S모임과 일정한 관점을 공유할 수 있을 뿐 아니라 이 모임에 참석하는 가나안 신자의 신앙관을 이해할 수 있는 논의가 될 것이다. 이는 S모임에 참석하는 가나안 신자의 신앙관이 어떤 면에서는 한국의 종교적 상황에서만 보여지는 특별한 것이 아니라 탈구조주의 시대를 사는 기독교인들의 공통된 관점일 수 있다는 것을 시사한다.

셋째, 이들의 다양한 종교성과 공공의 영역에서 종교를 이용하는 방식은 S모임의 가나안 신자들을 이해하는 데 많은 공통점을 내포하고 있다. 앞서 말했듯이 '공공성'을 다룰 때 그것을 어떤 개념으로 적용하는가에 따라 의미가 많이 달라질 수 있다. 정치, 사회 등과 같이 국가의 공권력이 미치는 곳이나 사회에서 일어나는 사건들에 대해 반응하는 것도 '공공성'이며, 지방 행정의 영향력에 대응하는 것도 '공공성'이다. 그러나 공공의 장소에서 개방적으로 행해지는 것도 '공공성'이라고 할 수 있다. 그러므로 '공공성'이라는 용어를 사용할 때 이를 넓게 적용할 것인가 아니면 범위를 한정할 것인가에 따라 연구의 방향이 달라질 수 있다. '공공 영역'이 개인이 아닌 다른 사람들과 개방적인 관계를 말하는 것인지, 모든 사람이 관여할 수 있는 장소를 말하는 것인지 아니면 국가 기관이나 지방 행정의 영역을 말하는 것인지도 구분해야 한다. 여기에서 제시하는 세 가지 사례는 주로 정치·사회적인 공공성보다는 종교가 세속의 장소로 나아가기 위해 어떤 형태를 취하는가에 대한 좋은 예가 될 것이다. 이런 사례들을 통해 탈구조주의 세상에서 기독교가 어떻게 세속으로 들어가며, 어떻게 다뤄지고 있는가를 볼 수 있다. 그리고 이런 논의는 이 책의 주제인 S모임과 그곳에 모이는 '가나안 신자'들을 이해하기 위해 필요한 사전적 이해를 제공해 준다. 이 단체들의 형식과 내용, 세속으로 나아가는 방식은 S모임에 대부분 적용할 수 있다. 나아가 한국 개신교뿐 아니라 여러 종교적 상황에서 기존의 종교적 체계나 신학과 다른 형태들을 이해할 수 있게 해준다. 특히 오늘날 한국 사회의 젊은 세대들이 합리주의적이고 증명이 가능한 이성적 가치를 요구하는 경향에서 이 단체들의 여러 가지 시도는 그들을 이해하는 틀을 제공한다.

여기 소개하는 종교 기관 또는 단체들은 기독교를 자신들만의 방식으로 이용하는 예들이다. 이들은 기독교를 반대하기 위해 또는 옹호하기 위해 다루는 다양한 방식을 사용한다.

먼저 소개할 것은 '반종교적 유형'(Anti-Religious type)으로 '영국인본주의협회'(The British Humanist Association, BHA)이다. 이들의 목적은 신 없는 세상을 만드는 것으로, 하나님 없이도 행복할 수 있다는 표어 아래 영국 국회뿐 아니라 지방에 지부를 두고 계몽주의에 바탕을 둔 인본주의를 전파한다. 이들은 종교 없는 세상을 만들기 위해 종교를 이용한다. 다음으로 '탈종교적 유형'(Post-Religious type)인 '영국성서공회'(Bible Society of England, BSE)를 들 수 있는데, 이들은 교회와 연관이 없는 독립적인 단체로 활동한다. 이들은 종교적 영성을 위한 '천사 퍼레이드'를 기획하기도 하고, '커피숍'이나 '펍'(pub)에서 성경 읽기 모임 운동을 펼치기도 한다. 마지막으로 제시하려는 것은 '영성 종교적 유형'(Spiritual-Religious type)으로, '빈야드교회'(Vineyard Church)의 경우에서 볼 수 있듯이 이들은 초현실적인 하나님을 마치 현재에서 인식하는 것처럼 신앙한다. 이들의 신앙은 '이중인식론'으로 초월적인 신을 믿을 뿐 아니라 내재적인 신이 자신의 삶을 구체적으로 동행한다고 믿는다. 이들은 같은 기독교를 이용하여 각기 다른 유형의 종교로 표현하며 다른 방식으로 공공의 영역으로 들어간다. 이 세 사례를 다시 분류하면 BHA(세속적)→BSE(세속 중립적)→Vineyard(영적)으로 나눌 수 있다. 이를 표로 나타내면 다음과 같다.

표2 종교의 다양한 형식과 특성

종교 유형	이름	구조	특성	강조점
반종교적 유형	BHA	인본주의협회	세속적	이성
탈종교적 유형	BSE	종교 단체	세속 중립적	실천
영성 종교적 유형	Vineyard	조직 교회	성속 분리적	영성

아래에서는 I에서 탈구조주의 시대에 '종교'에 대한 새로운 기준들이 무엇이며, 어떻게 작용하는가를 다룬다. II에서는 종교가 다양한 형태로 세속의 영역으로 들어가는 방식을 위의 세 종교 기관을 예시로 설명한다.

I. 종교에 대한 새로운 기준

19세기와 20세기에 걸쳐 종교는 세속화에 대응하여 고유한 정체성과 역할을 더욱 분명히 하려고 시도한 시기였다. 종교는 상호 배타적이라는 인식과 이에 근거한 지지자들을 통해 정의되고 구조화되며, 이들 밖에는 '종교 없음' 또는 종교의 '모조품', '유사품' 또는 종교적 문화만 존재한다고 주장했다. 여기서 종교는 체계적이고 일관된 교리와 '믿음과 관행'의 실천을 통해 '세계관' 또는 '궁극적인 의미'와 같은 것으로 표현된다. 이에 따라 종교는 뒤르켐(Emile Durkheim)처럼 종교가 사회의 기초적인 요소이며 사회를 통합하는 '사회적 응집력'이나 버거(Peter L. Berger)처럼 사회의 정체성과 공통 가치, 공동체의 문제에 대한 역할을 한다고 보았다.

그러나 19세기 이후로 이러한 종교 규범은 그 타당성을 잃어버릴 위기에 처해 있다. 이런 인식에는 종교적으로 인식될 수 있는 가능성이 있지만 실제로 종교의 하나로 통합되거나 구조화될 수 없는 수많은 전통과 형태가 포함된다. 이는 '민족 종교'나 '원주민 종교'와 같이 민족 문화 속에서 '종교'로 명명된 것들을 포함한다. 실제로 세계 곳곳에서 이런 '종교'가 '종교 중 하나'로 인식되도록 하려는 움직임을 볼 수 있다. 예를 들어 유교를 종교처럼 인식하려는 운동[1]이나 아프리카의 전통 종교를 종교의 하나로 인식하려는 노력이 그것이다.[2]

그렇다면 이러한 현상은 기존의 종교가 가지고 있었던 지배적인 형태에서 멀어지고 있다는 것일까? 세속화를 현대 사회에서 종교의 쇠퇴 현상으로 볼 뿐 아니라 또한 특정 형태의 종교의 지배로부터 벗어나는 전환의 증거로 이해할 필요가 있다. 이는 종교가 쇠퇴한 것이 아니라 '특정 형태의 종교'나 '지배적인 종교'의 틀에서 벗어나는 것으로 볼 수 있다는 것을 의미한다. 따라서 종교가 쇠퇴한 것이 아니라 그동안 '종교'라는 규범에 근거해서 판단하고 조직되며, 지배하던 종교적 관행에서 벗어난 것이라고 보아야 한다. 그러므로 현대에 일어나는 수많은 '종교적인' 현상들과 영성 운동들을 기존의 '종교'라는 틀로 재단할 수 없으며, 이런 일률적 기준은 더 이상 통용되지 않는다는 의미에서 세속화는 타당할 수 있다. 오늘날에는 영적으로 다양한 형태의 종교, 전통, 관습 그리고 개인을 중심으로 한 자기 이해가 있으며, 이런 것들은 역사적으로 새로운 것은 아니지만 이전과는 다른 방식으로 이해되고 실행되고 있다.

아래에서 우리는 종교의 기준에 대한 다양한 인식의 변화와 이를 반영한 새로운 종교 현상들에 관해 살펴본다.

1. '종교'에 대한 다양한 해석의 수용

종교는 모든 사회적·심리적 현실과 마찬가지로 사회적이고 의식적인 방식으로 만들어진다. 역사적으로 종교는 시대적 배경에 의존해 왔다. 종교는 그 당시의 시대적 환경에 따라 새로운 가능성이 발생하고, 이때 종교는 분열과 통합의 과정을 거친다. 따라서 종교를 과학적 실험과 관찰 또는 사회적 통계와 분석에만 의존할 수 없으며, 때로는 우발적이고 충동적인 영향으로 구조화된다는 것을 수용할 수 있어야 한다. 특히 오늘날과 같은 다원화 시대에서는 '종교'를 한 가지나 일률적인 규범적 기준으로 구성되거나 평가할 수 없게 되었다. 어떤 특정한 사회적 맥락에서 종교를 정의하거나 관찰할 수 있는 가장 좋은 방법도 없다. 다원화 시대에서 '종교'와 '종교적 현상'에 대한 이해의 가장 일반적인 특징은 종교가 존재하는 여러 가지 방식과 방법으로 그것을 이해하고 이해될 수 있다는 것이다. 종교는 다양한 형태, 다양한 모델, 다원적 존재가 될 수 있고, 오늘날 이런 현상은 점점 더 많아지고 있다. 종교는 더 많은 형태로 존재하고 제도화되거나 인식되는 형태를 가진다. 그리고 그것은 감각적이거나 인지적, 수행적 또는 이런 것들을 다른 비율로 조합하면서 나타난다. 이런 논의를 볼 때 '종교'를 구성하고 정의하던 인식은 점점 희미해지고, 과거의 지배력은 약화되며, '종교적인 것'을 '종교'로 인식하려는 합리성은 더욱 넓게 적용될 것이다.

그러나 종교에 대한 이런 다양하고 포괄적인 변화를 수용하려는 움직임에 대응하여 새로운 영성을 개인적인 것으로 보고 종교에 포함할 수 없다는 논의도 있다. 이러한 영적인 운동은 이를 종교적 형태로 이해할 수 있을 만큼 통찰력은 있지만, 이를 영성으로 분석한 것과 종교로 분석한 것 사이에는 여전히 불완전성이 존재한다.3 1970년대 이후 급격하게 출현한 뉴에이지(New Age)와 이로 인한 종교에 대한 규범적 가치의 변화에도 불구하고 이런 운동들이 기존 종교를 대신하거나 중심부에 위치하지 못했다는 것이다.4 이는 종교라는 것을 기존 연구들처럼 제도화되거나 사회적 통제의 역할에 국한하여 새로운 영성이 이런 기준에 미치지 못한다고 판단하기 때문이다. 이런 주장에 의하면 세속화가 현대 사회에 적합한 종교 양식을 산출하지만, 그런 영성주의 또는 개인적인 성장과 가족의 조화에 관한 운동 등은 이전의 종교가 해왔던 기능을 갖추지 못한 개인적인 영성에 불과할 뿐 사회 전체를 위한 합법화와 통합을 위한 기능을 하지 못한다.5 따라서 이런 대안 종교의 관심은 호기심에 머물고 만다. 이런 주장의 일환으로 영성을 지극히 개인적인 것으로 보고 종교와 대비되는 개념으로 이해하려는 주장도 있다. 영성은 순수하게 개인적인 영혼에 관련된 것으로 보는 반면 종교는 교조적이며, 부차적이며, 강압적인 사회정치적, 사회경제적 힘에 의해 변형될 수 있다는 것이다.6 이러한 구분이 강조하는 것은 기존의 종교적인 체계가 의례, 제도, 사회적 역할 등을 상실해 가는 과정을 세속화라고 보고 이에 상응하여 새로운 영성이 일어나는 것은 그러한 종교와 다른 맥락으로 봐야 한다는 것이다.

따라서 이러한 구분은 종교를 영(spirit)이 빠진 현상으로 보는 반면 영성은 영이 충만한 새로운 현상으로 보려는 것으로, 별 의미가 없다.7 새로운 영성은 개인주의적인 특성을 고려한다 해도 기존의 종교를 대체하는 것이 아니라 기존의 종교의 변형이나 역할의 대행 또는 새로운 형식과 내용 등이 추가된 '재형성된 종교'로 볼 수 있다. 다시 말하면 새로운 영성은 기존 종교를 완전히 대체하는 새로운 운동이 아니라 기존 종교의 변용으로 보아야 한다는 것이다. 그러나 이런 주장들은 종교를 일률적인 기준으로 판단해왔던 관행의 반복으로 새로운 시대적 상황과 인식의 차이를 받아들이지 못하는 주장일 수 있다. 새로운 영성을 기존 종교와 다른 단순한 영적 움직임으로 보거나 기존 종교의 변용에 불과하다는 주장은 "종교란 무엇인가? 종교를 어떻게 정의할 것인가?"에 의해 달라질 수 있다. '종교'를 서구의 식민지적 관점에서 볼 때 기존 종교 외의 것들은 모두 '종교적'인 것일 뿐 '종교'가 될 수 없다. 그러나 탈구조주의 시대에 들어 이런 일률적인 기준은 통용되기 어렵다. '종교'에 대한 새로운 관점과 기준이 모두 달라지는 상황에서 새로운 영성 운동은 종교와 다른 움직임이나 기존 종교의 변형이 아닌 전혀 새로운 기준, 전혀 새로운 방식의 종교로 등장한다.

1) 감각 종교

2015년 'ISSR/SISR'8의 제33차 회의의 주제는 Sensing Religion9이었다. 여기서 '센싱'(Sensing)은 인간의 감각을 사용하는 것으로, 일반적으로 추상적 경험과 인체의 감각 모두를 의미한다는 점에서 불분명한 의미라고 할 수 있다. 이러한 두 감각 모두 종교가 관찰과 경험의 대상으로서 불확실성을 내재하고 있다는 것을 보여준다. 이 두 감각은 모두 가변적이고 불확실성을 가지지만 그럼에도 불구하고 종교 현상이 무엇인지를 인식하는 것은 '감각'(Sensing)이 중요한 방법 중 하나라고 할 수 있다. 이는 'ISSR/SISR' 제33차 회의에서 각 세션(session)마다 다루는 내용들을 보면 더 명확해진다.[10]

"중부 유럽과 동유럽의 공산주의 몰락으로 새로운 종교적 부흥을 가져왔다. 이로 인해 기존 교회의 부흥뿐 아니라 감각적, 정서적 경험을 추구하는 '카리스마 리뉴얼'(Charmismatic Renewal)과 같은 교회 밖 영적 흐름이 인기를 얻었다. 따라서 새로운 영적 운동과 기존의 전통 종교와의 상호작용에 관한 이해가 필요하다"(session 10).

"종교와 영성에 대한 '감각'을 중시하는 젊은 사람들은 특별한 경험을 하고 가족 및 지역사회 맥락에서 '종교적 감각'에 대한 표현을 개발할 것이다. 종교적 교육에서 종교 경험은 시력, 소리 및 냄새에 따라 감각적일 수 있다. 특히 학교에서 '집단적인 정서적 경험'과 같은 것은 종교적 감각일 수 있다. 이는 지역사회의 맥락에서 젊은이들의 종교 의식에 관한 것을 탐구할 필요성을 제기한다"(session 19).

"'종교'(religion)와 '종교적'(religious) 개념에 대한 연구 도전은 무엇인가? 이를 위해 '종교 현상'에 속한 것으로 생각되고 분석되어 왔던 방식에 대안적인 방법을 생각할 필요가 있다. 예를 들어 초월의 개념을 사용하지 않고 가시적인 존재와 불가시적인 존재 사이의 다중적인 관계를 탐구하는 것과 신자와 불신자의 이분법을 무시하는 '실용주의적 종교'(pragmatist religions)를 고안하는 것이다"(session 22).

"아메리카 원주민과 다른 지역의 원주민들은 각 지역을 벗어나 종교 및 영적 교류를 활성화하며 점차 글로벌한 구성을 만든다. 이러한 현상은 지역의 고유한 종교적 역학에 심각한 구조 조정을 일으킨다"(session 33).

"북유럽 국가들은 가장 세속화된 국가로 보이지만 각종 이민 종교의 유입으로 새로운 정신적 믿음과 관습이 출현하고 있다. 이에 따라 새로운 형태의 비종교(non religion), 무신론(atheism), 배교 집단(apostasy groups)에 관한 토론이 활발해지고 있다. 이는 확립된 종교가 아닌 다른 형태의 종교성과 영성을 고려한 것으로 이들은 대부분 감각적인 측면에 초점을 맞추고 있다. 보편적이고 문화적으로 중립적인 것으로 보이는 새로운 신흥 영성은 토착 북유럽 전통과 민속 종교성에 영향을 미친다"(session 34).

"정보와 커뮤니케이션 기술은 자신의 세계와 경험에 대한 인식, 수용 및 표현을 위한 도구로 사용된다. 정보통신 기술은 사교성의 형태 또는 의사소통 행태의 재구성에 영향을 미칠 뿐 아니라 인간과 보이지 않는 존재 사이의 상호 작용에 참여한다"(session 36).

"신체, 소리, 행동의 리듬을 통해 종교적인 현상을 조사한다"(session 38).

"인터넷과 월드 와이드 웹(www)은 현대 사회에서 종교적 신념과 관행에 중대한 영향을 미친다. … 이들은 소셜 미디어(social media)를 활용하여 추종자들과 소통하고 다른 사람들에게 영향을 주기 위해 노력한다. '네트워크화된 개인주의자들'(networked individualism)이 야기한 환경에서 온라인 종교 활동은 공동체를 지원하고, 다양하고 복잡한 방식으로 사람들을 단결시킨다. 온라인상에서 구축된 가상현실에서 '신성한'(divine), '초자연적인'(supernatural), '성스러운'(sacred) 것을 감지하는 것이 가능한 것인가에 대한 논의가 필요하다"(session 43).

이들의 주장을 길게 인용한 것은 이들이 논의한 주제들과 추구하는 것이 오늘날 "종교는 무엇인가"와 "종교는 어떻게 구성되는가", "종교는 무엇을 하는가"에 대한 명확한 정체성을 보여주기 때문이다. 여기서 다루어지는 다양한 주제들은 오늘날 종교의 기준이 상당히 확장되고 있다는 것을 보여준다. 특히 "시력, 소리, 냄새", "초월의 개념을 사용하지 않음", "신체, 소리, 행동의 리듬" 등을 통한 종교성의 추구는 전통적 종교의 관점을 완전히 벗어나고 있다. 이런 논의들의 주장은 오늘날 다양한 문화들이 융합하면서 종교를 규정하는 데 새로운 기준 또한 적용된다는 것이다. 기존의 종교들과 달리 새로운 종교 현상은 단순히 규칙적이고 고정적인 것뿐 아니라 일시적이며 불확실한 것까지 포함하는 현상을 보여준다. 'ISSR/SISR'에서 논의된 것처럼 감각에 중점을 두고 종교가 있다고 생각하는 것은 다양성의 범위가 제한이 없다는 것을 나타낸다. 이처럼 종교가 변하기 때문에 종교를 이해하는 관점도 변화되어야 할 필요가 있다. 종교가 뚜렷하고 차별화된 것이라는 생각이 지배하던 시대에는 종교가 삶의 모든 측면에 영향을 미칠 수 있었지만, 근대 이후 종교는 세속적인 것과 분리됨으로써 오히려 종교 자체의 식별이 분명해졌다. 종교는 각각의 영역 안에 존재하며 그곳에서 실행하는 것으로 고유한 정체성을 가진다. 그러나 현대에 이르러 종교의 지배적인 이해는 종교를 느끼는 대안적인 방법이나 종교영역 안에서의 새로운 발전을 통해 점점 더 경계성이 모호해졌다. 이는 사회가 종교를 보는 관점의 변화를 초래하고, 이미 존재해왔던 방식과 구별에 대한 재평가를 요구한다.

2) "살아 있는 종교"

일반적으로 종교의 정체성을 나타내는 것은 '종교적이지 않은 것'(not religious)과 '종교가 아닌 것'(not religion)을 구별하는 것으로 더 명확해진다. 종교에 대한 수많은 이해와 구분은 이러한 두 정의를 전제로 한다. '종교적이지 않다'는 것은 '종교가 없음'을 의미하며, 이에 반하여 '종교적인' 사람들은 '종교의' 사람으로 나타난다. '종교적이지 않은' 모델은 19세기 이래로 인류학 문헌에서 일관되게 관찰된다. 그러나 이런 분류는 '종교'가 무엇인가에 대한 명확한 이해가 부족하고 그것에 대한 고정된 인식이 지배하던 사회 문화적 맥락이라고 할 수 있다. 이런 '종교적' 인식은 '원주민' 또는 '식민지화'된 문맥에서 나타난다. 서구의 입장에서 볼 때 '종교적'이라는 것은 자신들의 사회문화적 인식에 따른 분류로서 이를 서구 이외의 원주민이나 식민지에 적용할 때 이들 모두는 '종교적이지 않은' 범주에 들어가게 된다. 따라서 이들은 '종교적'이 아닌 '영성'으로 분류된다. 그러나 오늘날 이런 폐쇄적인 인식은 포괄적으로 수용되지 않는다.

최근에는 전형적인 종교로 간주되지 않는, 전형적인 종교에서 배제되는 종교 현상에 관한 연구들이 활발하다. 이것은 초기 식민지 종교에 대한 표준적인 가치판단을 수정하는 것을 의미한다. 일반적으로 종교는 종교 기관에 의해 수립되고 표준화되며 정량화된 믿음과 실천의 척도로 구분되지만, 최근에는 이러한 경계와 범주 밖에 존재하는 수많은 종교 현상들을 가시화하려는 움직임이 일어나고 있다. 이런 현상들은 주로 개인에 초점을 맞추고, 일상과 평범한 공간으로 나타나는 영적 의미와 의도를 보여준다. 이는 "살아있는 종교"(Lived Religion)로서 일반적으로 인정되는 것보다 훨씬 다양하고 다각적이며 모순되는 것으로 만드는 "보이지 않는 요소들"(invisible elements)이다.[11] 이러한 것들은 옷, 그림, 포스터, 보석, 커피 머그잔, 범퍼 스티커 등으로 표현되며, 이는 공간을 신과 연결하고 종교에 관한 메시지와 사용자의 종교적 정체성을 전달하는 역할을 한다.[12] 특히 살아있는 종교에서는 신체의 중요성을 강조한다. "영성은 사람들의 물질적인 육체를 완전히 포함한다. 그들의 정신이나 영혼만이 아니다."[13] 따라서 맥과이어(Meredith McGuire)는 이를 "살아있는 종교가 구체화되었다"고 강조했다.[14] 살아 있는 종교는 몸의 자세와 움직임, 몸의 관행과 수행(일하는 것, 먹는 것, 노래하는 것 등)에서 일어난다. 이에 따라 일상생활에서 춤, 명상, 요가, 단순한 정화 의식 그리고 그러한 상징의 의식적 사용을 포함하여 개인의 일상생활에서 구현된 영적 관행의 중요성에 주목한다. 이러한 연구들은 일상생활에서의 종교와 영성에 관한 복합적 현상을 잘 보여줄 뿐 아니라 전통적 종교 기관 밖에서 일어나는 다양한 현상들이 제도적 종교를 정의하는데 또 다른 기준을 제시할 수 있음을 보여준다.

3) '축제'·'놀이'·'해방'하는 대안 종교

"영적이지만 종교적이지 않은"(Spiritual But Not Religious)[15]이라는 말은 기존 종교 밖에서 영적인 것을 추구하는 현상을 나타내는 말이다. 이런 현상은 영적인 개념으로 명확하게 정의할 수 있으며, 종교적이라는 것과는 다른 차원의 것을 가리킨다. 세속화의 영향으로 기존 종교가 개인적인 선택의 대상으로 변화하면서 제도화된 종교 밖에서 개인적인 영성을 추구하는 현상이 광범위하게 일어났다. 이들은 초월적인 존재를 믿는다는 점에서 기존의 종교적 가치관을 가지지만, 기존 종교의 교리나 체계, 관습 등을 수용하지 않거나 수용한다고 해도 자신들에 맞게 변형시킨다는 점에서 차이가 있다. 이러한 현상은 '종교'라는 규범적인 정체성의 경계가 모호해지고 있다는 것을 의미한다. 종교와 영성, 종교적인 것과 비종교적인 것의 구분은 점차 불분명해지고 있다. 이제는 "종교가 아닌 종교"(the religion of no religion)[16]가 등장한다. 이런 문구들은 종교가 기존의 가치관과 체계를 고수할 수 없다는 것을 보여준다. 이처럼 새로운 영성이나 대안 종교는 현재에서 개인적으로 체험하고 수용할 수 있는 것을 중시함으로써 기존 종교의 집단적이고 공동체적 신성 추구에 비해 자기 만족적인 면에 집중하는 경향이 있다.

이런 지향성은 기존의 종교가 변화되는 새로운 환경에 제대로 대응하지 못한다는 불안으로 인해 더욱 활성화된다. 기존의 종교는 세계화로 인한 문화적 경계의 해체와 범람으로 인해 종교적 정체성과 가치관을 고수하기 어려운 상황에서 신뢰를 잃어버리는 경우가 발생한다. 이때 등장하는 대안 종교는 기존 종교가 수행하지 못하는 것들을 수행하며 변화에 빠르게 대응한다는 점에서 강점을 가진다. 예를 들어 새로운 영성을 추구하는 것이나 대안 종교들의 수행은 "영(spirit)이 강한 힘으로 활동하는 장소가 되며, 이 영의 충만은 확립된 예배의 규율에 의해 흐려져서는 안 된다."[17] 따라서 "하나님 예배를 부활절에 부합하게 해방하는 축제로서 이해하는 것은 전통적으로 영을 흐려놓는 것을 종식시키는 것이어야 한다."[18] 몰트만(Jurgen Moltmann)은 이렇게 해방하는 축제로서 경험되고 형성되는 예를 오순절 교회와 아프리카에 있는 독립교회에서 찾는다. 오순절교회처럼 새로운 영성을 추구하는 현상에서 예배는 축제가 되고, 신앙은 적극적인 놀이가 된다. 이런 "놀이와 유희가 가미된 신종교 운동은 분명 '의례'와 '공동체'의 차원을 중요시하기보다는 놀이적 특성이 가미된 문화 축제에 참여"[19]하는 것을 볼 수 있다.[20] 따라서 새로운 종교 운동은 기존의 제도 종교의 일시적인 변종이 아니라 경쟁력을 가진 새로운 상품으로 등장하고 있다.[21]

위에서 논의한 바와 같이 새로운 영성 운동은 주로 개인주의적이라는 특성을 가진다. 그러나 이를 종교를 대체한 운동이나 사상이 아닌 새로운 대안 종교라고 보는 것이 대부분의 공통된 인식이라고 할 수 있다.

그러나 새로운 영성 운동은 지극히 개인주의적이면서도 세상과 사회에 참여한다는 역설을 가진다. 이 운동은 우주의 힘을 내적으로 체험할 수 있다는 것에서 이미 개인을 넘어선 정체성을 나타낸다. 이런 우주적 힘은 자신에게만 주어지는 것이 아니라 온 세상의 피조물에게도 미칠 수 있다. 이런 면에서 뉴에이지 같은 운동은 '국제적 사회운동'[22]으로 발전한다. 새로운 영성은 단순히 개인의 차원에서 머무는 것이 아니라 영성의 사회적 의미가 중요하게 다뤄진다. 이런 새로운 영성은 우주나 세계는 결코 쇠퇴하는 것이 아니라 풍성한 산출력을 가진 생명체로 여겨지며, 그 안에서 생명력과 자연 회복력을 수용할 수 있다고 믿는다. 따라서 환경 운동에 대한 관심이 크며, 이는 곧 사회운동이나 정책 등에 참여하는 계기가 되기도 한다. 종교의 사사화나 세속화로 인해 종교가 개인의 선택으로 남게 된 상황에서 기존의 자리를 잃어가는 종교는 공공의 영역으로 전략을 바꾸기도 한다.[23] 기존 종교의 재활성화는 공공의 영역에서 민주화 과정이나 대선 또는 경제적 위기 등의 상황에서 종교가 개입하는 것으로 나타난다. 이에 따라 새로운 영성 운동이나 대안 종교 등도 사회운동이나 환경 보호 운동 등에 적극적으로 참여하는 경향이 있다. 이는 기존 종교가 주로 제도화된 정치나 그 외 제도화된 영역에서 영향력을 끼치는 반면 대안 종교나 새로운 영성 운동은 환경이나 동물 보호, 우주에 관한 관심 등과 같은 '틈새'로 나아가는 움직임을 보여준다. 여기서 '틈새'는 종교의 영역이 더 넓어지고 깊어지며, 다양한 곳까지 진출하려는 것을 나타내고 또한 이런 움직임마저도 '종교'가 될 수 있다는 것을 표현하는 단어가 된다.

2. 새로운 교회 공동체들

앞서 본 것처럼 오늘날 "영적이지만 종교적이지 않은"(Spiritual But Not Religious)이라는 말은 기존 종교, 즉 조직적이고 전통적인 교회 밖에서 영적인 것을 추구하는 현상을 나타내는 말로 통용된다. 세속화의 영향으로 기존 종교가 개인적인 선택의 대상으로 변화하면서 제도화된 종교 밖에서 개인적인 영성을 추구하는 현상이 광범위하게 일어났다. 이들은 초월적인 존재를 믿는다는 것에서 기존의 종교적 가치관을 가지지만, 기존 종교의 교리나 체계, 관습 등을 수용하지 않거나 수용한다고 해도 자신들에 맞게 변형시킨다는 점에서 차이가 있다. 이러한 현상은 '종교'라는 규범적인 정체성의 경계가 모호해지고 있다는 것을 의미한다. 이때 등장하는 대안 종교는 환경적 적응과 인식의 변화에 적합하게 진화하며, 새로운 영성을 제시한다.

새로운 영성, 새로운 형식, 새로운 목적은 교회 밖 대안 종교 운동으로 '새로운 교회 공동체들'(New Ecclesial Communities)[24]이 생겨나는 원인이 된다. 이런 새로운 교회 공동체는 새롭게 급변하는 환경에 대처하기 위한 '상황화'(contextualization)에 적응하기 위한 교회이다. 이런 상황을 위한 교회를 모이나와 해롤드(Michael Moynagh & Philip Harrold)는 ① 이머징 처치(the emerging church), ② 심플 처치(simple church)나 오르가닉 처치(organic church), ③ 새로운 수도원주의(new monasticism), ④ 교회의 새로운 표현들(Fresh Expressions of Church)로 분류하고 있다. 그러나 이런 새로운 교회 운동은 전도를 조금 더 효율적으로 하려는 목적으로 구성된다는 점과 교회의 형식만 다를 뿐 여전히 '교회'로 분류될 수 있다는 점에서 여전히 기존 교회와의 근본적인 차별성이 모호해진다. 또한 초월적이며 내재적인 존재와의 연결에 중점을 둔다는 점에서도 이를 전혀 언급하지 않는 S모임과 차별성이 있다. 이런 새로운 교회 운동은 '오는'(coming) 사람들을 기다리는 모델에서 '가는'(going) 전도에 초점을 맞춘다. 따라서 '보냄'(sending)을 받은 곳에서 사람들을 만나며 그들의 상황에 맞는 전도 전략을 수립한다. 그러므로 이들은 통칭 '선교적 교회 운동'(the missional church movement)으로 볼 수 있다.

S모임은 여기서 '오르가닉 처치'나 '새로운 수도원주의'와 일부분의 공통점을 가진다. 유기체적이라고 하는 것은 수요 모임이 '액체 교회'(liquid church)의 특징인 고정되지 않음과 조직적이고 체계적이지 않다는 점에서 지니는 공통점을 말한다. 또한 '오르가닉 처치'는 구조 자체가 비공식적이며 수평적 관계 모델을 제시한다는 점에서 S모임과 같다. 그러나 이들의 목적이 "하나님의 선교를 지역사회에 실천한다"[25]는 것에서 알 수 있듯이 사회운동에 중점을 두는 S모임의 지향성과는 다르다고 할 수 있다. '새로운 수도원주의'에서는 사회복음, 즉 사회의 공정과 평등에 관심을 가진다는 점에서 일치하고 있다. 그러나 여기에는 느슨하지만 상하 관계가 존재하며, 조직적이라는 것에서 차이가 있다. 가장 큰 차이는 이들 새로운 교회 공동체들은 기존 교단과의 선교적 협력을 통한 교회 개척과 사역의 실천을 한다는 점이다. 이들은 교단과의 긴밀한 협조를 통한 '선교적 공공교회론'(missional public ecclesiology)을 추구하며 이를 통해 실천되는 전도에는 '신학적 함의'가 포함되어 있다. 그러나 S모임은 조직도 없고, 수직적 관계도 없으며, 신학적 함의를 내세우지 않는다는 점에서 독특한 성격을 가진다.

기존의 방식을 완전히 벗어나 새로운 시도를 하는 경향도 나타나고 있다. 이들은 '선교형 교회'(Mission-Shaped Church)로 불리며, 교회를 떠난 사람들이나 기독교에 생소한 사람들을 위한 '신선한 표현'(Fresh Expression, FX)[26]을 추구한다. 이런 시도는 "기존 성도는 놔두고 교회를 떠난 사람을 상대로 그들의 문화 속으로 들어가"[27]는 것을 말한다. 이들은 기존의 교회 건물에서 모이는 것이 아니라 네트워크로 형성되어 어느 장소에서든,

어느 시간에서든 상관없이 모이는 이동형 교회라고 할 수 있다. 이런 모임은 요리, 뜨개질, 커피, 스포츠 등 일상의 생활이 영위되는 곳에서 이루어지며, 봉사활동이나 직접 참가하는 형식으로 구성된다. 그들의 문화 속으로 거부감 없이 들어가서 함께 어울리며 자연스럽게 복음을 전하는 것이다. 이런 운동은 고정된 형식(text)이 아니라 상황(context)에 초점을 맞추는 것으로 철저히 타자 중심이라고 할 수 있다. 이런 운동은 영국 성공회에서 시작되었으며, 2,000여 개가 넘는 모델들이 있는 것으로 알려졌다. 이들은 사용하는 '새로운 교회 운동', '제자화', '기독교인이 되게 하는 것', '새로운 선교 방식'이라는 표현에서도 알 수 있듯이 교회 운동의 일환으로 볼 수 있다.

이 논의에서 두 가지 변화를 주목할 필요가 있다. 하나는 종교에 대한 기준이 점점 더 모호해지고 확장되고 있다는 것이다. 이는 종교가 서구 유럽의 기준으로만 평가하던 방식에서 벗어나 각자 주체적인 방식으로 구성되어가고 있다는 것을 의미한다. 그동안 종교는 서구 유럽의 관점에서 설정된 가치, 형식, 역사, 기능적 방식으로 구성되어 왔으며, 이는 식민지를 건설하는 데 고스란히 이식되었다. 유일한 기준으로 작용한 서구의 가치관은 각 국가나 민족 또는 부족에 존재하던 초월적 가치에 대한 종교성을 외면하게 했으며, 이들을 미개한 대상으로 전락시킨 척도로 작용했다. 그러나 탈구조주의 시대에 들어 이러한 기준은 절대성을 잃어버리고 와해된다. 오늘날 '종교'를 평가하는 기준은 달라지고 있으며, 아예 없다고 하는 주장도 받아들여지고 있는 추세이다.

이런 변화에 따라 기존의 종교 기준과 전혀 다른 가치를 지닌 종교 운동들이 등장했다. 이들은 기존의 종교 기준에 맞지 않을 뿐 아니라 그동안 지속되어 왔던 종교라는 개념까지도 허물어버린다. 그동안 교회는 종교의 기준에 가장 적절한 대상으로 수천 년간 지위를 누려왔다. 그러나 종교의 기준이나 개념이 확장되고 있는 시대에서 나름대로 존재가치와 목적을 유지하기 위해서는 FX와 같은 플랫폼 형식의 교회로 변화가 필요하다. '새로운 교회 공동체들'이나 FX 같은 교회들은 모두 상황화가 적용된 예라고 할 수 있다. 이런 교회 운동에서 상황화란 본질을 제외한 모든 것을 장소와 시간, 형식까지 상황에 맞춘다는 개념으로 시대의 변화에 적용하려는 노력이라고 할 수 있다. 이러한 상황화는 그 범위가 좁든 넓든 상관없이 이제는 모든 종교가 수용하고 적응해야만 하는 시대가 되었다. 이런 예는 전 세계에서 일어나는 다음과 같은 예에서 확인할 수 있다.

II. 다양한 형태의 종교 표현

앞에서 본 것처럼 종교에 대한 기준이 탈구조화 시대에 이르러 수없이 분화되는 현상은 전통적 교회가 다른 버전(version)으로 진화하는 양상을 나타낸다. 이는 종교를 반대하기 위한 것이거나 더욱 강화하기 위한 목적을 지닌다. 이는 종교가 탈구조주의 시대에 적응하기 위한 양상을 잘 보여주는 것이다. 이들의 공통점은 다양하게 진화하는 표현들이 종교가 세속으로 들어가기 위한 방식을 드러내며, 이는 곧 종교의 공공성을 확장시킨다는 것을 의미한다.

공공성의 확장은 세속화로 인해 종교가 쇠퇴한다는 그동안의 논의를 정면으로 반박하는 것으로, 오히려 종교는 더욱 다양한 방식으로 변화하며 적응하고 있다는 것을 증명한다. 이로 인해 오늘날 종교의 공공성에 관한 연구들이 증가하고 있으며, 이는 가나안 신자들을 긍정하고 이들의 역할을 주목하는 계기가 된다. 이 절에서는 다양한 형태의 종교 표현과 함께 종교의 방식들이 어떻게 세속의 영역으로 들어가는가를 다룬다. 중요한 것은 종교의 다양한 방식들과 공공의 영역에 진입하는 과정이다. 그리고 이는 오늘날 한국에서 일어나고 있는 '가나안 신자'들의 신앙과 그들의 모임을 이해할 수 있는 개념들을 제공한다.

1. 반종교적 유형: 영국인본주의협회

'영국인본주의협회'(The British Humanist Association, BHA)는 인간의 이성을 극대화해서 종교를 없애는 것을 목표로 한다. 이들에게 종교는 계몽주의적 인간에게 어울리지 않으며 인간의 자율성을 제한하는 기능을 하는 것으로 본다. 이 단체가 국회에 입법을 요구할 뿐 아니라 전 세계적으로 신이 없음을 광고하는 것은 종교를 부정하는 방식이 세속의 영역에서 어떻게 일어나고 있는지를 잘 보여준다. 이들은 이성의 적극적 사용을 권장하며 '논리'와 '증거'에 입각한 삶을 장려한다. 여기서 종교의 초월적 지향점은 반드시 극복되어야 할 무지로 취급된다.

공공의 장소에서 종교성을 드러내는 것은 교회나 종교 단체에 속한 종교인에 제한되지 않는다. 비종교인들이나 무종교인들도 종종 공공의 장소에서 종교를 드러내는 경우가 있다. 영국인본주의협회를 보면 그들은 종교를 믿지 않을 뿐 아니라 종교를 타파하려는 목적으로 세워진 단체이다. 이들은 종교의 말살을 위해 여러 가지 운동을 펼친다.

1) 신 없이 행복하기

인본주의자들[1]에게 종교의 비합리성을 밝히는 가장 좋은 방법 중 하나는 자신들의 삶을 통해 행복한 것을 보여주는 것이다. 이들에게 행복과 즐거움은 개인적인 경험이지만 '철학적 · 윤리적 지표'[2]이기도 하다. 종교가 고난을 통한 구원을 약속하기도 하지만 인간의 삶에 대한 행복을 추구한다는 점에서는 종교와 인본주의자 모두 동일하다고 할 수 있다. 그러나 그 행복을 추구하는 방식과 목적, 그 행복을 주는 대상은 전혀 다르다. 신(神) 없이 행복하다고 주장하는 인본주의자들에게 신은 목적 달성의 도구가 될 수 없다. 그러나 역설적이게도 신 없이 행복하기 위해 그들은 신을 이용한다. 엥겔케(Mattew Engelke)는 BHA 주장들과 실천들을 연구하면서 하나님 없는 행복을 추구하는 인본주의자들의 정체성을 잘 밝혀놓았다.

1965년 BHA는 인본주의 운동의 로고를 디자인하기 위해 경쟁을 유도했다. 그들이 원하는 로고(logo)는 "이성과 인성에 기초하여 윤리적 생활을 추구하는 비종교인들"을 나타내는 의미를 담는 보편적 상징이었다. 최종적으로 '행복한 인간'이라고 불리는 로고가 승리했다. 이 상징은 인도에서 호주, 캐나다에 이르기까지 전 세계의 인본주의 단체가 사용한다. 이 로고와 함께 BHA 회원은 옷깃 핀을 착용하는데 이것의 의미는 '하나님 없는 행복'(Good without God)이다.

2008년에는 BHA의 가장 저명한 회원 중 한 명인 도킨스(Richard Dawkins)의 후원으로 '무신론 버스 캠페인'(Atheist Bus Campaign)을 시작했다. 이는 기독교 단체의 광고인 "예수님만이 지옥에서 당신을 구할 수 있습니다"라는 문구에 대한 대응으로 시작한 것으로, 무신론자 버스 광고는 "아마 신은 없습니다. 근심을 멈추고 인생을 즐기십시오"(There's probably no God. Now stop worrying and enjoy your life)[3]라고 적혀 있다. BHA는 영국의 각 지방으로 이 버스를 보낼 뿐 아니라 전 세계적으로 이런 운동을 확산시켜 인본주의적 가치관과 세계관을 전파한다. 이러한 운동은 한국에서도 호응을 얻고 있으며, 한국의 버스에도 동일한 광고가 실려 있는 것을 볼 수 있다.[4] 계몽주의로 인한 이성의 권위와 과학적 도구, 자유로운 사고는 인본주의자들의 무기로 사용되며, 신 없이 행복한 것은 세속적인 것의 표시이기도 하다. 즉, 세속적이라고 하는 것은 계몽주의적 가치를 드러내며 사는 것을 말한다. 그리고 이는 선한 삶의 추구로 표현된다.

BHA의 활동은 세 가지 영역으로 나눌 수 있다. 첫째는 정책 및 공개 토론에서 휴머니즘을 장려하는 것이다. 이 일의 상당 부분은 국가가 자금을 지원한 신앙 학교의 폐지와 성공회 주교가 상원 의회에 앉는 것과 같은 헌법상 권리를 폐지하는 운동으로 나타난다. 둘째는 지역 인본주의자들을 위해 봉사하고 그들을 양성하는 것이다. BHA는 지역사회에 아주 깊숙이 묻혀있는 인본주의자들을 토론으로 끌어내고, 그들을 돌볼 수 있는 커뮤니티 등을 형성한다. 셋째는 종교가 없다는 확신과 인본주의자라는 정체성을 분명히 하는 BHA 회원 지망생들 또는 이미 회원인 자들의 결혼이나 이름 짓기 등을 지원하거나 장례식의 경비를 제공하는 것이다. BHA에는 이 의식(ritual)을 위해 영국과 웨일즈에 약 300명의 훈련받은 '의식인도자'(ritual reader)가 있다. 나아가 BHA는 다른 형태의 사회복지를 지원하고, 구급 시설과 병원에서 인본주의자 사목(humanist chaplains)을 제공하며, 기타 다른 여러 가지 지원을 제공하는 프로그램을 진행한다.5 이런 활동들은 기존의 교회가 해 오던 목회적 영역들이다. 교회는 교인들에게 이런 돌봄을 제공하며, 이는 목회적으로 가장 중요한 영역이라고 할 수 있다. 이들은 기존 교회와 같은 방식으로 활동하면서 종교를 대체할 수 있다고 믿는다. 신이나 교회가 없어져야 한다는 목적으로 활동하면서 교회와 같은 구조와 방식으로 움직이는 것이다. 다른 점이 있다면 교회가 '신'이 있는 구조라면, 이들은 '신'이 없는 구조라는 점이다.

2) 현재뿐인 삶의 근거: 계몽주의

BHA 목적은 종교를 없애고 과학에 의해 지배되는 현대 세계를 창출하는 것이다. 그 세계는 그들만의 세계로, 증거에 기초하지 않은 사실이나 권위는 받아들이기를 거부한다. 이들이 신봉하는 계몽주의는 '급진적 계몽주의'6로서 오직 이성만이 요구된다. 칸트는 "당신 자신의 이성을 사용하는 용기를 가져라! 그것이 계몽의 좌우명이다"7라고 썼다. BHA는 대중적인 저술을 통해 인본주의 프로젝트를 그러한 인물들과 연결시키는 일들을 하며, 존경받는 학자들을 포함하는 인본주의 철학자 그룹을 조정한다.8 BHA에는 많은 유명 회원들이 있으며, 그 회원들 대부분 자신들을 홍보하는 일에 적극적인 것으로 알려져 있다.9 이들이 주장하는 계몽주의는 이성을 바탕으로 합리적인 판단을 내리고 자유롭게 살아가는 것이다.

인본주의 철학자 그룹은 전문 관심 분야에 대한 출판과 일반 독자를 위한 출판 외에도 지역 인본주의 단체들에 의해 정기적으로 초청되어 인본주의 사상이 계몽 사상가의 생각과 어떻게 연결되었는지에 대한 자료를 제시한다. 특히 제레미 벤담, 존 스튜어트 밀, 찰스 다윈과 같은 19세기 인물들이나 휴머니스트 과학자들과 작가인 도킨스(Richard Dawkins), 콕스(Harvey Cox) 등을 통해 계몽주의를 강조한다. BHA 회원, 지지자 및 대중은 독서 사례를 통해 이런 사상을 열정적으로 흡수한다. 다른 곳에서는 BHA 직원들이 지역 단체, 교사 연수생, 연수 간호사, 학교 휴학생들과 함께 18~19세기의 행복 추구 등 다양한 주제로 계몽주의 대화를 나눈다.[10]

이들이 주장하는 '행복할 시간은 지금', '우리가 가진 한 번뿐인 삶'이라는 것은 초월성과 추상성, 비가시적인 것들에 대한 강한 부정의 표현이다. 그들에게 "행복은 계몽의 관점에서 볼 때, 신과 같은 완전에 대한 이상이 아니라 지금 당장 추구되고 얻어지는 자명한 진리이다."[11] 인본주의자들은 우주에 분명한 목적이 있다는 것을 거부한다. 우주는 자연적인 현상이며, 그 뒤에는 계획이 없다고 주장한다. 이들은 자신의 윤리적 가치를 강조하는 방식으로 여기에서, 지금 행복한 이유를 설명하기 위한 기회를 이용한다. 따라서 한 사람은 '개인적으로 생각하는' 세계이며, '증거'에 기초하지 않은 사실은 권위로 받아들이지 않는다.[12]

3) 인본주의자들의 도구: 증거와 논리

BHA 안에서 종교는 휴머니즘과 정반대이다. 종교는 그들의 무한한 가치와 이성에 해로운 존재로서 행복은 종교적 불행, 걱정, 고난 또는 망상에 반대되는 것으로 정의된다. BHA 회원들과 지역 단체들은 종교 단체들이 전통적으로 행한 일들을 한다. 고령자를 위한 사회 방문을 요청하고, 지역 자선 단체와 프로그램에 자원봉사를 하며, 지역사회 박람회나 시민 생활에 참여하기도 하고, 일부의 경우 합창단 및 기타 기업 활동을 형성한다. 인본주의자들은 종종 스칸디나비아 국가의 행복과 복지의 수준을 지적하는데, 이 국가들은 세계에서 '가장 종교가 없는'(least religious) 나라로 분류된다.13

이들이 주장하는 종교의 또 다른 문제는 '증거'에 의한 무시이다. 인본주의자들에게 좋은 삶이란 오직 과학에 대한 적절한 관심으로만 실현될 수 있기 때문에 증거는 전제 조건이 된다. 그리고 '증거'는 객관적이고 검증 가능한 과학적 증거를 말하며, 믿음이 아닌 지식과 느낌이 아닌 사실이다. 따라서 '불멸'(immortality) 또는 '초자연'(supernatural) 같은 눈으로 볼 수 없는 것들은 믿음의 대상도 될 수 없다.

여기서 논리학(Logic)은 인본주의의 또 다른 핵심 요소로서 자신들이 종교인이 아닌 이유와 종교를 불신하는 것을 설명하기 위한 도구로서 자주 사용된다. 그들은 성경의 예수가 자연법칙을 무시한 적이 있다는 것은 받아들일 수 없으며, 예배하는 기독교인은 감각적인 면에서 현실과 상식을 부정하는 것으로 여긴다. 따라서 인본주의자들의 입장이나 견해를 밝히는 것은 일반적으로 이성의 우위와 감정에 대한 회의론에 관한 것이다.

과학적 합리주의만을 경전으로 받아들이는 인본주의자들에게도 정서적 또는 특정한 이해를 포기할 것을 강요하지는 않는다. 예를 들어 BHA가 제공하는 장례식이나 지역 단체 활동과 토론에서 종종 지지를 호소하기 위해 정서적 호소와 감정에 의존하곤 한다. BHA '의례부'(celebrants)는 인본주의자 성향을 표시하거나 이성적 상징을 표기하는 것들을 의도적으로 멈추기도 한다. BHA 장례식은 죽은 이의 생명을 '축하'하기로 되어 있다. 그러나 죽은 이를 위한 슬픔이나 애도가 부인되거나 거부되는 것은 아니다. 이들의 '행복한 장례식'은 전통 교회의 '엄숙한 장례식'과 곧잘 대비된다. BHA 장례식에서는 몬티 페이톤(Monty Python)의 익살스러운 농담이나 프랭크 시나트라(Frank Sinatra)의 음반들이 성공회

찬송가나 오르간 음악보다 더 많이 연주된다. 이런 의미에서 BHA '의례부'는 내세에 놓여 있는 고통, 죄 및 행복의 지평선에서 벗어나 더 일반적인 변신을 돕는 변화의 선두에 서 있다.[14] 그런데도 감정은 이성의 종이어야 한다.

BHA의 활동은 오늘날 종교가 어떻게 이용되는지에 대한 좋은 예를 보여준다. 이들은 종교를 인간의 행복 추구를 위한 걸림돌로 생각한다. 이들의 종교는 이성이며, 이를 위해 논리적인 증거를 도구로 사용한다. 역설적이게도 이들의 이런 행동은 종교의 공공성을 드러낸다. 종교를 없애기 위한 학습과 의례, 실천들이 오히려 공공의 장소에서 공공의 목적으로 종교를 드러내고 있는 것이다. 종교를 반대하고 부정하기 위한 목적일지라도 이들의 모든 실천에는 '신'(God), '종교'(religion), '그리스도인'(Christian) 같은 문구가 끊임없이 등장한다. 이런 면에서 종교의 공공성은 반드시 종교에 대한 긍정적인 요소를 담을 필요는 없다. 공공의 장소에서 '하나님'이나 '천사' 같은 말을 하거나 종교와 관련된 실천을 한다면, 그것이 종교를 선전하기 위한 것이든 부인하려는 것이든 상관없이 넓은 의미의 공공 종교성이 될 수 있다. 이런 점에서 BHA가 종교, 특히 기독교를 부정하기 위해 전 세계적으로 여러 가지 운동을 하는 것은 공공 종교성이란 어떤 것인가를 잘 드러내고 있는 좋은 예라고 할 수 있다. 그들은 종교 없는 세상이 행복한 세상이라고 했지만, 그들이 원하는 종교 없는 세상을 위해 종교를 드러낸다.

이들은 '이성'과 '증거'를 중요시하며, '증명'될 수 없는 것은 신뢰하지 않는다. 따라서 이들에게는 '이성'이 신을 부정할 수 있는 근거가 된다. 이런 상황은 S모임에 참석하는 가나안 신자에게도 나타난다. 이들 중 일부는 초월적인 개념을 쉽게 받아들이려 하지 않았다. 또한 이들은 자신들의 이성으로 이해가 되는 것을 선호했다. 이들은 성경의 내용을 나름대로 재해석해야 하는 대상으로 보았다. 천사나 지옥 같은 기독교의 근본적인 내용도 그대로 받아들이려 하지 않았다. 차이가 있다면 BHA는 신을 인정하지 않지만, 가나안 신자는 신을 인정하는 경향이 있다는 정도이다. 이들은 대부분 독서를 통해서 자신들의 신앙적 사고를 정립하고 이를 발전시키고 있었다. 독서의 범위도 신학, 철학, 문화 등 다양한 스펙트럼을 가지고 자신들의 신앙을 더욱 견고히 하는 경향이 있으며, 자연스럽게 초월적인 것보다 현실에서의 신앙에 더 강조점을 두었다. S모임의 가나안 신자들도 이성과 증거를 신뢰하는 경향을 보였다. 이들은 성경의 내용이 설화이며, 그것을 현실적인 사건으로 받아들이지 않았다. 이런 면에서 본다면 S모임의 가나안 신자들은 상당히 인본주의적 신앙관을 가진 것으로 보인다. 그리고 이는 오늘날 교회를 떠나는 중요한 요인으로 작용한다. 이들은 성경을 무조건 믿으라는 태도에 회의를 가지며, 자신들이 이해되고 설득되기를 원한다. 그리고 그것은 이성과 증거에 의해 수용된다.

2. 탈종교적 유형: 영국성서공회[15]

'영국성서공회'는 교회와 연관이 없는 독립적인 단체로서 이들의 일은 일반 회사의 그것과 다르지 않다. 이들은 신앙에 관련된 이야기들을 별로 하지 않을 뿐 아니라 신학적 관점에 대한 논쟁도 하지 않는다. 구성원들은 제각기 다른 신학을 가진 교단에 속해있거나 아니면 기독교 신앙에 대해 관심이 없는 듯한 사람도 있다. 이들은 이메일을 보내고 회의 의제를 통해 작업하지만, 성경의 내용에 대해서, 그 안의 구체적인 인물에 대해서도 언급하지 않는다. 또한 일반인들과 똑같이 생활하며, 겉으로 보기에는 구분이 되지 않을 때가 많다. 외부에서 볼 때 이들의 일이 종교적으로 명시적인 것인지에 대한 의문도 있다. 그런데도 이들을 기독교인으로 표시할 수 있다고 생각하는 것은 회의가 시작될 때나 회의가 끝날 때 성경 읽기나 기도와 같은 것들이 있다는 것 정도이다. 전통적이고 조직적인 교회나 교단과는 상관없이 독립적인 단체를 이루어 자신들만의 신학과 신앙으로 종교를 실천하고 표현하는 것이다. 이런 실천의 일환으로 그들은 스윈던(Swindon)에서 크리스마스 장식으로 천사를 만드는 것을 기획하고, 커피숍이나 선술집(pub)에서 성경 읽기 운동을 펼친다.

1) 주변 신앙

호세 카사노바(Jose Casanova)와 같이 세속화 이론에 의심을 갖고 있는 학자들은 근대성과 세속화 이론을 통해 공공 영역과 공공장소로의 종교 복귀를 점차 수용하고 있다. 이에 따라 공공 종교의 생존 가능성과 정통성을 점점 더 인정하는 학자들이 늘어나고 있다.[16] 그러나 근대성과 세속화 이론의 주요 발판이 되는 유럽에서는 종교가 공공 영역으로 복귀하는 것과 생존 가능성이 증가하는 것 등은 여전히 논쟁거리가 된다. 엥겔케(Matthew Engelke)는 '영국성서공회'에 속한 기독교 자선 단체의 활동을 통해 이런 개념의 균형을 모색한다. 여기서 그는 이미 오래전부터 확립되어 온 공적·사적 종교의 분류를 거부하고 '주변 신앙'(ambient faith)이라는 새로운 개념을 적용한다. 그에 의하면 이런 개념은 전 세계 종교의 다양성에 관계없이 모든 종교 운동가들의 전략과 전술의 핵심이다. 이것은 "의사소통, 사회적 형태, 지역사회의 상상력이 갖는 감각적, 물질적 측면을 인정"[17]하는 것이다.

BSE는 2006년 스윈던(Swindon)[18]에 천사를 소개하고, 커피 전문점에서 성서 독서하기를 홍보하는 캠페인을 논의했다. BSE가 '주변 신앙'을 어떻게 적용하고 있는가를 위한 두 가지 예 중 하나는 마을에서 쇼핑센터를 위한 크리스마스 장식을 제공하는 프로젝트이고, 다른 하나는 기독교인들이 커피숍과 펍(pub)에서 성서 독서 모임을 갖도록 격려하는 것이다. 이러한 전략은 정교분리 원칙을 강력하게 시행하는 정부의 반대나 전통적 교회의 신성 모독 논쟁과 같은 격렬한 항의나 국제적인 논쟁을 불러일으키지 않았다. 그런데도 크리스마스 장식과 커피숍에서 나타나는 종교의 사회성은 종교를 이용하는 방식과 함께 공공 종교가 어떻게 구성되는지를 잘 보여준다.

여기서 예술 담당관으로 근무하는 루크(Luke Walton)의 가장 중요한 일은 2006년 크리스마스 퍼레이드를 위한 장식품을 편성하는 것이다. 그는 오늘날 종교는 평가절하되어 있지만, 동시에 대부분의 사람들은 영성의 중요성과 심지어 영적 존재를 인정하고 있다고 보았다. 이에 따라 루크는 천사가 일종의 신앙을 고취시킬 수 있다고 생각했다. 이는 '공통 영역에서 나타나는 천사의 영성'(the spirituality of angels in the common domain)[19]이 가능하다고 본 것이다. 천사는 세속의 영역에서 전통적 역할을 할 수는 없지만 종교심을 일으킬 수 있다. 세속화된 사람들은 '제도적'(institutional) 채널보다는 '개인주의적인'(individualistic) 채널을 통해 영적인 차원과 만나기를 원하기 때문에 루크가 보기에 스윈던의 천사들은 영적이지만 종교가 없는 대중에게 다가갈 수 있는 완벽한 방법이었다. 루크는 천사가 영적이면서도 종교적인 상상력에 쉽게 적응할 수 있다고 생각했다. 사람들은 대부분 무신론이라고 자신을 칭하지는 않지만 천사에 대한 것은 반대하지 않을 것이라고 본 것이다. 여기서 천사는 성서에서처럼 가브리엘(Gabriel)이 마리아(Mary)에게 신성한 메시지를 전달하는 것을 묘사하는 것이 아니라 그저 천사일 뿐이며, 천사의 역할은 스윈던의 쇼핑객들에게 영적인 것을 상기시키고 연결 통로를 제공하는 것이다.

이러한 시도는 이제까지 유지되어 온 공적·사적인 일관성을 혼란스럽게 하는 감각적인 기록이 될 수 있다. 일반적으로 세속의 영역에 종교 그 자체가 들어가는 것은 공식적으로 승인되기가 쉽지 않다. 대부분의 나라에서 종교는 법적으로 정치와 분리되어 있으며, 사회도 이것을 인식하고 있다. 따라서 이들이 보여주는 것은 기독교를 전파하는 것이 아니라 단지 '천사'(just angels)일 뿐이다. 이를 통해 BSE는 스윈던의 쇼핑객들에게 천사들이 감각적 또는 물질적으로 영향력을 끼치기를 원했다. 그럼에도 천사는 '공공 종교'(Public religion)의 일부가 되지는 않을 것이다. 따라서 국가나 사회의 계몽주의적 현상과도 반대되는 것이 아니다. 그러나 그 과정에서 사회가 공적 · 사적 구별에 대한 규범적 이해로 정의하고 인식한 것에 도전하기 위한 발상이 될 것이다.[20] 여기서 천사는 이쪽도 저쪽도 아닌 그 자체인 것뿐이다. 이것이 BSE가 추진한 '주변 신앙'이었다. 그러나 이러한 방식은 계몽주의 시대 이후 사회가 공적 · 사적인 구별을 규범적으로 정하려 하고, 사람들 또한 이것에 맞게 인식하는 것에 대한 도전이 될 수 있다는 것이 중요하다.

스윈던에 천사를 퍼레이드 시키기 위한 BSE의 노력은 공적 · 사적 종교에 관한 오랜 논쟁에서 감각적인 것의 중요성을 명확히 해준다. '주변'이라는 것은 인류학자들이 말하는 일종의 문맥과 같다. 그동안 사회적 상황, 문화적 맥락, 역사적 흐름에 대한 주변 배경에 관한 것은 많은 주목을 받지 못했다. 하지만 '주변'은 종교가 공공 또는 사적으로 이해될 수 있는 감각적인 방식을 이해하는 데 도움이 되는 개념이 될 수 있고, 여러 종교적 상황에서 사회생활의 한 측면을 나타내며, 이를 해석하는 도구로서 이해될 수 있다. 여기서 일상의 주변적인 특성은 사람들이 '감각 환경' (sensory environment)[21]이라고 부르는 것을 구성하는 필수불가결한 요소가 된다.

2) '공통 영역'을 위한 망가

크리스마스 퍼레이드를 위한 천사를 디자인하기 위하여 루크는 로버트쇼(Carl Robertshow)에게 찾아간다. 그는 기독교인이 아니지만 루크가 속한 BSE는 비기독교인이나 비종교인들과의 수시로 관계를 형성한다. 이는 제작의 효율성뿐 아니라 직원 중 일부가 '교회 게토'(Church ghetto)[22]라고 제한당하기를 원치 않기 때문이다. 오히려 가능한 '교회에 속하지 않는'(unchurch)[23] 자들과 일하는 것은 그들이 사회적으로 더 넓은 관객, 특히 비기독교인 관객을 만날 수 있는 좋은 방법으로 간주된다. 로버트쇼는 일본 만화에 묘사된 천사의 스타일에 관심을 보였다. 이는 루크가 말한 '공통 영역'(common domain)을 활용할 수 있는 훌륭한 방법이었다. 일본에서 비롯된 개념은 분명 비기독교적이고 비서구적이다. 그러나 오히려 이런 프로젝트는 영적 특성을 훨씬 더 잘 개념화해서 보여줄 수 있다. 또한 이런 방식은 천사가 성서에 묘사된 것이나 형상화시킨 것과 같지 않게 몸에 아무런 표식도 없고, 얼굴의 특징도 없는 인간 중심적인 형태로 제작될 수 있다. 이런 형상은 구경하는 사람들에게 자신의 삶이나 이야기에 맞도록 보여질 수 있다. 사람들은 이것에서 전통적이고 딱딱한 종교적 이미지를 보는 것이 아니라 단지 특색있고 좀 더 친근한 이미지를 보는 것이다.

오늘날 세속적인 대부분의 국가에서 개인은 사적으로 종교적 약속을 할 수는 있지만 국가의 업무와 분리된 상태를 유지할 것이 요구된다. 즉, 규범적인 정치적 입장을 표명하고, 간격을 유지해야 한다.[24] 이런 의미에서 세속적인 것은 일종의 정치적, 사회적 중립성을 갖고 있으며, 관대함이나 공평 그리고 기회의 평등이라는 개념을 가진다. 그러나 또 다른 의미에서 세속은 스윈던의 천사처럼 BSE나 많은 사람이 충돌 없이 이용할 수 있도록 봉사하기도 한다.

이와 마찬가지로 BSE가 스윈던에서 천사 프로젝트의 홍보용 포스터에 성서의 언어를 붙이지 않은 것은 오히려 도움이 되었다. 그 포스터에는 "천사가 그들에게 말하기를: 걱정하지 마라. 행복하라!"[25]라고 적혀 있다. 스윈던 천사 프로젝트에서 BSE의 목표는 일반 시민들이 영적 존재가 있음을 인정하는 것뿐이기 때문에 천사들은 아주 현실적으로 만들어졌다. 천사들은 바람을 타고 날아다니며 활동적으로 움직였고, 이는 감각적으로 보였다. 또한 BSE는 공중화장실이 있는 곳에 천사를 설치했다. 이렇게 해서 스윈던의 공중화장실은 베들레헴에 있는 구유와 등가물이 되었다. 2006년 BSE의 천사 프로젝트로 인해 1,000명이 넘는 사람들이 센터의 행사로 몰려들었다. 천사들의 주변 효과는 확실히 효과가 있었다. 천사가 바람을 타고 날아다니는 것은 '주변 신앙'(ambient faith)의 지표로서 영적으로 행동하라는 초대장이 되었다. BSE의 의도는 대중을 우회적으로 유혹하여 공중에서 흔들리는 천사와 연결하고 부분적이지만, 자신들의 영혼에 대한 자각을 일깨우려 한 것이다.[26]

3) 공공장소로 가지고 가라(Getting it out in public)

BSE가 천사 프로젝트와 별개로 진행한 또 한 가지는 성서를 지지하는 운동으로 교회에 소속되지 않은 사람들에게 성서를 통해 발견되는 신앙 문제를 다시 생각하게 하는 것이다. 이런 전략에서 중요한 것은 이런 운동이 BSE의 천사 프로젝트처럼 "성서 본문에 대해 비스듬하거나 부분적으로만 연결"(some of what they do has only oblique or partial connection to the biblical text)[27]되는 것이다. 이것은 주변 신앙을 만들어내며 천사 프로젝트처럼 일반 시민들이 부담 없이 함께 즐길 수 있는 분위기를 만드는 것이다. 마찬가지로 BSE가 진행하는 'Lyfe'(Life for short, your faith encounters)에서는 '성서연구'(Bible Study)라는 말을 사용하지 않는다. 여기서 운영되는 웹사이트에 등록하면 돈, 정의, 희망 등 특정 주제를 중심으로 구성된 pdf 자료를 파일로 다운받을 수 있다. 이들은 교회나 종교적 건물로 모이지 않고 지역 술집이나 커피숍에서 만난다. Lyfe의 웹사이트는 이런 의미에서 공개적이며, 공공 광장의 분위기를 배경 소음의 일부로 설정한다. Lyfe는 사람들에게 "그래, 스타벅스에 가십시오. 우리가 성서라고 부르는 것은 얻으십시오. 편안한 가정 밖에서 그리고 공공의 장소로 가서 우리의 기독교 신앙을 얻으십시오"[28]라고 말한다. 그들이 제공하는 웹사이트[29]에서는 Lyfe에 관한 짧은 홍보 비디오를 보여준다. 웹사이트를 열면 〈We it the to Hide it〉이라는 현대적인 음악이 배경음악으로 나온다. 그런 다음 비디오는 젊은 여성에게 건네지고 커피숍 영상이 나온 다음 "언제든, 어떤 장소든, 어떤 방법이든"이라는 메시지가 나타난다. 그리고 한 남자가 "술집에 있어서 좋은 점은 편안한 분위기입니다"라고 말한다. 또 다른 메시지는 "하나님의 말씀은 우리의 위치에 관계없이 관련이 있습니다"라고 말하면 다른 남자가 "서점, 선술집, 누군가의 주방 테이블, 그것이 어디에 있든지"라고 말한다. 이 모든 것들은 교회가 하는 것처럼 보이지 않고, 종교적이지도 않다. 교회가 하는 것이나 종교적인 것처럼 하지 않고 신앙의 내적 경험을 대화로 시작하는 것이다. 이런 전략은 주변의 방식으로(ambient way) 공공의 장소에서 공개적으로 시도된다.

천사 프로젝트와 마찬가지로 Lyfe 그룹이 행하는 '주변 신앙'의 생산은 적어도 두 가지 거부에 달려 있다. 하나는 종교를 적용할 때 공적·사적 사이의 구별을 받아들이는 것을 거부하는 것이고, 둘째는 매우 종교적인 아이디어 그 자체에 만족하는 것을 거부하는 것이다. 이때 주변 분위기는 그들 사이의 구별을 줄이는 방법이 된다.[30]

BSE의 공공 참여 전략은 환경 분석과 주변(ambient)을 이용한 종교의 생존 사례가 될 수 있다. '주변 신앙'의 생산은 공적·사적 구별과 관련하여 변화를 일으키고, 새로운 방식으로 이를 적용할 수 있게 해준다. 이러한 전략은, 카사노바가 말한바 "구별된 영역의 자율적인 구속에 관해 공개적으로 질문을 제기함으로써 경계를 넘어서서…"[31]와 같이, 제삼의 방식으로 종교와 세속이 공존할 수 있는 새로운 관점을 제공해준다. BSE는 크리스마스, 쇼핑몰 및 커피숍 체인에 중점을 두고 자신들의 의제를 발전시키고 있다. 이로 인해 엥겔케는 주변에 대한 관심이 어떻게 받아들여지는가에 대한 토론이 이전까지의 종교적 프로젝트를 넘어서게 하는 생산적 이슈가 될 수 있다고 주장했다.[32]

BSE의 두 프로젝트는 신앙이 주변의 환경과 어떻게 조화로울 수 있는지를 보여준다. 이들은 정치적이고 국가적인 종교 정책에 반기를 들지 않을 뿐 아니라 이미 세속화된 현대의 삶에 혁명적인 사건을 일으키지도 않는다. 현재 있는 상황에서 종교가 스며들 수 있는 최선의 방법으로 주변의 것을 수정하거나 포기하지 않고 그 안에서 종교를 드러내는 것이다. 그것은 종교와 세속이 "비스듬하거나 부분적으로만 연결"(only oblique or partial connection)되는 것을 말한다. 이런 방식은 공공의 장소에서 거부감을 줄이며, 사람들이 받아들이기에 부담감이 없다. 세속화된 사회에서 부분적으로 세속화된 방식으로 접근하는 것이다.

이런 방식은 오늘날 한국교회의 전통적인 방식에 많은 시사점을 준다. 이들에게는 때론 본질보다는 비본질적인 것이 더 중요하게 여겨진다. 본질보다 과정과 형식이 더 중요한 것이다. 전통적인 교회의 상황에서 '비스듬히' 또는 '부분적으로만 연결'되는 방식은 곧 이단을 의미할 수 있다. 이단이란 말 그대로 '끝만 다른 것'이라고 할 때 진리에 대해 '비스듬히, 부분적으로만 연결'되는 것은 이단의 전형적인 특징이 될 수 있다. 한국교회에서 '진리'를 고수하는 것은 전통적 방식을 고수하는 것이나 다름없다. 따라서 '주변 신앙'은 자칫 진리와 타협하거나 포기하는 것이 될 수 있다. 이런 상황에서는 '주변 신앙'이 설 자리는 없다. 그리고 이것은 공공의 장소에서 한국교회가 설 자리를 잃어가는 원인이 된다.

BSE가 천사를 만들 때 협력했던 로버트쇼는 종교와 상관이 없는 사람이었다. 그는 일본 망가를 배경으로 누구나 이해할 수 있게 또는 누구도 이해할 수 없게 천사를 만들었다. 이는 BSE가 설정한 목적을 이루기 위해 사람이든 장소든 상관없이 세속적인 영역의 것을 과감하게 이용하는 것을 말한다. BSE는 이렇게 '비스듬히' 세속으로 들어가는 것이다. S모임의 예배에는 사회운동가들의 글이 많이 사용된다. 그들 중 대부분은 종교, 특히 기독교와 상관이 없다. 그럼에도 그들의 글이 실리는 것은 S모임이 목적을 위해 필요한 것을 받아들이는 데 주저함이 없음을 말하며, 이는 '비스듬히' 세속과 연결되어 들어가는 것을 보여준다. 스윈던의 천사는 시장 광장에 진열되고 날아다녔다. 이는 카사노바가 말했던 것처럼 시장 광장이 공공과 민간 부문의 입장을 분명히 하기 위해 공공 광장만큼 중요하다는 것을 보여준다.33 광장이나 커피숍에서 나는 소음은 BSE가 목적을 달성하는 데 일부일 뿐이다. S모임이 모이는 P다방은 공공 광장의 공간이며, 비종교적인 사람들이 사용하는 곳이다. 이곳에서는 전통 교회의 장식이나 엄숙함이 없다. 모든 예배는 전면이 유리로 된 상황에서 지나다니는 사람들에게 공개된다. 마찬가지로 소음은 이들 예배의 일부일 뿐이다. S모임의 웹페이지에는 설교 제목뿐 아니라 다양한 독서를 위한 책이 소개된다. 여기에는 신앙 서적뿐 아니라 정치, 경제, 사회 등 모든 종류의 책들에 대한 정보와 각종 세미나들이 연결되어 있다.

'주변 신앙'은 S모임뿐 아니라 교회 안에서의 여러 가지 운동과는 연결된다. 교회 밖의 신자들을 모으려는 노력은 '새로운 교회 형식'이나 'FX 플랫폼' 교회 같은 형식으로 나타난다. 이들은 '오는'(coming) 교회에서 '가는'(going) 교회로 변화하며, 이에 따라 주변 환경을 이용하는 데 적극적이다.

3. 영성 종교적 유형: 빈야드교회

"신에 대한 인식은 지금도 동일할까"라는 물음은 오늘날 어리석은 질문으로 분류된다. 종교가 사람들의 인식과 삶 전체에 영향을 끼쳤던 중세를 거쳐 계몽주의의 격변을 거친 현대에 이르러 신에 대한 인식의 변화는 분명하게 바뀌고 있다. 최근 연구에 의하면 많은 복음주의적 기독교와 관련된 현대인들의 인식론적 양식이 전통적인 기독교에서 발견된 것과는 현저히 다른 것으로 드러났다. 이 인식론적 양식은 때론 장난스럽고 역설적인 믿음의 주장을 특징으로 하는데 여기서는 신의 체험이 현실적으로 나타난다. 이 복잡한 양식에 의해 생성된 신은 실제이면서 초월적이며, 일상에서 현실적이기도 하고 동시에 추상적이기도 하다. 이런 신앙적 양식은 초월적인 신을 거부하는 신앙에도 나타난다. 또한 초현실적인 신을 신앙하는 것이 이성적이고 논리적인 신앙을 추구하는 것과 반드시 대치된다고 할 수도 없다. S모임에 참석하는 가나안 신자의 경우 자신들이 떠나온 전통적인 교회의 신앙과는 전혀 다른 신앙을 찾기도 한다. 그들의 인식은 전통적 신학이나 교리 체계를 받아들이는 것과는 다르게 형성된다. 그들은 초월적 신의 존재에 대해 민감하지 않다. 신을 찾는 것을 목표로 신앙을 하지도 않는다. 그들은 현재, 이곳에서 일어나는 사건들을 대상으로 신의 존재를 찾는다. 그러나 그들이 현실에서 찾는 신은 초월적 존재이기도 하다는 점에서 역설적이다.

1) 초현실적 신과 현실적 신앙

오늘날 성경에 나오는 이야기를 그대로 믿는 기독교인은 드물다. 하나님을 믿고 성경을 읽지만, 그들이 인식하는 기독교는 계몽주의 이전과는 상당히 또는 전혀 다르다는 것이 현대적 믿음의 실체이다. 그런데도 신학적으로 보수적인 기독교인들은 전통적 지역에서만 발견되는 것이 아니라 개방적이고 다원적이며 과학 지향적인 서구의 중심부에서도 존재한다. 많은 학자들이 세속 이론에 직면하여 종교와 마술의 종말을 예언했으나 그런 일들은 일어나지 않았다. 한 예로 아직도 미국에서는 종교와 과학이 세계를 설명하는 데 같이 사용할 수 있다고 믿는다.[34]

1960년 후반 미국에서는 이전과는 전혀 다른 것처럼 보이는 새로운 영적 스타일이 등장했다. 그러나 이것은 완전히 새로운 것은 아니었다.[35] 이런 스타일의 신앙은 자신의 삶에서 하나님의 살아계심을 증명하기 위해 기절하고, 방언을 말하고, 비전을 보고, 의식을 바꾸는 등 영적 체험을 하는 것을 말한다. 베이비붐 세대 중 3분의 2는 성인이 되어도 교회나 종교 단체에 가지 않았다. 그들도 나름대로 영적인 체험을 추구했지만, 전통적인 교회로 돌아간 것은 아니다. 그들은 신앙의 중심에 강렬하고 개인적인 영적 체험을 하는 교회나 단체 또는 작은 그룹에 합류했다. 이것이 뉴에이지(New Age) 세대이다.

이에 반응하여 구원은 예수님과 개인적인 관계에 의존하고, 성경은 문자적으로 사실일 뿐 아니라 십자가를 믿고 이를 다른 이들에게 나누며 전 세계를 복음화하는 것을 믿는 '복음주의'(evangelical)라는 기독교 스타일이 생겨났으며,[36] 이런 운동은 놀랍도록 성공했다. 미국에서 2004년과 2005년 실시된 네 차례의 갤럽 여론 조사에서 "당신은 자신이 '거듭났다'(born again)거나 복음주의자라고 보십니까?"라는 질문에 응답자의 평균 43%가 "그렇다"고 응답했다.[37] 이 복음주의 교회 중 상당수는 회중들이 하나님과 직접적으로 그리고 즉시 상호작용할 수 있다고 믿었다.

이런 그리스도인들은 일반적으로 '카리스마적인'(charismatic) 또는 '새 오순절 교인'(neo-pentecostal)으로 불린다. 또한 기존 교회에서 벗어나 새로운 교파를 형성한 체험적 개신교 복음주의 운동인 '제삼의 물결'(Third Wave) 또는 '새 오순절-신앙'(neo-Pentecostal)이 있다.[38] 여기서 '물결'은 성경을 그대로 믿는 회중들이 삶에서 직접 하나님을 체험할 것이라는 믿음을 말한다. 일반적으로 '카리스마적'이란 비전, 예언, 영적 치유 및 방언을 포함하는 성령의 은사(gift)를 나타내는 신학적 용어이다.[39] 오순절 계통의 기독교에서 교회 예배는 종종 방언과 예언적 수행을 포함하며, 많은 새 오순절 교회에는 전통적 공공 예배가 있음에도 카리스마적인 수행을 기꺼이 받아들인다. 이런 카리스마적 현상을 적극적으로 수용하지 않는 많은 교회도 이전에는 체험적 신앙을 추구하는 사람들의 교회인 경우도 있다.[40]

2) 현재 일어나는 기적

빈야드교회(Vineyard Chruch)는 빈야드 크리스천 펠로우십(Vineyard Christian Fellowship), 소망채플(Hope Chapel), 갈보리채플(Calvary Chapel) 그리고 호라이즌 크리스천 펠로우십(Horizon Christian Fellowship)에 포함된 수많은 교회가 속한 '새로운 패러다임'(New Paradigm)이라고 불리는 기독교 교회들 중 하나이다.[41] 이 교회들의 특징은 보수적인 그리스도교 대부분이 거부하는 록(rock) 음악, 춤, 영화에 관용적이라는 것이다. 이들은 일반적으로 교회가 아닌 체육관에서 만나며, 음악은 합창단이 아닌 록 밴드를 사용한다. 회중들은 젊고, 음악은 현대적이며, 그들 대부분은 백인으로 교외에 사는 중산층이다. 이들은 스스로를 '성경에 기초한'(Bible based) 기독교인으로 묘사한다. 이 말은 성경이 유일하고 진정한 권위가 되는 것을 의미한다. 따라서 교회나 목사, 학자는 권위의 대상이 아니다. 이들은 복음주의 기독교의 성경을 문자적으로 받아들이며, 그것에 대한 기본적인 헌신을 공유한다.

빈야드교회[42]의 경우 성경에 대한 믿음은 성경에 묘사된 기적적인 사건이 오늘날도 일어난다는 것을 의미한다. 복음서에서 첫 제자들이 행한

기적은 오늘날 마찬가지로 교회와 현대의 제자들에게 전해진다. 매주 일요일 예배가 끝난 후 기도팀이 그들을 위해 기도할 수 있도록 회중들이 앞으로 나오며, 이때 기도는 초자연적인 것으로 이해된다. 이런 체험을 통해 많은 회중은 성령의 권능이 그들을 통해 움직이고, 기적적인 치유와 예언 그리고 하나님이 그들에게 말하는 체험에 대해 이야기한다. 그들은 '초자연적인 하나님'(supernatural God)이라고 부르는 것에 대해서 거부감 없이 이야기한다.

그런데도 카리스마적인 태도는 부드럽게 나타난다. 일요일 아침 모임은 보통 전통적이다. 회중들은 예배 중에 방언을 하는 사람이 거의 없으며, 영적으로 '뒤로 넘어가는' 사람도 없다. 다른 새로운 패러다임 교회들처럼 빈야드교회도 이 세상에서의 삶의 요점이 예수와 친밀한 개인적인 관계를 발전시키는 것임을 강조한다. 하나님은 실제로 사람으로, 친구로 존재하며, 사람들은 자신의 일상의 삶에서 이사, 직장, 친구나 연인 관계 등과 같이 가장 사소한 것에도 관심을 가질 것으로 기대한다. 회중들은 기도하면서 하나님의 말씀을 통해, 꿈을 통해 하나님과의 소통을 체험한다. 이는 기도 중에 마음속으로 '번쩍 떠오르기도'(pop) 하며, 때로는 예언으로 이해되는 언어로 체험되기도 한다. 빌 하이빌스(Bill Hybels)는 기도를 "걷는 것이며 생동감 있고 역동적이며 의사소통이 가능한 하나님과의 초자연적인 산책이다. 따라서 종교 생활의 마음과 영혼은 하나님의 음성을 듣고 우리가 해야 할 일을 행할 용기를 개발하는 것을 배운다"[43]고 표현했다.

빈야드의 지도자인 존 윔버(John Wimber)는 이런 생생한 체험적 신앙을 위해 '능력 전도'(power encounter)라는 용어를 사용했다. '능력 전도'는 1970년대에 예수가 지역의 이교도 영혼보다 더 강력했다는 가시적이고 실제적인 논증을 묘사하기 위해 선교사들에 의해 사용된 문구이다.[44] 1980년대 윔버는 이 개념을 계몽주의에 적용시켰는데, 그에 의하면 계몽주의는 사람들을 초자연적인 하나님에 대해 의심하도록 인도하는 잘못된 사상이었다.

워버는『능력의 복음주의』(*Power Evangelism*)에서 서구의 세계관은 세속적이며 자립적이고 유물론에 달려 있기 때문에 합리주의만을 권위 있는 것으로 받아들인다고 비판했다.[45] 따라서 그리스도와의 진정한 개인적 만남에 있어 서구 문화와 사상의 발전은 가장 큰 장애물이다. 그에 의하면 "계몽주의는 객관적인 도덕적 진리가 인간의 경험과 인간의 이성으로부터 도출될 수 없기 때문에 약속한 것을 전달하지 못했다."[46] 따라서 사람들은 대부분 우리가 존재하는 목적을 포기하고, 도덕적 위기와 실존적 의심의 혼란을 일으킨 세상에서 살고 있다고 주장했다. 이런 워버의 주장은 이성과 계몽주의로 인해 개인의 행복에 몰두하는 세상에서 벗어나 새로운 상상력을 가질 것을 요구한다.

3) 믿음의 상상력: 'Fairy tale'

'놀이'(play)는 가시적인 세상에서 벗어나 상상력의 중요성을 강조하며 믿음으로 나아갈 것이 필요함을 역설하는 복음주의 기독교를 위한 책들에서 나타난다. 예를 들어 루이스(C. S. Lewis)는『진정한 기독교』라는 책에서 "우리가 허구를 현실로 만드는 척하자"[47]고 주장했다. 그는 자신을 하나님의 자녀로 자청할 때 자신을 예수의 자리에 두는 것이라고 지적했다. 그가 쓴『나니아 연대기』(*The Chronicles of Narnia*)[48]도 상상력을 중심으로 이야기가 펼쳐지며, 이와 유사하게 많은 복음주의 기독교 서적들이 기발한 상상력으로 계몽주의적인 세상에서 벗어나 믿음을 회복할 것을 전파한다.

『신성한 로맨스』(*The Sacred Romance*)라는 책에서는 붐비고 바쁜 것으로 가득 찬 세상에서는 우리의 질문에 답을 얻을 수 없기 때문에 우리 마음의 내적 이야기를 들어야 한다고 주장한다. 우리가 어떻게 세상에 반응할 수 있는지에 대해 내면의 말하는 소리는 이른 아침이나 때로는 깊은 밤에 들을 수 있다.[49] 이 책의 내용은 하나님께서 모든 인간에게 그를 '신성한 로맨스'에 가입시키려고 부르신다는 것이다. 따라서 우리는 마음으로 여행을 떠나야 하며, 그것의 첫째 목적은 잃어버린 내면의 삶으로 데려가는 것이고, 비밀의 장소로 부르는 소리를 듣는 것이다.[50] 또한 인생의 위기에 처할 때마다 친밀함의 깊은 갈망을 깨우며, 이 깊은 갈망은 모든 인간의 인격에 가장 강력한 능력이 된다.[51] 여기서 말하는 '깊은 갈망'은 하나님을 향한 우리의 열망이다. 그 열망은 '인생의 마법'(life's enchantment)[52]이며 로맨스이다. '신성한 로맨스'는 톨킨(John Ronald Reuel Tolkien)의 『호빗』(The Hobbit)과 루이스의 『나니아 연대기』 속에서 공유된다.[53]

이런 소설 속에서 저자는 복음이 동화(fairy tale)이기 때문에 위대한 힘을 가질 수 있다고 주장한다. 이 둘의 유일한 차이점은 복음은 실제로 일어난다는 것이다. 동화가 성서와 다른 점은 더 인간적으로 하나님을 선물하는 것이다. 그들은 인간이 하나님의 영향을 받는 것처럼 인간 독자의 영향을 받는 하나님을 상상해 보기를 권한다. 이런 주장에 의하면 하나님은 초월적 존재이지만 또한 '너'와 똑같을 수 있다. 이것이 불가능한 모순이기 때문에 우리는 상상력을 통해 그것에 도달해야 한다. 세상의 눈으로뿐 아니라 우리 안에서도 어리석고 불합리한 하나님을 추구해야 한다. 바울은 인간은 욕망과 정욕으로 마음이 어두워졌다고 경고했다.[54] 그러나 예수는 누구든지 내게로 오면 목마르지 않게 하겠다고 하셨다.[55] 우리가 영혼의 깊은 갈증을 깨닫지 못한다면 이 말은 아무 소용이 없다. 그러나 이 부름에 응한다면 우리 마음의 깊은 갈망을 깨닫게 될 것이다.[56] 이런 책에 의하면 복음을 기록한 이후로 그리스도를 찾는 일은 로맨스, 탐구, 마음의 여정이었다. 바울과 제자들의 삶은 예수와 동행하는 로맨스인 것이다. 그들은 동화의 환상 속에서 자신을 경험하고, 그 경험을 진지하게 생각한다. 결론적으로 이런 상상력이 동원되는 것은 세상의 회의론과 어리석은 것을 바라는 것을 극복하기를 원하기 때문이라고 할 수 있다. 즉, 계몽주의적 사고와 증거에 기반한 회의론을 상상의 놀이를 통해 극복하는 것이다.

4) 놀이하는 믿음

오늘날 하나님에 대한 믿음은 더 이상 규범적이지 않다. 기존의 교회는 세속적인 시대에서 공존하며 신앙을 지키려 하지만 전혀 다른 믿음을 가지거나 믿지 않을 것을 선택한다는 것에 대해 다툴 수 없게 되었다. 이런 복잡한 시대적 상황에 맞춰 기독교가 변화하고 적응하며 스스로 진화하는 모습은 마치 놀이(Play)와 같다. 세속적인 기독교의 이런 놀이와 같은 본성은 믿음의 인식론적 맥락을 재구성함으로써 모든 것을 의심하는 탈구조주의적 현대인들과 그리스도인들에게 흥미롭게 다가간다.[57]

베이슨(Gregory Bateson)은 '놀이 맥락'(play frame)과 '현실 맥락'(reality frame)[58]을 구분한다. 우리가 놀이를 할 때 우리는 놀이 맥락 안에서 행동한다. 그러나 그 놀이가 의미하는 것은 현실 맥락에서 파악할 수 있다. 빈야드교회의 경우처럼 예배자들이 킥킥 웃으며 하나님을 체험하는 것처럼 행동할 때 그것은 마치 놀이를 하는 것처럼 보인다.[59] 그러나 그들의 '놀이 맥락'은 또한 '현실 맥락'이 된다. 그것은 빈야드 회중들이 주장하듯이 하나님과 만나는 방법 중 하나이다. 그들은 '놀이 맥락' 안에서 '현실 맥락'을 찾는 것이다. 따라서 그것은 놀이면서 놀이가 아니다. 호이징가(Johan Huizinga)가 성스러운 놀이에 관해 일반적으로 말했듯이 이때 "믿음과 믿음 사이의 구별은 무너진다."[60] 실제지만 실제는 아니고, 실제는 아니지만 실제 이상, 절대적으로 사실이지만 그 순간에는 진짜가 아닌 것이다.

빈야드교회에서 하나님은 더 실제적이고 더 많은 현존으로 제시된다. 하나님은 회중과 대화하면서 이해되며, 기도는 하나님과의 유대이며 의사소통하는 양방향의 방법이다. "당신은 하나님께 이야기하고 하나님은 당신에게 말씀하신다. 이것은 한 방향 대화가 아니다."[61] 따라서 하나님이 비인격적인 힘이 아니라는 것을 이해하는 것이 매우 중요하다. 보이지 않지만 하나님은 사람의 모든 특성을 가진 한 개인으로 존재하신다. 그는 듣고, 느끼고, 말씀하신다.[62] 하나님은 또한 성령의 형태로 나타나는 실체로 상상된다. 이 상상은 오순절 교회의 전통에서 비롯된다. 성령은 육체를 통해 흘러 나와 방언과 예언과 초자연적 치유를 나타낸다. 회중들은 종종 실제가 아닌 자신의 상상력의 산물로 하나님에 대한 직접적인 체험을 표현한다. 회중들은 풍부한 상상력을 사용함으로써 하나님을 실제처럼 체험하도록 격려받는다. 이처럼 체험적인 신앙을 추구하는 교회에서 가장 주목할 점은 '놀이'(Play)를 하는 것이다. 놀이는 하나님을 진짜로 만들고, 마치 그가 자기 옆에 서 있는 것처럼 그를 좋은 친구같이 대하라고 격려하는 것이다.

이들은 하나님과 일상에 대해서 이야기하고, 오늘 일어나는 일들과 주위에서 평범하게 일어나는 일들을 이야기한다. 이들은 하나님과 일대일로 보낸 시간을 소중히 했으며, 그것을 진지하게 받아들였다. 매일 아침에 오늘은 무슨 일을 예비하셨는지를 묻기도 한다.[63] 회중들은 하나님이 일상에서 사소한 모든 것에도 관심이 있다고 믿었다. 사람들은 하나님이 마치 사람들 중에 있으며 그들과 함께 있는 것과 같이 반복해서 말하고 행동했다. 그들은 하나님은 하루 종일 함께 있다는 것을 의심하지 않았다.

4. 세속의 영역에서 나타나는 다양한 종교성

현대의 세속적인 사회에서 기독교의 기본 주장은 믿을 수 없고 어리석은 것으로 취급된다. 이런 상황에서 상상력이 풍부한 놀이의 기능은 노는 사람이 불신을 중지하고, 그 놀이 안에 있는 진지한 진리를 발견하며, 이에 대한 헌신을 더욱 심오하게 만드는 것이다. 따라서 논리적으로, 합리적으로 풀지 못하는 세상에 대한 설명은 상상하는 놀이 안에서는 얼마든지 가능하다. 이들은 '동화'를 읽고 '놀이'를 하면서 자신의 신앙을 공공연하게 드러낸다.

이러한 '동화'와 '놀이'는 가나안 신자에게도 일어난다. 그들이 전통적인 교회에서 고민하는 것은 성경에 대한 상상력이 교회 안에서 가능하지 않기 때문이다. 성경에 대한 상상력은 규범적이고 교리적인 성경과 신학적 체계를 벗어난 것으로 간주될 수 있다. 그들은 성경의 내러티브를 그대로 믿지 않는다. 그 대신 그런 내러티브가 오늘날 자신에게 어떻게 적용되는가, 무슨 말을 하는가를 묻는다. 그런데도 교회 안에서는 그런 질문이 가능하지 않고, 질문이 있다 해도 답을 얻기란 거의 불가능하다. 그들은 초월적인 신을 구체화하기를 원한다. 오늘을 사는 자신에게 무슨 말을 하며, 현실의 사건에서 무슨 의미를 가지는가를 알고 싶은 것이다. 이들은 답을 찾아 교회를 떠나 자신만의 방식으로 신앙을 찾는다. 이런 의미에서 그들이 '출(出) 교회'하는 것은 하나님과 '놀이'(play)를 시작하는 것으로 볼 수 있다. 빈야드교회 회중들이 자신들의 삶에서 하나님이 구체적으로 생존한 것처럼 행동하고 믿는 것과 S모임의 가나안 신자가 오늘날 사회, 경제, 역사 등에서 하나님이 구체적으로 의미를 부여하고 그것을 설명해주기를 원하는 것은 같은 맥락에서 설명이 가능하다. 다른 점이 있다면 빈야드에서는 그것이 믿음과 신앙의 형태로 하나님께 집중되지만, S모임에서는 이성적인 형태로 사회로 집중된다.

'동화'(Fairy tale)와 '놀이'(Play)는 '주변 신앙'(ambient)의 전형적인 모습을 보여준다. BSE가 스윈돈에서 '천사 퍼레이드'를 했을 때 그것의 목적은 크리스마스를 즐기는 사람들에게 자연스럽게 신앙적 가치를 일깨워주기 위함이었다. 이를 위해 그들은 천사의 형태를 일본 망가의 모습을 차용해서 만들었다. 전통적 교회의 관점에서 보면 그것은 전혀 천사가 아니었고, 신앙을 표현한다고도 볼 수 없다. 그러나 BSE는 사람들이 천사를 보면서 믿음과 신앙에 대해 상상하기를 원했고, 이로 인해 자신들의 신앙적 유산을 다시 되돌아볼 수 있는 기회를 제공했다. 베버가 말한 것처럼 다원주의 사회에서는 종교의 신빙성이 위기가 된다. 전통 신앙은 변형될 것이며, 이로 인해 다양한 교회, 다양한 방식이 나타날 것이다. '주변 신앙'은 이런 위기에 대응하려는 종교의 놀라운 적응력의 산물이다. S모임이 다방에서 열리는 것도 '주변 신앙'의 한 형태라고 할 수 있다. 교회 건물의 웅장함이나 출입의 폐쇄성과는 다르게 이들은 공개된 공간에서 모임을 갖는다. 일반인들이 주로 사용하는 공간에서 모임을 하는 것은 그들과의 접촉을 늘리고 거부감없이 접근할 수 있도록 하는 목적이 있다. 이렇게 '감각'에 초점을 맞추는 것은 오늘날 제도권 종교 밖에서 일어나는 대안 종교의 가장 큰 특성 중 하나이다. 이들은 '감각종교'(sensing religion)을 형성하며 문화 속에서 이런 요소들이 어떻게 종교성으로 드러나는가를 주목한다.

위에서 살펴본 세 가지 사례는 종교가 다양한 방식으로 세속의 영역으로 들어가는 형태를 보여준다. BHA는 종교를 가지고 영국 국회에 개입하려 했고, 지방의 곳곳에 지부를 설치했으며, 평범한 비종교인들에게 신 없는 행복을 교육했다. 이들은 종교를 이용해 국가에 영향력을 행사하려고 끊임없이 노력한다. 그렇게 함으로써 역설적이게도 그들은 종교의 공공성을 가장 잘 드러내는 운동이 된다. BSE는 시장 광장에서 망가적인 천사를 만들어 퍼레이드를 한다. 이들은 '비스듬한' 방식으로 세속

안으로 들어가는 데 성공한다. 카사노바가 말했듯이 시장 광장이 공공성에 대한 중요한 측면이라면 이들의 목적은 성공한 듯이 보인다. 엥겔케는 이런 방식을 종교를 공·사로 나누지 않는 '제삼의 방식'으로 소개했다. 그런데도 이것이 세속의 공공 영역에서 이루어졌다는 것은 종교의 공공성을 잘 드러낸 예라고 할 수 있다.

빈야드의 경우 이들의 신앙은 교회 안에서만 한정되지 않았다. 이들은 자신들의 삶에서, 타인과의 관계에서 끊임없이 초실제적인 하나님을 만났다. 이때의 하나님은 초월적인 저 너머에 존재하는 것이 아니라 이들의 삶에 구체적으로 나타나고, 세밀한 것까지 간섭한다. 교회라는 공공의 장소에서, 집에서, 다른 사람과의 만남에서 하나님은 공공연히 개입하신다. 이것을 사적인 신앙으로만 치부할 수 없는 이유가 이것이다. 이 사례들을 통해 '종교의 공공성'이라고 불릴 만한 행위들이 오늘날 다양한 방식으로 나타나고 있다는 것을 알 수 있다. BHA는 사회와 국가, 전 세계를 대상으로 종교를 이용하고 있다는 점에서, BSE는 공공의 장소에서 종교를 드러낸다는 점에서, 빈야드는 개인 삶의 공·사 모든 부분에서 초실제적인 신을 만난다는 점에서 나름대로 종교적 공공성을 표현하고 있다고 하겠다.

'종교성'(religiosity)은 한 개인의 종교적 성향을 의미한다. 종교성은 질과 양의 개념으로 분류할 수 있는데 질적으로는 어떤 종교적 성향의 특징을 나타내는 것이고, 양적으로는 종교적 성향의 정도를 나타낸다.[64] 종교성은 삶과 아주 밀접하게 연결되어 있다.[65] 종교를 인간이 보편적으로 가지는 성향이라고 가정할 때 종교성은 "인간 본성의 깊은 곳에 자리 잡은 '천성적인 지혜와 사랑이 지닌 에너지의 가능성'이라고 말할 수 있는 영적 영역의 장, 영성의 장이다."[66] 따라서 종교성은 인간의 영적인 면뿐 아니라 실제의 삶에도 영향을 미친다. 위에서 언급한 세 가지 사례의 종교가 세속의 영역으로 나아가면서 형성하는 '종교성'은 기존의 전통적인 신앙과는 다른 '대안적 종교성'을 제시한다고 할 수 있다. 종교를 반대하는 것도 일정한 종교적 성향을 가지는 것으로 볼 수 있으며, 이는 '종교성'의 표현이 된다. 나아가 S모임과 이 모임에 참석하는 가나안 신자가 기존 교회와 사회에 대한 비판 의식으로 예배를 한다면 이들은 특정한 '종교성'을 가지는 것으로 볼 수 있다. 이런 점에서 S모임은 일정한 종교적 성향을 가진 모임으로서 이는 '신앙의 공공성'에서 그 특성을 가진다.

3장

교회 안의 가나안 신자

가나안 신자가 교회를 '떠나는 것'은 여러 이유가 있다. 이는 기본적으로 교회에 출석하지 않는 것을 말한다. 그러나 이를 표면적으로 정의해서는 안 된다. 이들을 '소속 없는 신앙인'(Belonging Without Believing)이라고 말할 때 '소속'은 무엇을 의미하는가? '소속'은 어디까지를 한계로 설정해야 하나? 이런 의미를 정확히 해야 한국교회에서 '가나안 신자'란 누구인가를 분류할 수 있다. '소속 없는'이란 단순히 교회 출석을 하지 않는 것만을 의미하지 않는다.

이들을 대상으로 연구하려면 세 가지 상황을 고려해야 한다. 첫째로 교회를 출석하고 있지만 등록은 하지 않는 경우, 둘째로 교회를 출석하지 않지만 여전히 교회 등록부에 기록이 남아 있는 경우, 셋째로 교회에 출석하고 있고 등록되어 있지만 마음은 이미 떠난 경우가 그것이다. 이 셋은 '소속 없음'을 정의하는 데 필수적이다. 특히 가장 문제가 되는 것은 셋째이다. 이들은 교회에 출석하며 일정한 직책과 봉사도 하고 있지만 마음은 이미 교회를 떠난 상태이다. 이들은 주일 오후에 또는 주중에 다른 모임에 출석하는 경우도 있다. 따라서 '소속'의 문제는 '가나안 신자'를 규정하는 데 가장 중요한 기준이 된다. 이런 상황을 '소속'과 연결시키려면 일정한 기준이 필요하다. 귀베르나우(Montserrat Guibernau)는 세 요소를 제시하는데 ① 호혜적 책임, ② 친숙성, ③ 감정적 차원이 그것이다. '소속'을 결정하는 데는 이 세 요소가 모두 필요하며, 이를 갖추지 못할 경우에는 가나안 신자로 규정할 수 있는 것이다.

종교적 가장(假裝)은 '소속'되지 않을 경우에 나타나는 현상이다. '외적 가장'(external disguise)은 종교 기관에 출석하지만 그곳에서 요구하는 것을 수용하지 않는 경우이다. 자신이 출석하는 곳이 엄격하고 과중한 실천이나 의무를 지울 때 이들은 이를 거부하거나 일부만 수용한다. 또는 다른 곳에서 필요한 것을 취하는 이중(二重) 출석자가 되기도 한다. '내적 가장'(internal disguise)은 종교 기관에 출석하지만 자신의 믿음이나 신념의 상태가 다른 상황에서 이를 드러내지 않는 경우를 말한다. 이들은 기관이 요구하는 믿음이 없지만 있는 척하거나 자신의 특정한 이익을 위해 출석하기도 한다. 이런 경우 교회는 두 가지 전략을 쓰는데 ① 소그룹 관리, ② 세속화되기가 그것이다. 소그룹으로 관리할 경우 종교적 가장을 감시하고 이탈을 방지하기 위한 장점이 있다. 여기서 더 적극적으로 교회가 일정 부분 세속화되기를 선택할 수도 있다. 이는 교회의 엄격한 교리의 적용이나 과중한 의무 부담을 낮추는 것이다. 이를 통해 교인들은 교회에 출석하는 것에 부담을 덜게 되고, 이는 교회를 이탈하거나 소속감을 잃지 않도록 긍정적 역할을 한다. 그러나 이럴 경우 교회는 내부적으로 갈등이 일어날 수 있다. 전통적 교회를 유지하려는 의견과 이를 현대적으로 완화시키려는 시도가 충돌을 일으킬 수 있기 때문이다. 그런데도 오늘날 종교 기관을 이탈하는 종교인은 증가 추세에 있다. 이는 종교 기관의 이 같은 노력이 부족하거나 오히려 더 많은 것을 요구하는 종교인들의 요구를 수용할 수 없는 환경 때문이다.

'소속'의 상황이 문제가 되는 것은 종교 기관을 이탈하는 종교인들이 계속 증가하고 있기 때문이다. 이는 종교가 자유 시장 체제에 들어섰다는 것을 의미한다. 여기에는 자신들의 이익을 위해 선택의 과정이 자유롭다는 것과 종교 기관 간의 경쟁이 시장 체제의 적용을 받는다는 것에 기인한다. 이를 통해 종교 기관을 떠나는 사람들은 합리화(rationalization)를 통한 선택을 한다. 이를 종교의 세속화 현상으로 볼 수 있지만, 영적인 문제를 세속적이고 경제적인 방식으로 판단할 수 없다는 비판도 존재한다.

여기서는 먼저 소속에 대한 정의를 한 후 여러 가지 상황에서 소속에 해당하는 경우와 그렇지 않은 경우에 대한 사례들을 분석하고, 이를 '합리적 선택의 과정'으로 설명하기로 한다. 종교를 합리적인 선택 과정으로 보는 이들은 신앙이 있지만 비자발적으로 교회에 출석한다. 또는 신앙이 없지만 어떤 이유로 자발적으로 교회에 출석하기도 한다. 이들은 자신들의 합리적 목적에 따라 교회 '안'에 있게 된다. 이들은 모두 '교회 안'에 있는 가나안 신자가 된다. S모임의 가나안 신자는 모두 이들 중 한 두 가지 과정을 거쳤다. 따라서 이런 논의는 오늘날 교회 안에서 가나안 신자가 생기는 배경에 관한 것이 되며, 가나안 신자가 교회를 떠나는 동기를 이해하는 데 도움이 된다. 또한 가나안 신자가 발생하는 교회의 여건과 환경에 대한 분석도 될 것이다. 이런 논의를 바탕으로 이 장에서는 가나안 신자가 교회를 떠나는 과정을 합리적이고 경제적인 판단의 결과로 설명할 것이다. 먼저 가나안 신자의 정체성 기준이 되는 '소속'의 의미를 밝히고, 이어서 가나안 신자들이 '종교적 가장'(pretend to do religiously)으로 자신의 소속 여부를 속이는 상황을 예를 들어 설명한다. 교회는 이런 상황에서 여러 가지 전략으로 이들을 소속하게 하려고 하는데, 마지막으로 이런 전략을 소개한다.

I. 소속된다는 것의 의미

그동안 한국의 '가나안 신자' 연구는 교회를 떠나 더 이상 출석하지 않는 사람들을 대상으로 진행되었다. 그러나 이는 '가나안 신자'에 대한 정체성을 밝히지 않은 채 단순히 교회를 출석하지 않는 사람들을 모두 '가나안 신자'로 규정함으로써 연구에 혼란이 있었던 것이 사실이다. I에서 이들 개인의 정체성을 규명하는 데 주력하였다면, II에서는 이들의 정체성을 좀 더 세밀하게 규정하는 또 하나의 기준을 제시하려고 한다. 바꾸어 말하면 앞에서는 개인의 정체성을 문제 삼았다면, 여기서는 관계의 정체성을 논의한다.

먼저 소속의 의미와 이것이 어떻게 '가나안 신자'를 규정하는 데 필요한가를 설명하기로 한다. 서구의 경우에는 이들을 '소속 없는 신앙인' (Belonging Without Believing)이나 '교회 없는 이'(Unchurched) 같은 용어로 표현했다. 이는 곧 교회와의 '관계'에 관한 용어이며, 따라서 '소속'의 문제가 가장 중요한 개념이라는 것을 알 수 있다.

1. 소속된다는 것

18세기 들어 등장한 계몽주의는 추상적이고 신화적인 모든 것을 배격하고 과학적 분석에 의한 계량화와 객체화를 요구하였다. 세계의 모든 것은 수치화된 공식으로 풀 수 있다는 신념으로 인간도 분석철학의 대상이 되었다. 또한 고도로 중앙집권적이고 관료적인 사회에서 정치적 통제력을 잃게 되는데 이로써 시민으로서의 존엄성이 위협을 받는다. 여기서 발생하는 두려움은 의미의 상실과 만연한 도구적 사유에 직면하면서 자유를 상실하는 것이다.[1] 이로써 '개인주의'(individualism)와 '세상에 대한 환멸'(The disenchantment of the world), '도구적 이성'(instrumental reason)

에 대한 두려움2이 나타난다.

이런 상황에서 인간은 '인간성'에 합당한 판단을 위해 노력하고 목표가 무엇인지를 심각하게 생각해야만 한다.3 이런 위기를 극복하기 위해서는 '자기 진정성'이 요구되는데 여기서 '자기 진정성'은 독립적인 자아를 갖는 것이다. 그러나 이것은 또 다른 개인주의를 말하는 것이 아니다. 진정한 '자기 진정성'은 타인과의 공동성 속에서만 확인할 수 있다. 자신의 '자기 진정성'뿐 아니라 타인의 '자기 진정성'이 서로 인정될 때 비로소 자아 정체성이 확립되는 것이다. 따라서 자신의 정체성은 타인의 인정이 필요하다. 타인과의 관계 속에서 자신의 정체성을 회복하고, 진정한 자아를 실현할 수 있는 것이다. 결론적으로 정체성은 "타인과의 대화, 합의 또는 투쟁에서"4 형성된다. 이러한 테일러의 주장은 개인주의나 자기 정체성의 확립은 타인과의 관계 속에서만 비로소 가능하다는 것을 말한다. 나아가 "공개적으로 정의된 질서를 통해 소속감을 상실하는 것은 더 강하고 내적인 연계 감각으로 보상받아야 한다."5 이런 논의에 의하면 '소속'은 개인의 정체성을 확인하게 해주고, 타인의 인정을 통해 자아를 실현할 수 있게 해준다. 따라서 '소속'이란 무엇인가에 대한 개념 정의가 중요하다.

오늘날 전 세계적으로 일어나고 있는 종교적 전쟁과 정치적 대립으로 인해 어느 정치적 단체나 국가 또는 종교적 공동체에 소속되는 것의 중요성을 일깨우고 있다고 주장하는 귀베르나우의 연구는 '소속된다는 것'에 대한 의미를 잘 설명하고 있다. 그에 의하면 정체성은 "소속과 배제를 통해 구성되며, 두 경우 모두 정체성은 광범위한 공동체와 집단에 대해 다양한 정도로 감정적 애착을 갖게 된다."6 소속된다는 것은 자아의 정체성을 결정짓는 선택의 결과이다. 어딘가에 소속된다는 것은 기본적으로 개인의 자유에 속하며, 이런 선택의 결과로 소속될 때 비로소 자신의 정체성을 받아들이게 된다. 사회적 집단이나 종교적 단체에 소속될 때 개인은 집단과 단체의 요구나 규칙에 자발적으로 순응할 것을 선택하는 것이고, 집단이나 단체도 이를 기대한다. 강요에 의한 소속이나 선택의 폭이 적은 경우에 자아의 정체성을 숨기거나 포기한다. 또는 정체성을 보류하기도 한다. 따라서 자신의 자유에 의한 선택이 아닌 경우에 온전한 정체성을 확립한다는 것은 불가능하다. 개인의 자유에 의한 선택으로 소속되었을 때 자기 정체성이 드러나는 것이다.

따라서 "개인의 정체성은 우리 자신을 향한 타인의 견해, 태도, 기대, 요구에 대한 반성적 해석과 상호작용을 통해 구성된다."[7] 여기서 상호작용이란 자유로운 의식과 의견, 능동적 행위를 포함한다. 강요나 요구에 의한 상호작용은 정체성을 숨기거나 왜곡시키는 원인이 된다. 그러므로 자아 정체성을 구성하는 것은 '자유와 행위성(agency)'[8]이 핵심이다. 자유와 능동적인 행위가 없다면 어느 집단에 구성원으로 있어도 소속되었다고 할 수 없는 것이다. 자유와 능동적인 행위의 결과는 한 개인이 선택하는 것으로 나타난다. 소속된다는 것은 개인이 자유로운 선택의 결과인 것이다. 선택에는 개인적인 자유와 함께 책임이 수반되는 행위이다. 개인은 이것을 알고 선택한다. 소속됨으로써 주어지는 혜택과 장점을 포함하여 책임과 의무도 받아들이게 된다. 여기에서 자유와 능동적인 행위가 필요하다. 책임과 의무를 선택할 경우 강요에 의하거나 일방적인 요구에 의한 것은 강제가 되고, 이는 정체성의 조건인 타인과의 승인이 불가능해진다. 따라서 강요나 요구에 의한 소속은 진정한 소속이 될 수 없다. 자유로운 의지로 선택하게 되면 소속으로 인해 자아 정체성을 구성하게 되고, 자신이 선택한 결과를 수용하겠다는 자발적 의사 표현이 된다. 이런 선택은 작은 동호회나 교회뿐 아니라 정치적 단체나 국가에 이르기까지 광범위하게 적용된다. 한 개인은 이런 선택을 통해 자신의 정체성을 승인받고 확립해나가는 것이다.

2. 소속의 조건들

귀베르나우는 소속의 조건들을 몇 가지로 구분하고 있다. 먼저 소속은 개인과 집단 사이에 '호혜적 책임'9을 가진다. 예를 들어 국가는 소속된 국민을 보호하지만, 전쟁이나 기타 위기가 왔을 때 희생할 것을 요구하기도 한다. 한국은 전 국민에게 4대 의무가 부과된다.10 이런 것은 강제적 의무의 성격을 가지지만, 이 외에도 자발적 의무도 포함된다. 예를 들어 1997년 외환위기(IMF 사태)가 왔을 때 많은 국민이 '금 모으기 행사'에 동참했다. 이는 한국의 국민으로서 국가에 위기가 왔을 때 함께 위기를 극복하고자 하는 비강제적 의무에 자발적으로 참여한 것이다. 교회에 소속될 경우에 교회는 신앙적 지도와 여러 의식(ritual)을 제공한다. 또한 설교나 성경 공부를 통해 인생의 의미와 개인의 삶에 대한 긍정적 참여를 유도한다. 그러나 이와 함께 헌금이나 각종 봉사에 참여하는 교인의 의무도 부과한다. 의식에 자발적으로 참여할 때 교회와 개인 간에는 "호혜적 책임"에 있다고 할 수 있다. 그는 그 교회에 '소속'되어 있는 것이다.

다음으로 소속은 '친숙성'11을 가진다. 소속되었을 때 개인은 편안함을 느끼고, 그들과 함께 있는 것에 안전하다는 느낌을 가진다. 그들로부터 인정을 받고 자신에게 기대되는 일들을 할 때도 자발적인 마음으로 참여한다. 낯선 타인보다 소속된 자들에게 더 마음을 열게 되며, 자신도 그들에게 쉽게 받아들여진다. 자신의 가치를 인정받는 느낌으로 자존감이 높아지며 행복해지는 것이다. 물론 여기에도 자발적인 참여가 필수적이다. 따라서 어려서부터 있었기 때문에 길들여진 것이나 세뇌를 통해서 속은 것은 진정한 '소속'이라고 할 수 없다. 모태(母胎) 신앙인 경우에 어려서부터 부모와 함께 다닌 교회에서 성장하면서 교육을 받는다. 교회는 이들에게 친숙한 장소이자 안전한 장소로 각인된다. 그러나 이들이 커가면서 자신의 신앙을 돌아보게 되고, 교회의 여러 가지 상황을 알게 되면서 교회를 떠나는 이들이 생긴다. 이런 이들이 아직 미성숙해 스스로 판단하지 못하게 되는 어린 시기는 온전한 '소속'이라고 할 수 없다. 이들이 객관적인 상황에서 자신의 판단으로 결정할 수 있는 시기에 진정한 '소속' 여부가 결정된다.[12]

소속에는 '감정적 차원'[13]이 있다. 예를 들어 고향의 경우 어려서부터 자란 곳이고, 인생의 초반에 자신을 아는 사람들이 있던 곳이라는 점에서 강력한 소속감을 느끼게 된다. 고향의 풍경이나 말투, 음식들이 친숙하고, 언제 가도 낯익은 풍경들과 사람들이 있는 것이다. 국가도 마찬가지이다. 외국에서 같은 나라의 사람을 만나면 반가운 것도 감정적 차원의 소속감이 있기 때문이다. 그러나 이런 것이 때론 편협한 지역주의나 민족주의로 흐를 위험도 존재한다. 이처럼 소속은 구성원과 이방인을 구별하는 경계선의 역할을 한다.[14] 따라서 감정적으로 이미 교회를 떠났다면 그가 교회에 출석하고 있더라도 이미 이방인이라고 보아야 한다. 교회 '안'에 있는 가나안 신자들은 대부분 이런 상황에 처해 있다. 그들의 마음은 이미 교회를 떠났음에도 여러 가지 상황으로 교회를 출석하고 있는 것이다. 이들이 '종교적 가장(假裝)'을 한다.

감정적 차원과 이성적인 차원은 서로 대립하기도 하고, 공유되기도 한다. 교회를 떠나는 사람들 대부분은 교회의 부조리한 부분에 대한 비판의식을 가진다는 점에서 이성적이지만, 그런데도 교회를 떠나지 못하는 경우는 감정적 차원이 크다. 이들은 교회의 불합리를 알고 있으면서도 감정적으로 친숙한 교회를 떠나지 못하는 것이다. 교회를 떠난 경우에도 다시 교회로 돌아가고 싶다고 하는 의견이 많은 것은 이성적인 부분이 해결되었기 때문이 아니라 감정적 차원이 더 큰 것으로 보인다. 따라서 감정적 차원마저 없다면 교회의 출석 여부와 상관없이 소속되지 않은 것으로 보아야 한다.

소속된 사람들은 일정한 규범과 가치관을 공유하고, 책임도 함께 나눈다. 그러나 이방인이 같은 가치관을 공유하는 것은 어려운 일이다. 따라서 일정한 규범과 법을 정하는 것은 물론 이런 것이 없어도 추상적인 경계선이 존재한다. 일정한 규범과 가치관을 공유한다고 해도 소속이 다른 경우도 있다. 한국 개신교에서는 모두가 성경의 가치를 공유하지만, 교단과 개교회 소속이 다르면 배타적인 의식이 강하다. 어느 교회에 소속되었다는 것이 다른 교회에서는 배타적인 원인으로 작용하는 것이다. 또한 스포츠의 경우 같은 종목에 대한 이해와 가치를 공유했다고 해도 자신이 응원하는 팀이 다를 때는 완전한 이방인이 될 수 있다. 고대 그리스에서도 국가에 해를 끼칠 염려가 있는 사람을 도편(陶片)에 기입하는 비밀투표로 추방하기도 했다. 이는 그의 소속을 없애고 이방인으로 취급하는 가장 보편적인 방식이었다.

3. 소속과 소속이 아닌 것

위에서 언급한 소속의 조건들은 다양한 이론들과 탈구조주의적 현대 사회에서 조금은 단순한 경향이 있다. 그러나 소속에 대한 분류를 측정하는 것으로 가장 기본적인 것들을 다루고 있다.

'호혜적 책임'은 소속을 선택하는 데 있어야 할 개인의 자유와 능동적 행위를 설명해준다. 자신이 소속됨으로써 책임질 부분을 충분히 인지하고 이를 수용하는 선택이 소속의 가장 중요한 조건이 되는 것이다. 이런 호혜적 책임에 거부감이 들거나 그것을 하지 않으려 한다면 그는 소속된 것이 아니라고 할 수 있다.

'친숙성'과 '감정적 차원'은 서로 맞닿아 있다. 어느 집단이든 그 안에 소속된 것에 대한 감정적 안정이나 친숙한 느낌을 가지지 못한다면 역시 소속된 것이라고 할 수 없을 것이다. 그 안에 있다 해도 자신이 이방인같이 느껴지거나 다른 이들과 같은 감정과 가치관을 공유하지 못할 경우에도 마찬가지이다. 이런 경우에 그곳에 자신의 이름이 등록되었다거나 가입이 되어 있다 할지라도 소속되었다고 볼 수 없다. 이런 의미에서 '소속 없는 신앙인'(Believing Without Belonging)도 다양한 형태로 존재할 수 있다. 교회나 종교 단체를 떠난 것만이 가나안 신자라고 분류하는 것은 단순한 기준이다. 교회나 종교 단체 내에 있다고 할지라도 위의 조건들을 갖추지 못한 경우에는 가나안 신자라고 할 수 있다. 그들의 이름이 등록되어 있고, 그곳에 정기적으로 출석한다고 해도 호혜적 의무에 소홀하거나 이를 거부할 경우, 그들과 친숙함을 느끼지 못할 경우, 감정적으로 상처를 입어서 마음이 떠났을 경우나 그들 사이에서 이방인처럼 취급을 받거나 느꼈을 경우 등에는 소속의 조건을 갖추지 못했다고 보아야 한다. 따라서 가나안 신자는 교회나 종교 단체를 실질적으로 떠난 경우뿐 아니라 그곳에 정기적으로 출석하거나 등록이 되어 있는 경우도 포함된다.

더 나아가 그곳에서 일정한 역할을 맡고 출석하고 있지만 자신이 원해서가 아닌 외부적인 압력으로 행할 때나 '일정 기간 동안'이라는 조건을 달고 행할 경우에도 가나안 신자라고 할 수 있다. 예를 들어 부모가 교회의 중직자일 경우 본인은 마음이 이미 떠났지만 교회를 떠나지 못할 수 있다. 이런 경우 비자발적으로 교회 봉사를 하거나 봉사 후에는 다른 교회나 종교 단체로 가는 예가 많다. 또는 주일에는 교회에 있지만 주중에는 다른 곳에서 개인의 영성을 취하는 경우도 있다. 이들은 신앙은 있지만 현재 교회의 신앙관과 맞지 않아서 고민한다. 또는 교회의 부조리한 부분에 마음이 떠난 경우이다. 이들은 교회에 대한 '친숙성'이나 '감정적 차원'은 있지만 '호혜적 책임'은 수동적이거나 하지 않는 사례도 많았다. 이런 사람들이 가나안 신자가 된다. 아내나 남편 또는 자녀의 신앙 때문에 교회에 등록한 경우도 마찬가지이다. 이름만 등록하고 '호혜적 의무'나 '친숙성' 같은 것이 없을 때에도 그곳에 소속되었다고 볼 수 없다. 후술하듯이 이런 경우는 '객관적 위선자' 또는 '주관적 위선자'가 되어 교회 '안'의 가나안 신자가 된다.

따라서 소속되었다는 것은 귀베르나우가 분류한 '호혜적 책임'과 '친숙성', '정서적 차원' 등을 모두 충족하는 것으로 정의할 수 있다. 반대로 소속되지 않았다는 것은 이런 조건들 전부나 일부에 들 수 없는 것을 말한다. 아니면 이런 조건들을 일부 가지고 있지만 돌아가고 싶은 마음이 없거나 그런 것들이 희미하게 추억으로 남아 있는 경우이다. 반대로 이들이 모두 엄밀한 의미에서 교회를 '떠난' 사람들이 아닌 경우도 있었다. 주일에는 교회에 다니면서도 주중에 이런 모임에 참석하는 이들도 많았다. 그렇다면 이들을 가나안 신자로 포함시킬 수 있는가? 이들은 두 부류로 나뉜다.

먼저 교회에서 직분도 있고, 오랫동안 적(籍)을 두고 있는 경우이다. 그러나 이들을 면접한 결과 마음은 이미 소속된 교회를 떠난 사람들이 있었다. 이런 상황에서는 가나안 신자로 분류가 가능하다. 가족의 신앙 내력, 부모의 권유, 교회의 직분상 맡은 일 등 많은 이유로 주일에 교회에 다니지만, 실질적으로 이들의 마음은 이미 교회를 포기한 상황이었다. 이들은 교회에 대한 '친숙성'이나 '감정적 차원'은 가지고 있었지만, '호혜적 책임'에 대해서는 소홀한 경우가 많았다. 또한 자발적이지 않다는 특징이 있었다. 그렇다면 이들을 가나안 신자로 분류해도 큰 문제는 없을 것이다. 다음으로 교회에 다니지만 적(籍)을 두지 않는 경우이다. 교회에 등록하지 않고 출석만 하는 경우 이들은 좀 더 명료하게 가나안 신자로 분류가 가능하다. 미국에서는 "가나안 신자의 유형을 아예 교회를 떠난 탕자형과 간간이 교회에 나오는 유랑형, 교회에는 나와도 마음이 떠난 포로형" 등으로 구분하고 있다.[15]

단순히 교회 밖에서 신학적인 세미나에 참석하거나 신앙적으로 더 충족 받기 위해서 이중 출석을 하는 경우가 있다. 이는 기존 교회에 친숙성이나 감정적 차원 또는 호혜적 책임을 포기한 것이 아니므로 가나안 신자라고 할 수 없다. 가장 분류하기 어려운 것은 교회 출석은 하지 않지만 감정적 차원, 친숙성, 호혜적 책임을 수행하는 경우이다. 이들은 어떤 계기로 교회를 떠났지만 언젠가 다시 교회로 돌아가기를 기다리며 기회를 엿보는 경우이다. 예를 들어 교회 부서에서 다른 이들과 다툼이 있거나 교회가 '부담 지운' 의무에 참여할 수 없어서 떠난 이들도 있다. 직분의 수여 여부에 따라 교회를 떠난 이들도 있다. 이들은 여전히 교회에 대한 애착이 있으며, 헌금을 계속하는 이들도 있었다. 이처럼 언젠가 교회로 돌아가기를 기다리지만 어떤 계기가 없어서 기회를 엿보는 사람들을 가나안 신자로 규정할 것인가? 정재영의 조사대로 다시 교회로 돌아가기를 원한다는 응답자가 많은 것을 보면, 현재 한국의 상황에서 이런 사람들이 다수라고 할 수 있다. 이들은 '가나안 신자'를 어떻게 규정할 것인가에 따라 분류가 달라질 수 있다. 가나안 신자의 기본적인 조건을 '교회에 출석하지 않는 이'라고 하면 이들을 모두 포함할 수 있다. 한국에서 연구되는 '가나안 성도'는 대부분 이들을 대상으로 하고 있다. 그러나 위에서 소개한 '소속'의 조건들을 엄격하게 적용한다면 이들을 가나안 신자라고 할 수 없는 경우도 생긴다. 이 책에서는 이들을 가나안 신자로 포함하지 않는다. 이 책의 대상인 S모임의 가나안 신자들은 1장과 2장에서 밝혔듯이 일정한 조건을 갖출 것을 요구한다. 이는 소속의 조건들을 일부 가지고 있다 할지라도 그것이 추억으로만 남을 뿐 교회로 다시 돌아가는 것을 완전히 포기한 이들이다. 외국의 연구에서 말하는 '소속 없는 신앙인'(Believing Without Belonging)이란 이런 조건을 갖춘 이들을 말한다. 이런 의미에서 그동안 한국의 연구에서 교회로 다시 돌아가기를 원하는 이들까지 '가나안 성도'로 규정한 것은 외국의 대상과 다른 맥락이라고 할 수 있다.

이와 같이 가나안 신자를 규정할 때 가장 중요한 것은 소속이다. 가나안 신자의 특징이 개인적이고 독립적이라고 한다면 '소속'에 대한 여부는 이들을 구분할 수 있는 중요한 기준이 될 수 있다. 소속의 감정은 온라인이나 오프라인을 불문하고 공동체나 그룹을 통해 이루어지며, 여기서 사람은 최적의 심리상태에 필요한 기본 욕구를 충족한다.16 이런 논의로 보면 교회나 종교 단체 안에도 이런 소속의 조건들을 갖추지 못한 수많은 신앙인이 있을 수 있다. 교회에 등록하고 출석하며 일정한 역할을 하고 있어도 위의 조건들을 충족시키지 못한다면 그는 '교회 안의 무소속 신자'가 되는 것이다. 이처럼 교회 출석과 관계없이 가나안 신자는 존재한다. 만약 이런 소속에 대한 정의를 조금 더 엄밀하게 적용한다면 한국교회의 가나안 신자는 훨씬 많아질 것이다. 소속되지 않고 출석만 하는 가나안 신자가 많기 때문이다. 이들에게는 경계와 소속(boundaries and belonging)17의 문제가 발생한다. 교회라는 경계 안에 있지만 소속감은 없는 투명한 존재가 되는 것이다. 결국 소속이라는 것은 가나안 신자를 규정하는 일에서 핵심이라고 할 수 있다.

4. 가나안 신자 모임의 조건

소속이라는 조건에 비추어 보면 여러 연구에서 언급되는 '가나안 신자의 교회'18라는 규정은 가능하지 않다. 여기에는 두 가지 문제가 있다. 먼저 '교회'를 어떻게 정의할 것인가이다. 오늘날까지도 교회에 대한 정의는 통일된 의견이 존재하지 않는다. 성경의 구절을 인용하여19 이를 바탕으로 '교회'를 설명하는 경우도 있고, 신학적 '교회론'을 들어 '사도성', '보편성', '통일성', '거룩성'20으로 설명하기도 한다. 이러한 설명에 따르면 교회 밖에서 모이는 모임을 '교회'로 정의할지에 대한 기준이 모호해지는 것이다. 따라서 '가나안 신자의 교회'라고 하면 이는 교회 밖 모임을 모두 '교회'로 규정한다는 전제가 필요하다. 다음으로 '소속'의 문제가 있다. 이들이 자발적으로 이런 모임에 모이고, 이 모임이 '교회'라는 명칭을 사용하면서 지속적이고 규칙적으로 모인다면 이들은 이곳에 '소속'된 것으로 보아야 한다. 이들은 이미 이곳에 친숙하고 감정적으로 공유하는 부분이 있으며 호혜적 책임도 하는 경우이다. 이들이 '교회'에 소속된 순간 이들은 '가나안 신자'라는 정체성을 잃어버린다. 이들이 그곳에 '소속'되는 순간 이들은 더 이상 '가나안 신자'가 아니라 그 '교회에 소속된 신자'가 되는 것이다. 따라서 '가나안 신자'가 모이는 '가나안 신자 교회'란 있을 수 없다.

'교회 밖 신앙인'(unchurched Christian)이나 '교회 없는 신앙'(churchless Christianity)도 오해를 일으킬 수 있는 표현이라고 본다. 여기서 '교회'가 기존의 구조적 교회를 의미한다면 구조적 교회 밖의 다양한 구조적 형태의 모임도 '교회'라고 불러야 하고, 그곳에 소속된다면 그들은 '교회 밖 신앙인'이나 '교회 없는 신앙'인이 아니다. 이들은 '교회 밖의 교회'에 소속된 것이다. 이런 모임을 '교회'라고 할 수 없을 때도 이들이 이곳에 '소속'된다면 이들은 더 이상 '가나안 신자'로 볼 수 없다. 그 명칭이 어떻든 이들은 교회 밖 모임에 소속된 것이다. 따라서 기존의 구조적 교회 밖의 신앙인을 모두 '가나안 신자'로 보는 것은 오류가 있을 수 있다.

이렇게 보면 '가나안 신자'들이 모이기 위해서는 다음과 같은 요건이 필요하다. 첫째로 '가나안 신자'들이 소속되지 않을 것, 둘째로 그 모임이 체계적이고 구조적이지 않거나 지속적이지 않을 것, 셋째로 '가나안 신자'들을 '관리'하지 않을 것, 넷째로 공동체성 따위로 그들을 모임에 소속되었다는 정체성을 추구하지 않을 것 등이다. 이런 의미에서 '가나안 신자의 교회'라고 소개되는 곳은 대부분 이 요건을 충족하지 못한 것으로 여겨진다. 이처럼 '소속'이 이들의 정체성을 규명하는 핵심적 역할을 한다면 '가나안 신자'보다는 '소속 없는 신앙인'(Believing Without Belonging)[21]이 더 정확한 표현이라고 할 수 있다. 즉, '무소속 신앙인'(Independent Believers)이 옳은 표현일 것이다. 또는 '무소속 신자'가 가장 정확한 표현이다. 그런데도 현재 한국에서 이루어지는 '가나안 신자'에 관한 연구는 그들에 대한 명확한 규명 없이 행해지고 있는 것으로 보인다. 이는 '무소속 신앙인'들에 대한 연구에 혼란을 줄 뿐 아니라 잘못된 결과를 도출할 수 있다.

이 글에서 분석하는 S모임은 '무소속 신앙인'들이 모이는 모임으로, 위에 제시한 네 가지 요건을 모두 갖춘 모임 중 하나이다. 이런 요건을 갖춤으로 인해 S모임은 '무소속 신앙인'들이 모이는 모임의 정체성을 잘 드러낸다. 이 모임이 교회인가 아닌가에 대해서는 다양한 의견이 존재할 수 있다. 그러나 '무소속 신앙인'들이 일시적으로 모였다가 흩어진다는 점에서 이 모임이 조직적이고 구조적인 교회의 요건을 갖추지는 않은 것으로 보인다. 이들은 이곳에 '소속'되지 않는다는 점에서 조직이 아니며, 구조적이고 체계적이지 않다는 점에서도 교회는 아니다. 이곳은 교회를 떠난 '무소속 신앙인'들이 모인다는 점에서 새로운 대안 운동의 가능성을 보여준다.

II. 종교적으로 가장하기[1]

I에서는 소속의 조건들에 대해 알아보고, 이를 한국의 '가나안 성도'
와 비교해 보았다. 오늘날 한국에서 '가나안 성도'라는 말은 일정한 기준
없이 교회에 출석하지 않는 신자들을 통칭하는 데 사용되고 있다. 이런
상황은 이들에 대한 정확한 연구를 방해할 뿐 아니라 많은 오해를 불러
올 수 있다. 이들에 대한 기준은 소속 여부이며, 따라서 소속이란 무엇인
가가 중요하다. 소속에 관한 정확한 기준으로 본다면 교회 '안'에도 수많
은 가나안 신자가 존재한다.

이 절에서는 교회 '안'에 있는 가나안 신자들이 어떻게 생존하고 있는
가를 다루었다. 그들은 자신의 신앙적 관점이나 태도를 숨기고 종교적으
로 가장(假裝)한다. 교회나 종교 기관이 요구하는 것을 따르지 않거나 자
신의 신앙관이 다름에도 불구하고 이를 드러내지 않는 것이다. 이들은
교회 '안'의 가나안 신자들이다.

1. 교회 머물기와 떠나기: 합리적 선택

가나안 신자뿐 아니라 많은 사람들이 교회를 떠나는 이유는 다양하
다. 개인적 종교심의 변심 때문에 능동적으로 떠나는 경우도 있고, 환경
의 변화로 인해 수동적으로 그렇게 해야 하는 경우도 있다. 가나안 신자
문제에 대한 연구에서 교회를 떠나는 이유로 가장 많이 제시된 것은 신
학적 설교의 문제, 교회의 행정의 불합리성, 교회가 자신이 추구하는 목
적과 맞지 않을 경우 또는 교회 공동체와의 불화 등이다. 그러나 교회를
떠나는 이유는 앞에 제시된 것처럼 그렇게 단순하지 않다. 세속성의 발
달로 인해 신에 대한 생각의 변화나 내세와 초월에 관한 현실적인 감각
등과 함께 개인의 이익을 추구하는 선택도 적지 않다. 이런 이들에게 종

교는 자신의 삶에서 이익과 불이익을 대차대조하는 대상일 뿐이다. 종교의 초월적인 성격에 상관없이 극히 현실적인 이유로 종교를 대하는 것이다. 따라서 교회를 떠나는 이들은 종교를 통해 자신을 희생하는 것이 아니라 오히려 자신의 이익을 추구하고, 거기서 부족하다고 느낄 때는 종교 단체를 떠나 자신의 이익을 보상받을 다른 곳으로 옮기거나 아예 포기하는 경우도 있는 것이다.

종교의 합리적 선택은 종교에 자유 시장이 존재하는 것과 관련이 있다.[2] 이러한 상황을 근거로 사회학자들과 경제학자들은 종교적 선택의 과정을 합리적이고 이성적인 선택의 과정으로 분석하고 있다. 그러나 이에 대한 비판도 많다. 종교적 행동이 합리적으로 선택된다는 것은 세속적인 사회에서나 효과가 있을 뿐이라는 것이다. 따라서 이러한 이론은 "문화를 무시함으로써 경제적 접근이 종교 행동에 대한 왜곡된 견해를 만들어"[3] 낸다. 또 합리적인 선택 이론은 "합리성의 부재 및 비단일성" (the nonexistence and non-unicity of rationality) 때문에 실패할 수 있다.[4] 영적인 것을 위해 합리적으로만 행동하지 않는다는 비판도 있다. "나는 구원을 얻기 위해 무엇을 해야 합니까?"는 의미가 있는 질문이며, 대답이 가능하다. 그러나 경제적으로 "당신에게 가치 있는 구원은 얼마입니까?"[5] 라는 질문은 성립되지 않는다는 것이다.

이런 비판이 있음에도 불구하고 가나안 신자가 교회를 떠나는 과정은 개인의 종교적 변화이자 합리화를 고려하는 행동으로 볼 수 있다. 설교의 문제든 조직의 문제든, 이런 것들에 실망한 신자가 교회가 요구하는 것을 선택적으로 실행하지 않음으로써 자신의 비용을 최소화하고 개인의 종교적 이익을 극대화하는 합리적인 행동을 하는 것이다. 이러한 행위는 최종적으로 교회를 떠나는 것으로 종교 단체나 교회에 영향을 줄 수 있다. 이때 교회나 종교 단체는 스스로의 변화나 가나안 신자의 요구를 들어줌으로써 이를 통제할 수 있다.

이렇게 볼 때 종교에 대한 접근 방식의 근간을 이루고 있는 종교 기반 경제는 합리적인 선택 이론의 확대된 버전이 된다.6 종교적 결정도 사회에서 행하는 것과 같은 합리적 결정 과정을 거친다는 것이다. 이들은 특정한 선택과 결과의 비용과 이익을 비교한다. 현실적으로 이것이 어려울 때 사람들은 현실에서 사용할 수 없는 종교적 보상이나 내세의 보상을 얻으려 한다.7 이렇게 사람들은 신과 교환 관계를 맺으려 하고, 이는 합리적인 선택을 가능하게 한다. 일상적으로 말하는 '주고받기'(give & take)의 관계가 설정되는 것이다. 이처럼 대부분의 종교는 "신과 신들과의 교환 조건을 정당화하고 지정하는 매우 일반적인 설명들로 구성되어 있다."8 따라서 종교 활동에 대한 종교적 선택은 개인의 경제적 이익을 고려한 결과일 수 있다.

종교의 합리적 선택이라는 특성은 세속화의 영향으로 갑자기 생겨난 것은 아니고, 종교에서 일반적으로 볼 수 있는 현상이다. 예를 들어 2014년 4월 29일 영국 BBC 인터넷판에는 이탈리아의 구찌사(Gucci)가 홍콩의 장례식에서 사용되는 가짜 종이 명품의 사용 금지를 요구하는 내용이 실렸다.9 홍콩이나 다른 중화권 국가에서는 죽은 후의 삶에 영향을 미칠 수 있다고 믿는다. 그래서 '다른 세상'에서 더 좋은 삶을 누리기 위해서 필요한 것들을 제공하는 것은 자손들의 의무로 여긴다. 그런 까닭에 사람들은 대저택, 자동차, 아이패드(iPads) 및 고급 가방과 같은 품목의 종이 복제품을 사망한 친척이 내세에서 사용할 수 있다는 믿음으로 불에 태운다. 이렇게 함으로써 자손들은 의무를 지키게 되고 불운을 피해 갈 수 있다고 믿는 것이다. 이에 대해 구찌 홍콩(Gucci Hong Kong)은 구찌 상표권을 침해하지 않도록 물품을 판매하는 매장에 요구했던 것이다.

2016년 5월 16일에도 비슷한 기사가 실렸다.10 구찌가 2014년 상표권 도용에 관한 협조문을 보냄으로써 매장 중 일부는 이 제품을 제거했다. 그러나 루이비통(Louis Vuitton), 입생로랑(Yves St Laurent), 버버리

(Burberry) 및 뉴발란스(New Balance)를 포함한 다른 브랜드는 여전히 물품을 판매했다. 이에 대해 홍콩 주민들은 "살아있는 사람들은 (Gucci 제품을 구입할 수는 없지만) 죽은 후에도 구찌 제품을 갖지 못하게 했다!"며 불만을 제기했다. 종이돈은 '지옥의 돈'(hell money) 또는 '유령의 돈'(ghost money)으로 불리며 각종 종교적 행사에서도 사용된다. 이렇듯 그들은 죽은 조상에 대한 의식을 수행하는 데 가장 경제적인 방법을 사용한다. 좋은 명품과 집, 자동차 같은 여러 가지를 종이로 만들어 조상이나 신에게 바침으로써 자신들의 종교적 의무를 다한 것으로 간주하는 것이다. 종교적으로 이런 예들이 합리적 선택이다.

이들은 경제적으로 부담되기 때문에 실물을 사용하지는 않는다. 그 대신에 이런 것들을 종이로 만들어 태우고 마치 실물을 바친 것으로 간주한다. 종교적 선택이 경제적 이익에 의해 이루어진다는 견해를 반드시 금전적이거나 물질적인 것으로 이해할 필요는 없다. 여기서 말하는 경제적 이익이란 '영적(靈的)인 보상'이 포함된다. 자신이 원하는 '영적인 보상'이 이루어지지 않을 때 사람들은 교회를 떠나는 결정을 할 수 있다. 이 책에서 말하는 가나안 신자는 대부분 '영적 보상'을 받지 못한 경우이다. 특히 자발적으로 교회를 떠날 경우는 교회가 제공하는 영적 보상이 그들을 만족시키지 못했다고 볼 수 있다. 이럴 때 가나안 신자는 교회를 떠나기까지 합리적인 판단을 하면서 종교적 가장을 하게 된다. 그러면 그들은 교회 '안'의 가나안 신자가 된다.

2. 종교적 가장

가나안 신자가 교회를 떠나는 이유를 경제적 기반에 근거한 합리적 선택 이론으로 설명하려는 것은 그들이 교회를 떠나는 이유가 다양하다는 것에 있다. 한국에서 그들이 교회를 떠나는 이유에 대한 여러 연구가 있지만, 대부분 외적인 요인들이며, 그 사항들 또한 공통적이다. 그러나 좀 더 깊이 있게 그들 내면에 숨겨진 의도를 찾아내서 분석하는 것은 찾아보기 어렵다. 따라서 개인이 외부적 요인들을 어떻게 평가하고, 어떤 결정을 내리는지 그리고 이런 결정을 내리는 원인에 대한 좀 더 다양한 연구가 필요하다. 이들의 결정을 경제적 요인에 근거한 합리적인 선택으로 보는 관점도 그중 하나이다. 종교적 가장은 개인이 종교적인 상황을 이기적으로 결정할 때 그것이 어떻게 표현되는지를 잘 보여준다.

가나안 신자는 교회를 떠나기 전까지 그 교회의 일원으로서 종교적인 사람으로 '가장'(disguise, 假裝)한다. 그렇게 하는 이유는 여전히 선택을 하지 못했기 때문이다. 교회를 떠나는 것이 좋은지, 교회에 머무는 것이 좋은지, 교회에 머문다면 언제까지 머물 것인지 또 나에게는 어떤 것이 유리한지 등 여러 가지 사항을 비교하면서 경제적이며 합리적인 선택의 과정을 진행하는 중이다. 따라서 신자가 교회에 부정적인 요인이 있다고 해서 곧바로 교회를 떠나지 않는 것이 분명하다. 어떤 선택에 대한 경제적 비용을 계산하고 합리적인 결정이 날 때까지 판단을 보류한다. 때와 장소를 선택하기까지 신중하게 고려하는 것이다. 여기서 다양한 사례를 통해 그들이 교회나 종교 단체의 상황에 따라 어떤 합리적 선택을 하는지를 설명하기로 한다. 또 그들이 교회를 떠나게 된 배경을 사례를 들어 설명하고, 이런 배경에서 그들이 교회를 떠나기까지 어떻게 행동하는가를 분석하려고 한다.

신자들이 교회를 떠나기까지 취하는 행동에는 '외적 가장'(external disguise)과 '내적 가장'(internal disguise)이 있다. 그리고 교회나 종교 단체는 그 내부에서 발생하는 문제들을 해결하기 위해서 세속화를 통한 변화를 꾀하거나 거꾸로 자신들의 조건을 더 고수할 수 있다. 이런 논의들을 통해서 첫째로 가나안 신자가 생기는 교회의 조건들을 볼 수 있다. 교회의 어떤 행위들과 요구가 그들을 만들어 내는가를 이해하는 것이다. 한

편 교회의 이러한 조건들은 곧 그들이 교회 밖에서 대안 운동을 하며 교회를 비판하는 요인이 된다. 둘째로 가나안 신자의 신앙을 추정할 수 있다. 신자들의 신앙은 대부분 교회와의 관계에서 형성된다. 그들이 교회와의 연관 속에서 신앙할 때 갈등 상황이 닥친다. 교회와의 관계에서 갈등을 겪는 이유는 교회의 요구와 그들의 신앙이 서로 충돌하기 때문이다. 따라서 이런 분석을 통해 그들의 신앙이 어떻게 형성되는지와 교회와는 어떤 신앙적 갈등을 겪고 있는지를 볼 수 있다. 이는 S모임의 가나안 신자를 이해하는 데 도움이 된다. 셋째, 이런 상황 속에서 가나안 신자가 취하는 행동을 알 수 있다. 그들은 결국 교회를 떠나지만, 그전까지 과정을 살펴보는 것도 중요하다. 이들은 어떤 상황이 되었을 때 곧바로 교회를 떠나지 않는다. 여러 가지 경제적·합리적 선택을 고려한다. 그 기간은 교회의 여건과 자신의 상황에 따라 달라진다. 이들은 자신의 신앙적 판단을 숨기기 위해 내·외적으로 가장하며, 이런 사례는 다양하게 나타난다.

1) 외적 가장

'외적 가장'은 어떤 교회나 종교 단체의 믿음을 가지고 그곳에 속하지만 교회나 종교 단체가 요구하는 것은 수용하지 않는 태도이다. 이들은 교회에서 제공하는 신앙적 가르침을 받아들이지만, 그에 상응하는 행동은 하지 않거나 물질적 비용을 지불하려 하지 않을 수도 있다. 이런 행위는 교회가 제공하는 것과 이에 준하는 일정한 행동의 요구 사이에서 교환 관계의 비용을 줄이는 한 가지 방법이다. 합리적인 개인은 자신의 믿음이 약속한 보상을 보장받는 동시에 그것을 얻는 비용을 최소화하려고 노력한다. 이런 노력은 개인이 자신의 종교적 믿음을 위반하여 어떤 행동을 선택하는 능동적인 경우와 자신의 종교적 믿음을 위반하여 행동하는 것을 삼가는 수동적인 것으로 나타난다.

이런 외적 가장은 교회의 성격에 따라 달라진다. 엄격한 신앙이나 규칙을 요구하는 교회는 신자들에게 더 많이 헌신할 것과 더 많은 비용을 요구한다. 개인의 행동과 심지어 내면의 사고까지 통제하려 한다. 이때 합리적인 사람은 교회와 자신과의 교환 관계가 틀어지거나 종료되었다고 생각하고 외적 가장을 취한다. 교회의 많은 요구와 자신의 경제적 이익이나 영적 이익이 상충된다고 판단되면 능동적으로 또는 수동적으로 외적 가장을 취하는 것이다. 따라서 교리와 신앙에 엄격한 것을 요구하는 교회일수록 외적 가장이 더 많을 수 있다. 반대로 교회나 종교 단체에 대한 자발적 의존성이 높을수록 외적 가장은 낮아지는 경향이 있다. 자발적 의존이 높다는 것은 그만큼 신뢰한다는 증거이기도 하다.

(1) "아무것도 필요 없다": 교회 의존성

2016년 10월 13일 저녁 7시 서울 홍대입구역에서 '신천지피해자가족연대'가 2차 촛불시위를 진행했다. 이들은 남편이나 아내 또는 자녀들이 신천지교회에 들어간 후 가정으로 돌아오지 않는 가족들의 모임이다. 특히 자녀들로 인한 부모들의 피해가 더 큰데, 이들의 주장에 의하면 자녀들이 신천지로 들어간 후 합숙을 하며 집으로 돌아오지 않는 것으로 알려졌다. 부모가 이들을 면회할 경우 "우리는 잘 있다", "아무것도 필요 없다", "교회에서 모든 것이 해결된다"는 말만 되풀이하는 것으로 보도되었다. 이들은 신천지교회만이 세상의 유일한 진리이고, 따라서 자신들만이 예수의 재림 때 선택받을 수 있다고 주장한다.[11] 전통 종교 단체에서 이단으로 분류한 종교 단체의 경우 대부분 이와 유사한 반응을 보인다. 이들의 가장 큰 특징은 단체 내부의 결속력이다. 이들은 자신들만이 선택받은 사람들이고, 영원한 생명이 보증되었다고 믿는다. 따라서 이들 내부의 유대는 고밀도이고, 부모조차도 이 관계에 개입할 수 없다. 이렇게 서로에 대한 의존 관계가 높은 경우는 외적 가장이 낮아진다.

이처럼 교회에서 외적 가장을 줄일 수 있는 방법 중 하나는 교회에 대한 의존 관계를 깊게 만드는 것이다. 그리고 이런 관계는 전통 교회의 교단이나 사회에서 합의적 관점으로 볼 때 이단으로 분류되는 교회나 종교 단체 또는 종파적 운동에서 강하게 나타난다. 이러한 교회는 일정한 약속과 유익을 제공함으로써 신자들의 충성을 이끌어 낸다. 신자들은 교회를 통해 자신이 원하는 것을 얻을 수 있다고 생각하기 때문에 의존성이 커진다. 이때 이런 종교 단체들은 "종교를 창조하고 유지하며 개인에게 종교를 제공하여 신들이나 신과의 교류를 할 수 있도록 지원하고 감독한다."[12] 신자가 종교 단체에 더 많이 의존할수록 그들은 교회가 제공하는 종교적 가치에 더 잘 순응하게 될 것이다.

이러한 의존성은 그 교회나 종교 단체에 들어가거나 벗어나는 비용이 많이 들수록 달라질 수 있으며, 이런 비용에는 유형/무형의 것들이 있다. 교회에서 탈퇴할 경우에 경제적으로 비용이 많이 들거나 이미 교회에 자신이 제공한 경제적이고 물질적인 것들이 많을 때 교회를 벗어나는 일은 어렵다. 이처럼 특정한 교회나 종교 단체에 들어가기 위해 높은 희생 비용을 지불한다면, 다른 종교 단체로 이동하는 데 많은 비용이 든다. 또한 교회를 탈퇴함으로써 그동안 쌓아왔던 신뢰 관계가 대인관계가 깨어지고 이런 관계 속에서 제공받던 것들을 잃게 될 때 의존성을 쉽게 벗어날 수 없게 된다. 따라서 교회나 종교 단체에서 벗어나는 비용이 높을수록 외적 가장은 낮아진다.[13] 교제는 종교 단체가 제공하는 가장 중요한 내재적인 재화 중 하나이다. 교회나 종교 단체 내 친밀한 관계의 밀도가 높을수록 구성원들이 교제를 위해 그 교회에 더 많이 종속된다. 따라서 교회나 종교 단체 내에서 대인관계가 고밀도이고 단체 밖에서 대인관계가 낮은 종교 단체는 외적 가장이 낮다.[14] 따라서 종교 단체 내에서 여러 가지 프로그램을 자주 실행하는 것은 이러한 관계를 높이는 수단이 되며, 합숙은 이런 전략의 가장 좋은 방법으로 활용된다.

교회나 종교 단체에 비용이 많이 드는 또 다른 방법은 신학을 통해서이다. 교회나 종교 단체가 자신들만이 신성한 힘에 접근할 수 있는 길을 가지고 있다고 강조하고, 자신과 비슷한 다른 교회나 교단에는 이런 능력이 없다고 선전할 때 신자들은 많은 비용을 지불하면서도 교회를 의존한다. 이때는 외적 가장의 수준이 낮을 수밖에 없다.[15] 신천지교회나 그 외 전통적 교단에 이단으로 알려진 종교 단체의 특징은 외부와 분리된 채 내부 교제를 강화함으로써 결속력을 도모하는 것이다. 여기에 참여하는 신자들은 자신의 삶의 세밀한 부분까지 감독받을 뿐 아니라 재산 등 모든 것을 그 종교 단체에 바치는 경우가 많다. 이들은 내부 결속력뿐 아니라 그 종교 단체를 이탈할 때 드는 비용이 많기 때문에 쉽게 움직일 수 없게 된다. 이런 곳에서는 외적 가장이 나타날 확률이 극히 낮아진다. 따라서 이런 교회나 종교 단체에서는 가나안 신자가 존재할 가능성 또한 낮아진다.

(2) 소그룹 운동과 구역예배: 효율적 관리 수단

한국교회는 1980년대를 기준으로 소그룹 열풍이 불었다. 이는 기존의 구역예배를 대신할 새로운 방식의 운동이었다. 그러나 이 운동의 성공은 생각만큼 높지 않았다. 구역예배를 대신한다고 했지만 구조와 방식이 거의 유사했고, 외국의 소그룹 운영 환경과 한국적 상황은 달랐기 때문이다. 그런데도 이들의 공통점은 구역장이나 소그룹의 인도자들이 교회의 중직을 맡을 수 있는 필수 코스라는 점이다. 구역장을 하는 것이 권사나 안수집사가 되는 데 유리했고, 이는 소그룹의 인도자도 마찬가지였다. 또한 일반 신자들도 그런 모임에 참석해서 일정 기간 코스를 거쳐서 주어지는 자격증을 얻는 것이 직분의 상승을 위한 조건이 되는 경우가 많았다. 이런 점에서 구역예배나 소그룹 운동이 말씀 공부와 공동체

형성이라는 근거를 제시하지만, 결국 회원들을 관찰하고 효율적으로 관리하기 위한 기능도 무시할 수 없다. 정해진 날에 모두 교회에 모여 예배를 할 경우 비용이 많이 들지만, 구역예배나 소그룹으로 나누어 각자의 정해진 장소에서 관리할 수 있다면 공식적 비용은 들지 않는다는 장점도 있다.

이런 통제가 잘 이루어지는 교회나 종교 단체는 외적 가장의 수준이 낮다. 그러나 이러한 통제는 많은 자원이 필요하며 비용이 많이 든다. 이런 비용을 줄이고 자원을 활용하는 효율적인 방법은 소그룹과 구역예배이다. 소그룹과 구역예배 참여가 종교 참여의 중요한 기능을 하도록 함으로써 교회나 종교 단체는 사실상 교회의 일방적인 통제 대신에 수평적 관계를 통해 관찰 능력을 확장할 수 있다. 이런 방식은 소그룹 리더를 더 책임 있는 위치로 '승격'시키거나 구역장을 교회의 조직 체계에서 더 높은 직분을 제공함으로써 외적 가장을 감소시킨다. 이런 제도는 지도자의 지위를 높이는 역할을 하며, 이는 종교 단체의 기대에 대한 연대성과 적합성을 증가시키는 것으로 나타났다.[16] 따라서 소그룹이나 구역예배 참여를 강조하는 교회나 종교 단체는 외적 가장의 수준이 낮을 것이다.[17]

그러나 이런 보상 제도가 반드시 좋은 효과를 내는 것은 아니다. 필자가 참석한 S모임에는 'CCC'[18]나 'IVF'[19] 등 한국의 대표적인 선교 단체 출신들이 여러 명 있었다. 그들 대부분은 선교 단체의 소그룹에 참여한 정도가 아니라 소그룹의 성경 공부를 인도하는 역할을 하는 경험이 있었다. 이들은 일반 회원을 거쳐 소그룹의 리더가 되었고, 더 큰 역할이 주어지는 기회의 가능성이 있음에도 선교 단체를 떠나 가나안 신자가 되었다. 교회나 선교 단체가 이들을 통해 효율적인 관리를 체계화했음에도 결국 신앙의 한계를 극복하게 해주지 못한 것이다. 이는 이들이 교회나 종교 단체의 내부로 들어가면서 더 많은 모순과 불합리에 부딪혔을 가능성을 보여준다. 이들은 자신들의 지위에도 불구하고 그런 모순들을 극복하지 못하고 가나안 신자가 되는 것이다.

구역장이나 소그룹 리더 등을 통한 수평적 관리 시스템이 잘 되어 있는 교회나 종교 단체는 외적 가장이 낮을 수 있다. 이런 곳에서는 직분 상승과 그에 맞는 지위를 보장함으로써 교회나 종교 단체에 대한 불만을 낮출 수 있다.

(3) 교회 이중으로 출석하기

다른 사람들의 종교적 가장도 신자들이 교회와 종교 단체 탈퇴를 결정짓는 주된 요인이 된다.[20] 교회나 종교 단체의 요구에 순응하지만 다른 사람들의 종교적 가장 때문에 자신의 봉사나 헌신이 평가 절하되었다고 생각될 때 사람들은 교회를 떠난다. 신자들은 물질적 세상에서 벗어나 종교를 통해 기적이나 신비스러운 체험, 예식과 기도에 참여한다. 이럴 경우 다른 사람들의 증언과 경험은 자신의 믿음을 유지하는 데 중요하다. 왜냐하면 많은 사람들이 자신의 행동이나 믿는 방법에 대해 확신이 없을 때 교회나 타인이 제공한 종교적 증거에 의존하기 때문이다. 무엇보다 가까운 사람의 증언은 낯선 사람들의 경험보다 가치 있고 영향력이 있다. 특히 가난하거나 직업이 없거나 학벌이 없는 사람의 증언은 종교에서 성공한 기득권자들의 그것보다 강하다. 따라서 일반 교인들의 간증과 유급 목회자의 성취나 외부인의 증언보다 더 중요하다. 신자들의 간증과 경험에 의존하는 것은 '다른 세상'에서 받는 보상의 가치를 평가하는 가장 쉬운 방법 중 하나이며, 그 후 개인이 교환해야 하는 적절한 비용을 평가하게 된다.[21] 한국교회에서 간증은 가장 널리 쓰이는 신앙 고취의 방식이다. 이런 간증은 주로 금요 기도 집회 시간 때 이루어진다. 신자들은 간증을 듣고 자신도 그런 약속에 참여할 수 있도록 동기부여를 얻는다. 그리고 이것이 신앙의 목표가 되고, 기도 제목이 된다. 이런 방식은 소위 '기도원'에서 가장 적절하게 사용된다. 기도원에서 와서 병 고치고, 아들이 취업되거나 대학에 합격하고, 재물을 얻는다는 간증은 대부분의 기도원에서 매주 사용되는 레퍼토리(Repertory)[22]이다. 이런 간증은 그 목회자나 기도회 인도자 또는 간증자를 신령한 위치로 격상시킨다. 기도원은 이런 실적으로 유명해지고, 더 많은 사람이 찾아오는 명소가 된다. 이를 위해 기도원들은 명성 있는 간증자들을 확보하려 서로 경쟁한다. 사람들은 다른 사람의 간증이나 경험을 듣고 자신이 지불해야 할 비용을 계산한다. 따라서 교회나 종교 단체는 다른 신자를 의지하도록 유도하고, 서로에게 본보기가 되도록 요구한다. 이렇게 될 때 외적 가장은 낮아진다.

그러나 개인의 종교적 가장은 다른 신자들의 신뢰를 훼손시킨다. 그 사람의 종교적 가장은 그가 당연히 해야 할 의무를 하지 않았거나 게을리함으로써 자신이 가치 있다고 여기는 것에 대한 신뢰를 깨뜨리는 것이다. 사람들은 자기의 신앙적 가치의 척도를 다른 사람들에게 의존하는 경향이 있다. 자신이 교회나 종교 단체에 지불해야 할 비용을 결정하기 위해서 다른 사람들을 의존하는 것이다. 따라서 다른 사람의 종교적 가장은 교회나 종교 단체에서 제공하는 종교적 가치에 대한 의심과 불안을 불러온다. 그리고 여기에 실망한 사람들은 교회나 종교 단체를 떠나게 된다.[23] 이처럼 다른 사람들의 종교적 가장은 교회나 종교 단체를 벗어나는 계기가 된다. 교회나 종교 단체가 위선적일수록, 목회자나 지도자를 신뢰할 수 없을수록, 자신의 정당한 행위가 평가받지 못할수록 교회나 종교 단체를 탈퇴할 가능성이 커지게 된다. 그러나 종교적 가장을 한 사람들도 교회를 떠난다.[24]

그들의 믿음과 행동 사이에서 일어나는 긴장의 결과로 불협화음을 경험하고 있는 사람들은 개인의 수준을 높이는 노력을 통해 이러한 긴장을 줄일 수 있다. 즉, 행동에 맞게 믿음을 바꿀 수 있다.[25] 그러나 자신이 속한 교회나 종교 단체에서 이것을 해결할 방법이 없거나 앞으로도 그럴 가능성이 없어 보일 때 이들은 지금의 교회와 비슷한 수준의 행동 요구가 없는 다른 교회를 찾는다. 부모가 교회의 중직을 맡고 있을 경우에 그 자녀들은 대부분 많은 봉사를 요구받는 경우가 많다. 이럴 경우 자신들의 외적 가장을 숨기고 교회 활동에 참여한다. 심한 경우에 그들은 오전 중에는 부모가 요구하는 교회에 봉사한 후에 오후에는 자기 취향에 맞는 다른 교회에 참석하기도 한다.

A는 아버지가 교회 장로이며, 어머니는 권사이다. 태어날 때부터 부모의 영향으로 신앙을 시작했고, 교회에서 성장했다. 주일이면 교회에서 아침부터 저녁까지 봉사했다. 성가대는 물론 주일학교 교사로 활동하고, 저녁 예배 찬양대 반주까지 마친 후 귀가한다. 그런데 언제부터인가 오후에 보이지 않게 되었다. 필자가 만나서 이야기해보니 오후에는 자신의 친구가 있는 교회에 출석한다고 했다. 그 교회에 출석하는 이유는 단순히 친구 때문이 아니라 그 교회에 가서 예배를 드리며 쉬고 싶다는 것이다. 그동안 교회에서 아침부터 저녁까지 봉사하면서 지쳤다고 했다. 그러나 중직자의 자녀이기 때문에 어느 부서 봉사라도 놓을 수가 없었다고 한다. 결국 교회가 요구하는 것에 과부하가 걸린 A는 합리적 판단에 따라 오후 봉사를 거부한 것이다. 그녀의 부모도 이 사실을 알고 있지만 모른 척하고 있었다. 교회 중직자(重職者)[26]의 자녀가 다른 교회에 출석한다는 것은 쉽게 용인되지 않는 분위기 때문이다.

A는 주관적으로는 믿음이 있지만, 객관적으로는 종교적 가장을 하고 있다. 자신의 신앙적 일치에도 불구하고 교회의 요구가 많은 것에 부합하기 어려웠다. A는 적당한 봉사 외에 자신의 신앙을 충족하기를 원했다. 그러나 부모가 교회의 중직자이기 때문에 과도한 교회 활동을 지속했던 것이다. 그러나 이런 불일치가 심할 경우 부모가 중직자임에도 불구하고 교회를 떠나 다른 교회로 이적하게 된다. S모임에는 이런 중직자 자녀들이 여러 명 있었다. 그들 중에는 아직 교회에 남아 있는 사람들도

있고, 부모와는 다른 이유로 교회를 떠난 이들도 있다. 이것이 전형적인 '외적 가장'의 형태이다. 그리고 이들은 교회의 상황을 잘 알기 때문에 가나안 신자 중 가장 합리적인 비판자가 되는 경우가 많다.

2) 내적 가장

'내적 가장'은 교회나 종교 단체에 속하지만, 그들과 다른 자신의 믿음이나 신념을 드러내지 않는 것을 말한다. 일반적으로 종교 단체는 두 가지 형태의 헌신을 구분한다. 객관적 행동에는 외적이고 가시적인 종교 실천을 말하며, 주관적 헌신은 "종교 단체가 주장하고 적절한 감정을 갖는 설명에 대한 믿음"[27]을 포함한다. 종교적 가장은 개인의 종교적 믿음과는 달리 교회나 종교 단체가 주장하는 것을 실제로 믿지 않더라도 종교적인 것처럼 행동할 수 있다. 이러한 유형의 가장이 '내적 가장'이다. 내적 가장은 개인이 외부적 환경과 영향에 대한 반응으로 자신이 원하는 것을 숨기고 부정확하게 표현하는 것과 같은 개념이다. 여기에는 실제로 믿음이 없으면서도 있는 척하는 '능동적 내적 가장'과 실제적 믿음이 있으면서도 이를 제대로 표현하지 않는 '수동적 내적 가장'이 있다. 이것은 개인이 '거짓된 삶을 사는 것'(living a lie)[28]을 말한다.

내적 가장의 가장 좋은 예 중 하나는 정치적 압력과 박해에 대한 반응으로 비록 자신의 종교적 믿음이 비밀리에 존재하지만, 그 사회 또는 국가의 지배적인 종교를 실천하는 척하는 것이다. 2013년 '퓨리서치센터'(Pew Research Center)에서 '샤리아'(Shriiah)를 지지하는 무슬림들 중 개종이나 배교 행위를 할 경우 사형으로 처벌할 것을 원하는가에 대한 지지여론을 조사한 바 있다. 여기에서 이집트는 86%, 요르단 82%, 아프가니스탄 79%, 파키스탄 76%와 더불어 말레이시아에서도 62%로 높게 나타났다.[29] 이런 나라들에서는 자신의 신념을 드러내지 않고 종교적으로 행동할 수밖에 없을 것이다. 어느 정도 세속화가 이루어진 말레이시아에서조차 개종에 대해 사형에 처해야 한다는 비율이 높은 경우라면 다른 믿음을 가진 이들은 자신의 종교적 신념을 숨긴 채 지배 종교에 복종할 것이다. 이런 유형의 종교적 가장은 사회적 압력이나 보상에 접근하기 위해 가장 많이 발생한다. 종교 단체가 여러 사회적 혜택을 제공하고, 이를 이용할 필요가 있는 개인은 종교적 주관을 속이게 된다. 그야말로 '믿지 않고 소속되는 것'(Belong Without Believing)이다. 이 내적 가장으로 종교를 소비하는 경우는 "호의적이지만 흥미 없는 소비", "본보기를 위한 소비", "사회적 제재(制裁)로 인한 소비"[30]와 "사회적 필요로 인한 소비"가 된다.

(1) 능동적 내적 가장: 믿음이 없으면서 있는 척하기

호의적이지만 흥미 없는 소비 — 친구 초청 잔치: 호의적 소비는 타인의 호의나 동정심에 의해 반응하는 종교적 결정을 말한다. 이는 주로 인간의 중요한 기본 관계 내에서 발생하며, 정서적 영향에 의해 결정된다. 개인은 타인의 호의에 대한 반응으로 종교적 선택을 할 수 있으며, 이때 감정적인 반응이 종교적 비용과 이익의 균형을 이루는 중요한 요인이 된다. 예를 들어 아이들은 교회에서 하는 '친구 초청 잔치'에 곧잘 초대받는다. 반에서 친한 친구이거나 그 아이와 예전에 잘 놀았을 경우 또는 신세를 진 경우에는 이런 초청을 거절하기 힘들다. 부모끼리 잘 아는 사이일 경우도 마찬가지이다. 물론 아이들의 경우 자발적인 종교적 선택이라고 할 수 없는 경우가 많고 또 이런 초청에 의한 출석이 지속적으로 이루어지지도 않는다. 성인의 경우에도 가까운 사람의 지속적인 초청을 거절하지 못하고 교회에 출석하게 되는 경우도 적지 않다. 상사의 권유를 거절할 수 없어서 교회에 출석하는 경우도 있다. 이런 경우 교회나 종교 단체 출석은 한 번에 끝나는 경우가 많고, 지속적인 출석이 어렵다. 교회 등록은 해도 곧 탈퇴하게 된다.

또한 자녀들의 종교적 출석과 부모와의 관계는 이러한 동정심을 주는 동기의 한 예이다. 어린이는 부모의 인정을 받으려 종교를 택하는 경우가 있다. 부모와 밀착 관계가 잘 형성된 어린이는 부모의 종교적 선택을 따르고[31] 다른 종교 운동에 참여할 가능성이 적다. 이런 종교적 결정은 자녀가 개인의 종교적 취향보다 부모의 승인을 통한 성취감을 더 중시하는 호의적 결정으로 이해될 수 있다.

호의적 선택은 결혼 생활에서도 나타난다. 자신이 우선하는 종교가 아닌 배우자와 결혼하는 개인의 경우 종교적 자본이 적은 배우자는 종교적 투자가 많은 배우자의 종교로 전환한다.[32] 예를 들어 배우자가 다니는 종교 단체가 크거나 그곳에서 중요한 직분이 있는 경우이다. 또한 그곳에 사회적으로 중요한 사람들이 다니거나 커뮤니티(Community) 형성에서 유리할 경우를 따질 수도 있다. 예를 들어 자신의 직장 상사가 다니거나 중요한 거래처의 직급 있는 사람이 다닐 경우 이들과의 호혜적 관계를 위해 교회에 등록하는 경우가 있다. 부부가 같은 종교를 공유할 때 좀 더 효율적으로 종교 재화를 생산할 수 있다. 같은 차로 교회에 갈 수 있고 자녀에게 종교 교육을 시킬 때 갈등이 없다.[33] 이것은 배우자를 더 많이 기쁘게 하려는 욕구에 의해 동기 부여될 수 있다. 결혼하지 않은 이성이 교제할 경우도 상대방을 위해 교회에 등록하는 경우도 있다. 이들은 모두 그 종교에 대한 믿음이 없으면서도 친구나 대인관계 또는 배우자를 위해 교회나 종교 단체에 출석하게 된다. 이들이 '능동적 내적 가장'을 하는 사람들이다.

가정을 위한 소비 ― 가정의 평화를 위하여: 필자의 경험으로 보면 이런 관계는 주로 여자들이 주도한다. 대부분 여자 배우자의 신앙이 강할 경우 '홀로 신앙'이 되는 경향이 많고, 남자 배우자의 신앙이 강한 경우 함께 출석하는 경향이 있다. 또한 둘 다 신앙을 하는 경우 남자 배우자의 교회로 옮기는 것이 일반적이다. 여자 배우자의 신앙이 '홀로 신앙'인 경우 남자 배우자를 설득하기란 쉽지 않다. 이들이 여자 배우자를 따라 교회에 나오는 경우는 대부분 두 가지 경우인데 하나는 '사랑' 때문이고, 다른 하나는 '가정의 평화'를 위해서이다. 필자의 관찰에 의하면 사랑이 동기인 경우 갓 결혼했거나 젊은 부부일 확률이 높았다. 나이가 들었거나 결혼 기간이 오랜 경우에는 '가장의 평화를 위하여' 마지못해 나오는 비율이 더 높았다.

가정의 평화가 교회 출석의 강력한 이유가 되는 것은 주로 여자 배우자의 신앙이 돈독할 경우이다. 이럴 경우 주중에 교회에 나오는 횟수가 평균 9~10회가 넘는다. 월요일부터 시작되는 새벽기도부터 수요예배, 금요집회, 주일예배뿐 아니라 구역예배를 포함하여 여러 집회와 봉사 등 많은 시간과 재화를 교회에 투자한다. 이럴 경우 남자 배우자가 가지는 불만은 대부분 가정에 소홀해진다는 것이고, 이는 종종 가정불화의 원인이 된다. 이때 가정의 불화와 부부관계가 원만해지지 않는 이유는 교회의 탓으로 돌려진다. 이럴 때 두 가지 경우가 나타난다. 여자 배우자가 믿음을 포기하기 않기 때문에 할 수 없이 묵인하는 경우이다. 이런 때는 남자 배우자의 불만이 내면화되어 위장된 그리고 위태로운 가정의 평화가 지속된다. 또는 남자 배우자를 설득하는 경우이다. 이럴 때 남자 배우자는 믿음 생활하는 것을 인정할 테니 자신은 내버려 두라는 것으로 합의를 볼 수 있다. 나아가 남자 배우자가 교회에 등록할 수 있다. 이 경우에도 위장된 가정의 평화가 지속된다. 그러나 이 두 가지 모두 극단적인 경우 여자 배우자가 남자 배우자에게 이혼을 요구하는 경우도 있다. 이를 피하기 위해 남자 배우자들이 교회에 나오는 경우 이는 순전히 '가정의 평화'를 위한 것이 된다. 이때 '사랑'이나 '가정의 평화'는 모두 합리적인 선택을 통한 이익을 창출하려는 욕구가 있는 동기부여가 된다.

개인이 자신의 종교적 취향을 표현하는 것보다 다른 사람을 기쁘게 하는 보상을 선호할 때 그들은 믿지 않지만 소속하기로 결정한다.[34] 이들은 '사랑'을 위하여, '가정의 평화'를 위하여 믿음 없이 교회나 종교 단체에 출석한다. 이것이 '능동적 내적 가장'이다.

본보기를 위한 소비 — 자녀 교육을 위한 도구: 다른 사람들에게 삶의 모범을 보이거나 인생의 중요한 가치를 가르치고자 하는 경우도 자신의 종교적 취향과 반하여 종교적 행동과 믿음을 적극적으로 받아들일 수 있다. 처음 부모가 되는 경우나 자녀가 태어난 후에 종교적 합병이 현저히 나타나거나 자녀가 성장함에 따라 부모와 함께 종교 참여가 크게 증가하는 경우가 그것이다.[35] 이런 경우 부모는 오랫동안 지켜온 개인적인 취향이나 개인적인 종교적 헌신을 표현한다기보다는 자녀에게 특정 행동을 보여주기 위해 종교 활동에 다시 참여하기 시작한다. 이들은 이전에 주관적으로 어떤 종교를 선호했지만, 이제는 자녀가 함께 종교 단체에 참여할 가능성이 높다. 어린이가 태어난 후 종교로 돌아오는 것은 더 전략적이고 실리적인 요인이 작용했을 가능성이 높다.

앞에서 언급한 바와 같이 새롭게 부부가 되었거나 늦은 나이에 교회에 출석하는 경우 이들의 선택 이유는 가족 구성원 때문이다. 특히 어린 아이들이 있는 부모는 교회에 출석하기 쉬운데 이들 대부분은 어릴 때나 젊었을 때 교회 출석 경험이 있는 사람들이 많다. 이들은 어린 자녀에게 부모로서 모범을 보이고, 일종의 도덕적 틀을 제공하기 위해 돌아온다. 이때 주로 30대 부모들이 40대와 50대에 비해 교회 교육에 더 큰 관심을 가진다.[36] 물론 이는 현재 교회에 출석하고 있는 사람들을 대상으로 한 연구이기는 하지만, 대부분 30대가 첫 자녀를 출생하는 시기라는 점에서 이전에 교회에 출석했거나 현재 출석하고 있는 것을 불문하고 자녀들을 신앙적 가치관으로 양육하기 위해 자신들이 모범을 보이려 한다는 점은 같다고 할 수 있다.

자녀를 교회학교에 등록시키고 자신들은 교회에 등록하지 않거나 출석하지 않는 경우도 있다. 부모들은 신앙이 없거나 교회의 가르침과 다른 신앙이 있지만, 아이들의 교육을 위해 집에서 가까운 교회에 등록시키기도 한다. S모임에 나오는 L은 기존 교회의 교인이었지만, 다른 교인과의 갈등 때문에 교회를 떠났다. 우연한 기회에 S모임을 알게 되었고, 매주 정기적으로 출석하는 몇 안 되는 사람이다. 그런데도 L은 주일이면 온 가족이 비교적 올바르다고 알려진 ○○교회에 출석하고 있다. 남편도 신앙이 있는 사람이 아니지만 L과 함께 그 교회에 출석한다. L이 남편과 함께 교회에 나가는 이유는 순전히 아이 때문이다. L은 이렇게 말한다.

> "아이 때문에 할 수 없이 교회에 나가요. S모임에 데리고 오려고 해도 아이가 오지 않으려고 해서 주일만이라도 교회에 데리고 나갑니다. 이렇게라도 교회에 가서 신앙 교육을 받아야 할 것 같아요."

L의 경우 남편과 아이를 위해 교회에 나가지만, 그 교회에 만족하고 있는 것은 아니다. 하지만 아이가 S모임에 오지 않기 때문에 그 교회에 출석해서 신앙과의 연결을 계속하려는 것이다. 이것은 자신들의 주관적 신앙을 숨기고 출석하는 내적 가장의 한 형태이다. L은 '수동적 내적 가장'으로 출석하고, L의 남편은 '능동적 내적 가장'을 가지고 출석하고 있다. 이처럼 개인의 종교적 취향을 밝히지 않는 것이 종교 참여를 통한 보상보다 적을 때 개인은 자신의 주관적인 신념을 속여서 믿지 않고 참여하게 된다.

사회적 제재로 인한 소비 — "바이블 벨트" 지역: 종교 단체에 참여하는 가장 큰 특혜 중 하나는 초월적인 세상의 보상이지만, 다른 혜택도 종교적 참여를 위한 선택적 동기가 된다. 일부 종교 단체의 경우 직업 배치 및 지역사회 자원의 연결 고리 역할을 하는 경우가 있다. 정부나 지자체에서 주도하는 공공사업이나 행사를 종교 단체를 통해서 하기도 하고, 종교 단체의 활동을 정부나 다른 행정기관에서 지원하기도 한다. 이럴 경우 종교 단체에 속한 사람들은 자신의 이익에 부합하는 접근이 용이할 것이다. 그러나 종교 단체와 분리된 경우에는 이런 이익에 대한 접근이 단절된다. 이러한 사회적 조건은 개인적인 종교적 선호도에 관계없이 교회나 종교 단체 참여를 유도한다. 또한 종교 단체가 외부 자원의 연결 고리로 사용되면 비종교적 시도로 자원에 접근할 수 없게 된다. 이것은 비종교적 사람들로 하여금 종교 단체에 가입할 필요성을 강요하게 만드는 여건이 될 수도 있다.[37] 이런 형태의 내적 가장은 개인이 자신의 개인 취향에도 불구하고 종교 참여의 혜택을 선택하도록 강제할 수 있다.

또 다른 예는 종교적 행동에 대한 지역적 영향력이다. 특정 종교적 색채가 짙거나 종교가 지역 사람들의 사상과 행동까지 간섭하는 정도의 장소라면 개인이 지배적인 종교 단체에 참여하지 않기로 선택하는 것이 부정적으로 평가될 수 있다. 이것은 개인으로 하여금 자신의 개인적 취향에 맞지 않아도 그곳의 종교 단체에 가입하게 만들 수 있다. 미국의 소위 "바이블 벨트"(Bible belt)[38] 지역의 경우 교회는 개인이 은행으로부터 대출과 같은 사회적 보상에 접근할 수 있는 일종의 신용 판단 기능으로 작용한다. 이러한 경우에 개인은 사적인 종교적 취향에 위배되어도 사회 용품에 접근하기 위해 종교 단체에 속하는 경우가 있다.[39] 개인적인 종교적 선호에 대한 이러한 강조는 내적 가장의 한 형태이며, 사적인 종교적 선호는 전체에 함몰된다.

한국에서 잘 알려진 대형 교회들에는 재벌 총수나 중소기업 회장들이 다니는 경우가 많다. 이들 교회에는 대부분 '실업인 선교회'가 있다. 이곳에서는 각 사업체의 선교를 목적으로 하지만, 교회 내의 실업자들을 위한 구직에 도움을 주는 목적도 있다. 이를 위해 각 구역의 목사들은 구직을 대가로 사람들을 교회에 등록시키는 경우도 있다. 그리고 이들의 관리는 '실업인 선교회'에서 한다. 사람들은 구직을 위해 신앙이 없어도 교회에 등록하고, 취업이 될 경우 교회에 남아 있게 된다. 취업이 길어지 거나 다른 곳에 취업이 될 경우에는 미련 없이 교회를 떠나기도 한다. 이런 예는 신앙 없이 교회나 종교 단체에 속함으로써 도덕적 불일치를 겪지만 내적 가장을 통해 자신의 이익을 도모하는 전형적인 예이다.

사회적 필요로 인한 소비 — 교회 문화센터: 베버는 현대를 자신의 이익과 필요에 따라 종교를 소비하는 시대라고 했다. 이는 자신의 신앙을 위한 소비이기도 하지만, 자신의 경제적 이익을 위해 종교를 소비하는 경우도 있다. 필자의 관찰에서도 교회를 사교(私交)의 장(場)으로 삼거나 친목 도모를 위해 출입하는 사람들이 많았다. 또한 교회에서 실시하는 각종 문화적 프로그램이 있을 경우 이를 이용하기 위해 교인이 되는 경우도 있다. 도시 변두리에서 문화적 혜택을 받을 수 없는 환경이라면 교회에 서 실시하는 각종 문화 프로그램이 자신의 문화적 욕구를 충족시킬 수 있는 거의 유일한 기회가 된다. 또한 이런 프로그램에 참여함으로써 그 지역에서 같은 취향을 가진 사람들의 유대감이 형성되기 때문에 이를 이 용하는 사람들도 있다. 이들에게는 교회가 요구하는 믿음의 수준을 받아 들이는 것이 아니라 극히 개인적인 이익의 극대화를 위해 교인이 되는 것이다. 이런 모임에 참석함으로 인해 지역 커뮤니티의 회원이 되고, 정 보를 교환할 수 있는 기회에 더 많이 노출될 수 있다. 그러나 이런 모임에 서 자신이 저평가되거나 이익을 얻을 수 없다고 생각되면 즉시 교회에서 탈퇴하는 경우가 많다.

B는 대학 때 피아노를 전공했다. 서울을 떠나 남편과 함께 이 지역으 로 이사 온 지 거의 2년이 되었지만, 자신과 같은 생각을 가진 사람들을

만나기가 쉽지 않았다. 그러던 중 교회의 문화 프로그램에서 피아노 교습자를 구한다는 광고를 보고 지원을 하게 되었다. 원래 신앙은 없었지만, 교습자의 자격이 기독교인을 우대한다는 내용을 보고 교회에 등록했다. 아이 세 명을 키우는 입장에서 자신도 수입 활동을 하는 것이 가계에 도움이 될 것이라고 판단해서였다. 이렇게 시작한 피아노 교습은 일주일에 두 번 정도여서 집안일을 소홀히 할 만큼 여유가 없는 것도 아니었다. 피아노 교습은 지원자가 있어야 하는데 지역 내의 한정된 인구수와 피아노를 가르치는 학원들로 인해 지원자의 수가 점점 줄어들었다. 결국 B는 일 년 반 정도가 지날 무렵 피아노 교습을 그만둘 수밖에 없었고, 교회도 나가지 않게 되었다. 이들은 전형적인 '능동적 가장자'들이다. 주관적인 신념도 없이 개인의 사회적 이익을 위해 교회에 소속되었다가 그 이익이 사회적 비용보다 적다고 판단될 경우 소속을 벗어나는 것이다.

(2) 수동적 내적 가장: 믿음이 있지만 아닌 척하기

내적 가장의 경우는 전통 교회에서 분류한 '이단'(heresy)[40]에서 가장 명확하게 드러난다. 이단은 전통적 종교 단체의 사람들과 상반되는 믿음을 가지는 것으로 정의될 수 있다. 이단의 경우는 '가장자'(disguiser)에게 믿음이 없다는 것이 아니라 오히려 사회적 주류 종교 단체의 정통성에 반대되는 강한 믿음을 가지고 있음을 의미한다. 이는 주류 종교 단체와 전혀 다른 종교를 가진 이교(異敎)가 아니라 주류 종교 단체와 다른 교리나 주의, 주장을 말한다. 따라서 이단은 부정적인 것이 아니라 다양성을 의미할 수 있다.

단일 종교 국가 — 이슬람국가(IS)[41]의 참수: 수동적 내적 가장은 먼저 국가나 지방의 종교가 고도로 규제되면서 정치적 지지를 받는 단일 종교가 종교나 사회 전반을 억압할 때 발생한다. 이 경우 단일 종교 단체는 종교 시장에서 독점권을 가지고 있으며, 국가의 권력에 의해 지지를 받는다. 위에서 언급한 바와 같이 이슬람 국가에서 '샤리아'(Shriiah)가 시행될 경우 이를 지지하는 비율이 60~80% 이상까지 올라가는 상황이라면 그 안에서 종교의 다양성은 보장될 수 없다. 또한 시리아에서 IS가 '수니파'(sunnis)[42] 이슬람 국가를 선포하고, 타 종교인이나 '시아파'(shiis) 등을 이단으로 몰아 공개 처형하고 있는 상황에서 자신의 종교적 신념을 표현하기는 불가능하다. 특히 같은 이슬람이지만 '수니파'가 다수인 지역에서 자신이 '시아파'라는 것을 드러낼 수 없는 것이다. 이러한 상황에서 개인은 자신의 종교적 선호를 표현할 수 없으며, 사회적 제재를 피하기 위해 자신의 종교적 신념을 숨겨야 한다. 같은 무슬림이지만 종파가 다르다는 이유로 자신의 믿음을 숨겨야 하는 것이다. 이와 같이 고도로 규제된 지배적인 단일 종교 또는 단일 종파가 국가나 지방의 공권력의 지원을 받을 때 개인은 자신의 이단성을 숨길 수밖에 없으며, 그는 그 종교 또는 종파를 '믿지 않고 소속'(belong without believing)될 것이다.

특정 신앙 요구 — 교회 이데아: 개개인이 종교 단체 내에서 태어나고 자란 후에 대체 모형이나 신학을 접할 때에도 이단[43]이 될 가능성이 높다.[44] 이것은 특정한 종교를 믿지 않는 개인이 사회적 상황과 여건 때문에 할 수 없이 소속하는 것을 말한다. 개인이 특정한 사회적 · 지리적 위치에 있거나 또는 사회적 직위 때문에 일정한 상황이나 지역에 거주할 때 나타날 수 있다. 제한된 조직이 있는 지역에 살면 종교적 신념이나 단체의 변경으로 인해 다른 모든 사물에서 배제가 일어나거나 가족 관계나 친구 관계가 분리될 수 있고, 이로 인해 경제적 불이익을 당하게 된다. 이런 상황은 종교적 신념과 사적(私的)인 선호를 지니고 있어도 개인을 그 지역의 종교 단체에 계속 참여하게 할 수 있다.

C는 서울에 위치한 대형 교회의 부목사였다. 그 교회는 아들이 세습

한 대표적인 교회로 알려졌고, 여러 가지 문제들이 생겼다. 아들은 아버지의 목회가 잘못되었고, 이로 인해 교인들이 구원받지 못했다고 주장했다. 곧 숙정(肅正) 작업이 시작되었다. 아버지와 함께 교회를 세우고 지금까지 헌신한 사람들 모두 자아비판의 대상이 되었고, 이를 거부할 경우 교회를 떠나야 했다. 아버지와 함께 한 모든 교인은 잠재적 숙청(肅淸) 대상이었다. 그의 설교는 항상 아버지를 비판하는 내용이 들어 있었다. 이를 듣기 싫은 사람은 교회를 떠나야 했고, 교인들의 불만은 보고되어 개별 평가로 이용되었다. 교회나 담임에 대한 불만이 적발될 경우 직분을 잃거나 교회 기도원으로 보내졌다. 여기에서 '일정 기간 회개한 후' 충성을 재확인한 다음 직분이 회복되었다.

설교 작성에 외국에서 다운받은 원문을 번역하는 팀이 있었다. 그 설교의 주제는 오직 한 가지, "너 자신을 부인하고 네 십자가를 지라"[45]는 것이었다. 이 주제는 교인들을 통치하는 통치 이념이 되었다. 교인들이 불만이 있거나 이의를 제기할 경우 또는 교회가 요구하는 것을 하지 않을 경우 이 구절은 평가의 기준이 되었고, 비판이나 치리의 도구가 되었다. 자신을 부인(否認)하지 못하기 때문에 불평불만이 나오고, 십자가를 지지 않으려 하기 때문에 교회가 요구하는 것을 따르지 않는다는 것이다. 오직 그가 하는 말과 명령만이 성경적인 것이고, 예수님의 말씀이 되었다. 부목사들의 설교는 그의 설교를 바탕으로 작성되어야 했다. 그의 설교만이 진리를 밝히고 있기 때문에 예화를 들거나 학술적인 인용을 하거나 세상의 일을 예로 언급해서도 안 되었다. 심지어 그의 설교를 그대로 읽는 설교를 하는 목사도 있었다.

금요집회 때는 전 교인이 교구별로 앉아야 했다. 교회당 내부에는 각 교구별 팻말이 붙어 있었다. 이는 출석 여부를 확인하고 통제하기 쉬운 방식이었다. 각 교구의 출석 인원은 매주 통계되어 보고되었고, 이는 교구를 맡은 부목사의 실적을 평가하는 자료가 되었다. 금요집회 때도 역시 똑같은 설교가 진행되었고, 그가 좋아하는 찬양곡은 CD로 발매되었다. 여기에는 금요집회 때 담임목사가 직접 부른 노래가 실려 있었다. 전교인이 이를 사야 했다. 이는 교인의 신앙적 의무로 여겨졌고, 심지어 충성을 보이기 위해 몇 장을 사는 사람들도 있었다.

C는 이런 상황이 너무 힘들었다. 그러나 가정이 있는 상황에서 이를 표출하는 것은 쉽지 않았다. 교회를 옮기려고 여러 번 시도했지만 실패했다. 그는 이미 두 번이나 '기도원으로 유배'를 다녀왔다. 그의 태도를 알아챈 교회가 그를 기도원으로 보내 회개할 것을 요구한 것이다. 이곳에서 쫓겨나면 가족들의 생계 문제가 생긴다. 할 말이 많았지만 그는 참을 수밖에 없었다. C는 모든 것이 수동적이 되었다. 그런데도 그가 할 수 있는 것은 수동적 저항이었다.

금요집회 때면 교구별로 앉아야 했습니다. 부목사들과 전도사들은 교구별 좌석 제일 앞자리에 앉아야 했죠. 매주 저는 담임목사의 설교가 시작되면 밖으로 나갔습니다. 한 시간 넘게 진행되는 그의 설교를 듣고 있으면 속에서 열불이 터졌습니다. 나도 모르게 입에서 탄식이 나왔습니다. 도저히 앉아 있을 수 없어서 매주 밖으로 나갔습니다. 저의 행동을 교구 사람들도 알고 있었고, 교회에서도 알고 있었죠. 그래도 앉아 있을 수가 없었습니다. 교회 복도로 나가 밖을 보면서 항상 노래를 흥얼거렸습니다. "됐어 됐어. 이제 그만 됐어. 이제 그런 가르침은 됐어. 그걸로 족해 족해. 이제 그만 족해…." 매주 똑같은 설교, 억압적이고 획일적인 메시지를 들으면서 그때마다 속으로 마치 주문처럼 이 노래를 부르곤 했습니다.

그가 부른 노래는 서태지와 아이들의 〈교실 이데아〉라는 노래의 한 구절이다. 이 노래는 교육의 진정한 기능과 본질이 이뤄지는 이상적인 교실이 실패하는 교육 현장을 보면서 획일적인 교육과 이에 몰리는 학생들의 현실을 비판한 내용이다. C는 담임목사의 전횡이 교회의 기능과 본질을 훼손하고 있다고 보고, 이를 '교회 이데아'가 실패한 것과 동일하게 본 것이다. 그런데도 그가 그 교회를 나올 수 없었던 이유는 경제적인 것 때문이었다. 가족이 있는 상황에서 자신의 믿음을 내세울 수 없었다. 어설펐지만 그는 자신의 마음을 숨기려 노력했고, 이런 내적 가장으로 얼마간 버틸 수 있었다. 그러나 이런 가장은 오래가지 못했고, 결국 그는 목회자 가나안 신자가 되었다.

전통적 신앙 고수하기 — 김수환 추기경에 대한 입장: 지역의 교회나 종교 단체 또는 교단 내에서 시대의 흐름에 따른 변화도 가능하다. 시간이 지남에 따라 성공적인 교회나 종교 단체는 주변의 사회적 환경과의 공존을 위해 노력할 것이다. 이런 경우 종교 단체 내에서는 이런 변화의 노력에 반대하는 운동이 나타난다. 종교가 시대의 변화에 반응할 경우 전통적인 믿음을 가진 사람들은 교회의 종교적 전망과는 다른 믿음을 가질 것이다. 이런 상황에서 이단적이고 또는 지배적이지 않은 종교적 믿음과 선호를 가진 사람들이 교단적 충성심의 의미에서 종교 단체에 남을 것이다.[46] 그러나 이에 성공하지 못할 때는 이들은 자발적으로 교회를 떠나거나 퇴출될 수 있다.

D는 서울의 한 교회의 담임목사였다. 그 교회는 역사가 꽤 긴 교회였고, D가 갔을 때는 약 100명 정도가 출석하고 있었다. 교회는 장로가 개척한 교회로서, 개척 당시부터 함께 있던 전임 목사는 오랜 기간 장로들과 분쟁이 있었다. D는 이 교회에서 처음으로 담임목사가 되었다. 설레는 마음으로 시작한 교회 사역은 얼마 후 곧 실망으로 바뀌었다. 교회에 있던 사람들은 오랜 기간 함께 교회 생활을 한 사람들이었고, 그만큼 서로를 잘 알고 있었다. 그곳에는 그들만의 유대가 있었다. 여기에 새로 부

임한 D는 외부 사람으로 취급되고, 그들 내부로 쉽게 받아들여지지 않았다. 교회와 교인들은 쉽게 변하지 않는 것 같았다. 장로들과 갈등이 시작되었고, D는 마음고생이 심했다. 그가 생각하는 목회와 현실은 달랐다. 현실의 어려움을 선배들로부터 들었고, 많은 책을 읽으면서 알고 있었지만, 그가 접한 현실은 훨씬 어려웠다. 성경적인 것이라고 해도 받아들여지지 않았을 뿐 아니라 상식적이고 객관적으로 옳은 일들도 반대했다. 교회는 나름대로 규칙이 있었고, 정서가 있었다. 그것은 장로가 그 교회를 세울 때부터 있었던 것이고, 지금까지도 바꿀 수 없는 불문율 같은 것이었다. D가 그것을 신앙적이지 않다는 이유로 바꿀 수는 없었다. 교인들은 이미 오래전부터 함께 있어 온 사람들이어서 D의 말보다 그들 내부인의 말이 더 영향력이 있었다.

D는 아무것도 할 수 없었다. 그는 자신의 목회에 회의가 들었지만 어쩔 수 없이 있어야 했다. 담임목사 자리는 정말 희박했고, 그나마 대부분 내부 인사로 채워져서 공개 모집은 형식적인 경우가 많았다. 현재 담임을 하고 있는 상황에서 다른 곳을 알아본다는 것도 불가능했다. 교회에서 이를 알 경우 바로 해임당할 수 있기 때문이다. 그러다 결국 일이 터졌다. 김수환 추기경이 선종한 후 주일 오전 예배 때 D가 설교 서두에 김수환 추기경의 선종을 이야기한 것이다. D는 김수환 추기경이 훌륭하신 분이고, 그런 분이 선종하셨다는 것이 안타깝다는 식으로 설교했다. 그것은 설교 서두에 인사의 의미로 잠깐 언급한 것뿐이었다.

설교가 끝나고 사무실로 왔는데 곧이어 장로님들이 모두 들어오시더군요. 그리고 사무실 문을 잠갔습니다. '아, 끝났구나'라는 생각이 들었습니다. 그리고 저의 해명을 요구했습니다. "우리는 그렇게 안 배웠다", "우리는 전임 목사로부터 가톨릭이 이단이라고 배웠다", "당신의 입장은 무엇인가. 지금 말해 달라", "우리 교회는 그런 교회가 아니다", …. 아무 말도 할 수 없었습니다. 무슨 말을 해도 받아들일 것 같지 않았습니다. 그런 상황에서 제가 무슨 말을 하겠습니까?

결국 D는 교회로부터 나가달라는 요구를 받고 떠나야 했다. D는 그때의 트라우마(trauma)로 지금도 목회를 하지 못하고 있다. 그는 목회자 가나안 신자가 되었다. D가 담임했던 교회는 전통적 신앙을 고수하는 교회였다. 전통적 신앙이라고 해도 사실은 그들만의 유대로 인한 규칙과 그들만의 신앙이 지배하는 교회였다. D는 곧 그것을 알아차렸지만, 자신의 위치와 상황들로 인해 무기력하게 있을 수밖에 없었다. 그러나 자신의 신앙적 갈등을 숨기는 것은 쉽지 않았다. 그것은 어떤 면으로든 표출되기 때문이다. 이렇듯 전통적 신앙을 고수하는 곳일수록 그 안에 있는 사람의 '수동적 내적 가장'은 더 커진다. 이것이 한계에 도달할 경우 사람들은 교회를 떠나게 된다.

III. 교회의 전략: 세속화되기

교회를 떠나는 사람들은 탈구조주의적 시대에 더 많아질 것이다. 이는 교회가 기존의 권위를 잃어버렸다는 것과 새로운 시대의 흐름에 적절하게 반응하지 못했다는 것에 기인한다. 앞에서 보았듯이 교회를 떠나는 것에는 합리적인 선택 기능이 작용한다. 사람들은 자신의 경제적 이익에 따라 교회를 떠날 것인지와 떠난다면 언제가 될 것인지를 평가한다. 그러나 그때까지 이들은 교회 '안'에서 자신의 신앙을 '가장'(假裝)한다. 수동적으로 가장할 경우에 이들은 교회 '안'의 가나안 신자가 된다.

이 절에서는 이런 상황에서 교회가 할 수 있는 방법들을 살펴보려고 한다. 교회는 이들이 떠나지 않도록 여러 가지 방법을 강구한다. 영적인 구원의 기능을 강화하거나 교회가 이들의 요구에 맞추기 위해 적당히 세속화하는 것이다. 그러나 이는 교회 내부의 반발을 일으킬 수 있으며, 이런 상황이 통제되지 못할 경우에 세속화를 거부하고 내부적으로 더욱 고착화되는 새로운 종파의 출현도 나타날 수 있다. 그러나 이런 노력에도 불구하고 교회가 충분히 대처하지 못할 경우 종교적 가장은 계속되고 가나안 신자는 증가할 것이다.

1. 영적 구원의 기능 제공

사람들이 교회를 떠나는 상황이 많아지면 교회는 이를 방지하기 위한 방법을 강구한다. 교회를 탈퇴하는 것을 예방하는 것 중 하나는 개별적 신자들의 신앙적 갈등을 줄이는 것이다. 이를 위해 교회나 종교 단체는 새로운 영적 구원의 기능을 제공하거나 기존의 그것을 강화한다. 종교적 맥락에서 영적 구원의 기능은 종교적 가장으로 인한 불협화음을 경험한 개인에게 보상이나 상환을 할 수 있는 신학적으로 합법화된 수단이다.

예를 들어 중세 가톨릭교회는 연옥(purgatory)의 신학적 의미를 교인들에게 확신시킴으로써 경제적으로 유익을 얻었음을 알 수 있다. 또한 연옥은 당시 혼란스러운 사회에서 가톨릭이 구심점 역할을 놓치지 않기 위해 사용한 신학적 수단이었다. 이를 통해 신자들은 구원의 길을 놓치지 않게 되었고, 이는 가톨릭을 더욱 강력하게 만들었다. 연옥은 그 당시 사회의 변화에 따른 신학적 산물이었다. 르 고프(Jacques Le Goff)는 "그러한 신앙의 탄생이 그것을 낳은 사회의 심층적 변모들과 관련된다는 것은 분명하다"[1]고 했고, "연옥이란 서양 봉건 사회가 그 체제를 갖추어가던 12세기 고유의 산물로서 그 사회의 논리적 체계 및 정신적·영적 요구들의 반영인 것…"[2]이라고 주장했다. 12세기 봉건 체제가 자리를 잡으면서 생기는 여러 가지 정치적이거나 또는 신앙적 혼란들을 잠재우기 위해 가톨릭은 '연옥'을 제시했다. 이는 종말론적 세계관에 대한 기대를 뒤로 하고 현실적 삶을 긍정하는 것이었다. 현실적 삶을 사는 사람들에게 새로운 구원의 길을 보여줌으로써 현실에 만족하고 안주할 수 있게 해주는 역할을 한 것이다.

결국 외적 가장에 대한 신앙적 불협화음을 완화하기 위해 영적 구원의 기능을 사용하는 교회나 종교 단체는 탈퇴의 비율이 낮아질 것이다.[3] 따라서 신학적으로 설득력 있는 메커니즘(mechanism)을 창조할 수 있는 교회나 종교 단체들은 외적 가장자들의 재정적 공헌이나 자발적인 참여를 통해 교회와 개인의 불협화음을 감소시킬 수 있다. 이에 대한 또 다른 예는 가톨릭에서 고해성사를 통해 죄를 사해주는 것과 개신교에서 통성기도를 통해 개인적 참회를 하는 것이다. 또는 오순절 계통의 교회에서 자신의 비밀스러운 죄를 전체적으로 고백하고, 그들의 규범에 따르겠다고 서약하는 경우도 있다. 이런 운동은 한국에서 1980~2000년대 '빈야드 운동'이 활발하게 도입되면서 '부흥'(survival)이라는 이름으로 각 교회에서 크게 유행하였다. 이 운동은 각 개인의 심령을 회개함으로써 새롭게 되어 다시 영적으로 일어선다는 목적을 가지고 있었다. 이러한 예들은 교회나 종교 단체와 개인의 불협화음을 경감시키며, 그들의 행동을 교정하는 신앙적 약속을 창출한다. 이럴 경우 개개인은 자신의 죄를 용서(恕)받음으로써 신앙적 불일치를 완화하게 되는 것이다. 이런 방식들은 개인의 죄를 사할 수 있는 구원의 방식을 역사적으로 지속하거나 새롭게 창출함으로써 개인으로 하여금 교회를 신뢰하게 만든다. 이렇게 일종의 참여, 헌신 또는 봉사를 통해 긍정적인 수익을 종교 단체에 되돌려 보낼 수 있다. 앞에서 설명한 것처럼 이단이나 결속력이 강한 종교 단체가 "우리만이 구원이 있다"든가 "곧 재림이 가까웠다"라고 하면서 신앙적 약속을 창출함으로 결속력을 강화시키는 것도 좋은 예가 된다.

2. 도덕적 재구성

종교적 가장을 통한 교회와 개인의 신앙적 불일치 감소를 위한 또 다른 전략은 교회의 도덕적 가치를 바꾸는 것이다. 이러한 도덕적 재구성은 교회의 도덕적 가치와 믿음을 상황에 맞게 변경하는 것을 말한다. 이는 전통적인 가치를 고수하는 것에서 벗어나 현대적인 감각에 맞춰서 교회나 종교 단체의 그것을 변경하는 것을 포함한다.

예를 들어 감리교회의 경우 세속화의 원동력으로 성직자들이 교육을 받고 봉급을 받으며 정착하는 것에 초점을 맞춘 연구가 있다. 이런 변화를 가능하게 한 것은 감리교회 교인들의 사회적 지위 향상이다. 미국에서는 1880년대 중반에 이르러 옛 전도 집회장이 중산층의 여름 휴양지로 바뀌었고,4 많은 사람들이 카드놀이, 춤 또는 공연에 참석하거나 경마 레이스와 서커스 등의 활동에 참여했다.5 중산층 감리교회에는 대부분 높은 수준의 종교적 가장이 있었고, 많은 신자들은 종교의 메시지를 믿었음에도 불구하고 종교 단체의 가치와 일치하지 않는 방식으로 행동했다. 성직자들은 세속화에 대한 열린 자세와 의견을 가지고 있었지만, 신자들 간에 세속화에 대한 요구가 충분히 이루어지지 않았기 때문에 위에서부터 이것을 요구할 수는 없었다. 이를 위해 감리교 성직자들은 서서히 신앙의 긴장을 변화시킴으로써 도덕적으로 부담이 있는 신자들을 벗어나게 했다. 이것은 교회나 종교 단체의 신앙적 불일치를 감소시키는 방법 중 하나이다. 즉, 교회나 종교 단체의 환경 설정을 충족시키기 위해 요구 사항을 완화하는 것이다. 쉽게 말해 교회가 세속화된 세상에서 신앙적으로 갈등하는 신자들을 슬며시 눈감아 주는 것이다.

한국교회에서 '주일성수'(主日聖守)는 교권을 지킬 수 있는 마지막 보루로 여겨진다. 주일에는 반드시 예배에 참석해야 하며, 그 외 다른 일을 하는 것은 성경의 가르침을 위반하는 것이다. 이에 따라 주일에는 예배 이외의 모든 행동이 규제 대상이었다. 주일에 교회 밖의 일을 해서는 안 되었을 뿐 아니라 무엇을 사 먹는 행위는 물론 어딘가로 놀러 가는 행위는 심각한 불경죄였다. 이것은 하나님을 모욕하는 것이었고, 주일을 성수하는 것이 아니었다. 주일은 교회 안에서만 보내는 것이 안전했다. 심지어 필자의 어린 시절 교회에서는 주일에 장로님들이 팀을 짜서 동네를 순찰하는 경우도 있었다. 그러나 교인들의 생활 수준이 나아지고, 다양한 삶의 방식이 등장하면서 이러한 신앙적 순수함은 설 자리를 잃어버렸다. 여가 시간의 증가와 삶의 다양성이 전통적인 교회의 규칙에 금이 가게 한 것이다. 주일에 여가 시간을 갖거나 예배 후 다른 곳으로 여행을 가는 사람들 또는 가족과 함께 외식을 하는 사람들은 신앙과 현실 가운데서 많은 갈등을 가졌다. 다른 신자들의 눈을 피해야 했고, 적발될 경우 신앙적인 권고의 대상이 되었다. 이런 교회의 규칙은 많은 사람을 떠나게 하는 요인이 되었다. 결국 교회는 할 수 없이 이런 규칙을 완화할 수밖에 없었다.

환경적인 변화도 한 요인이 되었다. 일부 교회에서는 교인의 증가로 인해 교회 내에서 이들의 점심 식사를 수용할 한계가 넘었을 때 교회 주변의 식당에서 해결하는 방식이 제시되었다.6 교회는 이것을 허용할 뿐 아니라 장려하기까지 했다. 이런 환경의 변화로 인한 완화가 조금씩 진행되어서 이제는 주일예배 후에 어디로 놀러 간다거나 무엇을 사 먹는다는 것이 일부 보수적인 교회 외에는 전혀 문제가 되지 않는다. 세속화로 인한 사회의 변화와 교회 내적인 환경적 요인으로 인해 그동안 고수하던 규칙이 완화된 것이다. 만약 그렇지 않다면 교인들은 신앙적 불일치로 인해 상당한 긴장감에서 벗어나지 못할 것이다. 만일 그런 상황이 된다면 신자들은 교회를 떠나거나 이런 규제가 좀 더 완화된 다른 교회로 옮기는 계기가 될 것이다. 따라서 오늘날 교회는 환경적인 것뿐 아니라 신학적인 것까지도 규칙을 완화시키는 추세가 되고 있다. 교회가 시대의 변화에 맞추기 위해 세속화를 수용하는 것이다. 결국 시간이 지남에 따라 외적 가장의 정도가 높은 교회나 종교 단체는 집단과 개인 간의 불일치 수준을 줄이기 위해 점점 더 세속화할 것이다.7 그리고 이런 시대의 흐름에 역행하는 교회에는 가나안 신자가 많이 생길 것이다.

3. 위험한 세속화

그러나 이러한 세속화는 다른 교회나 종교 단체와의 경쟁에서 해가 될 수 있다. 신앙적 선명도를 주장하는 경쟁에서는 전통적 교리를 지키는 것이 유리하기 때문이다. 또한 이러한 완화가 기존 교회나 종교 단체의 정체성이 와해된다고 생각하는 사람들에 의해 종파적 운동을 일으키게 할 수도 있다. 이러한 경쟁 종교 단체들의 알력은 권력 집단 간의 투쟁이기도 하다. 스미스(Christian Smith)에 의하면 "세속화는 사회적으로 합법적인 지식의 생산을 통제하는 기관에 대한 지배권을 획득하기 위해 동원된 이해관계와 이데올로기가 상충되는 집단 간의 권력 투쟁"8이다. 따라서 이러한 경쟁에서 세속화가 급작스럽거나 일정한 한계를 지키지 못할 경우 교회 내부에서는 권력 투쟁이 심화되며, 이로 인해 교단이나 또는 교파가 파탄으로 끝날 위험도 있다. 또는 이단으로 몰려 다른 교단으로부터 성토를 당할 수도 있다. 결국 종교적 가장과 그것이 만드는 신앙적 불일치가 교회와 신자의 세속화를 촉진하는 역할로 기능할 수 있지만, 이것에 반응하는 종교 단체에서는 속도 조절이 필요하다. 그리고 이는 교회 안팎을 설득하는 과정이 중요할 것이다.

종교적 외적 가장은 교회나 종교 단체의 엄격함에 따라 다양하게 나타나는 개별적 합리적 행위이다. 교회는 이들이 교회에 더 많이 의존할 수 있도록 함으로써 신앙적 불일치를 감소시킨다. 외부 강사의 신앙 강연이나 간증 집회를 통해 의존성을 증가시키고, 소그룹이나 구역예배 등을 통해 행동에 대한 통제를 증가시킴으로써 집단적 연대를 높인다. 또한 영적 구원의 방식을 완화하고, 다양한 길을 제시해서 안심시킬 수 있다. 교회의 규칙을 완화해서 신자들의 갈등을 감소시킬 수도 있다. 그런데도 교회를 떠나는 이들이 많다는 것은 이런 시도들이 현 시대적 상황과 여전히 맞지 않다거나 그 내용의 양(量)과 질(質)이 약하거나 아니면 이미 때가 늦었다는 반증이 될 수 있다.

가나안 신자는 교회 안에 있는 동안 외적으로 가장한다. 이들은 교회가 요구하는 것을 그대로 수용하지 않는다. 한 예로 이들을 대상으로 한 조사에서 이전에 다니던 교회의 상태가 어떠했는가에 대한 질문에 30%가 "교회에서 헌금 강요"라고 했다. 16.2%는 "교회당 건축 문제"가 있다고 응답했다.9 이것은 이들이 교회를 떠나게 된 중요한 원인들이 되었고, 교회 안에서 이런 요구들에 부응하지 않았다는 증거이다. 이들은 교회에서 여러 명목으로 헌금을 요구할 때 참여하지 않았을 가능성이 높다. 마찬가지로 교회당 건축도 헌금과 연결되는 문제이다. 응답자의 46.2%가 헌금과 교회당 건축 문제를 거론한 것은 이들이 이런 문제들에 동의하지 않았다는 것을 말한다. 그들은 교회 안에 있을 때 교회의 요구에 대한 선별적 반응으로 외적 가장을 한다.

4. 신앙적 가장이 계속되는 이유

가나안 신자는 기독교 신앙을 가지고 있으면서도 교회나 종교 단체 내에서 신앙적 불일치를 경험한다. 이들은 신앙적 가치관을 가지고 있지만, 교회나 종교 단체가 가르치는 것에 동의하지 않는 경우가 많다. 교회나 종교 단체가 일정한 행동을 요구할 때도 그대로 따르지 않는다. 교회나 종교 단체가 제공하는 여러 가지 프로그램도 이들을 만족시킬 수 없는 경우가 대부분이다. 교회적으로 세속화의 진행도 충분하지 않다. 교회의 노력이 이들의 탈퇴를 막기 어려운 이유는 다음과 같다.

첫째, 이들의 신앙관은 기존의 전통적이고 규범적인 것을 넘어서기 때문이다. 교회나 종교 단체가 규칙을 완화시킨다 해도 이들이 요구하는 것을 만족시킬 정도의 수준은 아니다. 기존의 교회가 이들을 만족시키려면 교회의 정체성을 잃을 수도 있다. 전통적 교회가 이를 허용한다는 것은 교회가 분해되거나 파탄될 수 있다는 것을 각오하지 않는 한 불가능한 일이 되는 경우도 있다.

둘째, 이들의 요구는 신학적 변화를 포함한다. 이들은 성경의 내용을 그대로 믿지 않는다. 성경의 내러티브는 설화와 비유의 이야기이다. 그러나 각 교단별 신학적 정체성이 있는 상황에서 교단에 속한 교회들이 이를 벗어나는 해석을 할 수는 없다. 가나안 신자는 그 안의 함축적인 의미가 현재 자신들의 삶이나 사회의 사건들에서 어떻게 적용되는지를 묻는다. 따라서 성경의 내용을 그대로 답습하거나 이를 넘어서는 해석이 가능하지 않을 때 교회는 어떤 노력을 해도 이들의 떠남을 막을 수 없다. 개인의 믿음과 행동이 불일치될 때 적절한 해결책 중 하나는 현재의 교회나 종교 단체를 탈퇴해서 자신의 취향에 가장 잘 맞는 종교 단체를 찾는 것이다. 그러나 이것이 항상 옳은 방향이 될 수는 없다. 개인이 거주하는 종교 경제에 따라 종교 시장 규제나 황폐화로 인해 더 나은 대안이 없을 수 있다.[10] 실제로 일부 연구에서 가나안 신자 중 약 67.2%가 다시 교회에 나가고 싶다[11]고 했지만, 교회를 떠난 후 다른 신앙 모임에 참석하고 있다는 응답은 8.2%에 그쳤다.[12] 이들은 교회에 불만을 가지고 떠나지만, 그들의 신앙에 맞는 다른 교회를 찾는다는 것이 실제로 어려운 것이다.

셋째, 선호하는 종교 단체로 전환하는 것이 불가능한 상황에서 같은 견해를 가진 다른 사람들이 충분할 경우 종교적 저항이 가능할 수 있다. 교회 내에서 이들의 수가 많다면 공동의회나 제직회의 같은 공식적인 교회 내 모임을 통해 자신들의 의견을 반영할 수 있다. 역사적으로 억압적인 정치-종교적 정권하에서는 종교적 기반의 정치적 반란이 일어나는 예가 있었다. 이라크나 현재 시리아 등에서 벌어지고 있는 수니파와 시아파 사이의 전쟁이 좋은 예이다. 그들은 자신들의 역량이 부족할 경우 외부의 힘을 빌려서라도 현 종교적 정권을 전복하려 한다.

덜 억압적인 상황이라면 종파와 교회 사이의 역사에서 부활 운동으로 묘사된 의도적인 운동이나 종파적 종교 운동으로 나타날 수도 있다. 예를 들어 감리교가 세속화를 받아들였을 때 이를 선호하지 않는 사람들은 19세기 후반과 20세기 초반에 성결 운동의 일환으로 오순절교회 운동의 출현을 가져왔다.[13] 실제로 높은 수준의 불일치가 존재할 때, 즉 종교 단체에 남아 있는 비용이 떠나는 비용을 상회할 때 이단적인 믿음을 가진 개인은 적절한 사회적 조건 하에서 종교적 저항에 참여할 것이다. 현재 한국의 상황과 같이 개신교의 지지도가 떨어지고, 사회적 변화에 적응하지 못한다고 여겨질 때 이를 탈퇴한 사람들은 종교적 저항의 한 부분이 되기도 한다. 이들이 세력화되고, 어느 정도 결집력이 생기면 종파적 운동을 일으킬 가능성도 있다. 이는 기존의 교회를 변화시키는 압력이 되거나 자체적으로 다른 종파 운동을 형성할 수 있다.

이상에서 논의한 바와 같이 가나안 신자가 교회를 떠나는 과정은 복잡하다. 이들은 순간적인 감정으로 교회를 떠나지 않는다. 이들은 기독교적 정체성을 가지고 있는 종교인들인데, 그런 정체성은 몇 번 교회에 출석했다고 만들어지지 않는다. 이들은 대부분 오랜 기간 동안 교회에 출석했으며, 여러 봉사를 했던 사람들이다. 그러므로 이들이 교회를 떠나는 것은 그만큼 오랜 시간과 고민을 필요로 한다.[14] 이 기간 동안 이들은 '외적 가장'이나 '내적 가장'의 단계를 거친다. 그리고 이런 과정에서 합리적 판단에 의한 선택 이론이 기능한다. 따라서 이런 논의는 가나안 신자들이 교회에 있는 동안 어떤 상황에 있는지, 이런 상황에서 어떻게 움직이는지, 그 동기는 무엇인지를 알게 해준다. 또한 교회는 가나안 신자가 증가하는 것을 예방하기 위해 어떤 움직임을 하는지도 알 수 있다.

4장

S모임의 구성과 의례 분석

'가나안 신자'가 되는 배경은 다양하다. 일반적으로 이들은 교회의 설교나 신학 때문에 떠나거나 교회의 부조리, 개인적인 적응의 문제로 떠나기도 한다. 그러나 예상외로 교회의 본질적 사명인 '목회적 돌봄'의 부족을 지적하는 경우도 있다. 이런 배경은 아래에서 자세히 소개하겠지만, 주로 설교나 신학이 진보적이라고 알려진 '기장'(한국기독교장로회)에서 많이 발생하였다. 일반적으로 알려진 것처럼 교회의 신학적인 부분이 시대의 흐름에 역행하는 것들이나 개인의 영성을 채워주지 못하는 협소한 신앙의 반복 강조 등과 같은 것이 아니라 개인적으로 돌봄을 받지 못한다는 불만이 큰 것이다. 이런 현상은 교회의 균형적인 변화를 요구하는 것으로서 시사하는 의미가 크다.

그동안 한국의 '가나안 신자'는 주로 교회의 신학적인 부문과 불의(不義)한 사항에 초점을 맞춰왔다. 전자는 시대의 흐름에 적응하지 못하고, 여전히 전통적인 신학만 고수하는 것에 대한 반발의 요소이다. 이는 신학이나 이를 수행하는 의례가 시대의 변화에 따라 또는 시대를 선도하며 변화를 수용하지 못한 데서 온 것이다. 교회의 불의라는 사항은 주로 목회 세습이나 재정적인 부문에서 발생한다. 교회가 사사화되면서 소유의 의식이 강해졌고, 이는 곧 개인의 재산적 가치로 평가되었다. 이를 자녀에게 물려주는 것은 재산의 상속이며, 그것은 정당한 행위로 포장된다. 이런 가치관은 교회의 재정을 개인적으로 착복한다거나 교세 확장을 위한 부동산의 신축, 매입 등으로 나타난다. 이는 모두 투자의 개념으로 진행되며 교회가 자본주의화되었다는 사실을 증명하는 예로 거론된다. 이

런 점들이 오늘날 한국의 가나안 신자들이 교회를 떠나는 가장 큰 이유
가 되며, 비판의 대상이기도 하다.

그러나 신학과 불의의 문제에 예민하게 반응하고 있는 교단에서도
가나안 신자는 발생한다. '기장'은 한국의 개신교 교단 중에서 가장 진보
적인 교단으로 알려져 있다. '기장'이 기존의 교단에서 갈라진 이유가 '축
자영감설'을 거부하고 '성서비평학'을 받아들인 것이라는 사실에서 이들
의 진보적 태도를 알 수 있다. 이들은 사회참여를 강조하며, 민주화 운동
에 적극적이다. 이런 점들은 그동안 한국 개신교 교단이 하지 못했던 일
이며, 그래서 보수적이라고 비판받아온 사항들이다. 오늘날 가나안 신자
들은 대부분 바로 그러한 문제점들을 지적하고 있는 것이다. 그러나 진
보적인 교단에서 가나안 신자들이 가장 많이 발생했다는 것은 아주 중요
한 시사점을 제공한다. 이는 곧 교회의 본질과 역할에 관한 것인데, 이
시대에는 이 둘의 균형이 무엇보다 중요하다.

또 다른 배경으로 꼽히는 것은 가나안 신자들이 파라 처치(para-church)
출신들이라는 것이다. 이들은 대학 캠퍼스의 선교 단체에서 활동하며 교
육을 받은 젊은이들이다. 이들은 교회에 등록하고 출석하지만, 실질적인
신학 교육과 실천은 자신들이 속한 캠퍼스 신앙 동아리를 통해 이루어진
다. 따라서 교회 출석은 부모의 영향 때문일 경우가 많고, 친구와의 관계
때문에 유지하고 있는 경우도 있다. 이들은 교회의 신학이나 신앙에 동
의하지 않으며, 오히려 교회의 그것을 바꿀 수 있다고 생각하는 경향이
크다. 그리고 그것이 교회에 출석하는 여러 가지 이유 중 하나가 된다.

"의례에 관한 것도 그중 하나이다"[1]라는 말은 의례의 의미를 잘 요약
한 문장이다. 어떤 의례든 그것은 그 목적을 위한 의미를 부여한 것이며,
그 의례를 행하는 관심을 표시한 것이다. 따라서 의례는 그 의미와 목적
이 부여되며, 이것에 참여하는 자는 그것에 부합되는 존재가 된다. 따라
서 "그 공간에서는… 그 무엇도 우연적이지 않으며… 모든 것이 주의를

필요로 한다."2 이는 의례가 단순히 순서나 절차가 아니라는 것을 말한다. 의례는 분명한 목적으로 가지고 자신들의 의도를 표현하는 수단인 것이다. 여기서 의례는 '그들'을 알 수 있는 가장 효과적인 수단이 된다. 앞으로 보겠지만 S모임의 의례는 기존 교회의 그것과 다르지 않다. 그러나 그 의례의 내용은 전혀 다르며 차별성을 가진다. 이들은 신앙인의 사회적 참여와 신앙의 공공성을 제시하며, 의례는 오직 이 목적을 위해서 진행된다. 여기서 신앙은 초월성을 잃어버리고 현실성만을 담보한다. 이들은 '축복', '은혜', '구원' 등과 같은 초월적 문구는 전혀 사용하지 않았다. 그 대신 '사회', '정의', '참여' 등과 같은 사회적 문구들이 많았다. 기도의 제목도 사회적 이슈에 관한 것으로 한정된다. 여기서 기도는 초월적인 힘의 개입이 아니라 자신들의 목적이 이루어지기 위한 바람의 성향이 강하다. 이들은 다방에서 모이며, 이런 장소의 의미는 순간적이며 일시적이라는 정체성을 잘 보여준다. 그리고 이것은 가나안 신자와 그 모임의 정체성을 유지시키는 기제(機制)로 작용한다.

아래에서는 먼저 가장 진보적이고 자유로운 '한국기독교장로회'에서 가나안 신자 비율이 가장 많게 나타나는 이유를 설명할 것이다. 다음에는 S모임이 시작된 배경과 모임의 구성에 관해 설명한다. 여기서 모임의 장소와 설교 구성의 의미를 분석했다. 이 장은 마지막으로 이 모임의 의례를 분석함으로써 이 모임의 특성과 지향점을 잘 드러낼 것이다.

I. 진보 교단의 역설

오늘날 한국 가나안 신자는 대부분 보수 교단으로부터 발생한다고 알려져 있다. 그러나 실제로는 가장 진보적인 교단인 '한국기독교장로회'에서 제일 많은 것으로 조사되었다. 서두에서 언급한 것처럼 이들이 교회를 떠나는 이유는 신학과 설교가 아니라 교회의 본질적 사명인 '목회적 돌봄'이 부족하기 때문이다. 이는 기존 전통적 교회에 대한 불만으로 교회를 떠나는 가나안 신자들과 달리 오히려 전통적 교회의 그것을 요구한다는 점에서 역설적이라고 할 수 있다.

이 절에서는 S모임의 대표와의 만남을 다룬다. 그는 현실의 가나안 신자에 대해서 정확한 이해를 하고 있었다. 이 모임을 기획하고 시작했으며, 책을 통해 이런 상황에 대한 실천적 경험을 출판하고 있다는 점에서 그가 인식한 가나안 신자의 상황은 연구에 도움이 된다.

1. α대표와의 만남

가나안 신자의 모임을 찾는 것은 어려웠다. 기존의 연구도 부족할 뿐 아니라 각종 세미나나 저서에서도 이런 모임에 대한 정보를 다루는 경우가 거의 없었기 때문이다. 기존의 모임들은 쉽게 없어졌거나 연락이 되지 않았다. 필자는 S모임을 대상으로 정하고 먼저 이 모임을 이끌고 있는 α대표에게 이 모임에 대한 연구 의사를 전하고 협조를 구했다. S모임을 연구 대상으로 정한 것은 이 모임이 '가나안 신자'들이 모이는 모임으로서 정체성을 가장 많이 가지고 있기 때문이었다. 다른 '가나안 성도' 모임이나 교회는 앞서 언급한 것처럼 가나안 신자들의 정체성과 그들 모임의 정체성이 명확하지 않은 경우가 많았다. 그러나 이 모임은 후술하겠지만 '가나안 신자'의 정체성과 그들 모임의 정체성을 모두 유지하고 있는 모임이라고 판단했다. 이 둘은 서로의 정체성을 확립해주는 보완 관계이다.

α대표로부터 자신의 사무실에서 만나자는 대답이 왔다. 사실 협조를 구하면서도 상당히 조심스러웠다. 어떤 모임에 외부인이 연구의 목적으로 들어간다는 것은 자신이나 그 모임에도 쉽지 않은 일이기 때문이다. 특히 그 모임을 책임지고 있는 인도자는 모든 책임을 감수해야 하기 때문에 쉽게 받아들일 상황도 아니다. 그런데도 α대표가 이런 요청을 받아들인 것은 먼저 자신이 오래전부터 같은 문제를 연구하고 있었고 또 이들을 인도하는 모임을 통해 실천하고 있었기 때문이었을 것이다.

α대표는 이미 이런 연구를 책으로 출판할 만큼 가나안 신자들에 대한 관심을 가지고 연구를 해 오고 있을 뿐 아니라 현장에서 실천하고 있는 인물이었다. 자신의 연구와 비슷한 주제에 대한 협조 요청은 그 주제가 오늘날 한국의 종교적 상황에서 얼마나 필요한가에 대한 공감대를 형성했을 것이고, 충분히 도움을 줄 수 있겠다는 선의가 작용했고 또 될 수 있으면 도와야 한다는 개인적 성품이 결과로 나타난 것일 수도 있을 것이다. 필자가 이렇게 진행 과정을 설명하는 것은 모임을 이끌고 있는 α대표로서도 외부인이 그 모임에 그들과 동일한 입장에서 참석하는 것이 아니라 연구자로서 참여한다는 것을 허용하는 것이 쉽지 않은 일이었을 것이기 때문이다. 첫 모임에 참석해서 필자가 자신을 소개하면서 연구를 위해 왔다고 하자 여기저기서 "또?", "우리가 연구 대상인가?"라는 탄식조의 말이 들렸다.

α대표에 의하면 이런 목적으로 찾아오는 사람들이 많다고 한다. 그들은 연구를 위해 왔다가 목적을 달성하면 떠나는 것이다. 이것은 필자도 마찬가지였고, 그들도 그렇게 생각하는 듯했다. 그런 일이 있을 때마다 그 모임에 참석하는 사람들은 자신들이 실험 대상이 된 것 같은 기분을 가지는 것도 당연했을 것이다. 그런 까닭에 필자로 인해 모임에 해가 되는 상황이 벌어질까 봐 염려했고, 이런 상황을 잘 알고 있는 α대표가 연

구를 허락한 것은 역시 위험을 감수하는 것이 아닐 수 없었다. 따라서 연구자는 몇 가지를 α대표에게 제안했다. 먼저 개별적으로 면접할 경우 사전에 α대표에게 알리겠다는 것, 둘째로 S모임에 관한 연구 결과를 글로 발표하기 전에 보이겠다는 것이다. 이렇게 먼저 제안한 이유는 그 모임에 대해서 가장 잘 알고 있는 대표에게 먼저 협의하는 것이 외부인의 시선으로 모임을 보면서 잘못된 이해로 인해 생기는 오해를 차단하고, 나아가 더 많은 정보를 얻을 수 있는 장점이 있었기 때문이다.

α대표와의 첫 만남은 그의 사무실에서 이루어졌다. 그동안 전해진 활동을 생각할 때 들어선 사무실은 예상외로 작고 소박했다. 약 1시간 동안 이루어진 인터뷰에서 α대표는 가나안 신자에 대한 자신의 생각을 말해 주었다. 그 안에는 많은 정보가 있었고, 이런 상황을 연구하는 기본적 관점들이 보였다. α대표는 국내에 출간된 책들을 분석하고, 이를 바탕으로 자신의 의견을 말해 주었다. 이 인터뷰를 통해 연구에 대한 방향을 수정하기도 했고, 새로운 주제들을 연구에 포함시킬 수도 있었다.

2. 가나안 신자들의 출신 배경과 이유

1) '기장'도 소용없다

그는 가나안 성도가 교회를 떠나는 상황을 우려하면서도 이런 현상을 부정적으로만 보지 않는다고 했다.[1] 그에 의하면 이들이 교회나 종교 단체를 탈퇴하는 것이 자발적이거나 비자발적인 모든 경우 이 사건은 자기 인식이나 정체성을 파악하는 중요한 계기가 되기도 한다. 종교 단체를 떠남으로 해서 자신을 돌아볼 수 있는 기회가 되고, 이를 통해 자의식이 발견하는 시간이 되는 것이다. 그는 종교 단체를 탈퇴하는 사람들의 배경을 세 가지로 분류하고 있다.

첫째, 자유로운 신앙 배경이다. 앞서 장재영의 연구에 응답한 사람들의 경우 기존 소속된 종교 단체들 중 '기장' 출신들이 제일 많았다고 한다. 이는 의외의 결과인데, 한국에서 교단을 형성하고 있는 개신교 종교 단체 중 기장은 가장 진보적이고 자유로운 신학을 한다고 알려져 있기 때문이다. 이는 표본 조사 때 기장 출신들이 많이 응답함으로써 비율을 높인 경우일 가능성도 있으나 기장에서 목회를 하는 목회자의 견해로는 이런 조사 결과가 맞을 것이라고 응답했다고 한다. 이런 결과는 가나안 신자를 논의하는 데 상당한 논란거리가 될 수 있다. 교회의 부조리를 제외하고 기존의 종교 단체를 탈퇴하는 사람들 중 자발적 탈퇴자들은 대부분 새로운 영성을 찾아가는 경우로 알려져 있다. 이들은 기존 종교 단체가 제공하는 영성(Spirituality)에 만족하지 못하고 자발적으로 탈퇴한다. 기존의 단체가 이들을 만족시키지 못하는 이유는 새로운 영성의 도입을 꺼리거나 기존의 영성만 고집하기 때문이다. 그러나 기장의 경우 신학과 신앙이 상당히 자유로운 교단으로 알려져 있고, 그곳에서는 개인적으로 새로운 영성을 추구할 기회가 전통적인 다른 교단보다 훨씬 자유롭다.

그런데도 왜 그들은 떠나는 것일까? 역설적이게도 개인적인 '목회적 돌봄'이 오히려 약해졌기 때문일 가능성이 있다는 것이다. 신학과 신앙은 자유로운데 정작 개인적으로 목회적 돌봄을 받는 기회는 적어지고, 개인의 자율성이 많은 것이 교회를 떠나는 계기가 된다는 것이다. 개인적 신앙의 기회가 많고, 여러 가지 자유로운 신학적 인도가 있음에도 한 사람, 한 사람을 목회적 관점으로 돌보는 것이 약해졌을 경우 이들은 교회를 떠나 가나안 신자가 된다. 이는 정치적으로 진보적인 견해로 인해 보수적인 교회를 떠나는 사람들과 전혀 다른 원인이다. 새로운 영성을 찾아서 탈퇴하는 것과도 다르다. 이들은 새로운 영성을 찾아 떠나는 것이 아니라 자신의 영성을 개인적으로 돌봐주고 인도해줄 곳을 찾는 것이다. 역설적이게도 이들이 돌봐주기를 원하는 목회적 돌봄은 기존 전통적인 교회 대부분이 가지고 있는 강점이다.

기존 교회의 경우 대부분 일 년에 한두 번씩 소위 '대심방'이라는 것을 통해 목회자가 교인들 각 가정을 심방한다. 또한 '구역예배'로 매주 한 번씩 모이게 된다. 그 외에서 교회 내의 봉사활동 등으로 목회자와 만날 기회가 적지 않다. 아프거나 입원해도 심방이 있다. 또한 집안 구성원의 세례나 결혼, 장례 등 개인적으로 돌봄을 받을 기회가 많다. 대부분의 가나안 신자들은 이런 사항들이 자신들의 자유로운 신앙을 억압하는 수단이나 통제하기 위한 도구로 사용된다는 인식을 가지는 경우가 있다. '목회사회학연구소'에서 발표한 바에 의하면 교회를 떠난 가장 큰 이유가 "자유로운 신앙을 위해서"[2]라고 응답한 것으로 나타났다. 이들은 대부분 교회의 이런 방식이 자신들의 자유로운 신앙을 간섭한다고 생각하고 자유로운 신학과 신앙, 새로운 영성을 찾아서 교회를 떠나는 것이다. 그렇게 일부에서 목회적 돌봄을 거부하고 교회를 떠나는 이유가 다른 곳에서는 그것을 받지 못해 교회를 떠나는 이유가 된다는 것은 역설적이다.

2) 선교 단체 출신들의 자립 신앙과 전통 교인들의 갈등

둘째, 선교 단체 배경이다. 1980~1990년대 새로운 종교 운동이 수입되면서 한국교회는 변혁의 기회를 맞이했다. 빈야드 운동(Vineyard Movement)은 '성령의 웃음소리', '새로운 음악', '개인적 영성'을 추구했는데, 이것들은 이전의 한국교회에는 없었던 것으로, 이런 새로운 종교적 변화가 이 운동을 통해서 차츰 도입되었다. 이로 인해 한국교회에도 CCM[3]이나 예배 때의 다양한 악기 연주, 찬양 집회 등 빈야드 운동과 같은 형태의 예배 운동이 도입되어 적용되었고, 이런 현상은 오늘날 대부분의 교회에서 진행되고 있다. 의례적으로도 개방적인 교회들이 나타났고, '제자 훈련'[4] 등과 같은 개인의 영적 성숙에 초점을 맞춘 목회 활동이 활발히 일어났다. '소그룹 운동' 또한 각 교회의 시스템을 변화시키는 기능을 담당했다. 이에 가장 큰 역할을 한 사람들이 CCC(한국대학생선교회), IVF(한국기독학생회), navigators(한국 네비게이토선교회) 등 대학 캠퍼스를 중심으로 기독교 동아리들과 선교 단체 출신들로서, 이들에 의해 청년층이 크게 부흥했다.

이들이 교회에 소속되면서 각 교회에서도 그와 비슷한 성경 공부 시스템을 도입하거나 이를 모방했다. 교회는 수직적 조직에서 수평적 조직으로 점차 변화하는 시기였다. 그런데도 한국의 전통적인 교회는 가부장적인 목회를 벗어나지 못하고 있었다. 이런 운동이 있음에도 기존의 전통적 예배나 형식, 조직을 변혁시키기에는 동력이 부족했다. 많은 수의 교회들이 변화에 반발하거나 아니면 그런 운동을 도입할 수 있는 환경이 되지 못해서 전통에 머물러야 했다. 이제 시작된 운동은 몇몇 교회에서 성공[5]했을 뿐 대다수 한국교회는 이를 소화하지 못한 것이다. 이런 상황에서 전통 교회를 벗어나는 청년들이 크게 늘었다. 이들은 이미 파라 처치(Para Church)의 시스템에 적응한 사람들이었고, 여기서 훈련을 받은 사람들과 이들로부터 재(再)교육을 받은 교회 청년들이었다. 그 때문에 기존 교회와 선교 단체는 늘 갈등을 빚어왔다. 기존 교회에서 보면 선교 단체는 젊은이들을 빼가는 나쁜 조직이었고, 신학적으로도 교회가 아니었다. 선교 단체에서는 젊은이들을 훈련시켜 이런 시스템을 교회에 적용하려는 노력이 부족했다. 선교 단체는 자기 역량을 키우는 데 더 많은 투자를 한 것이다.

이런 상황에서 교회를 떠나는 것은 선교 단체에서 훈련을 받았거나 소그룹 운동에 참가했던 젊은이들이었다. 이들은 제도권에 속하지 않으면서도 개인의 영성을 추구하는 훈련을 받았고 또 이를 실행할 영적 도구들을 잘 알고 있었다. 제도권에 속한 소속감보다 개인의 영성을 추구하는 것이 더 큰 유익이 된다는 것을 확신했다. 이들은 개인 구원에 관한 교회 의존이 약했으며, 스스로의 구원을 확신할 수 있는 능력이 있었다. 가장 큰 문제는 기존 교회의 서비스에 만족할 수 없는 것이다. 따라서 소그룹을 통해 소속감을 키우고, 성경 공부를 통해 새롭게 신을 만날 수 있는 길을 배웠다. 이들은 기존 교회나 목회자에 의존하지 않고도 혼자서 신앙생활을 영위할 수 있었던 것이다. 이것은 훈련의 결과였다. 이들은 온라인(Online)을 통해 자신의 취향에 따라 설교를 골라서 들을 수 있는 능력이 있다.

이들은 교회를 버린 것일까? 그렇게 보기에는 어렵다. 이들은 신학적으로 보수적이다. 당사자들은 신학적 변화를 인정하지 않는다. 다만 기존 교회가 이들의 영성 추구를 제대로 충족하지 못한 것이다. 이들은 선교 단체에서 그것을 찾았고, 교회를 떠났다.

3) 전통 교회 배경

셋째 배경은 전통 교회이다. 전통적인 교회에서 탈퇴하는 경우 그 이유는 갈등이 대부분이다. 목회자나 다른 신도들과 갈등 때문에 교회를 잠시 떠나는 것이다. 이들은 다른 교회로 가든지 아니면 기존 교회로 복귀할 가능성이 크다.

이상과 같은 α대표의 이러한 진단은 한국의 가나안 신자가 캠퍼스를 중심으로 일어난 대학생들의 선교 동아리에서부터 확산되었다는 것을 알려준다. 이들에게 각 선교 단체는 신선한 운동이며, 같은 또래끼리의 동질감을 형성하는 데도 중요한 역할을 했다. 이곳에서는 어른들의 간섭이 없었으며, 일방적인 신학적 지침을 강요하지 않았다. 이들은 그리스도를 전도하는 것을 목적으로 두며, 성경 공부는 이것을 위한 훈련이었다. 따라서 α대표가 이들을 '보수적'이라고 한 것은 정확한 진단이다. 전통적인 교회 외에는 다른 신앙적 실천을 경험하지 못한 젊은 세대들이 캠퍼스에서 일어난 새로운 운동에 적극적으로 동참했고, 이를 통해 각 선교 단체는 1980년대를 중심으로 크게 부흥했다. 교회는 이들을 걱정스럽게 보았으며, 같은 교회로 인정하지 않았다. 이들은 잠시 일탈한 젊은 교인인 것이다. 그런데도 교회에 계속 출석하는 것은 '소속'의 문제를 제기하게 했다. 이들은 교인인가 아니면 선교 단체 소속인가? 교회에 나오는 것은 선교 단체의 목적을 교회에 전파하려는 것이 아닌가? 이들은 잘못된 곳에 빠져 있는 것은 아닌가? 이런 질문들이 끊임없이 교회에 제기되었지만, 실질적으로 이들은 교회 안에서도 활발히 활동했다. 결국 이들이 '보수적'이라는 것을 교회에서 알아채지 못한 것이다.

이러한 갈등은 젊은이들이 선교 단체에 더욱 몰입하게 하는 배경이 되었고, 교회를 떠나는 계기가 되었다. 이들은 대부분 다시 교회로 돌아가지 않았다. 그러나 이들은 선교 단체에 계속 머물지도 않았다. 대학을 졸업한 것과 동시에 이들이 있었던 선교 단체와의 연결은 자연스럽게 끊어졌다. 선교 단체는 이들이 대학 생활을 하는 동안 교회에서 받지 못했던 신앙 공동체성과 선교에 대한 열정, 같은 또래의 신앙 동질감 등을 제공받는 곳이었고, 대학을 졸업함과 동시에 이런 연결은 자연스럽게 끊어지는 것이다. 이런 배경으로 한국의 가나안 신자는 이들을 통해 처음으로 집단적이고 체계적으로 드러났다고 볼 수 있다.

목회적 돌봄의 부족으로 가나안 신자가 되는 경우가 많다는 것은 역설적 현상이다. 오늘날 일반적으로 가나안 신자가 증가하고 있는 이유는 시대의 변화에 적응하지 못하는 전통적 교회의 신학과 교회의 여러 가지 부조리, 개인의 적응 등이 대체적으로 거론된다. 그러나 진보적인 교단의 경우 이런 것보다 개인적인 '목회적 돌봄'이 적기 때문이라는 것은 기존의 이유들에 대한 재고를 요구한다. 이를 적용하면 가나안 신자의 많은 수를 개인적인 목회적 돌봄으로 줄일 수 있다는 것으로 볼 수 있다. 다시 말하면 신학의 고루함이나 교회의 부조리 등도 진정한 개인적인 목회적 돌봄만 있다면 교회를 떠나지 않을 가능성이 크다는 것이다. 이는 반대로 오늘날 가나안 신자들 중 신학적 요인과 부조리한 요인 때문에 교회를 떠나는 사람들은 소수에 불과하고, 대부분은 교회가 진정한 목회적 돌봄을 하지 못하는 것에 불만을 가진 경우라고 볼 수도 있다. 그러나 교회의 부조리가 곧 진정한 목회적 돌봄이 아닐 수 있기에 같은 맥락이라고 한다면 결론은 의외로 간단하다. 오늘날 가나안 신자는 교회의 시대착오적 신학보다 부조리한 상황 때문에 교회를 떠난다는 것이다. 그러나 이들을 모두 가나안 신자라고 하는 것은 1장과 3장에서 밝힌 바와 같이 여러 가지 문제가 있다. 이 책에서 밝힌 가나안 신자의 정체성을 적용하면 진정한 가나안 신자는 교회의 신학적 문제에 좀 더 많은 문제를 제기하는 사람들이다. 그리고 이들은 의외로 소수일 수 있다.

II. S모임의 시작과 구성

앞에서 '가나안 신자'의 정체성을 규명했다. 이들에 대한 정확한 정체성 규명은 이들이 모이는 모임의 정당성을 확보한다. 이런 의미에서 가나안 신자와 모임은 서로 보완 관계이며, 서로를 유지시켜 준다. S모임은 처음부터 가나안 신자의 특성을 가지고 출발했다.

이 절에서는 가나안 신자들이 모이는 S모임의 시작과 구성의 특성을 다루었다. 어떤 사실을 이해하기 위해서는 그것의 역사적 배경을 보는 것이 중요하다. 마찬가지로 이들을 이해하기 위해서는 이들의 성립과 배경부터 볼 필요가 있다. 이들은 새로운 조직이 아니라 기존 교회에서 타의적으로 분리되었다. 이런 연결성은 이들이 무조건적 비판과 대립보다는 건설적인 대안을 제시할 수 있다는 것과 개신교적인 정체성을 유지하는 것으로 나타난다.

1. 소속 없는 'C 아카데미'가 시작한 '소속 없는 신앙인' 모임

S모임은 신앙과 관계된 여러 강좌와 행사들을 기획하고 시행하는 'C ARMC'[1]의 모임 중 하나이다. 'C ARMC'의 역사는 'C 아카데미'에서 시작된다. 명동에 위치한 H교회는 2005년부터 교육관을 외부에 개방하여 여러 행사와 집회를 할 수 있도록 허용했다. 교회에서는 이에 만족하지 않고, 좀 더 다양한 강좌와 모임을 자체적으로 제작하기로 하고 'C 아카데미'를 시작한다. 정치, 예술, 문화 등 인간과 사회에 관련된 모든 분야를 신학과 인문학 등으로 설명하려는 강좌가 개최되었고, 당시 사회적으로 중요한 이슈가 되는 문제들은 강사들을 초청하여 강연을 여는 등 기독교 신앙과 현 사회의 상호 관련성에 대한 광범위한 접근을 시도했다. 그러나 2012년 H교회가 4개 교회로 분립하면서 'C 아카데미'도 자립적

인 구조를 모색하게 된다. 기존의 건물이 다른 단체로 소유가 이전됨에 따라 임대료를 지불하면 계속 사용할 수 있었지만, 신촌으로 옮기기로 결정한다. 이 모임을 실질적으로 기획하고 인도하던 α대표는 사람들에게 후원을 요청하는 한편 2013년 신촌에서 다방을 빌려 강좌를 계속하면서 첫 S모임을 시작한다. 그리고 여러 강좌와 행사 등을 포함하여 'C ARMC'라고 명명하게 된다. 'C 아카데미'가 가나안 신자가 되어 가나안 신자 모임을 시작한 것이다.

2. 성자는 세속에 있다

'C ARMC'는 가나안 성도 모임을 기획하면서 자신들의 의도와 목적을 밝혔다. 이 모임은 기독교에서 오랫동안 공고하게 견지되어 왔던 이분법적 신앙에 대한 거부로서 '세속 성자'(Secular Saints)의 의미를 도입한다. 이들의 설명에 의하면 기독교 역사에서 '세속적'이라는 말은 곧 불경건하거나 신을 벗어난 의미로 사용되어 왔다. 그러나 "'세상'은 하나님이 선하게 창조하셨고(창 1:1, 31), 여전히 '이처럼 사랑하시는'(요 3:16) 대상이기도 하다. 예수께서는 그의 백성들을 '세상에 있지만, 세상에 속하지 않은, 세상으로 보냄 받은'(요 17:11-18) 존재로 묘사했고, 하나님의 뜻이 '하늘에서 이루어진 것 같이 이 땅에서도 이루어지도록'(마 6:10)[2] 하라고 가르치셨기 때문에 세상은 거부의 대상이 아니다. 따라서 하나님은 세속에서 일하시고 역사하시며, 예수는 이런 하나님의 의도를 깨닫고 일하시다가 십자가에서 죽임을 당하셨다. 즉, 예수가 죽음에 이른 것은 세속에서 하나님의 역사를 실천하시고, 당시 율법의 이분법적 사고와 지배를 거부했기 때문이라는 것이다. 그러므로 예수를 따르는 사람들은 "오늘날 우리 신앙이 마땅히 세속성과 거룩성의 역설적 결합을 통해 드러나야 할 것을 천명"[3]하고, 이런 삶을 가르치며 실천해야 하기 때문에 그것을 위해서 S모임이 시작되었다고 밝히고 있다.

또한 이 모임은 '가나안 성도'[4]들의 모임이기도 하다. S모임은 이들의 출현을 한국 개신교 교회의 실패라고 규정한다. 그러므로 이들이 교회를 떠난 무책임한 이탈자나 나태한 구성원으로 평가받는 것에 반대한다. 이들은 자신의 신앙적 정체성과 필요를 찾아 제도권을 벗어나 영적 순례를 떠난 적극적인 신앙인이다. 그러므로 S모임은 이들이 교회와 기독교 신앙에 대한 문제의식과 기존의 예배를 계승할 대안적 공간을 제공한다고 주장한다. 기존의 전통적 교회나 종교 단체에 머무는 것이 아니라 사회와 삶 속에서 행하는 신앙인을 '세속 성자'로 규정하고, 이들을 위한 대안적 공간을 제공한다는 것이다. 이런 주장은 그동안 한국 보수 교단이 지속적으로 견지해왔던 "교회밖에 구원이 있는가"에 대한 신학적 해명이 아니다. 이는 구원의 문제가 아니라 신앙인의 실천적인 삶이 사회와 타인을 향해야 하고, 이를 실천하는 것이 신앙의 길이라는 것이다. 이들은 자신들을 실패한 한국교회의 대안이라고 분명히 밝히고 있다.

여기서 이들의 정체성을 알려주는 용어는 '대안적 공간'과 '제공'이다. 이들은 자신들을 중심으로 결집을 의도하지 않는다. '가나안 신자'들을 대상으로 정착을 목적으로 삼지 않는다. 이들은 장소를 제공할 뿐이며, 이는 대안적 공간에 불과하다.

또 하나 주목할 부분은 이들이 교회와 기독교 신앙의 문제의식을 가지고 적극적으로 자신만의 신앙을 찾아서 떠난다는 표현이다. 이는 앞서 다루었던 것처럼 오늘날 한국의 가나안 신자들이 모두 이런 목적을 가진 것이 아니며, 다시 말하면 교회의 부조리나 개인적 적응의 문제로 떠난 사람들이 많다는 것을 의미한다. 그리고 이것은 다시 교회로 돌아가고 싶다는 약 70%의 의견으로 반영된다. 이 책에서는 이들을 진정한 의미의 가나안 신자로 분류하지 않으며, S모임이 말하는 이들이 가나안 신자의 정체성을 가진다고 본다.

3. 충분하지 않은 예배: "투쟁의 현장에서", "거리에서"

'C ARMC'는 다양한 강좌와 세미나를 개최하고 있고, 이는 '세속 성자', '가나안 성도' 또는 '질문하는 그리스도인'을 격려하는 목적이 있다고 밝혔다. 그런데도 스스로 "왜 굳이 예배라는 새로운 모임을 만들어야 했을까요?"[5]라고 반문한다. 그러면서 예배의 역할을 ① 그리스도인을 공동체로 통합하며, ② 그리스도인들의 신앙을 형성하고, ③ 그리스도인들의 신앙을 이 세상 속에 구현하는 것으로 정의한다. 또한 "'예배와 그리스도인의 삶'은 '교회와 그리스도인의 삶'"[6]보다 가깝다고 강조하고 있다. 이 문구는 'S모임'의 존재 목적과 추구하는 목표가 잘 요약되어 있다. 예배란 "그리스도인들의 삶 속에 세속성과 거룩성의 역설적 결합"을 하는 것이고, "문제의식을 안고 길을 나선 가나안 성도들의 순례를 격려"하는 것이다. "묻고 답하는 과정을 통해 신앙을 성숙시킬 수 있는 교육과 토론의 장"이다. 결국 'S모임'의 예배란 "투쟁의 현장에서, 거리에서 예배드리며 사회적 책임에 대한 도전과 실천을 감당"[7]하는 것이다.

이들에 의하면 '성자'란 세상에서 사회적 책임을 감당하는 신앙인을 말한다. 교회 밖에서 실천적 신앙을 수행하는 사람이 '성자'인 것이다. 따라서 이들은 세상과 교회의 이분법적 구분을 거부하고, 삶의 현장에서 사회적 책임감을 가지고 살기를 요청한다. 홈페이지에 나타난 문구들은 S모임의 의미와 목적이 무엇인지를 분명하게 보여준다. 이들은 기독교 신앙으로 사회에 나가서 신앙의 공공성을 드러내는 것을 목적으로 하며, 그곳은 '투쟁의 현장'이며, '거리'이기도 하다. 그러나 가장 중요한 것은 '사회적 책임'이라는 말이다. 이 한마디가 이 모임의 정체성을 명확하게 보여준다고 할 수 있다. 이 모임의 홈페이지는 신앙의 공공성에 관한 목적이 자세하고도 설득력 있게 설명되고 있다.

특히 "문제의식을 안고 길을 나선 가나안 성도들의 순례를 격려"한다는 문구는 이들의 모임이 고정적이고 정착적이지 않다는 것을 말해준다. 이들은 교회를 떠난 사람들이 계속 자기 길을 가도록 격려하는 역할에 불과하다.

4. 다방에서 만나는 하나님

S모임은 두 시즌으로 나뉘어서 진행된다. 하나는 3~6월/9~12월로 이 기간 동안에는 성경8을 강해하거나 한 가지 주제를 가지고 12주 동안 연속으로 설교한다. 다른 하나는 7~8월/1~2월 기간으로 이 기간 동안에는 책 한 권을 선정한 후 이를 읽고 토론하는 독서 모임으로 구성된다. 그리고 이런 모든 것들은 온라인을 통해 공유된다. 그동안 진행된 내용은 다음과 같다.

[표 1] S모임의 설교 주제와 책 읽기, 온라인 강좌 내용

	S모임	세속 성자 책 읽기	온라인 강좌
2013	시즌1-다니엘(12주) 시즌2-갈라디아서(7주)	『톰 라이트 읽기』 『성자, 세속에 살다』	S모임 팟캐스트 신학이란 무엇인가
2014	시즌3-누가복음 시즌4-잠언·전도서(12주)	『가나안 신자, 교회 밖 신앙』 『월터 브루그만의 시편사색』	S모임 팟캐스트 신학이란 무엇인가
2015	시즌5-요한복음 시즌6-요한복음(총 21주)	『제국과 천국』	S모임 팟캐스트 신학이란 무엇인가
2016	시즌7-히브리서(13주) 시즌8-신앙생활에 마주하는 12가지 질문(12주)	『그리스도인이 된다는 것』 『다시 그리스도인 되기』	S모임 팟캐스트 신학이란 무엇인가
2017	시즌9-아모스(12주) 시즌10-12가지 질문(12주)	『하나님 나라를 욕망하라』 『나를 넘어서는 성경 읽기』	S모임 팟캐스트 신학이란 무엇인가

S모임 시간은 수요일 오후 7시 30분이다. 7시 전후로 2~3명의 스텝들이 와서 준비를 한다. 준비는 간소하다. 다방 입구에 "세속 성자 모임"

이라고 쓰여 있는 1m 정도의 세로로 된 플래카드를 세운다. 입구에서
나눠주는 순서지는 2장으로 되어 있는데 하나는 예배 순서지이고, 다른
하나는 찬양곡이 실려 있다. 예배 순서지에는 그날 주제와 관련된 성구
들과 이를 요약한 세 가지 정도의 소제목들이 있고, 8개의 예배 순서들이
수록되어 있다. S모임의 예배 순서는 기존 교회의 전통적 양식과 크게
다르지 않다. 교회의 예전 순서는 신학적 산물이 아닌 개교회의 형식이
라고 할 수 있다. 그렇다 할지라도 교단마다 공통된 규칙이 있는 것이
사실이다. 이런 예전들은 명칭이 다르거나 순서가 다를 뿐 거의 동일한
형태로 진행된다. 따라서 예전은 암묵적 규칙이라고 할 수 있다. S모임
의 경우 교회 밖 대안 운동으로 모이지만 개신교인이라는 정체성을 유지
하고 있고, 예전 순서도 기존 교회의 형식과 유사한 형태를 유지하고 있
다. S모임의 예배 순서는 ① 예배로의 부름, ② 침묵과 성찰, ③ 평화의
인사, ④ 찬양, ⑤ 말씀 나눔, ⑥ 묵상과 새김, ⑦ 세속 성자의 기도, ⑧ 광고
로 이루어진다. 모임을 이끌고 있는 α대표는 S모임의 예식을 굳이 정의
하자면 성공회 양식과 비슷하다고 했다.

1) 장소에서 공간으로

S모임은 마포구 신천로에 위치한 P다방에서 모인다. 이곳은 '김대중
도서관'이 있는 골목 맞은편이다. 이 다방의 명칭으로 인해 다방이 전직
대통령인 고(故) 김대중 대통령 재단과 연관이 있는 것처럼 보이지만, 서
로 관련이 없다. 다방이라고 해도 예전에 '마담'들이 등장하는 장소와는
다르다. 한쪽 벽면에 여러 종류의 책들이 진열되어 있는 20여 명 정도의
좌석을 갖춘 카페이다. 음악은 클래식을 틀어서 독서할 수 있는 분위기
와 환경을 조성한다. 길에서 보면 전면이 유리로 되어 있어서 모임을 하
는 광경을 밖에서도 모두 볼 수 있다. 이 모임의 성격대로 공간의 형태도

완전한 개방성을 가진다.

기존의 전통적 교회는 용도별로 모든 시설을 나누고, 이를 이용하는 사람들을 제한해서 태생적으로 폐쇄적 구조를 가진다. 예수가 지닌 무한적 개방성과는 전혀 다른 구조를 갖춘 것이다. 예수는 그 당시 죄인으로 취급받던 병든 자들, 가난한 자들, 과부와 고아들뿐 아니라 이방인들까지 그 누구에게도 차별과 한계를 적용시키지 않았다. 누구든 와서 그와 함께 식사를 했고, 쉽게 떠나갈 수 있었다. 예수야말로 탈(脫)구조적이고 탈(脫)형식적인 포스트모더니즘(Postmodernism)적 인물이었다. 그런데도 전통적 교회의 계층적 구조와 건축 양식은 예수가 그렇게 반대했던 유대교의 구조를 닮았다. 유대인에게 하나님이 자신들만 선택했다는 '선민사상'(Ethnocentrism)은 민족성의 근간이다. 여기에는 이방인을 철저하게 배제하고 하나님을 전유(專有)하는 폐쇄성이 드러난다. 이런 하나님에 대한 전유를 모든 인간에게 개방시킨 것이 '복음'(Good News)이다. 예수는 "수고하고 무거운 짐진 자들아, 다 내게로 오라"[9]고 했다. 그는 이런 개방적 태도 때문에 유대인들에게 미움을 받았고, 죽임을 당했다. P다방은 전면이 유리로 되어 있어서 그 안에서 진행되는 모임을 누구나 볼 수 있다. 또한 들어오고 나가는 데 제한이 없다. 건물의 형태뿐 아니라 모임의 성격까지 개방적 구조를 가진다. 이는 또한 우드노우가 '공공'의 조건으로 말한 개방성에 적합하다.[10]

2) 주변 신앙으로서의 공간

'장소'(place)는 적절한 규칙이 있는 곳으로 필연적으로 폐쇄적일 수밖에 없다. 그러나 '공간'(space)은 다양한 요소들이 교차하며, 이런 요소들이 만들어 낸 결과로 이루어진다. 따라서 공간은 "방향과 속도를 갖는다." 이로 인해 공간은 '실천된 장소'가 된다.[11] 공간은 문화와 의사소통의 장으로서 역할에 그치는 것이 아니라 문화를 창출하고, 이를 통해 의사소통의 방향을 지정할 수 있다. 이에 따라 주어진 공간에 문화가 들어가는 형식이 아닌 문화를 위해 공간을 새롭게 조성하는 것이다. 공간을 새롭게 조성하는 것은 그곳에서 이루어지는 의사소통이 주어진 공간에 수동적으로 적응하는 것이 아니라 창조적으로 대응할 수 있다는 것을 의미한다. 기존의 전통적 교회의 구조가 용도별로 나뉘고, 이로 인한 폐쇄적 역할을 한다는 것은 그 안에서 이루어지는 문화와 의사소통은 수동적일 수밖에 없다는 것을 의미한다. 이미 그 안에서 이루어지는 문화는 주어진 것에 적응하는 것 외에는 여지가 없는 것이다. 이런 구조적 한계는 대외적인 부분에서도 적용된다. 주일이나 기타 행사를 제외하고는 "대부분의 교회 공간이 지역사회에 개방되어 있기보다는 폐쇄되어 있으며"[12] 지역사회 봉사활동으로 이용되고 있는 공간의 면적 구성비가 개신교의 경우 평균 10%에 불과하다는 연구도 있다.[13]

그러나 개방적 구조에서는 능동적 문화 창출이 가능해진다. 그 안에서는 새로운 담론과 능동적 참여가 진행되는 것이다. S모임의 공간인 P다방은 개방적 구조를 가지며, 용도에 제한된 구조가 아니다. 따라서 그 안에서 이루어지는 예배는 새로운 문화를 창출하고 능동적 의사소통이 가능한 공간이 된다. P다방이라는 공공 공간이 개방성과 접근성을 그 이상(理想)으로 하는 공간이 되는 것이다. 개방성과 접근성은 공공 공간을 불확정적으로 만든다. 이런 불확정성은 그 공간에 대한 의미가 어떠해야 한다는 규범을 거절한다. 만약에 어떠한 공간에 다양한 의미가 거부되거나 기능이 한정되거나 이용하는 집단의 범위를 제한한다면 그 공간은 더 이상 공공(公共)의 공간이라는 맥락을 잃어버리게 된다. 르베브르(Henry Lefebvre)는 "개인적이고 사회적인 목적을 위한 공간의 자유로운 전유(appropriation)"와 "국가, 계급과 같은 권력을 통한 공간의 지배(dominance)" 사이의 대립과 갈등의 역사로서 도시 공간을 설명한다.[14] P다방이라는 공간은 권력적 지배가 미치지 않는 자유로운 전유로서 역할을 한다. 이런 의미에서 P다방의 구조와 그 안에서 이루어지는 S모임의 개방성은 공공 공간의 의미를 명확하게 드러낸다. 그 모임은 새로운 문화를 창출하고, 새로운 담론을 만들어 내며, 자유로운 의사소통을 가능하게 한다. 따라서 S모임에 모이는 가나안 신자들이 P다방이라는 공간에서 예배하는 행위는 공공의 영역에서 수행하는 종교의 특성을 보여준다.

P다방에서 일어나는 S모임의 환경은 엥겔케가 주장한 '주변 신앙' (ambient faith)과 연속선상에 있다. 영국성서공회(BSE)의 목표는 공적 영역과 일상생활의 구조에서 신앙을 위한 더 많은 공간을 만들어 내는 방법을 추구하는 것이었다. 이것은 곧 세속적 사회를 인정하고, 세속적 관점에서 세속적인 방법으로 신앙을 증거하는 것이다. 그에 의하면 '주변 신앙'은 곧 "의사소통, 사회적 형태, 지역사회의 상상력이 갖는 감각적, 물질적 측면을 인정"[15]하는 것이다. 이에 따라 커피숍이나 펍(pub)에서 성경 독서하기를 권장했다. 교회라는 장소적 구조에서 일상의 커피숍이나 술집이라는 공간으로 이동한 것이다. P다방은 세속적 사회에 위치한 세속적 공간으로서 여기서 일어나는 S모임 예배는 엥겔케가 주장한 '주변 신앙'의 의미를 그대로 드러낸다. 세속적 공간에서 종교인들의 모임이 진행되는 것이다. 이렇게 그들은 개방적이고 공공적인 공간에서 예배를 통해 신앙의 공공성을 강조하고 나눈다.

III. S모임 의례에서 드러나는 신앙의 공공성

의례를 관심을 표시해놓는 과정이라고 할 때, 모든 의례에는 그것을 행하는 자나 참여하는 자의 관심이 함축되어 있다. 따라서 어떤 "공간에서는 최소한 원칙적으로 그 무엇도 우연적이지 않으며, 최소한 잠재적으로는 모든 것이 주의를 필요로 한다." 이렇게 "주의가 집중되기 때문에 의례 대상이나 행위가 성스럽게 된다."[1] 모든 의례는 각기 그것이 행해지는 목적을 지닐 뿐 아니라 그 자체로 성스럽다는 것을 말한다. 다시 말하면 의례는 그 자체로 고유한 것이다.

이 절에서는 S모임의 의례를 분석한다. 이들이 교회의 예배를 대체한다고 했을 때 그것은 의례의 순서나 새로운 의례를 창안하는 것이 아니라 의례의 내용을 새롭게 한다는 의미이다. 이들의 의례에는 이들의 모든 목적과 관심이 집중되어 있으며, 그것은 곧 '신앙의 공공성'이다 이들의 신앙은 현실에서, 이 땅에서 실질적으로 이루어져야 하며, 초월성은 거론되지 않는다.

1. S모임의 노래: 새로운 세상이 열리네

1) "삶이 현실이 되고… 새로운 세상이 열리네…"

예배는 찬양으로 시작된다. 설교자 옆에 앉아 있는 사회자가 기타를 연주하며 부르면 참석자들도 함께 부른다. 함께 부르는 사람들도 있지만 입을 다물고 있거나 작은 소리로 웅얼거리는 사람들도 있다. 예배 순서지에 실리는 곡들은 8~10곡으로, 여는 노래, 말씀 노래, 기도 노래, 평화의 노래, 닫는 노래 등 다섯 곡은 매주 동일하게 부른다. 이 곡들에는 S모임의 추구하는 개신교 신앙의 공공적 삶에 대한 소망이 담겨 있다.

여는 노래:

성령이여 오셔서 우리를 새롭게 변화시켜 주시고/정의와 기쁨과 평화의 나
라가 이곳에 임하게 하소서/말씀은 육신이 되고 노래는 삶이 되고(기도는
현실이 되고 예배는 길이 되어)/새로운 세상이 열리네 새로운 희망이 싹트네

'여는 노래'에는 신앙의 공공적 삶을 통한 염원들이 나타난다. "정의
와 기쁨과 평화의 나라"는 S모임이 궁극적으로 소망하는 이 땅의 나라로
서 초월적인 세상을 말하지 않는다. 이 '땅의 나라'는 개신교 신학에서
주장하는 것처럼 '이미'(already)와 '아직'(yet)으로 표현되며, 세상에 초월
적으로 임재하는 '하나님 나라'도 아니다. 이들이 노래하는 나라는 '삶'이
고 '현실'인 이 땅이다. 그곳에서 '새로운 세상'을 추구하는 것이 S모임의
목적이다. 이어지는 '말씀 노래'는 그 나라를 살아가는 자양분이 된다.

말씀 노래:

이 말씀 따라 사는 동안 지치지 않게 하시고/이 말씀 따라 사는 동안 주님 나
라 이루소서

여기서 말씀은 개인의 구원과 축복을 의미하지 않는다. 또한 도덕적
이고 윤리적인 삶을 의미하는 것만도 아니다. 하나님의 말씀은 신학을
통해 신자들에게 설교의 형식으로 전달된다. 따라서 설교는 하나님의 말
씀이 신학의 버전(version)으로 표현된 것이다. 스택하우스(Max L.
Stackhouse)에 의하면 신학은 공공의 삶의 영역을 해석하며, 사회를 위해
윤리적 규범을 제시하는 '공적 담론'이 되어야 한다.[2] 따라서 말씀은 성경
에 근본적으로 내재되어 있는 공적 신학을 말하며, '말씀 따라' 산다는
것은 공적 신학을 행하는 삶이 된다. 이는 곧 이들의 신앙이 '공공성'을

띤다는 것을 말하며, 이 '공공성'은 좀 더 분석할 필요가 있다. 이 노래에는 S모임이 그 '말씀'을 따라 살기를 원할 때 하나님의 나라가 이루어지며, 지치지 않기를 원한다는 각오가 함의되어 있다. 이는 '기도 노래'에도 마찬가지이다.

기도 노래:
우리들의 기도를 불쌍히 여기사 응답하소서/하늘의 뜻 땅에서도 온전히 이루소서

'기도 노래'에 나타난 기도의 "응답"은 사적이고 기복적인 것을 제외한다. 이들의 기도는 다음 순서에 나와 있는 것처럼 언제나 세상과 사회를 향해 있다. 기도는 이 땅에서 온전히 이루어지는 것에 관한 기도이다. 그 땅은 개인의 것이 아닌 공공의 것이다. 그러므로 '땅에서' 이루어지는 것은 공공의 것에 관한 기도가 된다. 예를 들어 '수능'같이 온 나라가 관심을 보이는 문제도 기도 제목의 제일 마지막으로 언급되며, 일 년 기도 중 단 한 번에 그친다. S모임의 기도는 모든 교회에 사용할 수 있도록 권고하는 문구와 함께 인터넷에 개방된다.[3] 이 기도 제목은 모든 교회가 사용할 수 있을 만큼 범사회적 가치와 공공성을 띤다.

닫는 노래:
오늘 이 자리에 모인 우리 어린양 예수 따라가는 무리되게 하소서/성령의 충만한 임재 안에 어둡던 우리 눈 밝아져서 주를 보게 하소서/당신의 겸손함 당신의 거룩함 당신의 정직함 우리에게 보이사/내 안의 교만함 내 안의 거짓됨 모두 벗어버리고/어린양 예수 따라가는 무리 되게 하소서

'닫는 노래'는 회개에 관한 노래가 아니다. 기독교인들이 공공적인 신앙의 삶을 살기 위해서는 먼저 자신 안에 거짓된 신앙을 보아야 한다. S모임에 참석하는 가나안 신자는 새 신자들이 아니다. 목회자의 자녀뿐 아니라 교회에서 열심히 봉사하던 사람들이 대부분이다. 따라서 이들에게 눈이 밝아져야 한다는 것은 그동안의 신앙에서 벗어나는 것을 의미한다. 기존의 전통적 교회에서의 신앙이 세상과 사회를 볼 수 없게 했다면 그것은 거짓이다. 따라서 이제 눈을 떠야 한다. 그 신앙이 구원에 집착하고 개인의 기복(祈福)을 위하는 신앙이라면 그것은 교만이다. 이제는 신학에 근거한 '공적 담론'을 따라 올바른 말씀으로 다시 자신의 신앙을 재정립해야 한다. 그러므로 눈이 밝아진다는 것은 자신의 신앙이 세상과 사회로 향하기 위한 '껍질 벗기'와 같은 것이 된다.

2) 교회의 찬양, S모임의 노래

S모임의 노래가 온전히 이 세상을 향한 방향성을 가지고 있다면, 기존 교회에서 사용하는 '찬송가'의 목적은 전혀 다르다. 현재 '대한예수교장로회총회'(합동)에서 사용하고 있는 찬송가의 경우에 그 목적을 "찬송은 하나님께 영광을 돌리고 복음을 선포하는 예술이며, 곡조 있는 기도요, 하나님께서 교회에 주신 선물이며 은혜이다. 그러므로… '찬송가'로 하나님께 영광 돌릴 수 있게 되기를…"[4]이라고 하고 있다. 교회의 찬송가는 오직 '하나님께 영광'을 돌리기 위해 사용된다. 찬송가의 첫째 곡은 "만복의 근원 하나님/온 백성 찬송 드리고/저 천사여 찬송하세…"로 시작한다. 찬송의 목적은 하나님을 영화롭게 하는 것이다. 여기서 교회의 찬송가는 하나님을 '찬양'하는 것이다. 사전적 의미로 '찬양'은 "아름답고 훌륭한 일을 크게 기리고 드러냄"[5]이라고 할 때, 찬송가로 사람을 찬양하

거나 사물을 위해 찬양하는 것은 우상 숭배가 된다. 이런 기준으로 S모임의 노래를 보면 직접적으로 '하나님께 영광'을 돌리는 찬양은 없다. 이는 설교나 기도와 마찬가지로 S모임의 신앙이 철저하게 가시적(可視的)인 세상을 향하기 때문이다. 따라서 순서지에는 '찬양'이라고 했지만, 곡 제목에는 '노래'라고 적혀 있다. S모임은 '노래'를, 교회는 '찬송가'를 부른다. 사용하는 곡의 의미부터 이들이 무엇을 지향하고 있는가를 알 수 있다.

이런 현상은 교회에서 새롭게 도입한 'CCM'[6]에서도 동일하게 나타난다. 이 음악 장르는 '경배 음악'(worship music)으로 1980년대 한국에서 젊은이들을 중심으로 '경배 운동'(praise & worship movement)을 일으켰다. 이 음악의 특징은 가사에 하나님을 향한 개인의 고백적 내용이 많고, 성경 구절을 가사로 채용하는 부분이 많다는 점이다. 개인과 하나님과의 밀접성, 개인적 명상을 통한 하나님과의 친밀감 등이 강조된다. 이런 특성은 "시대의 아픔 모르는 교회의 노래"[7]로 폄하되기도 한다. 이런 맥락에서 S모임의 '노래'는 기존의 전통적 교회의 찬송가와 다름은 물론이고, '현대적', '동시대적'이라는 CCM과도 다르다.

이들의 노래는 첫째로 하나님을 찬양하기보다는 삶의 실천을 노래한다. 이는 개인의 윤리와 도덕이 아닌 사회에서 실천되어야 할 신앙적 역할이 강조된다. 따라서 신앙의 공공성을 격려하는 것에 초점이 맞춰져 있다. 둘째, 곡보다는 가사에 중점이 있다. 이들의 노래는 주로 짧은 곡들이다. 이는 음률이나 리듬을 강조하는 것이 아니라 짧은 가사를 통해 의미를 전달하려 할 때 효과적이다. 이는 주로 감정적 호소에 집중하기 위해 여러 악기를 사용하는 교회의 음악과 다르며, 감정에 치우치는 것보다 이성에 호소하는 것이다. 감정을 중시하는 것은 초월적 상대를 연상할 때 좋은 기제가 된다. 그러나 현실적 상황에서는 이성이 앞설 수밖에 없다. 따라서 S모임은 좋은 곡보다는 좋은 가사를 위주로 선택하는 것으로 보인다. 그 가사들은 신앙을 삶에서 실천하는 것에 관한 것으로, 이들은 신앙의 공적 실천을 위해 노래한다. 셋째, 기존 교회가 영혼 구원으로 새로운 세상을 열기로 한다면 이들은 정치뿐 아니라 사회를 구원함으로 새로운 세상을 열기로 한다. 목표는 같지만 과정은 완전히 다른 것이다.

S모임의 고정된 노래 외 3~4곡의 노래들은 매주 바뀐다. 매주 동일하게 부르는 다섯 곡의 노래들은 모두 국내 작곡가들의 곡이다. 찬양곡을 한국인이 작사·작곡하는 것은 전통 교회에서 사용하는 찬송가에도 적용된 일이다. 한국찬송가공회는 "외국 찬송을 번역하여 부르던 시대에 이어, 이제는 우리의 정서로 표현된 한국인 작사·작곡 128곡을 수록하게 되었다"[8]고 하고 있다. 그러나 이들 곡은 아직까지 주변부에 머무르는 상황이다. 한국에 기독교가 전파된 이래로 불러오던 찬송가가 모두 외국 곡이었기 때문에 그 곡들에 익숙해졌고, 국내인들의 곡들이 제작된 지 몇 년 되지 않아 사용 빈도가 낮아질 수밖에 없기 때문이다. 따라서 전통적 교회에서는 아직까지도 익숙한 예전 곡들 위주로 불려지고 있다. 그 곡들은 하나님을 영화롭게 하는 '찬양'의 성격을 가진다. 그러나 S모임은 다섯 곡의 공식적 찬양 모두가 국내 작사와 작곡의 노래들로 이루어져 있다. 그 외에 불려지는 2~3곡의 노래들도 국내 곡들 위주로 편성된다. S모임의 노래는 개신교 신앙을 공적으로 표현하며, 사는 것을 노래한다. 국내 작곡·작사가들의 곡들로 진행되는 이유는 이 모임의 목적이 가사에 잘 반영되어 있기 때문인 것으로 보인다.

2. S모임의 예배: 사람만이 희망이다

1) 종교와 관계없는 글들

사실상 첫째 순서인 '예배로의 부름'은 주로 국내 저자들이 쓴 글에서 짧은 단문이나 시인들의 글을 이용한다. 그들의 종교 유무나 신앙의 종

류도 제한이 없다. 무신론자나 사회운동가의 글도 상관하지 않는다. 그
날 말씀의 주제와 연관된 글이 아닐 때도 있다.

> 그 여름 백일홍은 무사하였습니다. 한차례 폭풍에도 그 다음 폭풍에도 쓰러
> 지지 않아 쏟아지는 우박처럼 붉은 꽃들을 매달았습니다.
> _ 이성복, 〈그 여름의 끝〉 9

> 더구나 그는/ 큰 소리로 기도하거나 손뼉을 치며 찬송하는 법도 없어/ 교인
> 들은 주일마다 쑥덕거렸다. 학생회 소년들과 목사관 뒤터에 푸성귀를 심다
> 가/ 저녁 예배에 늦은 적도 있었다./ 성경이 아니라 생활에 밑줄을 그어야 한
> 다는/ 그의 말은 집사들 사이에서 맹렬한 분노를 자아냈다.
> _ 기형도, 〈우리 동네 목사님〉 중에서 10

> 희망찬 사람은/ 그 자신이 희망이다/ 길 찾는 사람은/ 그 자신이 새 길이다/
> 참 좋은 사람은/ 그 자신이 이미 좋은 세상이다/ 사람 속에 들어 있다/ 사람
> 에서 시작된다/ 사람만이 희망이다
> _ 박노해, 〈다시〉 11

그 주의 말씀 주제에 맞는 글일 경우에도 원칙적인 명제에 머물 때가
많다. 예를 들어 '종교개혁'에 관한 말씀이 계속되는 주에는 다음과 같은
글들이 순서지에 실리기도 한다.

> 우리 주 예수 그리스도께서 "회개하라"(마 4:17)고 하셨을 때, 이는 믿는 자
> 의 삶 전체가 회개하는 삶이어야 함을 말씀하신 것이다.
> _ 마르틴 루터 '95개 반박문 1항' 12

'예배로의 부름'에 실리는 글들은 S모임이 추구하는 목적과 방향을 말해준다. 기존 교회의 '부름'과 비교하면 그 사실은 더 명확해진다. 예를 들면 비교적 깨어있는 교회로 알려진 '100주년기념교회'[13]의 2018년 3월 25일 예배에는 '부름의 말씀'으로 로마서 5장 8절을 사용했다. 이는 매주 동일한 방식으로, 이 교회는 성경 말씀으로 예배의 시작을 알린다. 이런 형식은 거의 모든 개신교 교회에서도 마찬가지이다. 이렇듯 교회에서는 하나님의 말씀으로 개회를 알리는 반면 S모임은 사람의 체험담으로 예배를 시작한다.

2) 사회운동가들의 모범

S모임의 '부름'에는 '찬양'과 마찬가지로 주로 국내 작가들의 글이 실린다. '예배로의 부름'에 사용하는 구절들은 사적인 신앙을 격려하기 위한 의미로 사용되지 않는다. 예시된 기형도의 글에서 강조점은 "성경이 아니라 생활에 밑줄을 그어야…"라는 문장이다. 여기서 말하는 '생활'은 교회를 더 열심히 다니고 예배에 빠지지 않는 열심을 말하지 않는다. 도덕적 삶과 윤리적 의무에 충실한 것에 한정되는 삶도 아니다. 오히려 '생활'은 기독교인으로서의 삶이며, 사회적 의무를 말한다. 기존의 교회에서 성경 읽기는 성경을 일독(一讀)하는 운동을 하거나 성경을 많이 읽어서 자신의 구원을 확정하거나 은혜를 충만하게 하라는 등의 내적 신앙을 목적으로 한다면, S모임에서는 그런 "성경이 아니라"고 한다. 그동안 한국에서 기독교 신앙이 '성경 읽기', '특별새벽기도', '예배 참석' 등에 머물러 개인적 신앙의 고취에 중점을 두었다면, S모임에서는 타인을 향한, 사회와 세상을 향한 '생활 신앙'에 초점을 맞춘다.

마르틴 루터가 말한 "믿는 자의 삶 전체가 회개하는 삶"의 강조도 마찬가지이다. 루터가 말하는 회개란 형식주의에 대한 회개이다. 교회 출석과 헌금 등으로 구원을 살 수 있다고 믿었던 중세 신앙의 틀을 벗어나 개인이 하나님과의 관계를 재설정하고 양심과 자유에 따라 신앙하라는 것이었다. 이것은 또한 사회적 의무를 동반한다. 구원은 하나님의 은혜로 받지만, 구원받은 이는 사회적으로 봉사할 의무를 진다. 공공성의 관점에서 종교개혁을 연구한 김주한은 종교개혁이 사회 전 분야에 영향을 끼쳤다고 논의한 후 "종교개혁운동이 남긴 최대의 유산은 교회의 사회적 책임, 즉 '공공성'으로 요약해 볼 수 있다"[14]고 했다. 이러한 관점에 따르면 루터가 말한 "삶 전체가 회개하는 삶"이란 사회적 책임을 수행하는 기독교인의 삶을 말한다. S모임에서 루터의 말을 실은 것은 이 모임이 종교개혁적 정신에 따라 신앙의 공공성으로 사회적 책임을 추구하는 목적을 분명히 해준다.

이런 목적은 순서지에 실린 글들의 저자를 분석하면 더 분명해진다. 2016년 9월 28일에서 12월 7일까지 9차례, 2017년 3월 15일에서 6월 7일까지 12차례, 9월 13일에서 12월 6일까지 11차례에 걸쳐 실린 글들 중 가장 많이 실린 순서로 저자를 나열하면 루터(4), 박노해(4), 도종환(3), 안도현(3), 윤동주(2) 등이다. 루터는 종교개혁을 통해 사회 변화를 일으켰다. 윤동주는 항일독립운동가로 알려졌고, 박노해 등은 모두 사회운동가이거나 그에 관한 글을 쓴다는 공통점이 있다. S모임이 이들의 글을 싣는 것은 목적이 분명하다. 글쓴이들이 주장하는 내용들과 역할, 삶에 동의한다는 것이다. S모임의 '가나안 신자'는 기독교 신앙으로 이들처럼 살아야 한다. 이런 점에서 S모임의 '예배에의 부름'은 사회 변화로 이끄는 부름이라고 할 수 있다. 그리고 그것은 S모임이 추구하는 기독교 신앙의 공적 실천과 일치한다.

3) 토착화와 성육화

S모임이 보여주는 그러한 모습은 토착화의 과정으로 볼 수 있을까? 토착화(inculturation)에 대한 정의는 주장하는 이들에 따라 조금씩 다르다. 토착화를 "신앙과 문화 사이에 진행 중인 대화로서 기독교 복음과 문화 사이의 창조적이고도 역동적인 관계"[15]라고 내린 정의는 기독교가 외국에 선교를 하면서 그 나라에 기독교를 전파하기 위한 개념적 이론으로 이해된 것이었다. 따라서 토착화는 타 문화에 대한 존중 없이 자기 문화의 우월성으로 인해 설득과 타협 없이 지배하는 형태를 의미하는 식민주의적 개념을 포함하는 용어가 될 수 있다.

이런 의미에서 추풍코(Anscar J. Chupungco)가 '문화이식'(transculturation)을 성육화(incarnation), 상황화(contextualization), 개정화(revision), 적용화(adaptation), 변용화(acculturation), 문화화(inculturation) 등으로 구분[16]하는 것은 고려할만한 분석이다. 그동안 한국의 기독교에서는 일반적으로 '신앙의 토착화'라는 개념을 사용해 왔다. 토착화 개념의 부정적 의미를 알지 못하고, 자국 문화적 표현을 토착화로 본 것이다. 그렇게 토착화된 신앙은 근래 들어 전통 교회에도 적용되기 시작했다. 그러나 무분별한 토착화는 전통적인 것을 아무 성찰 없이 수용함으로써 자칫 기독교의 정체성을 잃어버리게 될 위험이 있다는 비판이 있다. 예를 들어 1974년 9월 29일 경동교회[17]의 추수감사예배는 민속놀이 형식을 취한 것이었는데, 가면극 형식을 빌린 민속놀이로 진행되었다. 교회 안에 돗자리와 멍석을 깔고 〈강강수월래〉를 부르며 예배를 드리고, 〈농부가〉, 〈보리타작〉, 〈풍년가〉 등을 부르는 민요잔치와 양반놀이를 개조하여 가면극을 공연했다. 향린교회[18]는 가야금, 장고, 아쟁 대금들을 사용하여 반주하는 국악 찬송과 예복으로 한복을 사용한다. 그러나 이런 모습들은 전통문화의 우주관이나 세계관에 대한 성찰 없이 상징물이나 행위 등을 차용한 것에 불과하다는 비판과 함께 개신교 예배의 의미 구조나 통일성과 맞지 않는다는 지적을 받았다. 예배에 참석하고 있는 사람들의 현실적 상황과 감각에 상관없이 자국의 전통적인 것을 사용하는 것이 외국의 신학적 영향에서 벗어나 독립적인 신학을 형성하는 것이라고 생각하는 것은 잘못이라는 것이다. 따라서 이 비판적 견해에서는 이런 일례를 '토착화 신앙'이라고 하는 것은 한계가 있다고 본다.

토착화라는 관점에서 볼 때 S모임이 국내 작곡·작사가들과 작가들의 노래와 글들을 의례에 이용하는 것이 토착화 개념에 정확히 일치하는 것은 아니다. 이들은 그동안 불려 왔던 외국 곡들에 대한 반감으로 국내 곡들을 부르는 것이 아니며, 국내 곡들의 우월함을 내세우기 위함도 아니다. 이들이 국내 곡들을 선호하는 것은 기독교인의 사회적 책임에 관한 의미가 그 곡의 가사에 더 많이 내포하고 있기 때문이고, 이는 자신들의 목적과 부합하기 때문으로 보인다. 위에서 언급한 바와 같이 한국의 찬송가와 외국에서 도입된 CCM 계열의 곡들은 거의 대부분 '찬양'에 초점이 맞춰져 있고, 그런 신앙을 고취하는 경우가 많다. 따라서 S모임이 공적 신앙을 위한 삶을 노래하기 위해서는 가사에 이런 의미를 충분히 담고 있는 노래가 필요했을 것이다. 이들은 한국 작사가들의 곡에서 이런 의미를 더 많이 찾고, 이를 이용하고 있는 것으로 보인다.

4) 성육신적 인간주의

추풍코는 예수가 '성육신'을 통해 자신이 살았던 사람들의 사회문화적 상황에 자신을 바쳤다는 제2차 바티칸 공의회의 언급을 인용하면서 지역 교회는 자신이 거주하는 곳의 사람들과 일체감을 가지도록 노력하여야 하며, 단지 특정 장소에 거하는 공간적인 교회가 아닌 특정 장소에 소속된 교회가 되도록 힘써 노력해야 한다고 주장했다.19 이런 의미에서 무분별하게 토착화를 시도하는 것이 아닌 '성육화'의 의미를 추구해야 할 필요가 있다. 성육화는 신이 인간의 육체로 현현(顯現)된 것을 의미하는 신학적 용어이다. 하나님이 인간의 육신을 통해 유대 땅에 자신을 드러내었듯이 교회는 그 땅의 사람들과 일체성을 지녀야 한다는 것이다. 하나님이 피조물인 인간같이 낮아지신 것처럼 교회는 그 땅과 그 지역의 문화적 상황, 인간적 인식과 같아져야 한다는 것을 말한다. 이처럼 S모임이 국내 작곡가의 곡과 시인들의 글을 고집하는 것은 단순히 토착화의 의미가 아닌 '성육화'의 의미를 갖는다고 볼 수 있다. 토착화가 타문화에 대한 자신의 문화 우월성을 강조하며 대화를 거부하는 형태라면, 성육화는 온전히 그 땅의 것들을 그대로 수용하는 것이기 때문이다. 그 때문에 청년들이 교회를 이탈하는 현재의 상황을 극복하기 위한 방안으로 '성육신적 인간주의 개념'[20]을 제안하기도 한다. '성육신적 인간주의'는 삶과 신앙, 교회와 사회의 적극적 관계성에 응답하려는 신학적 개념이다.[21] 즉, '성육신적 인간주의'는 세속적 차원의 분리를 넘어서서 사회적 요구에 책임적으로 응답하려는 노력을 말한다.

S모임은 지금 그곳에 참석하고 있는 가나안 신자들의 상황을 이해하고, 그들의 신앙을 있는 그대로 수용하려 한다. 따라서 이 모임의 찬양과 '예배로의 부름'은 외국 것에 대한 우리 것의 우월함이나 대결을 의미하는 것이 아니라 2018년[22]을 살아가는 가나안 신자들의 신앙적 현실을 온전히 수용하는 방법 중 하나로 볼 수 있다. 이들이 원하고 이들이 추구하는 신앙을 그대로 반영하는 것이다. 또한 이 모임의 목적이 기독교 신앙의 공공적 역할이라면 현장의 삶과 상황에 대한 인식은 당연하다. 이런 상황에 대한 인식은 이 모임이 끊임없이 강조하고 있는 부분이기도 하다. S모임은 노래와 '예배로의 부름'을 통해 기독교 신앙의 사회적 역할을 소개한다. 공적 신앙의 삶으로 부르는 것이다. 그것은 현재를 살고 있는 세상과 사회에 대한 인식으로의 부름이며, 그 속으로 들어가기 위

한 초대라고 할 수 있다. 이렇게 볼 때 S모임의 찬양과 예배를 향한 부름은 현재 그들이 살고 있는 세상을 향한 부름인 '성육화'의 과정이라고 볼 수 있다.

3. S모임의 신앙고백: 양심과 신앙의 자유

1) 반성직주의(Anti-clericalism)

S모임에는 전통 교회의 신앙고백이 없다. 그 대신 "우리의 양심과 신앙의 자유를 주신 주님께서 우리를 부르셨습니다"라는 인도자의 부름에 따라 그날 참석한 예배자들이 화답을 한다. 제일 처음 '예배로의 부름'으로 선포되는 구절이 인도자의 일방적인 선포이며 예배를 여는 역할을 한다면, 이 고백은 인도자와 참석자가 서로 화답하며 그 의미를 선포함과 동시에 각인하는 역할을 한다. 이 고백을 할 때면 모두 순서지를 들여다보며 한다. 기존의 교회에서 사도신경이나 주기도문을 암송해서 고백하는 것과는 다르다. 이는 이 모임의 신앙고백이 기독교의 교리(Dogma)로서 모든 전통적인 교회에 공통적으로 적용되어서 자신의 신앙을 표현하는 것과는 달리 한 모임의 것으로 동조한다는 표현 정도로 생각하기 때문으로 보인다. 따라서 이 신앙고백은 자기 신앙의 근거가 되는 것이 아니라 자기 이해의 대상으로 수용된다. 즉, 그것을 믿는 것이 아니라 그것에 동의하는 것이다. 또한 이 모임에서는 성경 공부나 교리 공부와 같은 것이 없기 때문에 그 내용의 근거나 배경, 의미 등에 관한 중점적인 교육이 없기 때문일 수 있다. 그러나 가장 큰 이유는 이 모임이 일반 교회와 같은 조직적이고 체계적으로 구성된 형식이 아니라는 것이다. 따라서 같은 신조의 고백으로 공동체성을 강조하거나 유지하는 것이 아니라 일시적으로 같은 가치관을 공유하는 것에 그치는 것으로 볼 수 있다. 같은

공감대를 표현하는 것일 뿐이다.

α대표는 이 모임을 '교회'처럼 이끌고 있지 않다고 했다. 따라서 모든 것은 자발적이다. 조직도 없고, 직분도 없으며, 출결석을 확인하지도 않는다. 누구나 자유롭게 왔다가 자유롭게 갈 수 있다. 이런 환경에서 그들 나름대로 공통적 신앙고백을 도출하거나 이를 조직적 차원으로 강요할 수 없다. 신앙고백은 개인의 고백이기도 하지만, 공동체의 고백으로 교회라는 조직을 위해 존재하기 때문이다. 따라서 짧은 구절일지라도 이를 암송하지 않는다는 것은 개인적 고백은 될지언정 공동체의 고백으로는 인식하지 않기 때문일 수 있다. 그러므로 암송에서 자유롭고, 순서지에 있는 의례 과정 중 하나로 받아들일 수 있다. 이 모임이 교단이나 단체에 가입된 모임이 아니기 때문에 신학적 정체성을 요구받지 않는 이유도 있다. 기존 교회의 경우 교단에 속하거나 단체에 소속되는 것은 그곳에서 주어지는 신학적 정체성에 속한 것으로 본다. 따라서 신학적 통일성과 정체성이 중요하며, 이를 위해 같은 신앙고백을 유지하는 것이다. 그러나 S모임의 경우 유동적이며 리미널(limimal)한 특성으로 인해 지속적인 신앙고백을 갖출 구조가 될 수 없다. 그럼에도 S모임의 신앙고백은 종교개혁의 원리를 담고 있다는 의미에서 굉장히 중요한 고백이 된다. 그리고 이 고백이야말로 대부분의 가나안 신자가 기존 교회에 대해 가진 반감의 근원이기도 하다.

'양심의 자유'와 '신앙의 자유'는 종교개혁의 중요한 명제이다. 루터는 "그리스도인은 모든 것에 완벽한 주인이며, 아무에게도 종속되지 않는다"[23]고 했다. 루터는 이 명제를 통해 '이신칭의'(justification by faith)와 '만인사제설'(priesthood of all believers)을 주창하고, 성직자의 권력 독점과 권위에 대해 저항했다. 이 명제는 역사적으로 성직자에 의해 형성된 기독교를 벗어나 모든 신자의 자유와 평등을 역설하는 근거가 되었다. 루터는 이 명제를 가장 먼저 당시 가톨릭이 전제(專制)로 삼던 '성직주의'(clericalism)에 대한 저항의 근거로 사용했다. 성직자의 전횡으로 복음의 정신이 훼손되었다는 것과 그리스도가 믿는 자들에게 주신 자유가 훼손되었다는 것이다. S모임을 인도하고 있는 α대표는 자신의 책에서 가나안 신자 현상을 분석하며 한국교회의 위기의 원인으로 이를 제일 먼저 지적하고 있다: "나는 현재 한국 개신교에서 목사가 안고 있는 딜레마의 핵심을 '개신교 성직주의'(Protestant Clericalism)라고 표현하고 싶다."24 이런 언급은 개신교에서도 성직주의를 신앙의 사회적 의무와 공공성에 대한 가장 큰 걸림돌 중 하나로 여긴다는 것을 보여준다. 이처럼 S모임에 있어서 '성직주의'는 기득권 유지와 욕망을 위해 교회를 사사화한다고 비판받는 가장 큰 원인 중 하나로 받아들여진다.

2) 신앙의 자유와 성직주의

S모임에서는 2017년 11월 1일 12번의 시리즈 설교 중 일곱 번째로, "성직주의 없는 교회는 가능한가?"라는 주제로 설교와 질문이 진행되었다. 설교자인 α대표는 먼저 루터가 종교개혁을 일으키면서 주장한 세 가지 명제를 소개했다. 첫째는 성직주의, 둘째는 성서 해석권, 셋째는 공의회 소집권이다. α대표는 "성직주의가 특권인가?"라는 질문을 하고, 이를 특권으로 가져가지 말아야 한다고 주장했다. 그리고 이에 대한 대안(代案)으로는 ① 반제도주의(Anti-institutionalism)로 모든 것을 부인하거나 ② 기능주의로 목회자의 역할을 정확히 규명한 후 내부 윤리와 외부 규제를 통해 감시 기능을 강화할 수 있다고 설명했다. 이것은 곧 건강한 직업 윤리적 관점이 되고, 기독교인들이 선택해야 할 문제로 남는다. 성경은 성직주의의 특권을 인정한 적이 없다. α대표는 에스겔서 34장 2-6, 11-26절을 들어 목자는 왕(Kingship)이 아니며, 요한복음의 '선한 목자'의 개념이라고 설명한다. 또한 아모스 7장에 나타난 것처럼 일반인들도

예언자로 쓰임을 받았다는 것을 설명한다. 따라서 우리도 아모스처럼 일반인 예언자로 하나님께 쓰임을 받을 수 있는 것이다. 그는 성직주의 없는 교회를 만들기 위해서는 교인들의 각성과 의식 변화가 필요하다는 것을 강조했다.[25] 그리고 이것은 종교개혁을 일으킨 루터의 정신이기도 하다. 종교개혁적인 신앙을 회복한다면 성직주의 없는 교회가 가능하다고 보는 것이다. 설교 후 이어진 질문과 토론 시간에는 '성직주의'에 대한 비판이 쏟아졌다.

> 공부가 안 되면 가는 곳이 신학교라는 말이 있다. … 받는 특권이 많기 때문인가? … 목회자에게만 기대지 말아야 한다….

> 자신이 진리를 아는 사람이라고 생각하고 내가 가진 것이 옳다며 가르치려고 한다.

> 자기 마음에 안 들면 권위를 내세우는가? 아니다, 못 배워서 그렇다….

> 성도들이 바라는 것이 있다. 그런데 자신이 없으니까 자기 포장을 한다…. 성도들은 특별한 것을 요구하지 말아야 한다.

> 세상적으로 성공해서 인정받으려 하고 그 패러다임을 어떻게 유지할 것인가에 집착한다…. 본인과 신자들도 그것을 요청한다.

이러한 부정적 시각은 특히 목회자와의 갈등으로 교회를 떠나게 된 경우에 좀 더 강하게 표현되었다. E는 목회자와 함께 교회를 개척할 정도로 열심이었다. 그 교회는 개척 당시 목회자의 역할을 제한하고, 목회를 그

범위 안에서 할 수 있도록 하는 등 다른 교회와는 여러 면에서 차이가 있는 교회였다. E는 그런 것 때문에 목회자를 신뢰했고, 더 열심히 봉사했다. 주일이면 아침 일찍부터 교회에 나가 교인들 식사와 설거지뿐 아니라 교회 전반에 걸쳐 봉사를 했다. 그러나 교회가 자리를 잡을 즈음 목회자와 갈등이 생겼고, 결국 교회를 떠나게 되었다.

> 탈제도주의로 가야 합니다. 저는 기능주의 교회에 다녔습니다. 목회자는 자신을 목사라고 생각하지 말라고 할 정도로 나름 앞선 교회였습니다. 그러나 시간이 지나니까 변하더군요…. 외부에서 견제할 수 있는 것이 필요합니다….

E가 다녔던 교회는 시간이 지나면서 점점 개척 당시의 의미를 잃어갔다. 처음 개척할 당시 교회는 목회자의 권위를 제한하고 목회자 고유의 기능에만 충실할 수 있도록 할 정도로 타 교회와는 다른 가치관으로 개척을 했지만, 교회가 안정되면서 이런 정신들이 희박해진 것이다. 결국 목회자는 자신의 권위를 다시 주장했고, 교회는 기존의 전통적인 교회의 모습으로 변해갔다. 이런 갈등을 통해 기능주의에 대한 한계를 경험한 E는 '탈제도주의'라는 강력한 제도를 주장하게 되었다.
   '성직주의'에 대한 또 다른 강력한 부정적 시각은 그들과 가장 가까이에서 그들을 경험한 경우이다. F는 신학교를 다녔다. 신학교에서 신학을 전공한 것이 아니지만, 다른 전공을 하며 선교 단체에 소속되어 성경 공부를 인도할 만큼 열심이었다. 비록 신학을 전공하지 않았지만, 신학교의 특성상 신학을 전공하는 친구들을 만날 수 있었다. 그는 졸업 후 개인 사업체에 취업했다. 그는 자신이 일하는 곳으로 신부(padre)들이 많이 온다고 했다.

신학교에서 신학을 하는 친구들도 보았고, 제가 지금 일하는 곳으로 신부(padre)들이 많이 오는데 그들을 볼 때마다 "왜 저렇게 자의식이 세지"라는 의문이 들어요. 저는 절대로 신학생들이나 신부님들과 친구하기 싫습니다.

성직주의에 대한 이러한 부정적 시각은 이 모임에 참석하는 가나안 신자들의 공통적인 시각으로 보인다. 이들은 목회자들이 어떤 잘못을 했다기보다 그 직책 자체를 당연시하는 것을 부정적으로 생각하는 듯했다. 교회 안에 그런 직책이 있다는 것은 계층적 직분이 존재하는 것이고, 이는 신자들을 계급으로 나누는 것으로 본다. 목회자들의 자기 인식을 넘어 그런 직책이 존재한다는 것 자체를 부정적으로 보는 것이다. 왜냐하면 그리스도의 '선한 목자'는 직책이 아니라 역할이라고 보기 때문이다. 따라서 S모임에서 처음 선포하고 화답하는 '양심의 자유'와 '신앙의 자유'는 루터가 말했듯이 예수 그리스도와 성경 외의 모든 권위에서 자유한다는 선포이며, 각자가 하나님 앞에서 예언자로서의 삶을 살 수 있다는 자기 정체성을 확인하는 순간이 된다. 그리고 이 신앙고백은 루터가 당시 가톨릭의 신학과 신앙에 저항해서 개혁을 일으켰듯이 오늘날 전통적인 교회의 신학과 신앙에 저항하고 교회를 개혁하려는 의지의 신호이며, 다짐의 역할을 하는 것 같았다.

3) 세상을 향한 봉사의 자유

또한 이 신앙고백은 세상을 향한 선포이기도 하다. 루터가 '양심의 자유'와 '신앙의 자유'를 주장하며 종교개혁을 일으킨 것은 각 개인의 신앙적 자유를 위함이지만 또한 타인과 세상에 대한 올바른 책임, 즉 공공성을 감당하기 위해서였다. 루터는 그리스도께서 주신 자유가 모든 것에서 벗어나는 것이기도 하지만 또한 "그리스도인은 모든 것에 완전히 의무적인 종이며, 모든 것에 종속된다"고도 했다. 루터의 자유론은 '영의 자유와 영의 굴레'(the freedom and the bondage of the spirit)로 요약되며, 루터는 이를 '소명'(Calling)의 대명제가 되도록 했다. 루터에 의하면 각 개인은 그리스도 외의 어떤 권위에서도 자유이며, 이 자유를 통해 타인과 세상을 섬기는 소명으로 부름을 받는 것이다. 따라서 자유로운 그리스도인은 자신이 맡은 일에 최선을 다해야 한다. "신앙과 사랑은 다른 방향으로 움직인다. 하나님과 이웃은 두 개의 중요한 초점이다. 그러나 신앙인의 삶은 하늘과 땅에서 한 번에 하나님과 이웃과 연결된다."26 "따라서 소명은 직업(occupation)적인 일인 동시에 모든 사람과의 관계이고 환경(situations)이며 상황(contexts)이고 직업을 포함한 개입이다."27 루터에게 자유란 타인과 세상을 향해 봉사해야 할 '의무적 자유'라고 할 수 있다. 이렇듯 신앙적 삶을 강조하는 종교 개혁적 정신은 S모임의 가장 큰 목적과 연결된다. 이곳에서 행해지는 설교와 기도, 책읽기의 모든 목적은 개신교인들의 '삶'이다. 이들도 그 삶을 통해 세상의 '상황'에 '개입'하는 개신교 '환경'으로 나아가는 것이다.

4) 예수의 삶이 없는 주기도문

S모임이 기존 전통적 교회의 신앙고백을 그대로 답습하거나 예배의 신앙고백으로 사용하지 않는 것은 기존 신앙고백에는 이런 공공 신앙적 삶이 없다는 것이 제일 큰 이유인 것으로 보인다. 특히 기존 전통적 기독교 교회의 신앙고백에는 예수의 초자연적 나심과 죽으심 그리고 부활로서 구원자를 증명할 뿐 그의 삶을 통한 구원은 전혀 고백되지 않는다. 따라서 "동정녀 마리아에서 빌라도로 직행한 기독교 신앙고백의 문제를 심각하게 성찰해 볼 필요가 있다"28는 한완상의 주장은 경청을 요구한

다. 성경에 기록된 예수의 행적이 초대교회의 신앙 고백적 표현일지라도 사도신경에는 예수의 실물이 아예 처음부터 존재하지 않았던 것처럼 구성되었다는 것이다.[29] 그러므로 우리는 '실물 예수'를 모시고 역사적인 사건들의 중심부에 있어야 하고, 오늘 우리가 당면한 심각한 문제들을 올곧게 해결하기 위해 끊임없이 교류해야 한다.[30] S모임이 전통적 신앙 고백인 사도신경을 쓰지 않는 것은 이 땅의 삶을 살았던 '실물 예수'의 행적에 관한 고백이 없기 때문이며, 이는 신앙의 공공성을 강조하는 모임의 목적과 맞지 않기 때문이다.

S모임의 신앙고백이 다른 점은 조직적 한계와도 연관이 있다. 이 모임은 조직적이지 않다. 또한 교회라는 형식을 띠지도 않는다. 따라서 전통 교회의 신앙고백이 순서의 구성 요소로 자리 잡을 필요가 없다. S모임은 나름대로 형식은 있지만, 조직적이고 체계적인 구조화는 반대하는 상황에서 신앙고백이 통상적으로 순서화할 필요는 없는 것이다. 이 외에도 기존 교회에서 사도신경을 신앙고백하지 않는 교회가 있고, 이에 대한 여러 가지 이유도 있다. 한국의 대형 교회 중 하나인 '분당우리교회'의 경우에 신앙고백이 예배 순서에서 빠져 있다. 담임하는 이찬수 목사는 이에 대한 설명으로 예수님은 예배와 관련하여 어떤 순서를 요구하신 적이 한 번도 없으므로 '사도신경'을 선택의 문제로 보고, 절대적인 순서는 아니라고 했다.[31] 그러나 S모임의 신앙고백은 이런 이유와는 다른 좀 더 깊은 신학적 의미를 갖는다.

S모임의 신앙고백은 종교개혁의 근간이 된 '신앙의 자유'와 '양심의 자유'를 따른다. 그리고 이런 자유를 누릴 수 있도록 끊임없이 격려하고 정보를 제공한다. 이를 위해 '교육과 토론의 장'을 제공하고, "하나님 나라를 이 땅에서 이루는 소명"을 위해 "길을 나선 가나안 신자들의 순례를 격려"[32]한다. 예를 들어 2016년 12월 16일에 진행된 예배의 주제는 "사회의 발전을 위해 세속 성자는 무엇을 할 수 있나"였다. 또한 "세속 성자

책 읽기"나 다른 강좌 등을 통해 사회에서의 기독인의 역할과 방법을 모색하고 인도한다. 여기에는 정치, 경제, 예술, 문학 등 우리가 살아가는 사회의 모든 것에 제한이 없다. 이와 같이 S모임의 신앙고백은 이 모임의 목적과 방향에 대한 모든 것을 포함하고 있다. 이 선포와 화답은 교회개혁과 사회참여라는 기독교 본연의 두 역할을 강조하고 각인하는 중요한 순서인 것이다. 따라서 이 선포는 S모임의 신앙적 근간인 '종교개혁'과 그 의미, 즉 교회와 세상에 대한 '상황과 개입'을 잘 드러내 주며, 이 모임의 목적과 방향에 대한 신학적 토대를 제공한다.

4. S모임의 내적 성찰: 십자가와 좌종

예배 공간은 'P다방'의 좌석을 변경하지 않은 채 그대로 사용한다. 일반적으로 테이블과 의자가 있는 공간과 다르지 않다. 다만 소통을 강조하는 예배의 형식을 위해 예배 인도자와 설교자는 제일 앞에 테이블을 놓고 청중들과 마주 앉는다. 이런 형식은 강단의 높이가 권위의 상징이 되고 서서 설교하는 기존 형식과는 다르다. 한국 개신교의 예배당에서 강단은 가장 거룩한 곳으로 여겨진다. 강단은 설교자와 사회자만이 올라갈 수 있고, 일반인들은 출입할 수 없는 곳이다. 전통적 교회에서는 여성들의 입장이 제한되며, 설교단의 청소나 준비물들을 위해서만 일부 여신자의 출입을 허용한다. 그러나 그것도 권사 이상의 직분자만 허용하는 경우도 있다. 전통적 교회에서 강단은 신자들의 좌석과 격리된 곳으로, 일반적으로 거룩한 장소로 인식된다. 이는 하나님이 모세에게 신을 벗으라고 한 구약의 구절33에 따라 설교 강단을 거룩한 곳으로 지정하기 때문이다. 따라서 대부분 신을 벗고 올라가야 한다. 개신교 강단이 청중보다 높은 것은 효과적인 소리의 전달 때문이기도 하지만, 권위의 상징적 의미가 더 크다. 설교자는 하나님을 대신해서 말씀을 전하는 것이므로 하나님의 권위를 가지고 높은 곳에 서야 하는 것이다. 그러나 P다방의 예배는 수평적인 구조를 갖는다. 설교자와 사회자는 사람들이 출입하는 곳 한쪽에 책상의 의자를 놓고 청중들과 마주 앉아 예배를 진행한다.

P다방의 예배 공간에는 어떠한 종교적 상징물이나 도구가 없다. 이곳이 종교와 관련된 곳이 아닌 일반적인 커피숍이기도 하지만, S모임이 추구하는 예배의 목적과 특별한 관련이 없기 때문이기도 하다. 또한 S모임은 조직적인 교회가 아니며, 공동체성을 추구하지도 않는다. 따라서 이들을 표현할 수 있는 특별한 표식이나 상징물도 없다. 다만 설교자와 사회자가 함께 앉아 있는 테이블 위에 작은 목각 십자가와 좌종(singing bowl)만이 놓여 있다. 목각 십자가는 이 예배가 기독교적인 것이라는 것을 최소한도로 표식하고, 좌종은 예배 순서 중 '침묵과 성찰', '묵상과 새김'의 순서 때 울린다.

좌종은 명상을 위한 도구로 네팔과 티베트 산맥의 승려들이 처음 사용한 것으로 알려졌다.[34] 십자가와 좌종이 함께 있는 모습은 낯선 광경을 보여준다. 이것은 종교 혼합주의일까? 아니면 종교 포용주의일까? 좌종에 많은 의미를 부여할 필요는 없지만, 십자가와 좌종이 함께 있다는 것은 S모임에 참석하는 일부 가나안 신자의 신앙적 특성을 이해하는 데 도움이 될 수 있다. 설문조사와 면접을 통해 가나안 신자의 구원론을 조사한 바에 의하면 "다른 종교에도 구원이 있을 수 있다"는 36.2%, "구원의 문제가 중요하다고 생각하지 않는다"는 32.9%[35]로 종교다원주의에 관한 가능성이 69.1%로 나타났다. 이들은 타 종교의 구원 가능성을 받아들일 뿐 아니라 기독교의 전통적 구원론인 유일구원론에 대해서는 부정적이었다. 이런 현상은 S모임에 참석하는 일부 가나안 신자의 신앙에서도 나타났다.

1) 종교개혁주의와 종교포용주의

2013년 10월 30일부터 11월 8일까지 부산에서는 WCC[36] 제10차 총회가 열렸다. 이 결과를 담은 백서 93항을 보면 다음과 같이 명기하고 있다.

오늘날 세상의 다원성과 복잡성 속에서 우리는 다른 많은 종교들과 이데올로기들과 신념들을 가진 사람들을 만난다. 우리는 생명의 성령께서 삶의 기쁨과 풍성한 삶을 가져오신다고 믿는다. 그러므로 하나님의 성령은 생명을 긍정하는 모든 문화들 안에서 발견될 수 있다…. 성령은 신비로운 방법으로 역사하고 우리는 다른 신앙 전통들 안에 있는 성령의 활동들을 온전히 이해하지 못한다. 우리는 생명을 살리는 다양한 영성들 안에 고유한 가치와 지혜가 있다는 것을 인정한다. 그러므로 진정한 선교는 다른 사람을 선교의 '대상'으로 만드는 것이 아니라 선교의 동반자로 만든다.[37]

WCC는 선교의 목적을 전통적 개념인 영혼 구원을 넘어 사회구조를 변화시키고 피조계의 회복이라는 개념으로 폭넓게 사용하고 있다. WCC는 사회정의와 평화, 환경 등에 하나님의 구원이 이를 수 있고, 이를 정의 구현 차원에서 설명한다. 이러한 운동으로 인해 교회 연합 운동인 WCC가 비정부기구나 단체(NGO)뿐 아니라 타 종교와의 구별이 모호해지고 있다는 비판도 있다.[38] 2014년 한국갤럽이 전 국민을 상대로 한 종교 의식 조사에서 "여러 종교의 교리는 얼핏 생각하면 서로 달라 보이지만 결국은 같거나 비슷한 진리를 말하고 있다"는 질문에 70%가 "그렇다"고 대답했다. 이를 근거로 한국갤럽은 "한국인은 대체로 서로 다른 종교 교리도 결국은 통한다는 입장을 취했다"[39]고 분석했다. 다원주의 세상에서 한국의 종교적 지형도 이에 상응하는 인식을 가지는 것이다.

다원주의(pluralism)는 성경의 절대성을 부인하고, 성육신 교리를 신화의 산물로 본다. 모든 종교에는 구원이 있으며, 모든 종교의 신을 수용하는 입장이다. 포용주의(inclusivism)는 그리스도의 구원을 인정하지만, 구원의 원리가 타 종교에도 가능하다고 본다. 그리스도의 구원의 길은 여러 구원의 길 가운데 하나일 뿐이다. 이는 보편구원론(universal salvation), 만인구원론(universalism) 등으로 나타난다. 이러한 WCC의 신학적 입장은 「목회와 신학」이 2010년에 실시한 설문조사에서 WCC를 반대하는 가장 중요한 이유로 나타났다. 이 조사에서 WCC를 반대한 174명 중 그 이유를 묻는 질문에서 160명(91.95%)이 WCC가 종교다원주의 성향을 보이기 때문이라고 했다.[40] 그렇다면 S모임은 WCC의 신학적 노선을 지지하거나 따를까? 이 모임을 이끌고 있는 α대표는 자신을 철저하게 '복음주의'로 자칭한다. 이는 그의 책 제목에서도 확인된다. 그가 2012년에 출판한 『다시, 프로테스탄트』는 한국교회의 문제를 진단하고 다시 종교개혁적인 정신으로 돌아가야 할 필요성을 역설하고 있다. 또한 여러 곳에서 자신의 설교나 신앙적 기반을 복음주의에 기반하고 실행한다고 주장한다.[41] 그의 설교는 인터넷이나 유튜브(youtube) 또는 팟캐스트(podcast)에 모두 공개된다. 따라서 α대표가 종교혼합주의라든가 종교포용주의 등에 동의한다고 볼 수 없다. 다만 이곳에 참석하는 가나안 신자 중 일부가 이런 신앙관을 가지고 있는 것으로 보인다. 그러나 필자가 면접과 설문조사를 한 대상들은 대부분 이런 성향이 있는 것으로 조사되었다. 이들은 "타 종교에도 구원이 있을 수 있다고 생각하는가?", "죄와 구원을 믿는가?"라는 질문에 다음과 같이 응답했다.

하느님의 주권에 속하는 일이며 타 종교에도 구원이 있을 수 있다고 생각합니다. (G)

구원도 보편 구원과 관계된 이론의 스펙트럼에 더 가까워지고 있습니다. (H)

확실하게 답할 수준은 아직 못 되지만, 타 종교에서 지향하는 나름대로 구원론을 통해 구원에 도달할 수 있다고 봅니다. (I)

굳이 분류하자면 이런 응답을 한 사람들은 '종교포용주의'에 가깝다고 할 수 있다. S모임은 이들을 포용하고 받아들이는 데 제한이 없다. 따라서 십자가와 좌종이 함께 있는 광경에 큰 의미를 부여하지 않더라도 S모임에서 이런 도구들을 무리 없이 받아들일 수 있는 것은 이곳에 참석하는 일부 가나안 신자들의 종교적 성향을 알 수 있는 현상이라고 할 수 있다.

또한 S모임에서 좌종을 사용하는 것은 내적 성찰에 대한 추구를 보여준다. 좌종은 불교나 샤머니즘 등에서 주로 명상할 때 사용하는 종이다. 이런 기능은 현대에 들어 심신을 안정시키는 역할로 인해 힐링(Healing)의 도구로 또는 뉴에이지(New Age) 운동 등에 영적인 고양(高揚)을 위해 사용되기도 한다. S모임에서는 좌종의 이런 특성에 중점을 둔다. 연구자가 좌종을 사용하는 이유를 물었을 때 'C ARMC'의 연구원이며 S모임의 사회자인 α_1은 "그냥 소리가 좋아서요"[42]라고 말했다. 그리고 S모임에서 명상과 침묵의 시간 때 사용하고 있다고 설명했다. 이런 것을 보면 좌종은 S모임에서는 종교적 혼합이나 다원주의와는 상관이 없이 기능적 요인으로 사용하는 것 같다. 좌종의 본래적 기능에 충실할 뿐 종교적이나 신학적 의미를 부여한 것은 아닌 것이다. 그러나 이 모임에 참석하는 가나안 신자 중 일부에게 '종교포용주의'의 상징으로 수용될 수 있다.

2) 양몰이 개: 신앙생활의 '번아웃'

그런데도 8개의 예배 순서 중 2개의 순서에 좌종을 사용한다는 것은 이 모임이 '내적 성찰'을 그만큼 중요하게 생각한다는 의미로 볼 수 있다. 좌종은 '2. 침묵과 성찰', '6. 묵상과 새김' 순서 때 사용된다. S모임은 왜 내적 성찰을 중요하게 생각할까? 온 가족을 이끌고 S모임에 나오는 J는 이렇게 말했다.

> 어느 날 TV 프로그램을 보는데 그 프로그램에서 개가 자꾸 짖어요. 다른 개들이 먹이를 먹는 것을 훼방하더라구요. 알고 보니 그 개가 양몰이 개였어요. 이 개는 모든 것을 정리하려는 욕구가 있는 개라는 거죠. 조련사가 와서 이런 사실을 주인에게 알리고 현장에서 훈련을 했어요. 그랬더니 개가 바닥에 누워 쉬는 거예요. 자기가 하지 않아도 된다는 것을 아는 듯해요. 제가 이것을 보면서 교회와 진정한 안식을 보았어요. 교회에서 '번아웃'(burn out) 되었다가 교회를 떠나니 가족과 함께하는 시간이 많아졌어요. 부모님도 자주 찾아뵐 수 있어서 좋습니다.

이 말에서 J는 자신을 '양몰이 개'로 비유했다. 마치 하루 종일 양들을 몰고 다니는 양몰이 개처럼 교회에서 새벽부터 밤까지 봉사라는 명목으로 쉬지 않고 일했다는 것이다. 주중에는 직장에서 일하고 주일에는 교회에서 하루 종일 일해야 하는 현실은 대부분의 한국 기독교인(특히 개신교)들의 공통점이라고 할 수 있다. J는 새벽부터 교회 버스를 운전했고, 아내는 식당에서 교인들의 식사를 준비와 설거지로 지쳐갔다. 이런 현상은 작은 교회일수록 더 심하다. 교인들의 수가 적은 상황에서 감당해야 하는 일들이 여럿씩 맡겨지는 것이다. 처음에는 신앙의 봉사라는 것으로 합리화하지만, 시간이 지날수록 변화되지 않는 환경으로 인해 몸과 마음이 함께 지치게 되고, 결국 자신의 표현처럼 '번아웃'(burn out)되는 상황이 오게 된다. 물론 J는 이런 상황 때문에 교회를 떠나게 된 것은 아니다. 교회 목회자와의 갈등 때문에 온 가족이 교회를 떠나게 되었지만, 결론적으로 그는 '진정한 안식'을 누리게 된다. 이런 현상은 한국교회에 낯설지 않은 상황이다. 작은 교회는 일손이 모자란다는 명분으로, 큰 교회에서는 직분자라는 명분으로 여러 가지 일이 맡겨진다. 이렇게 되면 신앙을 위해 교회에 오는 것인지, 봉사를 위해 오는 것인지가 불분명해진다. 자신을 돌아 볼 수 있는 '내적 성찰'을 통해 신앙의 성장이나 종교의 의미를 되새길 수 있는 시간이 없는 것이다.

3) 내적 성찰의 두 가지 의미

S모임에서 예배 순서 중 두 번이나 성찰의 시간을 갖는 것은 이런 기존 전통적 교회의 일과에서 벗어나 진정한 내면의 성찰로 자기를 돌아보라는 의미이다. 좌종은 이를 위해 사용되는 기능적 도구이다. 불교나 뉴에이지에서 사용하는 도구로서 영적이고 종교적 의미를 부여하기보다는 좌종의 기능적 역할을 통한 자기 성찰을 강조하는 것이다. 그러나 '침묵과 성찰'은 단순히 명상(meditation)을 말하지 않는다. S모임의 '성찰'은 마치 '양몰이 개'와 같은 신앙에서 벗어나는 것을 말한다. J가 다녔던 교회에서 그는 많은 일들을 했었다. 그것은 주로 교회 부흥을 위한 헌신으로 포장된다. 교회 신자들이 열심을 낼수록 교회가 부흥된다는 기대심리를 갖는 것이다. 또 한 가지 주시되어야 할 것은 그런 열심은 곧 신앙심의 발로(發露)로 포장되어 교회 직분을 위한 투표를 할 때 중요한 참고 자료가 된다는 것이다. 그러나 그렇게 열심인 봉사는 언젠가 J처럼 '번아웃'될 수 있는 위험이 있다. S모임에서 '내적 성찰'을 한다는 것은 그런 신앙에

서 벗어나 새로운 신앙에 눈을 뜨는 과정이다. 교회 '안'에서 열심인 신앙에서 교회 '밖'의 세상을 볼 수 있는 신앙으로 나아갈 수 있도록 자신을 '성찰'하는 것이다. 그러므로 '침묵과 성찰'의 순서는 단순히 자신을 돌아보라는 것이 아니라 이전의 신앙에서 '벗어나는 과정으로서의 나'를 돌아보라는 것과 같다.

더 나아가 이 성찰은 첫째 순서인 노래와 '예배로의 부름'처럼 세상 속에서 공적인 신앙인으로 살았는가를 돌아보라는 의미도 있다. 한 주간의 삶을 돌아보며 S모임에서 노래하고 고백하며 듣고 질문했던 신앙의 공적 의무를 자신의 삶에 얼마만큼 적용했는지를 숙고하는 시간이기도 하다. 따라서 이 시간은 자신을 비우는 시간이기도 하지만, 세상에서 얼마나 하나님의 뜻에 따라 살았는가를 돌아보는 자기반성의 시간도 된다. 이는 "주님, 주님은 저를 샅샅이 살펴보셨고, 저의 모든 것을 훤히 아십니다"라는 '성찰' 문구에서도 유추할 수 있다. 세상에서, 사회에서 신앙적 삶을 살고 있는 자신을 초월자는 알고 있다는 자기반성의 의미가 있다.

자신의 삶을 돌아보는 것은 둘째 성찰 시간인 '묵상과 새김'으로 이어진다. 이 순서는 '5. 말씀 나눔' 다음에 있다. S모임의 설교는 언제나 공적인 신앙을 강조한다. 설교의 목적은 개신교인들이 이 세상에서 어떻게 신앙을 적용하며 살 것인가이다. 그리고 그런 신앙의 타당성을 성경 구절에서 찾는다. 이는 말씀의 근거를 '공적 신학'에서 찾는 것이다. 둘째 '성찰'의 시간은 바로 전에 들은 신앙의 공적 의무를 되새김하는 시간이 된다. 그것을 자신에게 적용시키고 세상에서 행할 '새김'을 하는 것이다. 결국 좌종은 S모임에 참석하는 일부 가나안 신자의 신앙적 특성을 수용한다는 의미와—그것에 동조하거나 의도한다는 것이 아닌— 기존 교회의 잘못된 신앙적 행태에서 벗어나 진정한 자기 성찰을 통해 내면의 신앙적 확장을 도모하는 수단으로 작용한다. 그것은 신앙의 공적 의무이다. 그리고 이것은 교회 '안'에서 '번아웃'되는 것이 아니라 교회 '밖'에서

'번인'(burn in)하기 위한 준비로 개인적 성찰을 하는 것이기도 하다.

5. S모임의 설교: 개방적 설교와 사회참여

1) 설교를 개방하는 이유

사회자와 함께 앉아 있는 α대표는 노트북을 열고 설교를 시작한다. 설교는 전통 교회와 같은 형식이 아니라 이야기에 가깝다. 일방적인 선포가 아니라 대화식이라고 볼 수 있다. 참석자들은 각기 편한 대로 앉아 있다. 어떤 사람은 의자 깊숙이 몸을 누이듯이 앉아 있고, 발을 꼬고 앉거나 등을 기대고 앉아 있는 사람도 있다. 어떤 사람들은 수첩이나 종이를 꺼내 무엇인가를 적기도 한다. 핸드폰을 들여다보며 다른 것을 검색하는 사람도 있다. 도중에 밖으로 나가는 사람과 늦게 들어오는 사람 등 출입도 자유롭다. 껌을 씹는 사람도 있다. 그렇다고 분위기가 어수선하거나 시끄럽지 않다. 이 시간 동안에는 P다방도 음악을 꺼준다. 모임 시간 전까지 일반인을 위해 틀어주던 음악을 예배 시간을 위해 끄는 것이다. 예배가 시작되면 음료 주문도 받지 않는다. 음료를 제조하기 위해서는 기계를 작동해야 하는데 이 소리를 내지 않기 위해 주문을 받지 않는다고 한다. α대표의 설교는 시종일관 일정한 톤을 유지한다. 흥분해서 목소리를 높이거나 큰 소리가 나오는 일은 없다. 간간이 웃음도 터질 만큼 그의 설교는 자연스럽고 알아듣기 쉽게 진행된다.

이 모임의 홈페이지에는 2013년 4월 21일부터 2016년 12월 7일까지의 설교 77편이 올라와 있다. 이렇게 설교를 공개한 것은 S모임에서 이루어지고 있는 설교를 누구나 공유할 수 있도록 하기 위함이다. 이에는 몇 가지 목적이 있는 것으로 보인다. 첫째, 현재 한국교회에서 일어나고 있는 상황에 대한 인식이다. 한국 개신교 교회의 위기라는 말은 오래전부터 있어 왔고 또 여러 기관의 조사로 증명된 바 있다. 그런데도 정작 개신교단이나 신자들은 그 이유가 무엇인지에 대한 심도 있고 명확한 인식이 없는 상황이다. 따라서 이런 설교를 통해 교회 환경에 대해 객관적 시각으로 문제를 자각하고, 이를 위한 자기인식과 통찰을 나누는 것이다. 둘째, 이로 인해 개신교인들의 신앙을 폐기, 수정, 보완 등 재정립할 수 있는 계기가 될 수 있다. 그동안 개신교인들은 자체적인 인식이 부족했을 뿐 아니라 인지한 후에도 이를 수정할 수 있는 역량이 결여되었다는 지적을 많이 받아 왔다. S모임의 설교를 통해 끊임없이 정보를 나누고 새로운 각성을 촉구하는 것은 바로 이런 자체 수정의 역량을 공급하기 위함이다. 셋째, 이 모임이 늘 강조하듯 신앙인들의 대(對)사회참여를 촉구하기 위해서이다. α대표는 끊임없이 신앙은 자기만족이 아닌 공동체와 함께 가는 것이라고 강조한다. 여기서 공동체는 교회나 종교 단체가 아니라 세상과 사회가 된다. 영원한 피안의 세계에 머무는 신앙이 아니라 현재 이 땅에서 이루어지는 구체적인 신앙을 요구한다. 따라서 설교를 통해 이를 인식할 뿐 아니라 공공의 영역에서 신앙을 실천할 수 있도록 유도하는 것이다. 넷째, S모임이 기존의 신학이나 신앙에서 벗어난 새롭고 실험적인, 그래서 때로는 이단의 시비에 휘말리는 것을 미연에 방지하기 위함이다. 교회 밖의 이런 모임은 자칫 기존 전통의 교회를 부정하고 새로운 신학이나 신앙을 주창하는 것으로 오해받기 쉽다. 실제로 필자는 대학에서 S모임 연구에 대한 연구 개요(Proposal)를 발표한 후 그 현장에서 발표 내용을 들은 어떤 사람이 이 모임이 기존 정통적 기독교가 아닌 사이비나 이단으로 비쳐질까 염려스럽다는 메일을 받았다는 말을 α대표로부터 들었다. S모임에 대한 연구가 진행되던 때라 연구 상황을 요약본으로 제출하고 발표한 내용이어서 이 모임이 기존의 정통적 신학과 신앙에서 벗어난 모임으로 비쳐진 것 같았다. 이처럼 오늘날 교회 밖 모임은 기존 교회로부터 정통을 벗어난 모임으로 오해받기 쉬우며,

이는 곧 구원의 문제와 연결되는 경우가 많다.

그러나 α대표의 설교는 일부 참석자들에게 '보수적'이라는 평가를 받을 만큼 원칙적으로 보인다. 그의 설교는 루터가 종교개혁을 통해 가톨릭의 전제(專制)에서 벗어나 성경으로 돌아가자고 했던 것처럼 역사적으로 희석되어버린 이 정신을 다시 살리자고 주장한다. 또한 성경의 구절에서 해석을 시도하지만, 기존 교회와의 차이점이라면 그것을 적용하는 범위가 넓고 다양하다는 것 정도라고 할 수 있다. 따라서 설교의 개방은 이런 오해에서 벗어나 이 모임이 지극히 성경적이라는 것을 보여주는 것이고, 증명하는 것으로 보인다. 그러나 분명한 것은 이 모임의 설교 개방은 단순히 교회의 문제점들을 인식하고, 이로 인해 자신들의 신앙을 재정립하라는 호소에 그치지 않는다는 것이다. S모임의 설교는 끊임없이 개신교인들이 종교개혁적 정신에 따라 대사회적인 정신을 회복하고, 공공적 신앙을 실천하라고 한다. 이를 통해 신자의 공공적 신앙에 소홀한 교회는 비교가 되고, 자연스럽게 비판적 의식을 깨우치게 되는 것 같다. S모임이 설교를 통해 이런 정보를 제공하는 것은 새로운 신학적 해석이 아니라 이미 신학에 내재한 공적 신앙을 드러내고, 이의 실천에 대한 촉구가 된다. 따라서 듣는 사람들은 자신의 신앙을 신학적으로 이해하는 것이 아니라 실천적으로 평가하게 된다.

2) 우리가 신앙생활 중 마주하는 열두 가지 질문

아래에 분류한 설교는 한 주제로 열두 차례 시리즈로 연속 설교를 한 것이다. 시리즈 설교를 살펴보는 이유는 각 주제가 명확하고, 무엇을 말하려는지가 잘 나타나 있기 때문이다. 또한 이 설교들은 '세속 성자'들의 질문에 대한 답을 설교를 통해서 풀어내는 형식이기 때문에 가나안 신자들의 신앙적 특성과 S모임의 목적을 알 수 있게 해준다. α대표는 2016년

6월 1일까지는 성경 각 권을 한 장씩 강해하는 설교를 하다가[43] 그해 9월 28일부터 시작되는 'S모임 Season 8'부터는 "우리가 신앙생활 중에 마주하는 열두 가지 질문"이라는 제목으로 한 시즌 중 열두 가지 제목을 골라 시리즈로 설교하고 있다. 'S모임 Season 9'에서는 「아모스」를 강해한 후 'S모임 Season 10'에서 다시 열두 가지 주제로 설교한다. 성경 각 권을 강해할 때는 제목에서 각 주제가 잘 드러나지 않는다. 그러나 시즌 8과 시즌 10을 통한 주제별 설교 제목을 보면 S모임에서 어떤 신앙적 물음들이 다뤄지고 있는지를 잘 알 수 있다. 열두 시리즈 설교 제목은 다음과 같다.

[표 2] 2016년 시리즈 설교 제목과 내용

일시	2016 Season 8	
9/21	1. 나는 무엇을 믿습니까?	(1) 나는 믿지 않습니다 (2) 믿음은 명사가 아니고 동사입니다. (3) 나는 예수 그리스도를 믿습니다.
9/28	2. 평범한 일상을 사는 우리에게 거룩이란 무엇일까요?	(1) 내가 거룩하니 너희도 거룩하라 (2) 예수 그리스도, 규칙 파괴자 (3) 형용 모순의 삶, 세속 성자
10/5	3. 교회는 우리 신앙에 얼마만큼의 비중을 차지할까요? 가나안 신자와 교회	(1) 교회 밖에는 구원이 없다. (2) 그리스도가 계신 곳에 에클레시아가 있다. (3) 주여, 어디로 가시나이까?
10/12	4. 공동체적 신앙이란 무엇인가요?	(1) 신앙 공동체의 라이프사이클: 형성, 유지, 쇠퇴, 갱신 (2) 왜 공동체는 쇠락하는가? (3) 개인과 공동체와 그리스도
10/19	5. 기도는 무엇이며 어떻게 해야 하나요?	(1) 기도는 삼불이다. (2) 어떻게 기도할까요? (3) 좋은 기도를 하기 위하여
10/26	6. 예배는 어떻게 드려야 하나요?	(1) 어디서 어떻게 예배를 드려야 합니까? (2) 예배는 무엇을 하는 것입니까? (3) 세속 성자들의 예배

11/2	7. 하나님 나라는 어디인가요?	(1) '천국'만 남고, '하나님 나라'는 사라졌다?
		(2) '그 나라가 임하시오며'
		(3) 하나님 나라와 유토피아주의
11/9	8. 세속 성자는 어떻게 전도하고 선교하나요?	(1) 전도와 선교는 어떻게 망가졌는가?
		(2) 복음 '전도'와 '선교'란 무엇인가?
		(3) 구도자와 목회자
11/16	9. 내 직업과 소명을 어떻게 분별하나요?	(1) "나에게는 꿈이 있습니다" 다만 일이 없을 뿐…
		(2) 기독교 직업윤리, 성실함으로 충분한가?
		(3) 우리 시대의 노동과 쉼을 찾아서
11/23	10. 세속 성자의 라이프스타일은 어떻게 만들어가죠?	(1) 라이프스타일이란 무엇인가?
		(2) 예수 믿는 이들의 라이프스타일?
		(3) 한국의 세속 성자 라이프스타일은?
11/30	11. 사회의 발전을 위해 세속 성자는 무엇을 할 수 있나요?	(1) 왜 우리는 사회참여에 관심이 없었나?
		(2) 사회가 개인을 불러내는 방법들
		(3) 신앙은 개인과 공동체의 갱신을 위한 것이다
12/7	12. 이제, 교회를 어떻게 해야 하죠?	(1) 교회의 존재 방식: 고체, 액체, 기체 교회
		(2) 시간을 여행하는 공동체가 되자
		(3) 우리 몸과 영을 훈련하자

[표 3] 2017년 시리즈 설교 제목과 내용

일시	2017 Season 10	
9/13	1. 어떤 시대가 종교개혁을 부르는가	(1) 개혁을 기념하는 법
		(2) 개혁의 조건들.
		1) 고통의 시대
		2) 비타협적 인간형
		3) 대안을 살아보기
9/20	2. 솔라 피데(1): 왜 믿음으로 의롭게 여김 받는 것일까?	(1) 어떤 믿음인가?
		(2) 믿음과 행함은 대립되는가?
		(3) 믿음은 그리스도에 대한 신뢰다
		(4) 그리스도를 믿는 '나의' 믿음을 성찰하라
9/27	3. 솔라 피데(2): 믿는 자의 자유를 가졌는가?	(1) '솔라 피데'는 신학을 넘어선다
		(2) '솔라 피데'와 '믿는 자의 자유'
		(3) 나의 '솔라 피데'와 타자의 '솔라 피데'

10/11	4. 솔라 스크립투라(1): 왜 성경의 권위인가?	(1) 아드 폰테스(ad fontes)와 기독교의 근원 (2) 성경 텍스트 저자와 독자 사이 (3) 예수 그리스도, 하나님의 말씀
10/18	5. 솔라 스크립투라(2): 성경 해석의 다양성은 위협적인가?	(1) 성경의 권위를 인정한다는 것 (2) 해석의 다양성, 위협인가 기회인가? (3) 오늘날의 성경 해석을 위하여
10/25	6. 솔라 스크립투라(3): '그리스도의 믿음'의 의미는 무엇일까?	(1) '그리스도의 믿음'으로 구원받는다 (2) '십자가의 신학' 대 '영광의 신학' (3) 제자의 삶, '자기 십자가를 지고 그리스도를 따르라'
11/1	7. 성직주의 없는 교회는 가능한가?	(1) 성직주의(clericalism)란 무엇인가? (2) 양들의 침묵: 삯군 목자와 거짓 예언자에게는 저항하라 (3) 양들의 침묵: '하나님 앞에 단독자'들의 공동체
11/8	8. 직업과 일상에서 구원받았습니까?	(1) 종교개혁은 신앙의 탈주술화를 지향했다 (2) 종교개혁은 '세속화'를 초래했다 (3) 오늘의 종교개혁은 다시 직업과 일상으로 향해야 한다
11/15	9. 교회 분열을 어떻게 볼 것인가?	(1) 하나의, 거룩한, 보편적, 사도적 교회 (2) 종교개혁과 교회 분열 (3) 그리스도가 계신 곳이 교회다
11/22	10. 가나안 신자는 새로운 종교개혁의 주체인가?	(1) '가나안 성도'의 이중적 의미 (2) 그리스도인의 주체성·정체성 재발견 (3) 새로운 종교개혁인가, 오래된 종교개혁인가?
11/29	11. 여성들에게 '종교개혁'은 어디에 있을까?	(1) 인간이지만 사람은 아닌 존재들 (2) 한국교회와 여성 (3) 새로운 종교개혁?
12/6	12. '헌금'과 '세금', 낼 것인가, 말 것인가?	(1) 세금과 헌금이 문제다 (2) 맘몬과 하나님 그리고 종교개혁 (3) 자본주의 시대의 기독교 신앙

3) 진격의 가나안: 성 밖으로

'진격의 가나안'이라는 제목은 α대표의 책 『가나안 성도 교회 밖 신앙』

중 9번째 나오는 항목의 제목이다.[44] 여기서 그는 가나안 신자들이 마치 일본 애니메이션에 나오는 사람들처럼 "성벽 바깥으로 나아가기로 선택한 이들…"[45]이라고 한다. 그리고 자신이 이 책을 쓴 이유가 "전혀 길이 아니라고 생각했던 곳에서 바다가 갈라지는 경험을 할 수 있기"를 바라는 것[46]이라고 했다. 책을 읽고 성안에서 성 밖으로 나아갈 가나안 신자들이 진리를 찾아 진격하기를 바란다는 것이다. 이런 의미에서 S모임의 설교는 성 밖으로 나아가는 가나안 신자들에게 길을 보여주고, 싸울 무기를 공급하는 것과 같다. 다시 말하면 이 설교 시간은 무기 저장고인 셈이다. α대표가 제시하는 길은 그의 책에서 답을 찾을 수 있다. 그는 "성인용 기독교가 필요하다"라는 항목 중 소제목으로 "시대의 물음에 귀 기울이기"라는 단락을 싣고 "우리는 사회와 인간관계에 대한 막연한 환상과 무지에서 벗어나 현실을 제대로 알고, 대안적 삶을 살아야 한다"고 주장했다. 이것은 당연히 정치와 사회 문제를 포함하는 것이고, 한 예로 '동성애' 같은 문제이다. 그리고 이 같은 삶을 위해 종교 개혁적 정신에 따라 평신도에게 신학을 돌려줘야 한다고 한다.[47] 그 신학은 그동안 신학 권력적으로 주장되어 기존 교회 안에서만 구원이 있다는 편협한 신학에서 벗어나 '교회 개념의 확장'을 정당화하며, 기존 교회를 넘어 세상 속에서 새로운 '에클레시아'를 형성할 수 있다.[48]

α대표의 설교 요점은 교회 안에서 교회 밖으로, 주어진 신학에서 재발견하는 신학 그리고 이 모든 것을 세상 속에서 실천하며 살아내는 것을 말한다. 결론은 교회 안의 사적인 신앙에서 교회 밖의 공적인 신앙으로 나아가는 것이다. 이런 개념들은 그의 설교를 통해 누누이 강조된다. 2016년 12월 7일의 "사회발전을 위해 세속 성자는 무엇을 할 수 있나요?"라는 제목의 설교에서 그는 "다 망해버린 세상에서 우리만 행복할 수 없다"고 전제한다. 이로 인해 "양심이나 정서적인 부담이 존재"한다. 따라서 "우리 주변이 왜 이렇게 망했는지 세상을 읽어"내야 한다. 또한

"사회를 그대로 내버려 두기에는 개인도 성할 수 없다는 사실을 실감"해야 한다. 그러므로 "세속 성자로서 우리는 어떤 방식으로 사회에 개입할 수 있을까?"를 스스로 판단하고 선택하며 결단해야 한다. 이러한 촉구는 그의 설교 전반에 걸쳐 반복되는 주제이다. 설교 제목이 달라도 그것을 풀어내는 과정과 결론은 언제나 개신교인들의 삶과 사회에 연결된다. 이날의 설교에도 이런 사회 현상과 그것을 대하는 개신교인들의 신앙적 자세로 인해 '공공선'과 '시민 교양'에 관심을 가지는 것은 자연스러운 것이라고 하고 있다. 그의 설교의 목적은 개인의 종교에 머무는 '사사화된 신앙'을 벗어나고 한 교회의 종교에 머무는 '사사화된 교회'가 아닌 '공공신앙'을 갖출 것과 이를 통해 개신교라는 종교 자체가 '공공 종교'로서의 역할을 해야 한다고 강조한다.

4) 성찰적 근대화의 수용과 사회참여

이런 면에서 한국 가톨릭의 사회참여는 좋은 예시가 될 수 있다. 두 관계를 연구한 오세일은 한국 천주교가 지속적으로 교세를 확장할 수 있는 배경에는 여러 학자의 분석처럼 '반독재', '인권', '사회운동'과 같이 정치적 민주화를 지향한 사회참여에 있다고 보았다.[49] 이것이 가능한 것은 제2차 바티칸 공의회에서 결정한 대사회적 관점이 '성찰적 근대화'(reflexive modernity)를 수용하고 전개했기 때문이다. 그에 의하면 "제2차 바티칸 공의회는 현대 세계의 변화를 거부하지 않고 그 세계 안에서 복음적 가치를 성찰적으로 인식한 종교적 세계관을 준거로 사회참여에 관한 새로운 방향성을 정초하였다는 점에서 교회의 코페르니쿠스적인 혁명으로 비유된다."[50] 새로운 방향성은 "종교와 정치 공동체의 고유한 영역을 분명히 인정하지만, 정교분리의 원칙을 절대화하지 않는다."[51] 이는 사회구조를 구체적이며 포괄적으로 공동선을 증진시켜야 할 대상으로 한다.[52] 한국 가톨릭은 이를 바탕으로 군부 독재정권과 대결하고, 타 종교를 포용하며, 그들과 함께 시민사회 운동에 연대한다.[53] 결론적으로 오세일은 제2차 바티칸 공의회가 종교에 대한 새로운 세계관을 수용하고, 이를 신학적으로 제시한 것으로 설명하며, "종교의 사회참여에 대한 논리를 이해하고자 할 때, 종교인 행위자들의 실천적, 전략적 행위에 영향을 미치는 종교의 세계관 역할에 주목하지 않을 수 없다"[54]고 주장한다.

α대표의 설교는 사회참여에 대한 새로운 세계관을 형성하도록 유도한다. 사회참여의 부족은 기존의 전통적 교회가 사회로부터 비판받아 왔던 가장 큰 이유 중 하나였다. 2021년 한국갤럽의 조사에 의하면 "요즘 우리 사회에서 종교의 영향력이 증가하고 있다"는 설문에 비종교인들의 긍정적인 응답은 15%에 불과했다. 이는 처음 조사가 시작된 1984년의 63%에서 현저히 감소한 종교의 영향력을 보여준다.[55] 그동안 교회는 정교분리의 원칙을 고수하고 사회참여로부터 멀어졌던 것이 사실이다. 그러나 1517년 루터가 가톨릭에 대해 '95개조 반박문'을 발표함으로써 촉발된 종교개혁은 의도치 않게 유럽 사회에 큰 변화를 일으켰다. 루터의 '만인제사장설'은 자유와 평등에 관한 인식을 새롭게 함으로써 유럽 민주화에 영향을 끼쳤다. '성속 이원론의 철폐'는 당시 등장하기 시작한 자본주의적 사고(思考)를 더욱 구체화하는 계기가 되었다.[56] 이런 역사적 사실을 볼 때, 루터로부터 시작된 종교개혁은 신앙뿐 아니라 사회에도 큰 영향을 준다는 것을 알 수 있다. S모임이 루터의 종교개혁과 본질의 회복은 사회에도 영향을 주는 것이다. S모임이 루터의 종교개혁을 지향하는 것은 이와 무관하지 않다. 종교개혁의 정신을 회복하는 것은 곧 세상과 사회에 대한 종교적 역할을 재확인할 뿐 아니라 이를 구체화하고 실천하는 계기가 된다. α대표의 설교는 루터의 정신을 되살리는 것, 즉 기독교인들이 종교개혁적 정신을 회복함으로써 사회적 역할 또한 회복해야 한다는 것이다. 그리고 이런 것은 개인의 '성찰'을 요구한다. S모임의 예배

에서 '성찰'의 개념이 포함된 것은 가톨릭이 근대화된 세상과 사회를 '성 찰적 근대화'로 파악하는 것과 같은 개념이라고 할 수 있다.

5) 설교의 사사화: 교회 비즈니스

'종교의 사사화'(privatization of the religion)는 한국 개신교의 약화를 가져왔다는 것이 연구자들의 중론이다. 특히 설교는 종교를 더욱 사사화 (私事化)하는 가장 큰 역할을 하는 것으로 인식되고 있다. 한국교회 설교 의 사사화를 연구한 이승진은 설교의 사사화(privatization of the Gospel)를 "설교 행위와 설교 소통의 사건이 미치는 영향력이 한 개인의 취사선택 의 문제에 국한되지 않고 일반 사회와 차별성을 갖는 대안 공동체의 형 성과 이를 통한 일반 사회의 변혁을 이끌어 내지 못하고 그저 한 개인의 사적인 영역에서 일어나는 심리적인 갈등을 해소하기 위한… 개인의 선 택 문제로 국한되는 것"[57]이라고 설명한다. 이런 설교가 가능한 것은 종 교 시장의 논리와 교회 성장의 논리가 작용하기 때문이다. 한국교회가 성경적인 교훈과 가르침을 고집하지 못하는 것은 종교 시장에서 소비되 기 때문인 것이다.[58] 신앙의 사사화가 한국에만 국한된 문제는 아니다. 하트(Stephen Hart)도 미국에서의 종교 사사화의 이유를 여섯 가지로 분 류하면서 종교 시장(The religious marketplace) 논리가 사사화의 가장 중요 한 이유 중 하나로 언급하고 있다. 그에 의하면 "교회는 사업과 같이 비즈 니스와 같은 기능을 하며 고객과 잠재 고객의 요구를 충족시키기 위해 설교를 디자인한다"[59]는 것이다.

종교 사사화를 통한 설교는 기업의 비즈니스처럼 거래의 품목이 된 다. 일부 대형 교회에서는 설교를 주제별로 목록화하고 상품화해서 판매 하는 부서가 따로 있다. 이때 신자들은 상품의 구매자가 되어 판매처로 몰려들거나 온라인 거래가 이루어진다.[60] 이는 등록 교인들도 마찬가지이다. 이런 상품들은 특별 세일 기간이 있거나 패키지로 묶어서 판매하기도 한다. 목회자의 인기가 높을수록 비즈니스는 더욱 활성화된다. 그리고 목회자의 인기는 소비자의 취향과 니즈(needs)를 충족시키는 정도에 따라 달라진다.

6) 변화와 개혁의 대안 공동체: 설교의 궁극적인 목적

종교의 사사화는 대형 교회를 유지하는 근간이 된다. 이런 상황에서 α대표의 설교는 언제나 공적 신앙의 역할을 강조한다. 믿는 자들이 이 세상 속에서, 사회에서, 삶의 현장에서 주제와 상관없이 그리스도의 말씀을 가지고 나아가야 한다는 것이다. 시민사회는 살아 있고, 활력이 있는 곳으로 각각 다른 방식으로 전체의 영향을 받는다. 그러나 이런 "영향력의 종류(kind)와 질(quality)은 종교의 종류와 질에 달려 있다."[61] S모임의 설교는 끊임없이 정보를 제공하고, 이를 세상과 사회에서 실천하는 역동적 삶을 살도록 격려한다. α대표의 설교는 현재, 이곳에서, 특히 한국교회와 사회에서 어떠한 일들이 일어나고 있는가를 말하고, 이에 대한 성경적 해답을 구한다. 브루그만(Walter Brueggemann)은 자신의 공공신학을 전개하면서 그 전제로 포스트모던 세계의 특징을 세 가지로 규정한다.[62] 그것은 먼저 문맥적(contextual)이다. 이제는 알고 있거나 보는 것이 서 있거나 앉는 위치에 따라서 달라진다. 이제는 자신의 상황만 주장할 수 없고, 모든 관점을 수용해야 한다. 포스트모던 세계에서는 하나의 인식론이 절대적일 수 없다. 다음으로 이런 문맥은 지역적(local)이며, 이것을 강조하거나 일반화시키면 오히려 문맥을 잃어버리게 된다. 마지막으로 이런 문맥주의와 지역주의는 본질적으로 다원적(pluralistic)이다. 문맥이 다양하고 지역적 상황이 일반화될 수 없는 시대에서 이를 인식하는 것 또한 다양하게 변할 수밖에 없다는 것이다.

이런 포스트모던적 위기에서 교회에는 세 가지 위기가 있다. 그것은 사회적 이동에 의한 전통적 목회의 위기(crisis of social displacement)이며, 하나님에 대한 재진술(crisis of respeaking)의 신학적 위기와 성경을 어떻게 읽을 것인가에 대한 방법론적 위기(methodological crisis)[63]에 대한 질문이다. 따라서 브루그만은 설교의 궁극적 목적을 '변화'에 맞추고, 개인 수준의 변화를 통해 사회적 변화를 추구해야 한다고 주장한다. 그리고 기존 사회를 대체할 수 있는 '대안 공동체'를 형성하는 것이다. 그러므로 말씀 선포의 본질은 대안적 공동체를 만들고 개혁하는 일이 된다.[64]

α대표의 설교는 끊임없이 상황과 지역 그리고 다양성을 다룬다. 그는 현재 한국의 교회적 상황과 사회적 상황 그리고 이 땅과 세상에서 일어나는 문제(issue)들을 언급하고 성경을 다양하게 적용하도록 유도한다. 따라서 S모임의 설교는 한 곳을 깊이 파기도 하고, 넓게 퍼지기도 한다. 이곳에서 다루지 못할 주제는 없으며, 적용하지 못할 문제도 없다. 그의 설교가 정치적으로, 사상적으로 한쪽으로 치우치지 않는다는 것도 다양한 사회적 문제를 언급할 자유를 가지게 한다. 그는 한 가지만 강조하거나 한 사람의 의견을 대변하지도 않는다. 정치적으로 보수든 진보든 상관없이 오직 복음주의적인 신앙으로 세상에 나아가라고 주장한다. 그러나 조직적이고 체계적인 구조의 대안적 공동체를 만드는 것에는 다소 부정적이다. 그는 "나는 원칙적으로 '가나안 목회'라는 것이나 '가나안교회'에 대해서는 부정적 입장이다"[65]라고 밝혔다. 그리고 이에 대한 여러 가지 이유를 서술하고 있다. 그 책이 출판된 시점이 2014년이라는 것을 감안하면 이런 생각이 어떻게 변했는지는 다시 본인의 의견을 들어보아야 할 것이다. 그러나 최근 모임에서 그는 기존의 교회를 변화시키기는 것이 거의 불가능하다고 보기 때문에 새로운 것을 만드는 것이 좋다는 언급을 한 적이 있다. 이는 기존 교회의 변화 가능성이 희박하다는 결론으로 인해 '대안 공동체'의 설립에 대한 판단이 달라질 수도 있음을 보여준

다. 이렇게 된다면 이 모임은 '가나안 신자'와 그들이 모이는 '모임'의 정체성을 잃게 된다.

7) S모임 설교의 기능: 공공성 고취

S모임에서 이루어지는 설교는 일방적인 선포가 아니라 가르치는 설교라고 할 수 있다. 가나안 신자가 교회를 떠난 이유 중 "일방적인 강단의 선포"는 중요한 원인 중 하나였다.[66] 목사가 강단에서 설교를 통해 일방적인 정치적 편견을 드러내거나 자신을 신격화하는 것이 교인들이 떠나게 하는 주요 요인이 된다. α대표는 한 가지 주제를 가지고 강의식으로 설교한다. 이는 그 주제에 관한 깊은 인식을 가지게 하고, 다양한 실천을 요구하기 위함인 것 같다. 시리즈 설교는 그동안 전통적 교회에서 배운 것들을 다시 수정하고, 나아가 근본부터 다시 정립하려는 목적이 있는 듯했다. 위의 표에도 나타나듯이 시리즈 설교에는 신앙의 가장 기초적 요소인 믿음, 기도, 거룩, 전도, 소명 등 마치 새 신자를 위한 성경 공부를 하듯이 가장 기본적인 것을 다루기도 한다. 그러나 이런 풀이는 사적인 신앙을 위함이 아니며, 기존 교회의 성경 공부 내용과 다르다. '믿음'은 공적인 것이어야 하고, '거룩'은 세속에서 신앙의 공공적 삶을 사는 성자들의 목표이다. '전도'는 하나님 말씀에 내포된 정의와 평화를 전하는 것이다. 이 모든 것이 개신교인의 '소명'이다. 기존 교회를 떠난 가나안 신자는 그동안 교회에서 배우고 익혔던 모든 것들에서 떠나게 된다. 그동안 배우고 익혔던 것들이 그들을 떠나게 만들기도 한다. 따라서 S모임에서 그런 배움들을 다시 수정하고 재정립하는 것은 이제 모든 것을 새롭게 시작하는 가나안 신자에게는 중요한 과정이 된다. 그리고 이것을 바탕으로 세상으로 진격하는 가나안 신자들에게 신앙적 무기를 제공하는 것이다. 그 무기는 추상적이거나 감정적인 것이 아니라 이성적이고 지식

적인 것들을 깨닫게 하고 이해시키는 것이다. 그리고 이것을 믿게 하는 것이다.

S모임은 α대표의 설교처럼 신앙이 한 개인에 머무는 사사화가 아니라 타인과 공동체, 사회와의 연결을 모색하고, 이를 위한 역량을 키우기 위해 책읽기와 토론, 세미나를 통해 스스로를 자각하고 행동하도록 하는 역할을 했다. 또한 가나안 신자가 교회를 떠난 것처럼 자신 안에 머물렀던 신앙을 벗어나 세상을 향해 떠나도록 자각시키고 파송하는 인큐베이터 역할을 하는 것으로 보인다. 가나안 신자들은 그 안에서 하나님 말씀에 근거한 공공 종교성을 가진 신앙인으로 다시 태어나게 된다. S모임의 설교는 한 개인의 종교에 머무는 '사사화된 신앙'을 벗어날 뿐 아니라 한 교회의 종교에 머무는 '사사화된 교회'도 벗어날 것을 요구한다. 개인의 삶을 통한 '신앙의 공공성'을 갖출 것과 이를 통해 개신교라는 종교 자체가 '공공 종교'로서의 역할을 해야 한다고 강조하고 있는 것이다. 그리고 이런 과정은 리미널 단계에서 교정을 하고 새로운 것을 생성하는 역할과 같다고 볼 수 있다.

8) '누가'(Who)와 '어떻게'(How)를 위한 요구

S모임은 철저히 세속 중심이다. α대표는 그의 책에서 "우리는 '예수 믿고 천당 가는 것'을 신앙의 전부"[67]로 배웠다고 비판하고, 이로 인해 한국 사회에 타인을 배려하지 않는 '무례한 기독교'[68]가 되었다고 주장했다. 그 책의 "기독교가 세상을 만나는 방법"이라는 항목에서는 개신교가 '예수 천당'이라는 프레임에서 벗어나려면 먼저 지성인들이 사력을 다해야 하고, "이것은 목회자와 실천가들을 통해 그러한 삶을 살아내는 구체적 모델과 라이프스타일로 등장… 삶의 이야기로, 교육 현장과 시민운동과 창업과 공직과 언론과 논밭과 공장과 병원과 법정으로

종횡하며 삶의 결을 만들어내야 한다"[69]고 주장한다. 그러면서 이렇게 반문하고 있다.

> 왜 기독 의료인들이 무료 진료를 통한 선교와 전도에 힘을 쏟는 것 이상으로 한국 의료계의 부조리한 간행들에 대한 가장 강력한 양심적 개혁집단으로는 자리매김하지 못했을까? 왜 기독 법조인들이 단지 교회 관련 사법 분쟁의 자문 역할에 그치지 않고, 사법개혁의 무시 못 할 중요한 주축 세력으로 인식되지는 못했을까? 매번 총선을 거쳐 국회의원이 된 이들 중에 40%가 넘는 숫자가 개신교인인데, 왜 이들이 여야 가리지 않고 양심적 정치개혁 세력의 대표집단으로 중심을 잡고 있지 못한 것일까? 왜 우리는 권력과 명예와 영향력의 정점에 기독교인을 이미 많이 밀어 놓고서도, 한국 사회가 끊임없이 부정과 부패로 허공을 맴돌 때 사회를 지탱할 양심 세력이 되지 못하는 것일까? … 개신교 신앙이 '공적 영역'을 지탱하고 '공론장'의 핵심적 지지자로 기능하는 것은 거의 생각해 보지 못하는 것일까?[70]

α대표의 글을 이렇게 길게 인용한 것은 S모임이 무엇을 추구하고 있는가를 이 문장에서 잘 드러내 주고 있기 때문이다. 여기에는 정치를 비롯해 사법, 의료 등 사회 전반에 걸친 개신교인들이 참여할 수 있고, 참여해야만 하는 부분을 말하고 있으며, 참여할 수 있는 방법까지 설명한다. 그러면서 이를 위해 기독교가 갱신되어야 함을 역설하며 "그것은 한국 사회의 갱신, 곧 이 무정하고 무법하고 무지한 사회를 다음 세대를 위해 더 살기 좋은 곳으로 변모시키는 일에 결정적인 기여가 될 것이다"[71]라고 확신한다. 그러면서 "누가 할 것이며, 어떻게 할 것인가?"[72]라고 질문을 던져야 한다고 주장한다. 따라서 S모임은 바로 이 일을 위한 모임이 된다. 모든 설교와 기도, 책 읽기 등은 '누가'(Who)와 '어떻게'(How)에 대

한 답을 추구하는 과정인 것이다. 이 모임에 참석하는 가나안 신자들이 '누가'에 대한 답이 되며, 이곳에서 나누는 설교와 기도, 책 읽기 등은 '어떻게'에 대한 답이 된다. 그리고 이 모든 것은 초월적 저 너머가 아닌 철저히 이 땅에서 이루어진다. 앞서 본 것처럼 S모임의 의례는 온전히 이 목적에 초점이 맞춰져 있다. 이런 면에서 S모임은 주기도문에 나타난 것처럼 "뜻이 하늘에서 이루어진 것처럼 땅에서도 이루어지이다"를 철저히 실천하려는 목적을 가진다. 그리고 설교는 끊임없이 이것을 상기시킨다.

6. S모임의 '질문하는 그리스도인'

1) "숨 막힘"

가나안 신자에 대한 연구에서 반복적으로 언급된 것 중 하나는 '질문'에 관한 것이다. 가나안 신자가 교회를 떠날 수밖에 없었던 현실적 문제 중 하나는 교회 안에서 자신들이 원하는 답을 얻을 수 없었다는 것이 크다. 자신들이 믿는 신앙에 대한 궁금증이 더할수록 이에 대한 답을 얻기란 거의 불가능하다는 결론에 이른 것이 교회를 떠나게 된 중요한 동기가 되었다. 이런 질문들 자체가 금기시되거나 물어본다고 해도 제대로 된 답을 얻을 수 없는 것이 교회의 구조라면 α대표는 이런 상황을 "숨 막힘"[73]이라고 표현했고, 정재영은 "딱 벽에 부딪혀서 더 이상 나갈 수 없었다"[74]고 설명했다. 기존 교회 대부분의 설교는 진리로 검증되는 과정이 없기에 일방적인 선포가 되고, 이에 대한 질문은 허용되지 않는다. 이런 시간이 반복되다 보면 자신의 신앙에 회의를 느끼거나 심지어 불신에 이르기도 한다. 따라서 질문한다는 것은 자신의 신앙을 재확인하고 성장할 수 있는 기회가 된다.

S모임 예배의 다섯째 순서인 '5. 말씀 나눔' 후에는 질문 시간이 있다.

이 순서는 바로 전에 들은 설교에 관해 질문하는 시간이다. 그러나 질문은 그것에 한정되지 않는다. 설교에 관한 것에서 종교에 관한 것, 주제와 관련된 개인의 경험담과 삶과 신앙에 대한 불만들 그리고 나름대로 한 진단과 대안 제시 등 질문의 내용에는 모든 것이 포함된다. 예를 들어 "로잔언약, 성·속의 문제를 어디에 적용할 것인가,[75] 명성교회 세습, 종교개혁의 에라스무스,[76] 무교회주의, 종교가 아니라 영성,[77] 종북, 동성애 지지, 교회 개혁,[78] 서울 에너지 공사 시위에 동참, 개신교의 노동 윤리, 돈하고 교회하고 분리되지 않음"[79] 등 교회와 세상의 전반적인 문제들을 질문한다. 이런 질문들을 보면 S모임과 가나안 신자들이 얼마나 다양한 사회적 현상에 관심을 가지고 있는가를 알 수 있다. 그리고 실제적으로 이런 질문들은 설교에 근거한 질문들이라는 점에서 설교 자체가 다양한 사회 문제를 언급하고 있다는 것을 알 수 있다. 이 시간에는 설교 내용 중 이해되지 않는 것을 다시 확인하기도 하고, 설명을 듣기도 한다. 질문은 순서 없이 자유롭게 발언한다. 손을 들거나 의사표시를 하지 않는다. 누구나 자유롭게, 다양한 질문을 할 수 있다. 질문은 설교자에게 하기도 하고, 질문된 내용을 다른 사람이 재질문하거나 그에 대한 자신의 견해를 말할 수도 있다. 설교자의 일방적인 설교를 듣고 끝내는 것이 아니라 그 설교를 다시 논의하고 질문하며 분석하기도 한다.

이 시간에는 두 가지 특징이 있었다. 첫째, 이런 질문들은 대부분 특정한 답을 얻을 수 없었다. α대표도 이 시간을 주도하지 않았다. 특별히 그에게 답을 요구하는 것은 나름대로 의견을 표출했지만, 대부분 그 질문에 다른 사람들이 답을 하도록 유도하는 것 같았다. 그러므로 이 시간에는 질문에 대한 나름대로 의견들을 말하는 시간이 되는 경우가 많았다. 이는 α대표가 자신을 이 모임의 '설교자'의 역할에 한정하려는 것일 수 있다. 이 모임은 계급적 직분이나 그 외 참석자들을 분류할 수 있는 기준이 전혀 없다. 따라서 '평등성'이 보장된다. 이런 상황에서 설교자가 모든 것을 답할 이유가 없고, 무엇보다 자격도 없다. 이는 기존 교회에서 설교자가 모든 것에 답을 해야만 하는 의무를 가지는 것과는 다르다. 둘째, 이런 질문들은 서로에게 교회와 사회의 문제들에 대한 환기를 시키는 역할을 했다. 질문 시간은 서로에게 자신이 알고 있는 정보들을 나누는 역할도 했다. 첫째의 역할처럼 질문은 서로의 의견을 나눌 수 있는 계기가 되었다. 누군가 교회나 사회의 문제들에 대해 말을 하면 이것을 알고 있는 다른 사람이 말을 하면서 정보가 공유되는 것이다. 이렇게 함으로써 이런 사실에 대해서 몰랐던 참석자들도 특정한 사안에 대해서 새로운 정보를 얻는 시간이 되었다.

질문 순서는 S모임의 가장 핵심적이고 중요한 시간이며, 이 모임의 특성을 잘 보여준다. 필자가 참여하여 관찰하는 동안 대부분의 질문은 신앙이 어떻게 자신들의 삶의 현장에서 적용될 수 있는가와 한국교회의 부정적인 면에 대한 것이 많았다. 신앙을 어떻게 돈독히 할 것인가와 어떻게 성장시킬 것인가는 전혀 질문되지 않았다. 정치적인 문제나 개인의 고민이나 상담 같은 것들이 질문되는 경우는 거의 없이 설교에 대한 질문과 이 모임이 강조하는 공적 신앙의 적용 등에 관한 질문이 대부분이었으며 또는 그런 삶의 어려움을 나누는 시간이기도 했다. 질문 시간은 설교의 내용에 대한 확대 재생산의 역할을 했다. 이 시간은 신앙인들의 삶에 대한 개인적 견해를 밝힐 뿐 아니라 이런 삶의 공통분모로 인해 서로의 동질성을 느끼는 역할도 하는 것 같았다.

2) 일방적 선포와 교회 세습의 정당화

기존의 전통적 예배에는 질문 시간이 순서에 들어가지 않는다. 말씀은 하나님의 계시를 대신 전하는 것이기에 의문이나 질문이 있을 수 없다. 말씀은 선포하는 것이지 '질문'(question)하거나 '되-알림'(feedback)

하는 것이 아니다. 만약 이런 것이 필요하다면 그것은 성경 공부 시간이나 심방 때 개인적으로 해결해야 한다. 그러나 그것도 대부분 설교를 다시 이해하기 쉽게 설명하는 것일 뿐 설교 내용에 대한 비판이나 재해석은 가능하지 않다. 대부분의 한국교회 설교는 일방적 선포의 형식이며,[80] 설교 내용에 대한 질문도 없고, 반론도 없다. 설교가 다시 언급되는 경우는 성경 공부인데 이 시간에는 목사의 설교를 질문지 형식으로 만든 후 이를 다시 확인하고 각인하는 시간이 된다. 일부 교회에서는 목사의 설교를 각 연령별, 교회학교별로 세분해서 다시 공부할 수 있도록 작성한다. 성인들에게는 그대로 만들기도 하지만, 교회학교에 속한 중고등부나 유초등부의 경우 이들이 이해하기 쉽도록 다시 만든다. 또는 이를 주중에 이루어지는 '구역예배' 때 예배지로 사용하기도 한다. 결국 전 교인이 한 주간동안 담임목사의 설교를 공부하며 답습하는 것이다. 따라서 이런 순서들은 모든 교인을 획일적으로 사고하게 만들고, 일률적인 신앙을 형성하는 데 지대한 역할을 한다. 담임목사의 신학과 신앙적 가치관이 일방적으로 선포되고, 성경 공부나 구역예배를 통해 답습되며 확대 재생산되는 것이다.[81] 그리고 이렇게 형성된 신앙관은 그 교회의 전통이 되고 특성이 되어서 외적으로 광고되고 선전되기도 한다. 이런 과정들이 축적된 교회의 신앙적 전통은 그 교회의 고유한 것이 되어 상표권 특허를 내듯이 특정화된다. '교회의 사유화'(privatization of Church)는 이렇게 구축된다. 그러나 이런 현상은 결국 한국교회의 가장 위험한 요인으로 나타난다. 교회의 전통과 일률적으로 학습된 신앙관은 교회 세습을 정당화하는 도구가 되거나 시대의 변화를 거부하면서 자신들의 신앙만 고수하는 폐쇄적인 구조로 전락한다. 이렇게 전통적으로 유지되어 온 신학과 신앙적 가치관은 외부에서 후임이 들어올 경우 훼손된다는 이유로 세습을 정당화시키는 기제로 작용한다.

2017년 12월 12일 한국의 대표적인 대형 교회인 명성교회에서는 아들이 세습하는 '취임 예배'가 열렸다. 명성교회의 세습 문제는 교계의 많은 반발과 반대운동을 일으켰다. 이런 반대에도 불구하고 세습하는 이유는 무엇일까? 같은 해 3월 19일에 명성교회에서 아들의 청빙에 관한 공동의회가 열렸다. 그 후 나눠준 공식 유인물에는 자신들의 세습을 합리화하는 몇 가지 이유가 실렸다. "교회의 설교 및 교회의 안정성과 건강성 지속", "교회 혼란을 가져올 가능성과 지속적인 안정", "전임자와 후임자 사이에 나타나는 문제점을 줄일 수 있다" 등으로 결국 전임 목사가 구축한 신학과 신앙적 통일성을 유지한다는 것이 주제였다.[82] 목사로부터 구축된 교회의 사유화가 교회 세습의 가장 큰 이유가 되는 것이다.[83] 세습의 정당성 근거로 사용된 논리들은 후임이 외부에서 들어올지라도 갈등을 빚다가 쫓겨나는 가장 큰 원인이 된다. 그리고 이런 현상은 교회를 화석화(fossilization)시키는 역할을 한다. 물이 흘러 다시 공급되는 순환 구조를 가지지 못하고 고인물이 되는 것이다.

웨스트필드(Nancy Lynne Westfield)는 흑인 학생들은 "남자가 가정과 교회의 지도자가 될 수 있는가"를 질문하고, 백인 학생들은 "흑인 민권운동은 그들만의 운동인가"를 질문하며, 그들 모두 "어째서 교회에 속한 사람들은 성서와 신학에 대해 더 알려고 하지 않는가?"라고 질문할 것이라고 했다. 그리고 학생들이 질문하도록 가르치는 것이 해방적인 행위이고, 자유를 실천하는 가르침이라고 주장했다.[84] 즉, 흑인 학생들이나 백인 학생들이 남자의 가부장적 권위나 흑인 민권 운동에 관한 것까지도 성서와 신학에서 답을 찾기를 원한다는 것이다. 그렇기 때문에 이들이 질문하는 것은 폐쇄된 가치관을 해방하는 것이고, 굳어진 신앙에 자유를 주는 행위가 된다. 단순히 믿음, 신앙, 기도 등과 같은 원론적인 것이 아니라 성서는 세상의 모든 것에 답을 줄 수 있고, 따라서 이런 것들에 대해 질문을 해야 한다는 것이다. 그리고 이렇게 질문하도록 가르치는 것이 진정한 자유를 실천하는 길이라는 것이다. 그러므로 질문은 진정한 그리스도인들의 모든 권리이며, 이를 실천하는 것이야말로 자유이고 해방이 된다.

S모임의 신앙고백인 '양심의 자유'와 '신앙의 자유'란 바로 이런 것을 의미한다. 따라서 이 모임에서 질문하는 행위와 그 시간은 가장 핵심적이며 이 모임의 정체성을 잘 나타내는 과정이라고 볼 수 있다. 필자의 견해로 S모임의 가장 중요한 순서는 '신앙고백'과 '질문 시간'이라고 생각한다. 여기에 가나안 신자가 원하는 신앙의 자유가 가장 잘 드러나기 때문이다. 따라서 기존 교회에서 풀지 못하고 결국 이로 인해 교회를 떠날 수밖에 없었던 이들에게는 이 시간에 질문하는 것이 자신을 해방하는 길이며 진정한 자유를 얻는 시간이 된다.

7. S모임의 기도: 현실적이고 사회적인 이슈 중심

1) 공개된 기도 제목

기도 시간은 사회자가 "우리를 부르시고, 우리를 이끄시며, 우리를 통해 일하시는 하나님"이라고 선창을 하면, 참석자들은 "우리가 늘 주의 뜻을 알게 하시고, 그 뜻을 위해 기도하게 하시며, 그 뜻을 위해 일하며 살게 하소서"라고 응답하면서 시작된다. 선창과 응답에서 알 수 있듯이 기도는 '우리를 통해 일하시는 하나님'과 '그 뜻을 위해 일하며 사는 것'이 강조된다. 역시 은혜나 경배, 축복 같은 개념들은 나타나지 않는다. 이것은 '공공 기도'라는 명분이기도 하지만, 설교와 마찬가지로 '공공선'에 대한 이 모임의 방향 때문이기도 하다. 인터넷에 게재된 기도 제목 맨 아래에는 다음과 같은 문구가 있다.

'세속 성자의 기도'는 세속 성자 S모임에서 매주 함께 드리는 중보기도문입니다. 한국교회와 사회, 온 세계를 위한 기도문입니다. 각 교회나 신앙 공동체별로 필요하신 대로 사용하셔도 됩니다.[85]

다른 곳에서 이 기도 제목을 사용하기 위해서는 사적이거나 개인적인 기도 제목, 영적인 기도 제목 등은 다룰 수 없다. 공동기도문으로 사용하도록 개방하는 것에서 기도의 방향을 알 수 있는 것이다. 이 분석에서는 기도의 내용에 관한 구체적인 분석은 시도하지 않고, 주제에 관한 것을 대상으로 한다. 기도 제목은 항상 세 가지가 주어진다. 2014~2015년의 기도 제목은 '청어람ARMC'의 홈페이지에 실려 있고, 2016~2017년까지의 기도 제목은 순서지에서 자료를 얻었다. 순서지에 나와 있는 기도 제목과 횟수는 다음과 같다. [86]

[표 4] 기도 제목별 분류

2014년 9월 17일~12월 10일(총 13회)	
주제	횟수
세월호	13
사회적 약자	5
세계 평화	4
일상의 실천과 삶	4
진리(언론, 온라인 음모 등)	3
교회	3
S모임	2
국가(정치, 사회 시설 등)	2
시민단체	1
한반도 평화	1
공의, 정의	1
수능	1

[표 5] 기도 제목별 분류

2015년 9월 9일~12월 10일(총 12회)	
주제	횟수
세월호	15
사회적 약자	5
국가(정치, 사회 시설 등)	5
교회	5
세계 평화	4
일상의 실천과 삶	4
한반도 평화	3
수요 모임	1
수능	1

2) 세월호와 수능

비슷한 주제는 통합하고 분류한 결과 총 83회로 나타났다. 이런 기도 제목을 통해 다음과 같은 사항을 알 수 있다. 첫째, '세월호'에 대한 기도 의 횟수 및 위치이다. 위의 기록에서 세월호에 대한 기도는 총 28회로 압도적으로 많을 뿐 아니라 세월호 문제에 대한 기도는 항상 첫째 기도 제목으로 실렸다. 세월호에 대한 기도 제목이 제일 첫 줄에 위치하는 것 은 이 문제를 가장 중요하게 다루는 것이며, 세월호 문제에 대한 사회적 의문이 해소되지 않는 상황에서 끊임없이 이를 환기시키려는 것으로 보 인다. 다음으로 '사회적 약자'에 대한 기도 제목이 많았다. 이 기도 제목 은 총 10회로 이는 S모임의 목적으로 볼 때 당연한 것으로 보인다.

둘째, '세계 평화'에 관한 기도 제목은 총 8회로 이는 한국이라는 지역 적 관심에 머무르지 않고 세계적인 것으로, 기도의 폭을 넓히는 것으로 보인다. 내용도 테러, 난민, 국제 분쟁, 각 나라의 대통령 선거 등으로 공 통의 관심사가 될 만한 주제이다. 종교의 사사화나 신앙의 사사화로 인 한 문제들이 한국교회의 약점으로 거론되어 왔던 만큼 S모임의 기도 제 목은 세계적 관심사까지 폭을 넓히는 것을 알 수 있다. 기도 횟수를 보면 이런 기도 제목은 형식적으로 들어가는 것이 아닌 일상적 기도 제목이라 는 것을 알 수 있다. 그러나 이런 기도 내용에 관한 것은 설교 때 자주 언급되지 않는다. 그런데도 이런 기도 제목이 자주 올라오는 것은 가나 안 신자들에게 '성 밖으로' 관심을 돌리라는 의도적인 유도인 것 같다. 또한 설교에서 자주 다루지 못하는 주제를 기도 제목을 통해 보완하려는 의도도 있다. 일상의 삶과 신앙 실천에 관한 기도도 8회로 피안적이고 추상적인 신앙에서 삶에 적용되고 실천되는 것을 강조하고 있다.

셋째, 흥미로운 것은 '수능'에 관한 기도의 위치이다. 마침 수능이 목 요일에 시행되어서 그 전날 S모임 때 기도 제목이 어떻게 이루어지는가를 보는 것은 의미가 있었다. 2014년 11월 12일의 S모임 때 수능일이 다음날임에도 불구하고 세월호 다음인 둘째 기도 제목으로 실렸다. 이는 2015년 11월 11일 기도 제목에서도 마찬가지로 수능일이 다음날임에도 불구하고 기도 제목은 역시 세월호 다음의 둘째이다. 2016년 11월 16일은 다음 날 17일이 수능이었음에도 세월호와 민주주의/정의 다음인 셋째였다. 2017년 11월 22일 S모임에서도 수능일이 다음 날인 23일임에도 기도 제목은 한국교회 세습, 지진피해자를 위한 기도 다음 마지막인 셋째이다. 수능은 온 나라가 관심을 가지는 문제이고, 국가 전체가 역량을 결집시키는 날이기도 하다.

그런데도 왜 수능에 대한 기도는 둘째 아니면 셋째일까? 심지어 '세월호'에 대한 기도가 기도 제목 첫째를 차지하던 몇 년을 거쳐 세월호에 대한 기도 제목이 사라져버린 다음에도 수능은 둘째가 아니면 셋째로 밀렸다. 수능에 대한 기도문들을 살펴봐도 이에 대한 뚜렷한 이유는 알 수 없었다. 한 가지 추측할 수 있는 것은 세월호나 한국교회 세습, 지진피해자 같은 경우에는 좀 더 공적인 부분을 띄지만, 수능의 경우는 엄밀하게 사적(私的)인 일이라는 것이다. 교회 세습의 경우 교인들과 한국 기독교 전체에 영향을 주는 문제이고, 지진피해자는 자연재해로 인한 국가적 대응이 필요한 부분이지만, 수능은 개인의 문제라고 할 수 있다. 그렇다면 S모임의 공동기도 제목은 그야말로 공적인 부분에만 치우친 것으로 볼 수 있다. 사적인 부분의 경우 그것이 아무리 국가 전체가 개입하고 국민 대부분에게 영향을 주는 것이라 할지라도 기도의 우선순위가 될 수 없는 것이다. 그러나 공적인 것의 의미가 공공의 장소에서 공공으로 하는 기도라고 할 때, 사적인 것일지라도 공공으로 할 수 있다는 면에서는 기도의 내용들이 한쪽으로 치우쳤다고 볼 수도 있다.

넷째, '세월호'에 대한 기도가 사라진 시점이다. 세월호에 대한 기도는 언제나 기도 제목의 첫째였다. 그러던 것이 2017년 4월 5일 모임부터 세월호에 대한 기도 제목이 완전히 사라졌다. 기도 순서가 바뀐 것이 아니라 기도 제목 자체에서 없어져 버렸다. 이는 극도의 정치적 혼란을 겪던 사건과 무관치 않다. 2017년 3월 10일 헌법재판소는 박근혜 대통령 탄핵을 전원일치로 판결했다. 이후 3월 15일 S모임의 기도 제목에는 몇 년 동안 첫째 기도 제목으로 실렸던 세월호에 대한 기도 제목이 사라졌다. 위치 변동이 아니라 기도 제목으로 실리지도 않은 것이다. 그 후 2주에 걸쳐 다시 첫째 기도 제목으로 실리더니 4월 5일 이후 완전히 없어져 버렸다. 이는 세월호에 대한 나름대로 해결책이 제시되었다고 판단한 것으로 보인다. 이와 같이 S모임의 기도는 사회적 이슈에 대해 몇 년 동안 우선순위에 올릴 만큼 집중력을 보였다. 다른 나라의 대통령 선거까지 기도 제목이 될 정도로 폭도 넓다. 한국 사회의 문제뿐 아니라 전 세계적인 관심까지 다루는 것은 이 모임이 철저히 신앙의 공공성을 목적으로 한다는 것을 보여주며, 이들이 추구하는 사회정의, 세계 평화가 서로 연관되어 있다는 것을 나타낸다. 그러나 특정 이슈를 첫째 기도 제목으로 올리고 이를 몇 년 동안 지속한다는 것과 당시 재임 중이던 대통령이 탄핵을 받았고 그 문제에 대한 후속 조치가 없음에도 기도 제목을 바로 내린 것은 정치적으로 한쪽으로 치우친 성향과 특정 정당을 지지하는 것처럼 보일 수도 있다.

3) 임시 중보기도와 통성기도

순서지에 기록된 기도 제목을 기도한 후에는 임시적으로 '중보기도'의 시간이 있다. 여기서 '임시'라고 한 것은 이 순서는 순서지에 없고, 사회자가 언급할 때도 형식적으로 묻는 것처럼 보이기 때문이다. 기도 순서가 끝난 후 사회자는 함께 기도할 제목이 있는지를 묻는다. 이때는 개인의 고민이나 앞둔 시험, 일들, 취업, 바람 등에 대한 기도 제목을 내놓

기도 한다. 그러나 아무도 응답이 없을 경우 곧바로 예배는 마무리된다. 따라서 이 순서는 임시적이고 순간적인 과정이 된다. 그러나 기도 제목이 있을 경우 함께 기도하게 되는데 이때 필자는 두 가지를 확인할 수 있었다. 첫째, 이 모임이 신앙의 '사회적 참여'를 목적으로 구성되고, 참석하는 가나안 신자들도 이를 지지하지만, 개인적인 기도의 제목은 가지고 있다는 것이다. 물론 신앙인이라면 누구나 여러 기도 제목이 있을 수 있지만, 이런 모임에서 사적이고 어쩌면 기복적일 수도 있는 제목의 기도가 있다는 것은 이 모임이 '신앙인'의 모임이라는 것을 다시 확인하는 것이고, 그것이 초월적인 실재(God)에 근거한 신앙이라는 것을 확인할 수 있었다. 물론 이 모임에서는 초월적 신을 추구하지 않지만, 개인적인 신앙적 정체성은 초월성에 근거하고 있음을 알 수 있다. 그리고 이것은 이 모임이 커지지 않는 가장 큰 이유가 되는 것으로 보인다. 즉, 신앙인이라는 정체성은 초월성에 근거하는 것이고, 이는 곧 개인의 바람이나 욕망을 소원하는 행위가 필요하다는 것을 의미한다. 종교가 기본적으로 기복(祈福)적[87]이라는 것은 개인적인 성취를 위한 종교의 역할을 잘 나타낸 것이다. S모임에서 이런 점이 거의 없다는 것은 이 모임의 한계를 설정하는 기준이 될 수 있다.

둘째, 함께 기도하는 것에 소위 '통성기도'도 허용된다는 것이다. 함께 기도할 때 기도하는 방식은 크게 두 가지로 나뉘었다. 마치 기도하지 않는 것처럼 머리만 숙이고 있는 사람들이 있는 반면에 입으로 소리를 내서 기도하는 사람들도 있었다. 입으로 소리를 내서 기도한다는 것은 일반 교회에서 주로 기도원이나 금요 기도회 때 하는 방식이다. 이런 방식이 이 모임에서도 일어날 수 있다는 것이 이 모임을 새롭게 판단하게 했다. 입으로 소리를 내서 기도하는 사람들은 대부분 목회자나 교회 중직자 자녀들이었다. 이들은 어려서부터 교회에서 자랐고, 이런 교회 관습에 익숙한 것처럼 보였다. 그렇다고 큰 소리를 내는 것은 아니고, 주로 입으로 웅얼거리는 정도이다. 그런데도 앞에서 진행된 순서들이 공적 문제들에 대한 것들이 전부였고, 바로 전의 기도 순서가 다양하고 넓은 공적 제목의 기도이기에 이런 분위기는 일관되어 보였다. 이런 상황에서 사적인 기도를 소리 내어 할 수 있다는 것은 이 모임이 한쪽으로만 편향된 것이 아닌 일반적 신앙을 공유하는 모임이라는 것을 확인시켜 주었다. 그리고 이는 터너(Victor W. Turner)의 '두 사회 모델'이 서로를 통해 공유하는 부분이 있다는 것을 다시 한번 보여준다. 필자가 의외라고 생각한 것은 α대표가 소리 내어 기도한다는 것이었다. 냉철하고 이성적이며 논리적으로만 보였던 사람이 먼저 소리 내어 기도한다는 것은 이 모임이 차가운 분위기와 메마른 모임으로 머무는 것을 방지하는 역할을 하는 듯했다. 그리고 이는 이 모임이 신앙인들의 모임이라는 것을 다시 확인할 수 있는 계기가 되었다. 이 시간은 이성과 감성, 현실과 초월, 교회와 모임의 균형을 잡으려는 노력처럼 보였다.

4) S모임 공기도와 한국교회 공기도

이처럼 S모임의 기도는 정치, 사회, 세상을 망라한다. 그리고 이런 기도 제목은 극단적인 공공성을 나타내는 것으로 보일 수도 있다. S모임의 기도는 기존의 전통적 교회에서 행해지는 '공기도'(公祈禱)와는 전혀 다르다. S모임의 공기도는 공공적 성격을 띤 기도로써 타인과 전 세계를 대상으로 하지만 한국교회에서 공기도라고 할 때는 함께 모여 기도한다는 의미가 강하다. 한국교회는 '새벽기도'나 '금요 철야'를 통해 교회 성장을 주도해 왔다고 알려졌다. 그러나 이런 기도는 공공의 장소에서 드려지는 공공 기도임에도 불구하고 대부분 지극히 사적인 기도를 공적으로 표현하는 것에 불과한 경우가 많다.[88] 이른바 '통성기도'라는 것은 공동의 기도 제목으로 함께 모여 소리를 내서 기도하는 것임에도 개인의 기도를 표현하는 수단으로 사용된다. 사적인 기도를 개인의 기도로 하고, 함께 모여서 기도할 경우에는 공공성에 합당한 기도가 있어야 함에도 여전히 사적인 기도의 시간으로 간주하는 것이다. 공적인 기도를 한다고 해도 다른 기도 제목의 보조적인 역할을 하는 경우가 많고, 기도 제목이나 다양성은 제한되어 있는 경우가 많다. 김상백은 이런 기복적인 신앙이 '병든 신앙'이라고 진단하고, 병든 신앙은 자신과 가족의 안녕(安寧)과 복(福)을 위해 하나님을 이용할 뿐이라고 지적한다.[89] 이런 면에서 한국의 전통적 교회의 기도가 기복적인 측면으로 기우는 경향이 있다면, S모임의 기도는 공공성으로 치우친 면이 있을 수 있다.

α대표는 "기도는 무엇이며 어떻게 해야 하나요?"라는 설교[90]에서 여러 가지 기도에 대한 정보를 제공한 후 결론에서 "이 모임의 공동기도가 개개인의 문제뿐 아니라 '우리가 함께 연대해서 이러한 것들을 구합니다' 그리고 '이런 삶을 위해서 우리가 헌신하겠습니다'라는 공동의 결단이 여기에 포함되어 있다"고 말하고 있다. 기도에 관한 그의 설교는 지극히 정석적이며 하나님과의 관계 속에서 기도해야 한다는 것을 강조한다. 또한 '주기도문'을 설명하며 '개개인의 문제'도 기도의 대상이라는 것을 설명하고 있다. 역시 결론 부분에서도 '개개인의 문제'가 기도의 대상이라는 것을 분명히 밝히고 있다. 그런데도 S모임의 공동기도 제목에는 개인과 하나님과의 관계에 대한 기도 제목이 없다. 있다 해도 사회적으로 관련된 사항들이 하나님과 연관될 수 있도록 하는 것에 머문다. 물론 공동의 기도 다음에 사적인 기도 제목을 나누는 시간은 있다. 그리고 이 시간에는 α대표도 개인적인 기도 제목을 나누기도 하지만, 이런 시간은 공식적인 순서에 포함되지 않는다. 따라서 참석자들이 사적인 기도 제목을 내놓지 않는다면 지나가 버리는 형식적인 것에 불과하다. 사적인 일일지라도 공동으로 기도하면 공동기도가 된다. 그런데도 S모임에서는 철저하게 사회와 연관된 것에 한정하는 듯했다. α대표는 그의 책에서 기독교

신앙의 실천적 삶을 강조하면서 이렇게 말하고 있다. "나는 개신교 신앙이 공적 영역을 지탱하는 데 기여한 역사가 오래된, 뿌리 깊은 전통이라고 생각한다."[91] 이런 전통이 오늘날에도 사회참여를 통한 신앙으로 자리매김하도록 강조하는 S모임의 방향과 맞닿아 있는 것처럼 보인다.

5장

S모임 가나안 신자의 신앙 특성

S모임에 참석하는 가나안 신자의 신앙적 특성은 오늘날 탈권위적이고 탈교회적인 모습을 보여준다. 이들은 S모임이 지향하는 신앙의 공공적 실천에 공감을 하는 사람들로서 이 모임에 와서 새로운 것을 깨달았다고 하는 사람도 있고, 이미 가지고 있었던 생각이 더욱 공고히 하게 되었다는 사람도 있었다. 새롭게 깨닫게 되었다는 사람은 기존의 교회에서 가르쳤던 내용과는 전혀 다른 내용을 이 모임을 통해 알게 되었다고 했다. 이미 독서나 다른 모임을 통해 전통적 신앙 가치관에 회의를 가졌던 사람들은 이곳에서 자신들의 생각을 수정하고 보충하면서 신앙의 공적 역할에 대해 자신의 삶으로 체현하려는 생각이 많았다.

이들은 대부분 전통적 교회에서 신앙생활을 하는 부모들이 있었고, 특히 목회자 자녀들이 많았다. 이들의 공통적인 의견은 부모들이 자신들의 신앙을 충족시켜주지 못했다는 것이다. 따라서 이들은 '외적 가장'의 경험들이 있으며, 이 때문에 마음의 부담을 안고 있는 경우가 많았다. 일찍 교회를 떠나지 못한 것은 부모에게 부담을 지울 수는 없었기 때문이었고, 그래서 자신의 신앙을 숨기고 열심히 교회 봉사를 하는 경우도 있었다. 모태(母胎) 신앙으로 교회 환경에서 성장했지만 자신의 신앙에 대한 만족감을 가질 수 없었던 이유는 교회가 이들의 영적 질문에 답을 줄 수 없었던 것이다. 이들이 S모임에 나오는 이유는 '질문'을 할 수 있기 때문이었다. 교회에서는 신앙에 대한 질문을 할 수 없는 환경이라는 것이다. 교회는 일방적인 선포와 가르침만 있을 뿐 현대의 환경 속에서 수없이 많은 의문에 대한 답을 제공하지 않는다. 특히 신앙적이고 영적인 질문은 한계가 있을 수밖에 없다. 이는 교회가 신학 위에 존립하고, 이를 바탕으로 신앙적 환경을 조성할 수밖에 없기 때문이다. 그러나 이들의 질문은 그 신학의 범위를 벗어나거나 부정하는 경우도 있었다. 따라서 교회에서 듣는 답은 일정한 한계를 가질 수밖에 없었고, 그것은 자신들의 의문에 대해 답을 구할 수 없는 환경이 되는 것이다. S모임에 참석하는 목회자 자녀나 교회 중직자 자녀들에게 이런 문제는 동일하게 불만으로 나타났다.

신학적 범위는 윤리의식에도 적용된다. 예를 들어 동성애 같은 문제에 대해 이들은 자유로운 생각을 가지고 있었다. 따라서 동성애에 관해 부정적 의견을 가지고 있는 전통적 교회와 부딪힐 수밖에 없는 것이다. 이러한 대립은 이들로 하여금 교회가 정치적이나 사회적으로 고립되어 있고, 적절한 대응을 하지 못하는 곳으로 인식되게 한다. 교회가 탈현대적(post-modernism)인 상황에 적절히 대처하지 못한다고 생각하는 것이다. 이들은 자신들과 '같은 생각'을 하는 사람들을 찾아 이 모임에 온다. 그때까지 교회 안과 밖에서 많이 방황을 하다가 이곳에 오는 것이다. 따라서 이 모임은 이들에게 일종의 해방구 같은 역할을 하는 것으로 보인다. 자기의 신앙과 생각을 지지해주는 사람들이 있는 것이 이들에게는 큰 힘이 되는 듯했다.

이들은 자력적인 신학과 신앙을 추구한다. 이들은 개신교인임에도 성경을 절대적이고 유일한 기준으로 수용하지 않았다. 따라서 성경의 '구원'이나 '천국', '영원성' 같은 사항들을 새롭게 해석하고 있었다. 이들에게 이런 개념들은 초월적인 것이 아니라 현재적인 것으로, 오늘날 이 사회에서 일어나야 하는 현상으로 보는 경우가 많았다. 기독교의 우월성이나 탁월성 같은 것은 받아들이지 않았다. 기독교는 여러 종교 중 하나라고 인식하고 있었으며, 다른 종교에서 구원도 가능하다고 보는 경우도 있었다. 이런 면에서 종교다원주의(pluralism)를 거부하지 않았다. 이는 자기들이 기독교인이라는 정체성에 아무런 영향을 주지 않는 것 같다.

이들은 다양한 독서를 통해 자신들의 의문에 대한 답을 구한다. 이들이 접하는 책들은 신앙 서적 이외에도 정치, 사회, 과학 등 다양했다. 이런 독서를 통해 자신들의 신앙적 의문에 답을 구하는 한편 사회적 참여에 대한 의식도 키운다. 그리고 이런 신앙적 특성은 신앙의 공공성에 동의하고 재현하려는 특성을 내포하는 것으로 볼 수 있다. 이처럼 이들이 가진 신앙적 특성을 통해 신앙의 공공성에 참여하는 신앙은 과연 어떤 신앙적 특성에서 기인하는 것인지, 그 차이점은 무엇인지를 일정 부분 알 수 있다.

이 장에서는 그와 같은 신앙적 차이의 문제를 다루는데, 먼저 교회 중직자 자녀들을 중심으로 부모와 다른 신앙을 가진 배경과 차이를 살펴본다. 다음에는 그렇게 신앙의 차이가 발생하는 원인 중 하나로 나타나는 교회 조직의 한계 문제를 다룬다. 교회 조직은 신학적 전통에서 자유로울 수 없다는 사실이 드러난다. 이어서 이런 분리가 신학의 차이에서 발생하며, 가나안 신자들은 전통적 신학이 아닌 개인적 독서와 세미나 등을 통해 개인 신학을 추구한다는 점을 설명한다. 개인의 신학은 개인의 의례로 이어지는데, 이렇게 개인과 가족의 신앙적 에토스를 드러내는 의례 문제를 마지막으로 다루었다.

I. 부모와 '다른' 신앙

가나안 신자의 신앙은 부모의 그것과 완전히 다르다. 오늘날 교회나 부모가 이들의 신앙을 이해하지 못하는 것은 이와 같은 괴리 때문이다. 부모의 신앙이 초월적이라면 이들의 신앙은 현실적이다. 부모의 신앙이 개인적이라면, 이들의 신앙은 사회적이다. 기복적인 신앙인가 아닌가도 차이를 만들어 낸다. 무엇보다 탈구조주의 시대의 신앙은 절대적인 하나의 권위를 인정하지 않는다는 점에서 신은 그 유일성을 잃어버린다. 이 절에서는 교회의 중직자를 부모로 둔 가나안 신자들을 중심으로 이들의 신앙이 부모의 신앙과 어떻게 다른지를 다루었다. S모임의 가나안 신자 중에는 교회의 중직자 자녀들이 많았으며 고정적으로 참여하는 성향을 보였다. 이들은 교회와 부모로부터 올바른 신앙을 교육받지 못한다고 생각하며, 이는 현실적 감각에 대한 답을 구할 수 없다는 것을 의미한다.

1. 이중적 잣대의 대상: 중직자[1] 자녀들

S모임의 특징 중 하나는 목회자 자녀와 교회 중직자 자녀들이 비율적으로 많이 참석한다는 것이다. 필자가 이 모임에 참석하면서 그들의 수를 계수해보니 평균 4~5명 정도였다. 더구나 이들은 간헐적 참석자가 아닌 거의 매주 모임에 참석하는 고정적 참여자들이었다. 매주 평균 14~17명 정도가 참석하고, 그중에서 꾸준히 참석하는 사람들을 10~12명 정도로 헤아린다면, 그 수치는 결코 적은 것이 아니다. 꾸준히 참석하는 출석 인원의 30~40%가 목회자 자녀이거나 교회 중직자 자녀인 것이다. 따라서 이들의 신앙적 특징을 살피는 것은 가나안 신자의 신앙적 특징을 알아보는 데 매우 중요하다. 왜냐하면 이들은 목회자나 교회 중직자의 자녀들로 부모를 따라 오랜 기간 교회에서 신앙생활을 한 사람들이

기 때문이다. 목회자의 자녀나 교회 중직자의 자녀인 경우 자신이 원치 않아도 교회의 모든 활동에 참여하게 된다. 어릴 때부터 교회학교에서 신앙 교육을 받고 여러 수련회에 참석한다. 그뿐만 아니라 여러 기관에서 봉사도 해야 한다. 특히 부모가 교회를 개척하거나 선교사의 자녀일 경우 자신의 재능에 상관없이 교회의 전(全) 부서에서 봉사해야 하는 경우도 있다. 따라서 이들은 교회의 신학과 신앙 체계를 가장 많이 체험한 사람들이며, 잘 알고 있는 사람들이기도 하다. 또한 교회의 태생적 한계와 불합리한 점도 누구보다도 잘 알고 있기도 하다.

그러나 무엇보다도 이들은 교회에 긍정적인 경향일 가질 수 있다. 부모가 목회자이거나 교회 중직자일 경우 이들은 자기들의 부모가 교회를 책임지고 인도하는 것을 가장 가까이에서 보았고 또 한 가족으로서 같은 의식을 가지게 된다. 그런데도 이들이 교회를 떠나거나 부모와 다른 신앙을 가진다는 것은 상당한 의식의 변화와 많은 고민이 있을 수밖에 없다. 따라서 이들의 신앙적 특성을 연구하는 것은 가나안 신자들을 이해하는 데 더 깊은 통찰을 줄 수 있다. 이들을 분석하는 또 한 가지 이유는 이들이 S모임에 고정적이고 지속적으로 출석하고 있기 때문이다. 이들은 가끔 한 번씩 출석하거나 왔다 갔다 하는 참석자들이 아니라 매주 고정적으로 출석하고 있었다. 출석 기간은 다르더라도 출석한 때부터 현재까지 고정적으로 출석하는 사람들은 거의 이들뿐인 것으로 보인다. 이것은 어려서부터 부모와 함께 고정적으로 교회를 출석하는 것이 체화되었기 때문으로 보인다. 따라서 이들은 이 모임의 특성과 과정을 누구보다도 잘 알고, 자신들의 신앙적 정체성을 추구하는 데 일관된 과정을 가지고 있다. 이런 배경들은 가나안 신자의 신앙적 특성을 분석하는 데 좋은 자료가 될 수 있다.

1) 더 많이 질문하는 사람들

부모들이 교회 목회자이거나 중직자인 경우에도 불구하고 이 모임에 참석하는 것은 환경적인 요인도 작용한다. O는 부모님이 두 분 다 선교사였지만, 지금은 건강상의 이유로 은퇴한 상황이다. P는 아버지가 지방 교회의 장로 직분을 받을 예정이다. 이 경우에 부모가 이미 현직에서 은퇴하거나 지방에 거주하기 때문에 서울에 있는 본인은 다른 교회를 출석할 수밖에 없다. 그러나 이런 상황에서는 대부분 부모의 신앙적 특성에 따라 같은 교단이나 비슷한 성향을 지닌 교회나 종교 단체로 가는 것이 일반적이다. 그런데도 O와 P는 S모임에 참석하고 있다. 이들과는 달리 부모가 현재 어떤 교회 중직자이거나 출석하던 교회가 가까운 곳에 있었던 이유로 참석하게 된 경우도 있다. Q는 아버지가 목회자인데 은퇴한 교회에 여전히 출석하고 있다. 그런데도 매주 S모임에 참석한다. R은 부모가 장로, 권사인데도 본인은 그 교회에 참석하지 않는다. S의 경우도 부모가 안수집사와 권사로서 현재 같은 교회에 출석 중이지만, 주중에는 모임에 나오고 있다. U는 어머니가 교회의 전도사인데도 주일에는 그 교회에, 주중에는 S모임에 출석하고 있다. 이들은 충분히 부모가 있는 교회에 정착해서 출석할 수 있지만, S모임에 정기적으로 참여하고 있었다. 주일에는 부모가 있던 교회에 출석하면서도 주중에는 S모임에 나오는 경우도 있고, 아예 부모가 출석 중인 교회에는 나가지 않는 경우도 있었다. 이들이 부모가 현재 출석하거나 출석했던 교회가 있음에도 S모임에 나오는 이유를 질문했을 때 응답은 대부분 비슷했다.

> 이곳에 나오는 이유는 대화를 할 수 있기 때문이고, 내가 살고 있는 시대에 대한 이야기가 있는 곳이면서 동시에 신앙적인 내용이 공유되는 것이어서입니다. (R)

교회에서 말하지 않는 내용들을 듣고 나눌 기회가 되기 때문입니다. (Q)

열린 대화가 가능하다는 점으로 인한 편안함이었습니다. 특정한 종류의 얘기가 나와서 그런 것은 아니고, 그냥 발언이 가능하다는 점이 매력적이었습니다. (P)

이들이 S모임에 나오는 이유는 교회에서는 할 수 없었던 질문들과 이야기들을 이곳에서 할 수 있기 때문이다. 이런 이유는 단지 중직자들의 자녀들뿐 아니라 이 모임의 가나안 신자들에게 공통된 사유였다. 이들은 왜 질문을 많이 할까? 그것은 어려서부터 부모를 따라 교회에 가고 여러 봉사를 하면서 교회의 생리에 대해서 잘 알고 있기 때문일 것으로 보인다. 그들은 대개 다른 것과 비교할 수 있는 기회도 없이 한 교회에서 한 가지 신앙만을 가지고 있었지만, 성장하면서 이런저런 경로를 통해 새로운 것을 알게 된다. 그러나 부모의 신앙적 공고함 때문에 그런 문제들을 질문할 엄두를 내지 못하게 된다. 앞서 언급한 바와 같이 전통적인 기존의 교회에서는 그런 질문과 이야기가 차단될 수는 있어도 자기들이 원하는 답을 얻을 수 없는 경우가 대부분이다. 특히 부모가 교회 목회자이거나 중직자일 경우 그런 이야기나 질문은 더욱더 하기 힘든 환경이 된다. 목회자의 자녀나 중직자 자녀들은 성장하면서 교회 공동체가 자기에 대해 이상적인 기대감을 가진다고 인식하면서 더 힘들어한다. 특히 자아정체감을 형성하는 청소년기에 들면서 목회자 자녀나 교회 중직자 자녀에 대한 교회의 기대감과 자신의 삶과의 괴리 때문에 힘들어하는 것이다. 교회 공동체는 자신들의 신앙과 목회자나 중직자 자녀의 신앙은 다르다는 이중적 기준을 가지고 판단하는 경우가 많다. 그리고 이 기준에서 벗어났다고 판단될 때는 비난의 대상이 된다.[2] 그럴 경우에 목회자나 중직자 자녀는 이상적 기대와 현실적 자아의 차이로 인해 갈등을 겪게 된다. 그리고 자기가 가진 신앙적 의문이나 그에 관한 질문은 하기가 더욱더 어려워진다. 일반 교인이 아닌 목회자나 중직자의 자녀일 경우에 그런 질문은 부모의 목회에 역행하는 것이고, 교회 중직자의 가정으로 신앙적 모범을 보여야 하는 상황에도 어긋나는 것이기 때문이다. 이들이 어떤 면에서든 신앙의 모본이 되어야 하는 위치에 있다는 것은 오히려 신앙의 성장에 방해가 될 수도 있다.

이런 상황이 심화될 경우에 그들의 내적 갈등은 더욱더 커지고, 나아가 교회와의 괴리도 더 벌어지게 된다. 이들이 부모의 교회에 출석하지 않는 이유도 이런 갈등과 괴리를 해소할 수 없었기 때문인 경우가 크다. 일반 교인의 경우에는 신앙적 갈등은 외부에서 해결하거나 다른 신앙적 행동으로 해소할 수 있다. 그러나 목회자나 중직자 자녀의 경우에는 교회 공동체가 일정한 기준을 가지고 판단하고 있고, 여기에 역행하는 돌출된 행동이나 사고(思考)는 부모와 함께 비판의 대상이 될 수도 있기 때문에 갈등은 더 심화된다. 결국 이러한 것들이 해결되지 않을 때 부모의 교회를 떠나지 않고 출석한다 할지라도 소속되지는 않는 상황이 된다. 이러한 내적 갈등은 개인의 신앙적 체험을 통해 해소될 수 있다. 개인의 신앙적 질문에 대한 답을 얻고 체험을 통해 해결되는 것이다. 즉, 이러한 갈등은 개별화된 신앙 체험을 통해 극복된다.3

S모임에 나오는 목회자나 중직자 자녀는 대부분 이런 과정을 겪고 있는 것으로 보인다. 부모가 목회자이고 중직자이기에 더욱 질문할 수 없고 숨겨야만 했던 신앙적 의문들과 갈등을 이 모임을 통해 해소하는 것이다. 이는 개별화된 신앙 체험을 통해 극복하는 과정이기도 하다.

2) 목회자 부모로부터 충족되지 않는 신앙

지금 S모임에서 노출되고 있는 문제는 목회자 자녀나 중직자 자녀들만의 것이 아니다. 오늘날 한국교회의 위기는 신앙인들의 질문에 대답을 할 수 없다는 것이 중요한 요인이 된다. 그동안 교회가 가르치던 것에 만족하던 신앙이 시대적 변화와 다양한 사상의 출현 그리고 이로 인한 질문들이 신앙에 접목되지 못한 것에서부터 출발하는 것이다. 그동안의 신앙이 '무엇을'(What), '어떻게'(How)라는 것이었다면 지금의 신앙은 '왜'(Why)라는 요소가 중요해졌다. 그동안 의심 없이 받아들이던 신앙에서 그것을 '왜' 해야 하는지에 대한 질문을 하는 시대가 된 것이다. 따라서 부모의 신앙을 그대로 답습하는 것이 아니라 자신만의 해답을 줄 수 있는 곳, 자신의 질문을 나눌 수 있는 곳 그리고 그 질문에 대한 답을 들을 수 있는 곳을 찾아다니게 된다. S는 부모님이 안수집사고 권사이다. 그러나 그는 "여러 가지 이유로 신앙, 교회, 기독교, 종교에 회의를 가지고 있던 차…"에 S모임에 나오기 시작했다. 그리고 그 회의에 대한 답을 이곳에서 찾는 것이다. U는 어머니가 교회의 전도사이다. 같은 교회를 출석 중인 U는 경기도 양주에서 1시간 40분 전철을 타고 이 모임에 출석한다. 그는 어머니의 직분이 전도사임에도 이곳에 나오는 이유를 이렇게 말했다.

> 교회에서 충족시킬 수 없는 더 학술적인 내용을 들을 수 있고, 나와는 다른 경험을 갖고 있는, 그러나 비슷한 고민을 하는 신자들을 만날 수 있기 때문입니다. 만남을 통해 종교적 의구심을 해소하며, 교류를 통해 생각을 환기시킬 수 있습니다.

U의 경우 어머니가 전도사로서 전문적인 신학 교육을 받은 사람이

고, 현재 교회에서 목회자로서 사역하고 있는데도 자기의 신앙적 고민에 대한 답을 구할 수 없었다고 했다. 이는 대부분의 가나안 신자가 안고 있는 고민이기도 하다. 기존의 교회에서 동일하게 답습되는 성경 공부와 설교가 현재의 삶과 세상에 대한 답을 줄 수 없다는 한계를 깨닫기 시작할 무렵부터 이들의 고민은 시작된다. 그런데도 여전히 해결할 수 없다는 절망감이 교회를 떠나게 하거나 다른 모임을 찾아다닐 수밖에 없는 상황을 만드는 것이다.

그동안 한국교회는 기독교가 한국에 들어온 이후부터 현재까지 거의 변하는 않는 성경 해석과 적용을 고수해 오고 있다. 시대가 변하고 사회의 현실들과 삶의 다양성이 급격하게 변하고 있는 상황에서 교회만이 몇 가지 기준을 고수하며 무리하게 현실을 해석하려고 하면서 괴리가 생기기 시작한다. 자신이 이해하고 납득되어야만 수용하는 시대적 변화를 한국교회는 준비하지 못한 것이다. 문제는 그들의 신앙이 부모의 신앙과 전혀 다르다는 것이다. 그리고 이런 현상은 목회자나 중직자의 자녀에게도 마찬가지이다.

청소년기 때부터 부모님의 신앙과 직분에 연연하지 않았습니다. (R)

부모님이 목회자셨다는 것이 신앙을 가지고 성장하는 계기가 되긴 했지만, 신앙적 채색은 부모님께 큰 영향을 받지 않았습니다. 중학생 때부터는 기숙학교에 다녀서 교회 생활도, 신앙생활도 부모님에게서 상당 부분 독립하게 되었습니다. 따라서 요즘 다니는 교회나 모임이 부모님 성향에도 불구하고 다니는 것이라기보다는 부모님과 무관하게 다니는 것이라고 말하는 것이 정확한 것 같습니다. (O)

이들은 대부분 모태신앙이거나 오랜 기간 신앙을 한 사람들이다. 그런데도 부모의 신앙과는 전혀 다른 신앙을 찾아가고 있다. 그리고 그것은 부모와 다른 성향이 아니라 부모와 '무관'하다.

2. 윤리의식의 차이

R은 부모가 장로, 권사인데도 본인은 중학교까지는 예장 고신, 중학교부터 대학 때까지는 예장4 합동, 대학 졸업 후에는 예장 통합 그리고 현재는 성공회를 출석하고 있다. 예장 고신은 보수적인 교단으로 알려져 있다. 성공회는 좀 더 자유로운 신학적 배경을 가진다. 예장 교단 중 가장 보수적으로 알려진 교단에서 시작해서 지금은 전혀 다른 교단으로 옮긴 것이다. 어쩌면 이런 행태는 '교회 쇼핑족'5으로 폄하될 수 있다. 그러나 R과 대화를 하면서 그가 신앙에 대해 진지한 고민을 하고 있다는 것을 알 수 있었다. 그는 단순히 교회의 환경적 요인이나 개인의 취향에 맞는 설교를 찾아서 다닌 것이 아니다. 또 거리가 가까운 교회로 옮긴 것도 아니다. 실제로 그는 경기도 광주에서 S모임이 있는 서울 신촌까지 이동하며 참석하고 있었다. 성공회로 옮기기 전까지 다녔던 교회도 서울에 위치해 있어서 역시 먼 거리를 출석하였다. 또 한 교회를 다니는 기간도 결코 짧지 않다. 중학교 때까지, 중학교에서 대학 때까지, 대학 이후의 기간을 보면 10여 년 이상을 한 교회에 정착한 것으로 보인다. 따라서 그를 '교회 쇼핑족'이라고 말하기는 어렵다. 성공회로 옮기기 전까지 다녔던 교회는 한국의 대표적인 대형 교회였다. 그러므로 교회의 편의나 명성 때문에 성공회로 옮겼다는 것도 이유가 될 수 없다. 그가 옮긴 성공회는 직전에 다니던 교회에 비해 훨씬 작은 규모의 교회이기 때문이다. 교회 중직자 자녀인 그는 교회를 옮긴 이유를 이렇게 말했다.

다니던 교회에서 동성애 반대 서명을 받았습니다. 교인 중 한 명이 동성애 반대 단체의 회원인데 전 교인을 상대로 동성애 반대 서명을 받았고, 교회에서는 예배 중 서명 운동을 광고했습니다. 이런 분위기에서 저도 있을 수 없었지만, 특히 아이들을 두고 싶지 않았습니다. 사회참여 문제, 근본주의적 신앙 강조, 신앙의 내면화 강조, 유사과학인 창조과학 지원 등은 참을 만했고 언젠가 변하리라 생각했지만, 이런 적극적인 서명 운동은 인내의 한계치를 넘게 하는 것이었습니다.

그가 교회를 옮기게 된 이유는 교회 안에서 일어나는 여러 가지 일이 자신의 신앙적 가치와 맞지 않다는 것을 확인했기 때문이다. 부모의 신앙과 관계없이 R은 자신의 기준으로 신앙을 판단하고, 교회를 옮겼다. 또 부모의 신앙과 다른 자신의 모습을 보면서 자신의 자녀들은 그런 전철을 밟지 않도록 하려는 노력도 있다. 그는 곧 하던 모든 봉사를 내려놓고 교회를 옮겼고, 아내도 그해 연말까지 맡은 봉사를 끝낸 후 합류했다.

O는 목회자 자녀였고, 중학교 때부터 기숙학교에 다녔다. 그런 이유로 부모의 신앙적 영향을 크게 받지 않았다고 볼 수 있다. 또 자신의 신앙적 취향에 따라 교회를 선택하는 것이 자유로웠다고 볼 수도 있을 것이다. 그러나 반드시 그렇다고 일반화할 수는 없다. 한 연구에 의하면 목회자 그룹이 집사 그룹이나 일반 신자 그룹보다 가정에서 신앙 교육을 더 잘 실천하고 있고, 더 중요시하는 것으로 나타났다. 또한 집사 그룹도 일반 신도보다 교회 교육에 대한 만족도가 더 높다고 조사되었다. 이 연구에 의하면 "나는 가정을 기독교교육의 중요한 현장이라고 생각한다"는 문항에서 목회자의 96.4%가, 장로·권사의 84.4%가 '그렇다'와 '매우 그렇다'에 응답했다.[6] 교회 직분이 달라질수록 가정과 교회에서 실시되는 신앙 교육에 더 많은 관심을 갖는다는 것이다. 이를 보면 O의 경우는

중학교 때부터 부모와 떨어져 있었다 하더라도 그 전의 성장기에 이미 충분한 신앙 교육과 부모의 사역 현장을 체험했을 것이다. 부모와 떨어져 성장하면서도 부모의 사역이 무엇인지를 안다는 것은 또 다른 교육이다. 물론 높은 관심을 가진다고 하더라도 그것이 가정에서 신앙 교육의 실천으로 이어지지 않는 경우도 있을 것이다. 그러나 기본적으로 가정뿐 아니라 교회 생활에서 부모가 사역을 하거나 중직자로서 교회 일에 열심일 때, 이를 가까이서 함께 하면서 형성된 교회의 환경이나 신앙은 자신의 신앙 정체성에 큰 영향을 주었다고 보아야 한다. 그러므로 O가 목회자 부모와 다른 신앙을 가지는 것은 단순히 중학교 때부터 부모와 격리되었기 때문이라고 할 수 없는 것이다.

3. 정치적·사회적 '인푸트'의 부족

위에서 보았듯이 목회자나 중직자의 자녀들은 교회 안에서 얻은 여러 가지 갈등을 숨긴 채 성장하는 것이 일반적이다. 그러나 자신의 신앙적 정체성을 고민하다가 어떤 계기를 만나면 이런 모든 배경을 극복하게 된다. 어려서부터 목회자의 자녀로, 교회 중직자의 자녀로 교회 공동체의 기대와 기준에 맞춘 신앙이 개인적으로 성장하면서 신앙의 정체성을 찾으려고 하는 시도에 의해 포기되고 벗어나게 된다. 앞서 말한 R의 경우에 온 가족이 함께 출석하고 있었고, 자신과 아내도 봉사를 하는 교회를 떠나게 된 이유는 '동성애 반대 서명'이었다. S의 경우도 자신이 가나안 신자가 된 사건을 "2017년 교단 총회에서 결의된 여러 내용이 직접적인 원인"이라고 했다. 2017년 9월 18~21일에 대한예수교장로회(통합) 제102회 총회가 열렸다. 여기에서 논의된 내용을 요약하면 ① 이단을 사면한 것에 대한 직전 총회장의 사과, ② 고 김재준 목사의 제명·파면을 철회, ③ 산하 신학교 총장 인준, ④ 여성 총대 할당제 거부, ⑤ 한국기독교교회협의회 탈퇴 등이다. 여기서 문제가 되는 것은 '한국기독교교회협의회 탈퇴'에 관한 것이다. 총회에서는 이 단체가 친(親)동성애 정책을 펼치고 있다고 주장하며 탈퇴할 것을 요구하고,7 동성애자와 옹호자를 통합 측 산하 신학교에 입학할 수 없도록 결의했다. 이에 여러 단체가 충분한 논의를 거치지 않았다며 재론을 요구한 것이다.8 '여성 총대 할당제' 거부도 시대의 흐름에 역행하는 것으로 반발을 가져왔다. 특히 총회를 폐회하면서 발표된 '교단 입장문'에서는 동성애뿐 아니라 "동성결혼의 합법화를 반대"한다고 명시되었다.9 S가 교회에서 마음이 떠나고 기독교에 대해 갈등이 생긴 이유를 "교단 총회에서 결의된 여러 내용이 직접적인 원인이 되었다"고 말했을 때 이런 요소들이 작용했을 것이다. 현시대적 상황에서 수용 가능하고, 수용해야만 한다고 생각했던 것들이 교단의 신학적 해석에서는 거부되었을 때 이들은 현실과 교회가 동떨어져 있다고 생각할 수 있다.

> 교회의 전체적인 분위기가 있습니다. 성장하면서 형성해 가고 있는 개인적
> 인 정치적, 사회적, 종교적 지향성과 정체성에 유의미하게 충족시켜줄 인푸
> 트(input)가 부족하다고 생각했습니다. (U)

가나안 신자에게는 신앙이 개인적인 구원으로만 적용되지 않는다. 자기가 사는 세상의 정치적이고 사회적인 문제에 대한 답을 구하고, 자신의 신앙이 세상과 어떻게 연결되는지를 알고 싶어 한다. 개인의 구원과 축복에만 매달렸던 기존의 교회 설교와 신학은 이제 더 이상 통용되지 않는 것이다. 그런데도 교회는 그들에게 유익한 정보를 '인푸트'(input)하지 못하고 있다. 그리고 이는 많은 가나안 신자가 가지고 있는 불만이기도 하다. R이나 S의 경우에 동성애를 대하는 교회와 교단의 입장에 실

망하고 있었다. 현재 사회적으로 부각되고 있는 현실적인 문제에 대한 답을 교회에서 구하지 못한 것이다. 그리고 이런 교회의 신앙은 그들에게 유의미하게 충족되지 않는다. 물론 교회가 그들이 원하는 답을 모두 줄 수는 없다. 교회나 구성원 각자가 원하는 지향성과 정체성은 다를 수 있다. 그러나 그들이 원하는 것은 '유의미한 답'이다. 정답이 아니라 자신들이 이해할 수 있을 정도의 '유의미한 답'을 원하는 것이다. 그것은 선과 악, 천국과 지옥, 구원과 같은 이분법적인 신앙이 아니라 지금의 세상을 설명하고 현재의 삶을 해석해주는 것을 말한다.

II. 같은 생각을 하는 사람들

앞에서 본 것처럼 교회 내에서는 일정한 사고(思考)와 실천이 요구된다. 이는 신앙의 통일성과 교회의 공동체성을 위한 것이지만 다변화되는 오늘날에는 시대에 적응하지 못하는 것으로 보이며, 비판의 대상이 된다. 그러나 이는 '교회'라는 정체성을 유지할 수 있는 유일한 방식이며, 따라서 '교회'와 '가나안 신자'는 서로 다른 자리를 찾아야 하는 근거가된다.

이 절에서는 교회의 구조적 한계와 S모임에 관해 설명한다. 교회는 수천 년의 신학적 바탕 위에 세워졌으며, 신학은 존립의 기반이 된다. 오늘날 교회와 가나안 신자와의 관계를 이해하기 위해서는 교회의 근거를 보아야 한다. 이를 바탕으로 S모임을 비교하면 서로의 차이점이 더욱 부각될 것이다. 그리고 이는 이 둘 각자의 존립 근거를 더욱 확실하게 하고, 나아가 서로의 공존을 인정할 수 있게 한다.

1. 교단과 교회의 한계

I에서 본 것처럼 교회의 중직자 자녀들이 S모임에 나오는 것은 다양한 이유가 있다. Q는 아버지가 교회를 개척해서 은퇴하실 때까지 교회의 성장을 지켜보았다. 아버지가 은퇴 후에도 그는 계속해서 그 교회에 출석하고 있다. 그런데도 1년만 더 봉사한 후 교회를 떠나겠다고 담임목사에게 말했다고 한다. 그가 아버지가 개척한 교회를 떠나겠다고 한 것은 새로운 담임 목회자와의 갈등이나 그 외 교회와 전임자 간에 발생할 수 있는 여러 가지 혼란스러운 이유들 때문이 아니다. 그는 아버지가 교회를 개척하는 것을 어려서부터 보았고, 아버지가 은퇴할 때까지 교회의 성장과 함께 자신도 성장했다. 그때는 교회가 개척되는 시기였고, 가족

이 함께 교회를 성장시켜야 하는 역할을 맡아야 했다. 자신의 신학과 신앙보다 아버지가 개척한 교회를 유지하기 위한 책임을 맡아야 하는 상황이었던 것이다. 그러나 아버지가 은퇴하시자 이제 자신의 신앙을 돌아보기 시작할 수 있는 여유가 생겼다. 단순히 아버지의 신앙과 다른 신앙을 추구하는 것이 아니라 그동안 교회 봉사로 인해 제대로 돌아보지 못했던 자신의 신앙을 새롭게 추구하게 된 것이다. 이렇게 신앙적으로 정체성을 정립하려고 하자 교회의 여러 가지가 불만족스럽게 보였다. 자기가 의문을 가졌던 것들과 새로운 질문들에 대한 답을 교회 안에서 구할 수 없었다. 그는 이런 질문에 대한 답을 외부에서 찾기 시작했고, S모임뿐 아니라 'C ARMC'에서 시행하는 여러 세미나에 모두 참석할 정도로 자신의 정체성을 찾기에 열심이다. 그런데도 그가 완전히 교회를 떠나지 않는 이유에 대해 그는 당장 그만두고 싶지만 1년의 유예기간을 가진 것은 교인들에게 "무엇인가 나눠줄 수 있을까 싶어서…"라고 대답했다. 그의 눈에는 교회 안의 사람들이 답답해 보였다. 교회 밖을 보면 얼마든지 새로운 것들을 볼 수 있고, 질문에 대한 답을 얻을 수 있는데도 교회 안이 전부라고 생각하고 신앙하는 이들이 답답해 보인다는 것이다. 그리고 자기가 무엇이라도 그들에게 해줄 수 있는 부분이 있지 않을까 해서 당장 교회를 떠나지 못하고 있다고 했다. 그는 교인들에게서 자신의 옛 모습을 본 것이다.

아버지가 개척한 교회이거나 부모가 목회자나 교직자일지라도 이들은 자신들의 신앙적 답을 찾아 과감히 이 모든 것을 벗어난다. 이전까지 당연시했던 신앙에 질문을 던지고, 그것에 대한 답을 얻지 못하면 부모와 다른 길을 가는 것이다. 그리고 이들은 나름대로 답을 얻는다. "이 모임에서 무엇을 얻는가?"라는 질문에 Q는 "다른 시각의 성경해석과 다양한 사람들과의 나눔"이라고 답했다. 일반적으로 교회는 교단의 성경적 해석을 그대로 수용한다. 개교회가 교단에 편입되는 것은 교단적으로 해석되는 신학에 동의하고 이를 답습하기 때문이다. 만일 이를 따르지 않을 경우에는 새로운 신학적 해석이 맞는 다른 교단으로 옮기거나 교단을 탈퇴하면 된다. 그러나 이것은 굉장히 어려운 과정이다. 교회는 대부분 교회가 창립되었을 때부터 일정한 교단의 승인을 거쳐 편입되는 절차를 밟게 되고, 그 승인의 조건 중 가장 중요한 것은 교단이 추구하는 신학적 성향에 동의하는 것이다. 따라서 교회 창립 때부터 구성되어 성장과 함께 구축된 교단의 신학적 성향을 바꾸거나 개조한다는 것은 거의 불가능하다. 먼저 교단에서 이를 허락하지 않을 뿐 아니라 교단에서 제명시키는 조치도 있을 수 있다. 교회에서 신앙하는 교인들의 반발도 있다. 이들은 이미 오랫동안 같은 신학적 성향으로 교육을 받았고, 설교를 들었으며, 이에 맞춰 신앙을 해왔다. 그러므로 목회자 한 사람이나 일부의 결의로 기존의 신학적 성향을 바꾸거나 첨가한다는 것은 곧 교인들의 반발을 불러올 수 있다. 이사를 하는 것과 같은 여러 일로 인해 교회를 옮기게 되는 경우에도 같은 교단 소속의 교회로 옮기는 것 또한 익숙한 신학에서 신앙하려는 안정성 때문이다.

1) 교회 조직의 한계

시대의 변화에 따라 다양한 교인이 있고, 다양한 질문이 대두된다 해도 교회는 여전히 전통이라는 명분으로 과거의 신학을 고수한다. 그리고 때로는 이것을 '순수한 신앙', '변하지 않는 신앙'이라는 명분으로 삼는다. 또는 '십자가 신학'이라는 이름으로 청교도 신앙을 고수해야 한다는 명분도 지닌다. 이런 이들에게는 청교도적 신학과 신앙이야말로 순수한 신학과 신앙이며, 시대가 변해도 굴복하지 말아야 할 신학의 원형(prototype)인 것이다. 이러한 교회 상황에서 일부의 질문에 응답하기 위해서 다른 시각으로 성경을 해석한다는 것은 거의 불가능하다. 따라서 다른 시각의 성경해석은 다른 교단의 교회를 찾는 것으로 해결하거나 아니면 교회 밖 모임과 세미나를 찾아다니며 개인적으로 해결할 수밖에 없다. 그러나 다른 교단을 찾는 것도 여전히 한계가 있다. 한 연구에서 316명의 가나안 신자들의 이전 소속을 조사한 결과 비교적 보수 교단으로 알려진 예장 합동과 예장 통합이 각각 61명과 49명으로, 비교적 자유로운 신학을 하는 교단인 기장과 감리교가 각각 77명과 50명으로 나타났다.[1] 보수적이라고 할 수 있는 교단이 110명, 자유로운 신학적 성향의 교단 출신이 127명으로, 자유로운 신학을 추구하는 교단 출신의 가나안 신자가 더 많다. 특히 주목할 부분은 기장 출신들이 가장 많다는 것이다.

'기장'은 한국에서 가장 자유로운 신학을 추구하는 교단으로 알려졌다. 대한예수교장로회총회(통합) 제102회 총회에서는 고 김재준 목사의 제명과 파면을 철회하는 결의를 했다. 김재준 목사는 1952년 제37회 총회에서 신구약 성경의 권위를 인정하지 않고 성경에 오류가 있다는 주장으로 제명된 바 있다. 이 징계 후에 1954년 6월 '대한기독교장로회'를 세우고, 1961년에는 '한국기독교장로회'로 교단 명칭을 바꾼다.[2] 기장의 설립 과정에서도 나타나듯이 기장은 한국에서 가장 진보적이고 자유로운 신학을 하는 교단이다. 그런데도 기장 교단 출신들이 가나안 신자에 가장 많이 포함되었다는 것은 교회라는 조직 자체의 한계가 신학의 성향과 관계없이 존재하기 때문이다. 교단의 신학적 성향에 따라 신앙에 대한 자유로운 질문과 의문을 수용하는 정도가 달라지겠지만, 교회라는 조직과 체계적인 구조상 가나안 신자가 원하는 정도의 분위기를 갖는 것은 여전히 한계가 있는 것이다. 신학적 보수와 자유에 상관없이 모든 교단과 교회는 일정한 신학적 관점을 지향한다. 따라서 조직적이고 체계적인 구조를 가진 교회나 종교 단체는 일정한 신학적 경향을 가질 수밖에 없고, 여기에서 자신의 모든 신앙적 질문과 의문에 대한 답을 찾는다는 것은 불가능할 수 있다. 한국 개신교 교단 가운데 가장 자유로운 신학을 하는 것으로 알려진 기장에서 가나안 신자가 가장 많이 나타난다는 것은 바로 교단과 교회가 지니는 한계에서 기인한다. 가나안 신자 현상은 기장 교회도 어쩔 수 없는 것이다. 그리고 이런 현상은 교회 밖 대안 종교나 모임의 필요성을 더욱 부각시킨다. 보수적이든 진보적이든 교단이나 교회라는 조직적 구조에서 가나안 신자들의 신앙을 수용하는 것에 한계를 드러낸다면, 이는 필수적으로 교회 밖에서 탈구조화되고 탈신학적인 대안 종교의 등장이 요구되는 배경이 된다. 이런 면에서 이 책의 연구 대상인 S모임이 주목되는 것이다.

여기에 소개된 목회자 자녀나 교회 중직자 자녀들의 문제는 그들만의 것으로 머물지 않는다. 이들이 고민하고 갈등을 겪었던 문제들은 평범하게 신앙생활을 하는 일반인들에게도 마찬가지이다. S모임에 나오는 사람들은 공통적으로 그런 문제들을 갖고 있었고, 그로 인해 교회를 떠날 수밖에 없었다. 신앙의 정도, 기간의 차이, 가정의 신앙적 상황에 관계없이 그들이 가진 질문과 갈등은 동일하게 나타났다. 그리고 이는 곧 교회를 떠나는 대부분의 가나안 신자들의 모습이다.

2) 교회는 변해야 하나?

교회 밖에서 교회를 비판할 때 종합적인 결론은 교회가 "변해야 한다"는 것이다. 그 내용에는 교회의 여러 가지 불합리한 이유가 있다. 그리고 그것들은 나름대로 타당성을 가진다. 그러나 그 비판의 대상이 무제한적일 때 문제가 생긴다. 무제한적인 비판은 교회의 존립까지도 부정할 수 있기 때문이다.

교회는 수천 년의 신학적 발전 위에 존재해 왔다. 교회는 나름대로 신학적 근거가 있으며, 이는 교회 존립의 절대적 기반이다. 그러나 오늘날 교회 밖의 비판은 이마저도 부인하려는 경향이 있다. 이렇게 볼 때 교회를 비판하는 것은 크게 두 가지로 나눌 수 있다. 첫째는 교회의 부조리와 불의함을 비판하는 것이다. 둘째는 교회의 신학 자체를 부인하는 것이다. 전자는 교회의 세습이나 재정적 부정, 무리한 건물의 확장과 부동산 투자 등으로 인해 사회적으로 공감대가 형성되는 비판이 인정되는 요인들이다. 후자는 하나님의 유일성을 인정하지 않거나 능력을 제한하는 것이다. 나아가 성경의 내용을 모두 신화적 내용으로 보는 것도 포함된다. 이는 '양식비평'(Form criticism) 또는 '역사비평'(historical criticism) 등 다양한 비평 방식으로 성경의 내용을 분석하는 것이다. 이런 비평은 예수의 시대적 상황(Sitz im Leben)을 고려하여 성경을 분석해야 한다는 것으로, 기존 교회에서도 어느 정도 수용이 가능하다.[3] 그러나 여기서 더 나아가 하나님의 유일성을 인정하지 않는 것은 곧 구원의 유일성도 부인하는 것이며, 이는 교회의 존립 기반을 완전히 부정하는 것이 된다.[4] 종교 다원성이 아니라 종교다원주의로 가면 기독교의 구원에 관한 유일성이 사라진다. 따라서 교회 밖의 무제한적인 비판은 교회의 형식적 제도적인 문제들 또는 교리나 신학이 야기하는 문제들을 비판하는 것이 아니라 교회 자체를 부인하는 것이 될 수 있다.[5] 이는 교회와 가나안 신자가 오히려 서로를 인정할 수밖에 없는 공존의 이유가 된다. 즉, 교회 자체를 부인하는 비판은 '대안'이나 '하위문화' 또는 '대항적 존재'로서 가나안 신자를 위치시키는 것이 아니라 서로 완전히 다른 신학 위에 기반한 존재가 되는 것이다. 따라서 이들은 다른 종파 또는 다른 종교가 될 수 있다. 만약 이들의 비판이 '기독교' 안에서 행해지는 것이라면 하나님의 유일성이나 구원의 유일성 등은 비판의 대상이 될 수 없다. 반대로 이들이 그것을 거부하고 인정하지 않는다면 이들은 기독교인이 아니라 다른 종파, 다른 종교인이라고 취급될 수 있다.

이처럼 교회 밖의 비판은 그 대상과 정도, 지향점 등을 분별할 필요가 있다. '가나안 신자'의 정체성은 여기서도 달라진다. 그동안 한국 종교계에서(특히 기독교에 대해) '가나안 성도'를 문제 삼아 왔는데, 이들이 '교회를 안 나가'는 기독교인이라고 한다면 이들의 비판이 무엇이며, 어느 정도인지를 구분해야 한다. 기존 교회의 입장에서 이들의 비판이 교회의 구성이나 운영, 기타 부조리한 것을 비판한다면 얼마든지 수용이 가능하고 긍정적이라고 할 수 있다. 실제로 교회로 다시 돌아가기를 원한다는 비율이 약 70% 정도[6]인 것을 보면 대부분 이런 범위 안에 있다고 볼 수 있다. 그러나 하나님의 유일성이나 교회 자체를 부인한다면 이들을 '가나안 성도'라고 부를 수 있을 것인가에 대한 또 다른 논의가 필요하다. 이들은 자신들을 기독교인이라고 하지만 기존 교회에서 보았을 때 인정할 수 없는 경우도 발생하는 것이다.

2. "나와 같은 생각을 하는 사람들"

S모임은 교회와 같은 조직도 없고, 구조화되지도 않았다. 추구하는 신학적 경향도 없다. 무엇이나 질문할 수 있고, 말할 수 있다. 그렇다고 이곳에서 모든 질문에 대한 답을 얻을 수 있는 것은 물론 아니다. 그러나 적어도 자신의 신앙적 질문을 드러낼 수 있고, 함께 고민할 수 있다는 점에서 이들은 안심한다(이들은 여기서 정말 안심한다!). Q가 말한 것처럼 "다양한 사람들과의 나눔"이 가능하기 때문에 이를 위해 S모임과 여러 세미나를 찾아다니는 것이다. S도 "대화를 할 수 있기 때문이고, 내가 살고 있는 시대에 대한 이야기가 있는 곳"이기 때문에 이 모임에 나온다고 답한 바 있다. 이들에게는 자기들의 신앙적 질문에 대한 명확한 답이 아니라 그런 질문들을 할 수 있다는 것과 다른 사람들과 함께 나눌 수 있다는 것 자체가 중요하다. 이런 의미에서 기존의 전통 교회에서는 이들의 요구를 심도 있게 들을 필요가 있다. 일정한 신학적 경향을 가질 수밖에 없는 교회의 구조상 새로운 신학적 해석이나 설교는 하기 어려울 때도

많을 것이다. 그러나 이런 질문들을 할 수 있는 분위기와 구조가 필요하다. 기존의 신학적 경향으로는 이들에 대한 답을 줄 수 없어도 질문들이 가능하고, 함께 고민할 수 있는 환경이 필요한 것이다. 이는 교회가 이 시대를 읽고, 교회 공동체 내에서 여러 질문이 가능하다는 인식을 공유하는 것이다. 그리고 함께 고민하며 나아갈 수 있다는 것을 보여주는 자세가 필요한 것이다. 그럴 때 이들은 자신들이 수용되고 있다는 느낌과 함께 자신이 하나님을 벗어난 사람이 아니라는 안정감을 가질 수 있다. 이에 대해서는 R의 말이 가장 명확한 답이 될 수 있다.

> 이 모임에서 내가 가장 많이 얻는 것은 '내 생각이 틀리지 않았구나', '나와 같은 생각을 하는 사람이 있구나', '이렇게 생각을 정리하면 되겠구나' 하는 지지입니다.

그는 이 모임에서 자신의 질문에 대한 답을 얻었다고 말하지 않았다. 그에게는 자신의 신앙적 질문과 실천이 틀리지 않았다는 동의와 이로 인한 지지를 얻는 것이 중요한 것이다. R이 여러 교회를 옮긴 것도 질문에 대한 답을 얻지 못해서가 아닐 수 있다. 그가 다닌 교회들은 이미 교단적 특성이 있는 신학과 신앙을 가진 곳이고, 조직적이고 체계적인 구조상 다양한 질문을 수용할 수 없는 곳이다. 그런데도 꾸준히 교회를 다닌 것은 반드시 자신의 질문에 대한 답을 얻어야겠다는 것이 아니라 그런 교회의 환경을 수용하면서도 언젠가 변할 것이라는 소망 때문이었다. 결국 그가 교회를 옮긴 것은 그런 소망마저도 포기할 수밖에 없는 현실에 절망했기 때문이다. 그가 경기도 광주에서 차를 몰고 서울까지 오는 것도 S모임에서 질문에 대한 답을 구했기 때문이 아니라 그런 생각과 질문을 가지고 있는 자신을 받아들여주고 또 같은 생각을 하는 사람들이 있다는 사실 때문이다. 그런 환경과 분위기가 그를 이곳까지 오게 하는 것이다.

그렇다면 기존의 전통적 교회에서 신학적 배경과 신앙적 경향이 바뀌지 않는다 할지라도 그러한 질문들이 허용되고 함께 고민할 수 있는 분위기가 형성되는 것은 그들이 교회 밖으로 떠돌지 않게 하는 최소한의 그리고 가장 중요한 요소가 될 수 있다. 그들은 답을 원하는 것이 아니라 그런 질문과 의문이 수용될 수 있고, 공감될 수 있는 곳을 찾는다.

1) 보수적인 S모임

자신의 신앙적 의문에 같은 생각을 하고, 이를 지지해주는 것이 중요하다는 것은 전문적인 신학적 해석이 필요하지 않다. 이들은 혼란스러우면 혼란한 대로, 답을 알지 못하면 모르는 대로 그런 사람들이 주위에 있다는 것 자체가 힘이 되는 듯했다. 이들이 S모임에 오는 이유는 여러 명이 말했듯이 일정한 답을 얻기 위해서이다. 그러나 그것만으로는 이런 모임의 필요성을 다 설명할 수 없다. 성경에 대한 답을 신학적으로 찾는다면 세미나를 찾아다니면 된다. 그런데도 그들이 이 모임에 나오는 이유 중 하나는 교회를 떠난 이들을 가깝게 볼 수 있다는 것에 기인한다. 그것은 자신이 혼자가 아니라는 것과 자신이 교회를 떠나는 것이 잘못된 결정이 아니었다는 일종의 안도감 같은 것이다. 따라서 그들은 이 모임에서 새로운 신학, 새로운 해답을 찾기 위해서 오지 않는다. S의 대답도 같은 맥락에서 의미를 찾을 수 있다.

> 주제가 신선한 것이 많습니다. 꼭 사회적인 주제를 다루어서라기보다 성경 내용을 다룰 때에도 내가 들어왔던 내러티브7가 상당히 다양한 내러티브였습니다. 게다가 굉장히 보수적인 관점을 취하고 있다는 것을 알게 되었습니다. 익숙했던 이야기, 주제도 새롭게 느껴질 뿐 아니라 삶과의 연관성을 더 높이려는 의지도 더 다지게 됩니다.

S의 말에서도 자신이 평소 고민하던 질문들에 대한 답을 얻었다는 말은 없다. 기존의 전통적인 교회에서 잘 다루지 않았던 사회적인 주제를 다루기 때문이라는 말도 아니다. 오히려 자신이 그동안 교회에서 들어왔던 성경의 본문은 별로 다르지 않지만 거기서 다양한 주제를 취한다는 것이다. 결코 새로운 신학을 주장하는 것도 아니고, 성경을 완전히 새롭게 해석하는 것도 아니다. 그는 성경 안에서 새로운 주제를 이끌어 내는 것이 신선하다고 했다. 그렇다면 이것은 그의 말처럼 "굉장히 보수적인 관점"이 될 수 있다. 기존 성경을 다르게 보는 것이 아니고, 새로운 신학으로 해석하는 것도 아니다. 다만 성경에서 새로운 주제를 이끌어 낼 뿐이다. 성경의 같은 이야기에서 새로운 주제를 찾아내고, 이를 현실에 반영하는 것이다. 그러므로 이것은 보수적인 것이라고 말할 수도 있는 것이다. 그가 말한 신선한 주제는 곧 자신이 사는 세상과 사회를 다른 관점으로 보게 하고, 그곳에 사는 자신의 삶과 연관성이 있는 주제이다. 그동안 기존의 전통적인 교회가 하늘만 바라보는 신앙을 가르치던 것으로 형성된 신앙이었다면, 이제 이 땅에서, 구체적인 주제와 연관될 때 신선할 수밖에 없다. 그에게 성경 본문 자체는 자기가 들어왔던 익숙한 이야기이다. 그러나 다만 이 땅의 사건이나 일들과 연관시키는 것 자체가 "신선한 것"이고, "새롭게 느껴지는 것"이다. 그에게 성경의 익숙한 이야기와 사건은 굉장히 보수적인 것이다. 그러나 이것을 현실과 연결시켰을 때는 신선하고 새롭게 느껴지는 것으로 변화된다. 그리고 새로운 신앙의 길, 즉 '사회적 책임'을 감당하는 신앙인이 되는 것이다.

2) "신선한 것": 신앙의 사회적 실천

모임에 참석하는 이들은 새로운 신학을 원한 것이 아니다.[8] 성경에 없는 이야기를 듣는 것은 교회 밖에서 얼마든지 가능하다. 그들은 교회 안에서 어려서부터 듣고 자라서 익숙한 바로 그 이야기가 공적인 현실과 사건에서 자신들에게 어떻게 적용되는지를 알고 싶은 것이다. 그들은 자신들이 들어왔던 수천 년 전의 성경 이야기가 아니라 지금 이곳에서 일어나는 사건과 현실에 그것이 어떻게 적용되는지를 알고 싶어 한다. 따라서 그들은 단순히 '사회적인 문제'라고 분류하는 것에 대한 답을 묻는 것이 아니다. 그런 사회적 현실과 사건 속에 있는 자신들의 삶에 대한 이해를 원하는 것이다. 결국 이것은 '자기 이해'이다. 그리스도인인 자기에게 그것은 무엇인가에 대한 답의 추구이다. 그동안 교회는 교회를 떠나는 이들에게 신학적이거나 정치적인 색깔을 입혀왔다. 이것은 이들을 연구하는 사람들이나 교회 밖의 종교 단체, 기관들에 대해서도 마찬가지이다. 한국 사회에서는 "교회는 보수적이어서 교회를 떠날 수밖에 없다", "진보적인 사람들은 교회에 있을 수 없다" 등의 인식이 존재하는 것도 사실이다. 그래서 교회에 있는 사람들은 보수적인 사람들이고, 교회를 떠나거나 교회 밖에서 활동하는 사람들은 진보적인 사람들이라는 편견이 있다는 것을 부인할 수 없다. 가나안 신자는 진보적인 사람들인가?9 그들은 정치적인 이유로 교회를 떠나는 것인가? 물론 그런 예를 들어 가나안 신자를 설명하는 경우도 있다. 그러나 그것은 일부에 불과하며, 교회를 떠나는 수많은 이유 중 극히 작은 부분일 뿐이다. 그들이 교회를 떠나는 이유는 대부분 정치적인 성향이나 이유 때문이 아니다. 새로운 신학과 새로운 신앙 해석을 찾는 것도 아니다. S의 말과 같이 교회에서 가르치는 성경과 설교가 현실의 공적인 삶에서 일어나는 사건들에 대한 답을 주지 못하기 때문이다. 얼마나 들었는지 헤아릴 수 없이 익숙한 성경의 내러티브가 지금 내 앞에서 일어나는 사회적 사건들에 적용되지 못하는 것이다. 그동안 교회에서는 사적 삶과 현실에 대해서는 확실한 동기를 부여했다. 하나님의 '사랑', '은혜', '축복', '기도의 응답', '치유' 등은 대부분 사적인 삶에 적용된다. 그러나 그것이 이 사회와 세상의 현실과 사건에 어떻게 적용되는가에 대한 인식은 부족한 것이 사실이다. 따라서 기존의 성경 내러티브가 공적 신앙으로 적용될 때 그것만으로도 "신선한 것"이고 "새로운 것"이 된다.

그런 해석들과 적용에 정치적인 것을 담을 필요는 없다. 성경을 정치적으로 해석해서 적용하는 것이 아니다. 어려서부터 읽고, 듣고, 배워온, 그래서 익숙한 성경의 이야기가 내가 보고 듣는 사회와 사건 그리고 그곳에서 사는 삶에서 어떻게 적용되는가를 알고 싶은 것이다. 내가 익숙한 그 이야기는 새롭게 해석된 이야기가 아니며, 내가 듣던 성경의 내러티브는 새로운 신학으로 변하는 것이 아니다. 성경 그대로, 이야기 그대로 그것이 오늘날 무슨 말을 하고 있는가를 듣고 싶은 것이다. 교회는 이것을 깊이 숙고할 필요가 있다. 교회는 자신들의 신학을 수정할 필요가 없다. 그동안 행하고 가르치던 신앙을 바꿀 필요도 없다. 그 신학과 신앙이 지금, 여기서 어떻게 적용되고 실천되고 있는가를 보고 들을 수 있도록 하면 되는 것이다. 내적인 해석에서 외적인 해석으로, 안으로의 신앙이 밖으로의 신앙으로, 개인과 가정에서 세상과 사회로 그들이 믿는 초월적인 존재가 어떻게 움직이는가를 알고 싶은 것이다. 따라서 그들이 교회를 떠나는 이유는 신학이 맞지 않아서가 아니며, 신앙이 달라져서도 아니다. 자신들이 배웠던 신학이, 자신들이 듣고 행하던 신앙이 교회 밖의 사건들과 어떻게 연결되는지를 알고 싶기 때문이다. 이것이 해결되지 않으면 교회 '담벼락'이 아무리 높아도 그들은 그것을 뛰어넘을 것이다.

III. 독립적 신학 추구

S모임의 가나안 신자들은 교회 안에서 자신들의 신앙적 의문을 해소할 답을 얻지 못했다. 이들이 원하는 것은 자신이 "기독교인으로서 무엇인가?"라는 물음의 답이다. 그 답은 자기들이 사는 현실의 삶에서, 현장에서 구할 수밖에 없다. 그러나 그런 질문은 오히려 자신의 기독교인으로서의 정체성을 모호하게 만들기도 한다.

이 절에서는 S모임의 가나안 신자들이 지닌 신앙적 관점이 무엇인지를 다룬다. 이들은 대부분 종교다원주의적 관점을 가지고 있었고, 성경의 초월성을 현실적인 것으로만 이해했다. 따라서 '구원', '천국', '축복' 등은 지극히 현실적인 관계에서만 재해석된다.

1. 탈구조주의적 신앙: 유일한 진리는 없다

탈구조주의에 의하면 유일하고 고정적인 진리는 존재하지 않는다. 탈구조주의는 구조주의(structuralism)의 한계를 극복하려는 움직임에서 시작되었다. 구조주의는 모든 것을 전체적인 맥락에서 파악한다. 개인보다는 전체를 중요하게 여기며 개별적 특성보다 체계적인 구조를 중시한다. 따라서 집합적 구조라는 것이 우선시되며, 이로 인해 개체의 고유성이나 특성은 무시되는 경향이 있다. 체계적이고 구조적인 특성은 보편적이고 영원성을 지닌 것으로 간주된다. 이러한 특성으로 구조주의는 인간의 모든 행위와 사고까지 하나의 규범과 보편적 기준으로 판단하려고 한다. 그러나 이러한 특성은 각 개체의 고유성과 개별적 특징을 무시하고 하나의 지배적 구조를 강요한다는 점에서 위험한 이데올로기(ideology)로 작동하는 부작용을 낳는다. 탈구조주의는 이러한 집합적 구조에 반발하여 개별적이고 개인적인 특성을 부각한다. 구조주의에 의해 집단적으로 평가되던 모든 것에서 탈피하여 각 개체의 특성과 권리를 인정한다. 구조주의는 탈구조주의의 핵심적인 개념인 절대적인 중심, 하나의 진리, 모든 존재의 근원 등을 부인하며, 구조주의의 체계적 특성으로 인한 계층적이고 서열적인 구조와 일방적인 강요를 거부한다. 따라서 구조주의의 선과 악, 남과 여, 중심과 주변, 진리와 허위, 자연과 문명 등과 같은 이분법적인 구별을 따르지 않는다. 그동안 아무런 의심 없이 받아들여진 진리는 의심되기 시작하고, 사회의 계층적 구조는 당연하게 받아들여지지 않는다.

이러한 탈구조주의적 특징은 21세기 들어 문학, 연극, 음악, 철학, 종교 등 모든 분야에 적용되고 있다. 탈구조주의의 특징은 절대적 기준의 해체와 모든 것의 불확실성, 유일성이 아닌 다양성으로 나타난다. 특히 종교에서 신(神) 존재는 불확실하게 되고, 절대적 진리는 상대적으로 해석된다. 신의 유일성은 거부되고, 하나의 신에 대한 다양한 표현이거나 다양한 신의 다양한 진리로 받아들여진다. 탈구조주의적 신 개념은 서구의 기독론적 지배를 해체시켰고, 하나님의 유일성에 의문을 제기했다. 이에 따라 존 힉(John Hick)은 탈구조주의적 그리스도론은 코페르니쿠스적 발상의 전환이 필요하며, 모든 종교의 배후에는 하나의 신적 실체가 있을 뿐이라고 주장했다.1 구원이나 해방은 인간 존재의 무한하게 더 나은 실현을 의미할 뿐이다. 그러므로 '자기중심'(self-centeredness)에서 '실재 중심'(reality-centeredness)으로 구원론이 변해야 한다.2 이에 따라 그리스도의 유일성은 해체되고, 모든 종교는 상대적으로 평가된다. 이런 탈구조주의적 사고는 S모임의 참석자들에게도 발견된다.

2. 독립적 신학의 형성: 독서하는 영성

S모임에 참석하는 가나안 신자는 대부분 자신의 영성을 위해 기존 교

회에서 사용하는 기본적인 도구를 사용하지 않았다. 기존 교회에서 교인들의 영성 향상을 위해 주로 사용하는 기본적 도구는 설교, 성경 읽기, 성경 공부, 기도 등이다. 설교를 통해 은혜를 받고, 성경 읽기나 공부로 하나님을 알아가며, 기도를 통해 하나님과 연결된다는 것이 개인의 영성을 위한 과정인 것이다. 그러나 S모임의 가나안 신자는 이런 교회의 도구적 영성을 답습하지 않았다. 이들은 먼저 독서를 중요한 요소로 지적했다.

성경이나 기독교에 관한 책들, 주로 학문적인 글, 논문 등을 읽으며 영성이라는 것을 유지한다기보다 그것이 무엇인지 생각해 보고 있습니다. (V)

책읽기나 강좌 등을 통해 신앙적인 것을 접합니다. 이런 것을 통해 영성을 다시 생각하게 되었습니다. (W)

우치무라 간조, 김교신, 톰 라이트, 안셀름 그륀, 도로테 죌레, 로완 윌리엄스 등의 책을 읽으며 영성을 알아가고 있습니다. (U)

이 저자들은 보수적인 기독교부터 개혁적 기독교, 가톨릭 운동가, 성공회 등 종교적 스펙트럼이 다양할 뿐 아니라 이들이 주장하는 것도 정통 신앙에서부터 사회운동과 사회윤리까지 다양했다. 이들은 개신교인이지만, 자신들의 영성을 '성경'에서 찾지 않는 것 같았다. 그보다는 다양한 책들을 통해 나름대로 영성의 의미를 찾고, 이를 통해 개인의 영성을 추구했다. 그동안 기존 교회에서 보았던 성경이나 다른 신앙 서적이 아니라 여러 분야의 책이나 논문을 읽으면서 자기 나름대로 신앙 정체성을 찾았다. 이런 책이나 그 밖의 강좌 등에 참석하면서 얻어진 영성은 이전의 자신이 가졌던 신앙을 다시 점검하게 만든다. 교회에서 가르치고 무비판적으로 받아들였던 신앙이나 영성에 회의를 갖고 재정립하는 과정을 겪는 것이다. 이들이 읽는 책은 기존의 영성을 답습하거나 더 견고하게 만들지 않는다. V의 말처럼 그동안 자신이 가졌던 영성 전체를 돌아보며 그것이 무엇인지부터 다시 고민하게 한다. 이들은 "무엇인지 생각해 보고 있습니다", "다시 생각하게 되었습니다", "알아가고 있습니다"라고 말했다. 몇십 년 동안의 신앙으로 쌓여왔던 영성을 처음부터 다시 시작하려는 것이다.

가나안 신자들이 읽는 책의 종류는 주제에 제한이 없었다. 신앙에 관한 책에서부터 정치와 사회, 과학에 관한 것 등 다양한 분야의 책을 통해 자신의 신앙적 관점을 형성해 가고 있었다. 신앙에 관한 책들도 다양한 교단, 다양한 신학적 주장들을 가리지 않는다. U가 읽는 책들은 무교회주의, 복음주의, 신비주의 등 다양한 신학적 주장들을 하는 사람들일 뿐 아니라 교단과 종파도 다르다. 신앙 서적이라고 해서 신앙을 가진 사람이나 신을 믿는 사람들의 책이 아니라 무종교자, 인본주의자, 페미니스트, 사회학자, 과학자 등 상관없이 신에 관한 언급이나 신앙에 관한 글들을 읽는다. 여기에는 신을 옹호하기도 하지만, 거부하고 심지어 조롱하는 글들도 있다. 기존 교회에서는 금서목록에 들어갈 만한 책들이지만 이들은 아무런 편견 없이 독서를 했다. 이는 무비판적으로 모든 것을 받아들이려는 것이 아니라 여러 관점의 책들을 읽으며 자신의 영성을 재정립하고 시도하는 것이다. 그동안 교회에서 고민했던 문제들, 질문하지 못했던 사실들, 기타 알고 싶은 모든 것을 독서를 통해 접하면서 자기 신앙에 대한 타당성을 새롭게 정립하는 것이다. 따라서 이들의 신앙은 교파적일 수 없고, 교단적일 수 없다. 종파적이지도 않다. 한 개인이 한 종파고, 한 교단이 되며, 한 교회가 된다. 기존 교회에서 일률적으로 주어지던 획일적 신학과 신앙에서 벗어나 자기만의 신학을 갖는다. 이것이 가나안 신자의 가장 큰 특징 중 하나이다. 어쩌면 그들은 독립적 신학의 소유자들이기도 하다.

　이들은 몇십 년 동안 교회에서 받은 교육과 신앙적 도구에서 벗어나 완전히 개인적이고 주체적인 영성을 추구한다. 필자가 대화한 S모임 참석자들은 대부분 자신의 영성을 위해 기존 교회에서 하던 것처럼 설교를 듣거나 성경을 읽고 기도하는 일을 하지 않았다. 혹시 하더라도 부분적으로 하거나 아니면 잠시 하는 정도였다. 그것을 자신의 게으름 때문이라고 설명하기도 하지만, 기본적으로 그런 것들에 대한 의심을 가지고 있는 것 같았다. 이는 성경을 개인의 관점에서 다시 재해석하고, 자신의 신앙을 위한 여러 도구 중 하나로 생각하는 것에서 다시 확인된다.

3. 성경은 절대적이 아니다: 성경 해석자들

　독서나 세미나 등을 통해 개인적인 영성을 추구하는 S모임 참석자들은 기존 교회에서 신앙과 영성을 위한 도구들을 받아들이지 않았다. 기존 교회의 경우 성경은 모든 신학과 신앙의 근거로서 절대성을 가진다. 물론 성경을 해석하는 문제가 교단마다 다르고, 이를 해석하는 방식도 여러 가지로 논쟁 중이지만, 성경이 기독교의 유일한 경전이라는 것에는 모두 동의한다. 그러나 S모임 참석자들은 성경을 신앙의 유일한 근거로 주장하는 것에 동의하지 않는 경향이 있었다. 독서나 세미나 등을 통해 자신의 영성을 새롭게 정립하는 과정에서 그동안 교회에서 읽고 배웠던 성경에 대한 회의와 함께 그것을 판단의 근거로 신뢰하지는 않는 것 같았다. "성경 내용을 그대로 믿는가?"라는 질문에 그들은 이렇게 대답했다.

　　그대로 믿지 않습니다. 성경은 시공간에 한계 지어진 인간들이 쓴 다양한 장르의 글들의 모음집입니다. 그 속에는 역사적 사실과 더불어 숱한 설화, 비유가 들어가 있습니다. 진리를 담고 있지만 다양한 인류의 폭력성도 내포하

고 있습니다. (V)

문자주의 신앙으로 믿지 않습니다. 나처럼 하느님을 찾고자 하는 이들의 이야기가 담겨있는 책으로 읽고 성경 속 인물들의 기록을 통해 배웁니다. (R)

7일 창조설이 창세기 1장의 의도된 뜻이 아니라고 생각합니다. 혼돈과 무의미에 대비된 유의미적 창조설이 의도된 의미라고 생각합니다. 창조 과정이 어떠했든지는 이차적 문제라고 생각합니다. (X)

청소년까지는 문자에 실린 의미를 그대로 믿는 편이었으나 현재는 재해석해야 할 필요성을 아주 많이 느낍니다. (U)

이런 응답들의 공통점은 성경을 문자 그대로 믿지 않는다는 것이다. 나아가 성경은 더 이상 하나님의 말씀이 아니라 여러 설화가 기록된 교훈적인 책과 같은 것이다. 따라서 성경의 유일성은 없다. 이들에 의하면 성경은 하나님을 찾으려는 사람들을 기록한 책이다. 그 당시 사회에서 그 당시 사람들이 하나님을 찾으려고 하는 것을 기록했으므로 자신도 그들을 통해 교훈을 얻는다. 교회를 떠나거나 아니면 출석해도 더 이상 교회의 가르침을 받아들이지 않고 새로운 개인적 영성을 찾는 자신처럼 성경은 그런 사람들의 기록이다. 그러므로 이런 면에서는 유익한 책이 된다. 성경에 기록된 기적은 비유적인 사건이다. 있는 사실이 아니라 이것을 통해 무엇인가를 말하려고 하는 비유이므로 그 안에 포함된 의미를 찾아야 한다. 따라서 그것은 재해석할 필요가 있다. 그리고 재해석의 대상은 성경 전체이다. 하나님도 재해석의 대상이며, 구원도 재해석의 대상이다.
기존 교회에서 성경의 해석은 주로 목회자 고유의 권한이었다. 설교는 목회자가 해석한 성경의 내용을 듣는 것이다. 일률적으로 선포되는 설교는 특정인을 지정하지 않는다. 그 설교를 듣는 모든 사람에게 공통적으로 주어지는 적용은 불특정인을 대상으로 한다. 목회자의 설교는 그가 속한 교단의 신학적 성향을 따를 수밖에 없다. 따라서 모든 설교는 통일적인 신학에 근거한 해석적 도구로 작성된다. 그러나 가나안 신자들은 그런 일률적인 해석을 받아들이지 않는다. 자신이 이해하고 수용할 해석을 찾아 독서를 하고, 세미나를 찾아다닌다. 성경은 진리의 절대적 권위가 될 수 없다. 그 안의 내용은 자기에게 새롭게 해석되어야 하고, 이해되어야만 수용된다. 마찬가지로 개신교에서 가장 중요하게 여기는 구원 문제도 개인적으로 재해석된다. 성경은 물론 중요하지만, 자신들의 신앙을 위한 여러 책 중 하나일 뿐이다. 이들은 자신들의 신학을 위해 성경의 내용을 부인하기도 하고, 수정하기도 한다.

4. 하나님은 믿지만 기독교는 믿지 않는다?

1) 천국과 지옥의 새로운 스펙트럼

가나안 신자들은 전통 신앙의 목표인 구원에 관해서도 새로운 해석을 요구했다. "하나님에 대한 믿음이 있는가? 하나님의 신성(神性), 내세(천국), 부활, 죄와 구원 등을 믿는가?"라는 질문은 이들의 신앙관에 관한 중요한 질문이었다. 왜냐하면 이런 개념들은 기독교의 가장 기초적인 개념이고, 기독교는 이런 개념들을 근간으로 세워졌기 때문이다.

유보적입니다. 기존의 인격적인 신에 대한 회의가 강합니다. 특히 천국과 지옥, 구원을 인간 지각의 전형적인 한계인 시간적이고 공간적인 틀 속에 집어

넣어 놓고 생각하지 않으려 합니다. 구원도 보편구원과 관계된 이론의 스펙트럼에 더 가까워지고 있습니다. (Y)

하나님의 존재에 대한 믿음은 있는 편입니다. 신성이나 내세(other world), 부활, 죄와 구원은 나름대로 재해석하여 믿는 편입니다. (U)

믿습니다만 좀 더 알기 위해 노력 중입니다. (Z)

하나님에 대한 믿음은 있습니다. 그러나 내세와 심판은 어떻게 받아들여야 하는지는 재고하고 싶습니다. 가령 지옥에 관해서는 물리적 화염이 존재하는 지옥이라는 것인지, 하나님의 부재로 인한 지옥이라는 것인지, 고문의 성격이 있는 지옥인 건지, 자기 파괴의 성격이 있는 지옥인 건지 아니면 그냥 존재의 소멸인지 고려해야겠습니다. … 한때는 죄가 내세의 지옥에서 처벌받을 업보로 이해됐지만, 내세를 믿지 않는 세속 사회에서도 같은 설명이 유용할지는 의문입니다. (O)

그대로 믿습니다. (Q)

이들은 나름대로 자신들은 개신교인으로서 정체성이 있다고 생각하는 것 같았다. 이들이 응답한 내용을 보면 하나님의 존재는 거의 모두가 긍정적으로 답했다. 물론 그 하나님이 기존의 전통적 교회의 하나님인가는 또 다른 문제가 되지만,[3] 초월적인 존재로 믿는 것은 대부분 긍정적이었다. 이런 응답은 기존 교회가 이들을 보는 부정적 편견과는 다른 반응이다. 이들이 자기들이 다니던 교회를 떠날 때 교회의 반응은 대체로 부정적인 경우가 많았다. 기존의 교회에서 볼 때 이들이 교회를 떠나는 것은 신앙이 변질되었기 때문이거나 다른 이유, 특히 이단에 속아서라는 것이다. 그러나 가장 보편적이고 공통적인 반응은 신앙을 버렸다는 것이다. 전통적 입장에서는 교회를 떠난 구원과 신앙은 불가능하기 때문에 교회를 떠나는 것은 곧 신앙을 버린 것과 마찬가지로 받아들여진다. 그러나 가나안 신자들의 반응은 그런 편견에 정면으로 반박하고 있다. 이들은 나름대로 고민과 갈등을 안고 신앙의 정체성을 재정립하고 있지만, 하나님을 버리거나 믿지 않는 것이 아니었다. 다만 재해석될 뿐이다. 물론 여기에는 앞서 보았듯이 재해석된 하나님이 기존 신학의 그것과 조화될 수 있는가의 문제가 발생한다. 이들은 초월적인 하나님을 믿지만, 그 신은 기독교 신학의 하나님이 아닐 수 있다. 그렇다면 이들은 기독교인인가? 아니라면 이들은 누구인가?

이들이 원하는 것은 신앙의 내용이다. 자기들의 신앙에서 이해되고 설명될 것을 찾는 것이다. 따라서 '내세'나 '지옥' 같은 추상적인 것에 대한 이해는 현대에 맞게 새롭게 조정된다. 이들은 인간의 지각(知覺)에서 벗어난 내세나 천국, 지옥 같은 개념은 재해석해서 수용한다. S모임이 철저하게 현실적이고 시대적인 개념을 가질 것을 권고하는 것처럼 이들의 신앙도 철저하게 지각적이고 현실적인 것이다. 그러므로 죄의 '원죄성'도 당연히 재고(再考)된다.

아우구스티누스(Augustinus)에 의해 시작된 원죄 교리는 종교개혁의 루터와 칼뱅을 거쳐 개신교의 중요한 신학적 원리로 작용했다. 따라서 성경의 모든 장면은 원죄 교리를 설명하고, 이를 해결하는 것으로 해석되고 설명된다. 구약은 인간이 어떻게 원죄에 빠져 하나님을 떠났는가를 설명하고, 이로 인해 고통받는 인간의 역사를 묘사한다. 신약은 이를 해결하기 위해 예수가 그리스도로 이 땅에 왔다는 것을 설명하고, 구원의 원리와 과정, 역사를 묘사한다. 그리고 예수는 십자가에서 믿는 자들의 죄를 대신하고 죽음으로써 그리스도가 된다. 원죄로 인해 천국과 내세가 정당화된다. 원죄는 구원이 필요한 유일무이한 근거이다. 그러므로 천국이나 지옥, 내세를 새롭게 해석한다는 것은 곧 원죄도 다시 해석해야 한다는 것을 말한다. 이들에게 원죄는 당연히 받아들여야 하는 숙명이 아닌 것이다. 물론 그대로 믿는다는 응답도 있지만, 대부분은 재해석되어야 한다고 응답했다. 이들은 천국과 지옥 같은 개념을 믿지 않는다는 것이 아니다. 하나님을 믿고, 천국과 지옥도 믿지만, 그 개념과 내용은 달라야 한다는 것이다. 무엇이 천국인가? 지옥이란 무엇을 의미하는가? 구원이란 무엇인가? 이들에게 천국과 지옥은 기존의 그것과 다르게 해석되며 구원은 영원을 보장하지 않는다. 이것들은 이 세상의 것일 수 있다. 죽어서 결정되는 것이 아니라 살아서 체험할 수 있는 것이 될 수 있다.

한국 개신교 교단에서 이런 문제들을 새롭게 해석하는 교단은 극히 드물다. 이런 개념들은 성경의 가장 기본적인 내용이고, 모든 신학은 이런 개념들을 설명하면서 발전되어 왔기 때문이다. 물론 이런 개념들에 대해 이견(異見)을 가진 신학자나 교부들도 있었지만, 그들은 모두 이단으로 정죄되고, 여기서 승리한 교리들은 신조(Dogma)가 되어 정통(orthodox)으로 이어졌다. 그러므로 이런 개념들에 대한 새로운 해석은 기독교의 근간을 흔드는 것이 된다. 왜냐하면 이런 개념들은 기독교 없이도 철학적이나 사회학적으로 얼마든지 재해석이 가능하기 때문이다. 따라서 이런 개념의 재해석은 신학적인 것이 아니라 세속적인 해석이 되고, 기독교의 유일성을 부인하는 결과로 이어질 수 있다. S는 "기독교는 여러 종교 중 하나라고 생각합니다"라고 말했다. 구원은 기독교의 유일성에 대한 근거가 되지 못하고, 천국과 지옥은 지형이 불분명해지며, 그곳에 도달하는 방법도 달라지는 것이다.

2) 탁월하지 않은 기독교: 종교 다원성, 종교다원주의

(1) 기독교, 여러 종교 중 하나

성경의 내용을 그대로 믿지 않는다거나 재해석해야 한다는 일부 S모임 참석자들의 응답은 탈구조주의적 주장을 배경으로 한다. 이런 주장에 의하면 그동안 교회가 일방적으로 가르쳤던 신학과 신앙은 해체되거나 재해석되어야 한다. 교회가 유일한 진리라고 가르쳤던 모든 것에 대한 의문을 가지고 새로운 답을 찾는 것이다. 이것은 교회의 소프트웨어(Software)적인 것에만 적용되는 것이 아니다. 그동안 교회는 조직과 체계적 구조, 성직주의와 계급적인 직분, 건물과 시설 등 하드웨어뿐 아니라 소프트웨어적인 것들도 성스러운 것이거나 진리라고 가르쳐왔다. 그 모든 것은 성경에서 정당성을 찾았고, 신자들은 그대로 수용해왔다. 그러나 이제는 그런 조직이나 건물 등에 진리가 있다는 것은 설득력을 잃어가고 있다.

문제는 하드웨어(Hardware)적인 것이다. 이 모든 것의 정당성을 확보하고 지지해주는 하나님에 대한 개념마저 구조주의적 구성품으로 보고, 이에 대한 절대성이 상실되는 상황도 있다. 창조설이나 마리아 동정설(Maria homology) 같은 성경의 이야기는 설화나 비유일 뿐 사실로 받아들여지지 않는 경우도 있다. 따라서 이 모든 것은 당연히 재해석의 대상이 된다. 탈구조주의적 해석에서 기독교의 하나님은 절대성과 유일성을 상실할 시대가 된 것이다. 이러한 관점은 S모임 참석자들의 응답에서도 어느 정도 확인된다. "기독교가 타 종교와 다르다고 생각하는가? 아니면 여러 종교 중 하나라고 생각하는가?"라는 질문에는 성경의 내용을 그대로 믿는 문제와 상관없이 대부분 비슷한 응답을 했다.

> 여러 종교 중 하나라고 생각합니다. 개인적으로는 종교 신학적 관점에서 다
> 원주의적 입장에 대해 관심이 많습니다. (S)

어릴 때부터 기독교 환경이라 생각한 환경에서 살아서 타 종교에 대한 앎은 피상적입니다. 피상적으로 다른 종교일지라도 종교의 역할을 함에 있어서 기독교가 탁월하다고 생각하지 않습니다. 타 종교의 말에 더욱더 귀 기울이는 자세가 필요하다고 생각합니다. (K)

개인적인 의미에서는 기독교가 타 종교보다는 특별한 의미가 있다고 봅니다. 그러나 내가 속한 다른 영역, 예를 들어 직장, 학교, 사회 등에서는 여러 종교 중 하나라고 생각합니다. (U)

물론 여러 종교 중 하나의 고유한 종교입니다. 사람이 여럿 있고 저는 그중 한 명이지만 다른 사람과 다른 고유한 개인이듯이 말입니다. … 불교는 유일신적 신앙 체제가 갖지 못한 것을 가지지 않습니까? … 오늘날에는 기독교가 고유하느냐라는 질문보다는 어떤 측면에서 고유한가를 묻는 것이 더 중요하고, 기독교가 고유성을 점유한 지점이 다른 신앙 체제를 뒤로하고 기독 신앙을 따를 만큼 중요한 지점인가를 묻는 것이 더 중요할 것이라고 생각합니다. … 때문에 기독교가 모든 종교에 비해 고유하다고 주장하기보다는 타 종교와 케이스-바이-케이스적 대화가 더 유용하리라고 봅니다. … 답을 맺자면 기독교는 여러 종교 중 하나고 어느 종교가 그렇듯 고유한 측면이 있습니다. 저에게는 그 고유한 측면이 기독교를 따를 만큼 중요하다고 생각하지만 다른 이들에게는 그 측면 이외의 고유함이 필요할 수도 있겠습니다. (O)

이들에게 기독교는 더 이상 진정으로 유일한 종교가 아니다. 또한 기독교의 하나님도 모든 진리의 유일한 근원이 아니다. 진리는 하나님이나 성경 또는 기독교가 독점하지 않는다. S의 말처럼 타 종교에도 진리가 있고 나름대로 고유함이 있기 때문에 타 종교와의 대화가 중요하다. 기독교나 성경이 유일한 진리의 근원이 아니기 때문에 'Case by Case'로 타 종교와 대화하면서 진리를 찾아야 하는 것이다. 타 종교의 고유함을 인정하는 것은 성경의 유일성을 포기하는 것과 같다. 기독교의 관점에서는 하나님의 말씀인 성경은 오류가 없고, 세상의 존재 근거와 미래까지 설명할 수 있는 유일한 진리이기 때문이다. 따라서 타 종교의 고유함을 인정하는 것은 기독교의 고유함과 대등한 문제가 되고, 이는 기독교의 유일성을 거부하는 것으로 해석된다.

(2) 종교다원성이 아닌 종교다원주의

기독교는 타 종교에 비해 탁월하지도 않고, 유일한 종교도 아니기 때문에 이들의 응답은 필연적으로 종교다원주의와 연결된다. 종교적으로 다원성(plurality)은 여러 종교 전통이 함께 공존해 있는 상태를 말한다. 이런 상황에서 여러 종교는 가치중립적으로 존재한다. 그러나 다원주의(pluralism)는 이런 가치중립적 구성을 하고 있는 여러 종교 전통들 서로가 일정한 입장의 가치판단을 표명하는 개념이다.[4] 따라서 여러 가지 이견이 있을 수 있고, 이로 인해 갈등도 야기된다. 이런 이유로 종교 다원성(Religious plurality)과 종교다원주의(Religious pluralism)를 말할 때는 이 둘을 신중하게 구별할 필요가 있다. 종교 다원성은 사회에 여러 종교가 있다는 것을 인정하는 것이다. 각 종교의 우월성이나 유일성 등의 가치판단은 보류된다. 따라서 어느 종교만이 구원이 있고 진리라는 평가도 없다. 종교다원주의는 이와 다르다. 사회에 여러 종교가 있지만, 각 종교의 특징이나 우월성 등을 가리게 된다. 또한 어느 종교에만 구원이 있다거나 어느 종교에만 유일한 진리가 있다고 주장하거나 아니면 모든 종교에 구원이 있다는 식으로 가치평가를 한다. 이런 구분에 의하면 종교 다원성은 문제가 되지 않는다. 가치판단 없이 같이 공존하는 상태를 유지하기 때문이다. 그러나 오늘날 IS의 전쟁 같은 종교전쟁이 일어나는 이유는 종교다원주의적 발상 때문이다. 종교 간의 비교는 물론 자신의 종교적 우월성을 폭력으로 성취하려는 시도는 역사를 통해 언제나 있어 왔다. 종교다원주의는 타 종교와의 비교는 물론 같은 종교 내에서도 일어난다. 서구에서는 가톨릭과 개신교의 전쟁이 있었고, 이슬람의 경우에도 시아파와 수니파 간의 치열한 전쟁이 오늘날까지 이어지고 있다.

위에 나타난 응답을 보면 모두가 종교 다원성을 인정하고 있다. 이들은 기독교만이 유일하다거나 자신의 신앙만이 특별하다고 응답하지 않는다. 그러나 타 종교의 우월성을 말하는 응답자도 없었다. 위의 응답들은 기독교가 타 종교와 마찬가지로 여러 종교 중 하나라고 말하는 것이다. 그러나 U의 경우는 조금 다르다. U는 기독교가 개인적으로는 특별하다고 응답했다. 그는 개인적으로 기독교를 종교다원주의적인 관점으로 받아들이고 있는 것 같다. 그러나 사회에서는 기독교도 여러 종교 중 하나라고 응답했다. 이는 타인과의 관계에서 타 종교의 존재를 있는 그대로 받아들일 뿐 아니라 자신의 종교인 기독교의 우월성을 비교하지 않는다는 말이다. 더 세밀하게 기독교의 우월성이나 유일성 같은 비교를 하지 않는다는 말일 수도 있다. 그렇다면 U도 자신이 가진 종교가 개인적으로는 특별할지라도 타 종교와 비교할만하지는 않다는 말이기도 하다. 즉, 그는 기독교가 자신이 가진 종교이기 때문에 개인적으로나 사적으로는 특별하지만, 타 종교의 존재나 역할에 대해 부인하지 않으며, 타 종교와 비교할 필요를 느끼지 못한다는 말이다. 이렇게 본다면 결국 U도 종교 다원성 안에서 응답한 것이 된다. 그런데도 다른 응답과 달리 "특별한 의미가 있다"고 한 것은 타 종교를 부인하지는 않지만, 자신의 종교인 기독교가 자신에게는 분명히 다르다는 것을 말하는 것으로 보아야 한다. 단지 개인이 가진 종교여서 더 친숙하다거나 공감을 한다는 것을 넘어 기독교만의 특별한 부분이 있다고 하는 것은 타 종교와 구별된 것, 타 종교에는 없는 것들이 있을 뿐이라는 것을 말하는 것이다. 이런 관점을 좀 더 알기 위해서 구원에 관한 질문을 따로 한 주제로 구성했다. 이들의 응답을 보면 좀 더 확실하게 이들의 종교적 관점을 알 수 있다.

(3) 흔들리는 '기독교인 정체성'

"타 종교에도 구원이 있을 수 있다고 생각합니다." 기독교와 타 종교와의 비교에 대한 질문에서 가나안 신자들은 대부분 종교 다원성에 맞는 응답을 했다. 그러나 좀 더 세밀하게 구원에 관한 질문에는 종교다원주의적 응답으로 인해 이들의 종교적 관점이 더 확실해졌다. "타 종교에도 구원이 있을 수 있다고 생각하십니까?"라는 질문에 대한 응답은 이들 각자의 신앙관이 가장 잘 드러나는 부분이었다.

> 하느님의 주권에 속하는 일이며 타 종교에도 구원이 있을 수 있다고 생각합니다. (A₁)

> 확실하게 답할 수준은 아직 못 되지만, 타 종교에서 지향하는 나름대로 구원론을 통해 구원에 도달할 수 있다고 봅니다. 삶의 모습이 저마다 다르듯이, 다양한 삶을 둘러싸는 종교 역시 다양함을 인정하지 않을 수 없습니다. (B₁)

종교다원주의는 탈구조주의 현상의 한 부분이다. 구조적인 모든 것을 해체하고 개별적 자유와 권리를 추구하는 탈구조주의 사회에서 종교는 절대적인 위치를 잃게 된다. 절대적 진리가 없는 사회는 다양성이 지배하고, 이는 각자의 개별성을 인정하는 사회가 된다. 따라서 종교는 개인의 취향이 되고, 선택의 문제가 된다. 선택의 대상이 된다는 것은 절대적인 진리뿐 아니라 구원의 문제도 다양하게 존재할 수 있다는 것을 말한다. 이런 종교다원주의로 인해 한국의 개신교는 새로운 위기와 대면할 수밖에 없는 상황이 되었다.

종교다원주의를 대하는 입장에는 두 가지 면에서 비판의 대상이 된다. 먼저 종교다원주의 자체를 거부하는 것이다. 전통적인 교회의 입장에서 보면 종교다원주의는 교회의 존립 자체를 위협하는 사상이다. 교회는 하나님의 절대성과 성경과 구원의 유일성으로 존재하고 유지되어 왔다. 세상에는 오직 하나님만이 절대적인 신이고, 나머지는 우상에 불과하다. 성경은 하나님의 말씀을 기록한 책이며, 세상의 모든 진리를 담고 있고, 모든 문제에 대한 답을 갖고 있다. 구원은 오직 그리스도에 의해서만 가능하며, 인간의 능력이나 다른 방법으로는 구원에 이를 수 없다. 교회가 수천 년 동안을 존재하면서 변하지 않은 것은 이와 같은 기독교의 유일하고도 절대적인 진리를 고수했기 때문이었다. 그러나 탈구조주의적 사회에서는 몇천 년의 진리마저도 그 근거를 잃고 있다. 종교다원주의는 기독교의 절대성을 인정하지 않는다. 하나님은 여러 종교의 신들의 궁극적 모형일 뿐이다. 모든 종교는 진리가 있으며, 결국은 하나로 통한다. 따라서 구원은 타 종교에서도 가능하다. 교회의 입장에서 이런 주장들은 또 다른 교리나 사상이 아니라 교회의 존립을 위협하는 것에 불과하다. 따라서 종교다원주의는 전혀 수용할 수 없는 시대적 주장에 불과한 것이다. 그러나 이러한 폐쇄적 입장은 갈릴레오의 지동설을 거부하고 천동설을 고수했던 중세 가톨릭처럼 '문화적 이단자'5가 되어 배척될 여지가 있다.

다른 하나는 모든 종교가 동등하기 때문에 어느 종교를 믿든지 구원이 가능하다고 주장하는 것이다. 이런 주장에 의하면 세상의 모든 진리는 상대적이므로 아무 종교나 상관없다는 입장으로서, 이는 '획일적 종교다원주의'6가 된다. 이런 입장에서는 어느 종교든 구원이 가능하기 때문에 좋은 종교나 나쁜 종교를 구별할 필요가 없어진다. 이 연구의 면접자나 설문 응답자 중 대부분은 종교 다원성에 관해서 수용적인 관점을 가지고 있었다. 그들은 타 종교에 대해 대화의 가능성과 나아가 공존의 충분한 이유를 공감하는 것 같았다. 그러나 종교다원주의는 또 다른 문제이다. 다른 종교에도 구원이 있을 수 있다고 한다면 기독교와 타 종교와의 차이점은 없어진다. 물론 종교마다 의례나 목적을 위한 과정 등은 다르겠지만, 결국 모든 종교는 한 곳에서 만난다. 따라서 어떤 이들은 기독교인의 정체성을 고집하지 않는다. 타 종교에도 구원이 있을 수 있다고 대답한 A_1나 B_1의 경우 "나는 하나님을 믿는 분명한 기독교인이다, 아니다"라는 질문에 이렇게 대답했다.

> 하느님을 믿고 있습니다만 제가 믿는 하느님이 누구인가에 대해서는 얼마나 아는지 모르겠습니다. 하느님은 저를 아시겠지만 제가 그분을 안다고 말할 수는 없을 것 같습니다. 더 알고자 할 뿐입니다. (A_1)

> 별로 그런 것에 신경 쓰지 않습니다. 하지만 믿고는 있습니다. (B_1)

A_1과 이런 질문을 하면서 하나님이 누구인가를 잘 모르겠다는 것과 더 알고자 한다는 것은 일반적인 대답이 아닌 하나님에 대한 특정한 개념이나 유일한 개념 같은 것을 인정하지 않으려 한다는 느낌을 받았다. 기독교의 특정한 하나님에 대한 앎을 원하는 것이 아니라 타 종교에서도 추구하는 신의 개념이나 궁극적 목표를 알고 싶다는 말인 것 같았다. 하나님은 그런 신 관념의 하나일 뿐인 것이다. B_1의 경우에는 자신의 기독교적인 정체성에 대해 신경 쓰지 않는다고 답했다. 여전히 기독교 신앙 안에 있고, 하나님을 믿고 있지만, 자신이 기독교인이라는 것에는 관심이 없는 듯했다. 그것이 한국교회의 부정적 상황 때문에 자신도 그런 정체성으로 판단 받는 것이 싫다는 것인지 아니면 기독교인이라는 구별된

정체성조차도 관심이 없는 것인지는 명확하지 않다. 그러나 질문에 나타난 기독교인의 정체성은 '하나님을 믿는'이라는 전제가 내포되어 있다. 기독교에서 주장하는 하나님을 믿는 기독교인의 정체성을 말하는 것이다. 믿고는 있지만 그런 것에 신경 쓰지 않는다는 대답은 결국 기독교에서 주장하는 특정한 하나님을 그대로 받아들이지 않는다는 의미일 수도 있다. 그렇기 때문에 타 종교에도 구원이 있을 수 있다는 응답이 가능하다. 기독교에서 주장하는 특정한 하나님은 구원을 가능하게 하는 유일한 신이다. 그 하나님만이 인간과 세상을 구원하실 수 있다. 그러나 타 종교에도 구원이 있을 수 있다는 것은 유일하게 구원이 가능한 기독교의 하나님을 믿을 수 없다는 것이고, 따라서 자신의 기독교적 정체성은 신경 쓸 필요가 없는 것이다.

5. 철저히 현실적인 구원관

구원의 유일성에 관한 부정적 인식은 S모임 참석자뿐 아니라 일반적인 가나안 신자 다수의 의견인 것같이 보인다. 한 연구에 의하면 "기독교에만 구원이 있다"고 응답한 비율이 31%에 그치고 있다. "다른 종교에도 구원이 있다"는 36.2%, "구원 문제가 중요하다고 생각하지 않는다"가 32.9%로 나타났다.[7] 구원에 관해 부정적인 응답이 무려 69.1%로 가나안 신자는 구원 문제에 관해 관심이 적은 것으로 밝혀졌다. 왜 이들은 기독교만의 구원에 관해서 부정적일까? 필자의 견해로는 앞서 언급한 바와 같이 이들의 신앙관이 철저하게 현실적이기 때문인 것으로 보인다. 탈구조주의 시대의 영향과 더불어 이들의 신앙은 추상적이고 초월적인 것에 관심이 없는 것처럼 보인다. 신앙은 실제적이고 현실적이어야만 하는 것이다. 따라서 '천국'이나 '지옥', '영원한 생명', '부활' 등은 교회가 가르쳐준 그대로 믿지 않는 경향이 있다. 또한 믿는다 할지라도 재해석이 필요하다. 여기서 말하는 재해석이란 그런 개념들이 사후에 일어나는 현상이 아니라 '지금, 여기서' 일어나는 것으로 해석되는 것이다. 따라서 이들은 성경의 내용을 그대로 믿지 않는 경우가 많았다. 그것은 비유적이고 설화적이며, 현실에서 재해석되어야만 하는 내러티브이다. 그리고 이 모든 것은 성경의 내용을 '문자적'으로 믿지 않는 것에서부터 출발한다. 그러므로 성경의 기적은 그 자체로 별로 중요하지 않다.

> 오병이어의 이적이 질량의 법칙을 깨뜨린 기적이었는지 아니면 사람들이 감화받고 숨겨둔 빵을 나눠 먹은 사건이었는지는 본문의 요지를 이해하는 데 큰 영향을 주지 않는 것 같습니다. (O)

기적이든 부활이든 이들은 그것을 그대로 받아들이지 않았다. 그리고 그것이 중요하지도 않다. 이들의 신앙은 성경의 기적에 근거해서 이루어지지 않는다. 중요한 것은 그 본문이 무엇을 말하려고 하는가와 그것이 현재 무슨 의미인가에 있다. 따라서 그 의미는 기독교만의 고유한 것이 아닐 수 있다. 자기들이 사는 삶에서 적용할 수 있는 것이라면 타 종교에서도 동일한 원리를 발견할 수 있다. 기적이나 부활 또는 성경의 내용은 기독교만의 유일한 정체성을 형성하고, 타 종교와의 구별된 특성을 가지는 것이 아니라 그 속에 의도된 메시지가 중요하다. 그리고 그런 메시지는 타 종교에서도 얼마든지 찾아낼 수 있다는 점에서 타 종교와의 접점은 더 커질 수밖에 없다. 그러므로 구원이나 부활, 천국이나 지옥 같은 개념들이 초월적인 특성을 잃어버렸을 때 그것은 이 땅의 것이 되고, 그렇게 재해석되어 적용되는 관점들은 타 종교와의 접점을 더욱 가깝게 만든다.
타 종교에도 구원이 있을 수 있다고 하는 것은 세 가지 의미로 분석할 수 있다. 먼저 말 그대로 사후의 구원이다. 기독교에서는 예수 그리스도를 믿음으로 구원을 얻는다. 그리고 이들은 사후 영원한 생명을 가진다.

이런 의미에서 타 종교에서도 구원이 있을 수 있다는 것은 타 종교에서도 사후의 세계가 있고, 영원한 생명을 얻을 수 있다는 것을 말한다. 이런 의미라면 종교다원주의가 된다. 다음으로 구원을 이 땅에서 일어나는 일로 여긴다면 의미가 달라질 수 있다. 기독교에서 구원이란 현실적인 사건이다. 구원이란 예수 그리스도를 믿음으로 현재에 이루어지는 사건이고, 현재에서 시작되는 은혜로 주어진다. 사후의 영원성은 현재의 구원으로 인한 보상이 된다. 물론 기독교의 구원은 궁극적으로 영혼 구원이라는 개념이다. 하지만 영혼 구원이 이루어진 사람은 현실의 삶에서도 죄를 벗어난 삶을 살아야 하는 의무가 있다. 이런 개념으로 이들이 타 종교에도 구원이 있을 수 있다고 한다면, 그것은 기독교에서 말하는 사후의 개념이 아니라 현실적인 구원일 수 있다. 타 종교에서도 현실의 삶에서 선한 삶이나 정직한 삶을 요구하는데, 선하고 정직한 삶을 실천하는 것이 구원받은 사람의 삶이라고 한다면, 기독교에서 말하는 구원받는 삶과 차이가 없게 되는 것이다. 그러므로 현실적인 삶의 구원을 강조한다면 기독교와 타 종교와의 차이점은 거의 없어진다. 타 종교의 신앙이 현실 지향적이고 이 땅에서 영위되는 삶을 강조한다면, 기독교의 구원과 타 종교의 구원은 동일한 것으로 받아들여질 수 있는 것이다. 마지막으로 이 두 가지 의미가 혼합된 구원이다. 기독교에서는 예수 그리스도를 믿음으로 구원이 주어진다. 완전한 타력 구원이다. 그러나 타 종교에서는 일정 부분 자력 구원을 허용하고 있는 경우도 있다. 완전한 자력 구원이거나 타력과 자력을 함께 허용하기도 한다. 자력 구원을 가르치는 종교는 현실적인 삶에서 자기 의(義)와 노력으로 구원을 이룬다. 자신의 삶을 통해, 자기 삶의 내용으로 구원을 얻는 것이다.[8] 이렇게 얻어진 구원은 곧 사후 내세의 영원과 연결된다.

　　S모임의 가나안 신자들의 구원론은 확실하지가 않았다. "하나님의 신성, 내세(천국), 부활, 죄와 구원 등을 믿는가?"라는 질문에 몇몇의 응

답은 "믿는다. 하지만 좀 더 알기 위해 노력 중이다", "나름대로 재해석해서 믿는 편이다" 등과 같이 긍정적인 부분이 있었다. 물론 이런 응답이 현실적 삶의 구원이나 부활 등을 말할 수도 있겠지만, 필자가 면접하면서 느낀 것은 응답자들이 불확실하지만 사후의 세계에 대해서 명확하게 부인하려 하지는 않는다는 것이었다. 다만 이런 구원을 어떻게 이룰 것인가의 과정에 대한 의문이 더 큰 것 같았다. 이런 관점에서 본다면 이들의 구원론은 혼합된 구원론에 더 가깝다. 이들은 내세를 부인하려고 하지는 않았다. 그러나 그 내세란 기독교에서 말하는 기독교만의 내세가 아니다. 타 종교에서도 나름대로 내세나 영원성이 존재한다. 그것들은 별개의 것이 아니고, 결국 하나를 여러 종교가 다르게 표현하는 것에 불과하다. 그리고 그 내세로 가는 구원은 현실의 삶에서 결정된다. 주어진 구원에 만족하는 것이 아니라 현실에서 겪는 사건들과 현상들에 대한 종교적 답을 얻고, 개인이 이해해야 하는 것이다. 그러므로 이들에게 의미 있는 신앙이란 종교적으로 답이 주어지고, 이를 개인이 이해해서 살아갈 수 있는 실천적 삶이 가능한 신앙이다. 그 삶을 사는 것이 구원이고, 그렇게 얻어진 구원으로 내세의 약속이 가능하다(내세의 정체에 대해서는 명확하지 않지만). 그래서 끊임없이 성경의 사건들을 재해석하고, 그곳의 익숙한 내러티브들이 오늘의 삶에서 적용되는 것을 찾는 것이다. 이로써 예수를 그리스도로 '믿음으로' 구원을 얻는다는 개념은 간단하게 거부된다. 이들에게 예수를 믿는다는 것은 그의 행적을 믿는다는 것이고, 그 삶을 믿는다는 것에 한정된다.

이런 구원관이 있기 때문에 이들은 교회를 쉽게 떠날 수 있다. 구원이 독점되고 오직 교회만이 그것을 줄 수 있다고 할 때 교회를 떠난다는 것은 곧 죽음을 의미했다. 중세 시대에는 파문이 가장 큰 형벌이었다. 파문 앞에서는 황제도 군주도 모두 머리를 숙일 수밖에 없다.9 기독교는 구원의 유일성을 주장해 왔고, 오늘날도 교회는 이런 교리가 모든 신학의 근본이다. 그러나 구원이 다르게 이루어질 수 있다면 교회 출석은 무의미하다. 가나안 신자가 자신들의 삶에서 구원이 가능하고, 성경은 단지 삶속에서 일어나는 사건들에 대한 해석적 도구로만 사용될 때 교회의 필요성은 희박해지는 것이다. 이들이 교회를 떠날 수 있는 것도 구원에 관한 재해석이 가능하기 때문이다.

6. 사적인 의례의 창안

1) 변화하는 사회, 달라지는 의례

영성의 사사화는 기존의 전통적 종교뿐 아니라 개별적으로 수행하는 초월적 명상(Transcendental Meditation)이나 요가(Yoga) 또는 뉴에이지 종교(New Age religion) 등에서 강조되는 개인의 영성에서도 나타난다. 개인의 영성을 위해 실천되는 의례는 하나의 의례 체계로서 사적인 의례들이 강조되는 종교관을 형성한다. 집단적이고 공동체적인 의례에서는 영성을 공유하는 공동체적 영성을 강조한다. 그러나 개인적 영성은 공동체적 교리와 가르침을 그대로 수용하지 않는다. 그런 모든 것들은 자기 영성의 실현과 이해의 한 과정으로 받아들이지 않으면 외면한다. 이들에게 절대적 신이란 명확하지 않다. 절대적이고 하나뿐인 신의 개념은 쉽게 받아들여지지 않고, 여러 신들의 공존을 허락하는 세계관을 갖고 있는 경우가 많다. 이것이 바로 종교다원주의로 가는 것은 아니지만, 종교 다원성과의 경계가 모호한 것도 사실이다. 이들은 자신이 이해되지 않으면 자신의 종교적 정체성마저 당연하게 받아들이려 하지 않았다. 이런 관점에서는 기독교의 하나님은 초월적 존재가 아닐 뿐 아니라 믿고 순종해야 하는 대상도 되지 않는다. 이들은 기존 교회에서 행해지는 관례적이고 반복적인 의례를 진리에 대한 전통적인 수행으로 여기지 않는 경향이 있다. 그런 의례들은 개인들에게 의미를 부여하거나 자신의 영성에 도움이 되지 않는다면 아무런 의미가 없다.

S모임 참석자 중 일부는 개인적 영성을 위한 의례를 실천하고 있거나 계획 중이었다. "현재 개인의 영성을 어떻게 유지하는가?"라는 질문에 대한 응답은 개인적인 의례의 실천이 어떻게 이루어지고 있는가를 보여준다.

> 배우자와 함께 주일에 일정한 의례(ritual)를 1시간 30분~2시간 남짓 치르려고 합니다. 구체적 구성은 고민 중입니다. (S)

> 가족과 함께 가족 공동기도문을 작성하여 기도 시간을 가집니다. (R)

벨(Catherine Bell)은 사회의 변화에 따른 의례 체계의 변화에 관해 다음과 같이 말했다. "한 사회가 세계관과 조직과 경제적 행위에 영향을 미치는 사회역사적 변화를 겪게 된다면, 예컨대 경쟁하는 이념들에 노출된다면, 아마도 의례 체계 안에서도 그에 상응하는 변화가 생겨날 수 있다고 추론하는 것도 타당할 것이다."[10] 이 말은 탈구조주의 사회를 사는 현대에 기존 종교적 체계뿐 아니라 교회나 종교 단체의 의례 체계에도 변화는 당연한 것으로 받아들여진다는 말이다. 이런 시대를 사는 종교인들이 종교를 대하는 관점은 이전의 종교인들과 전혀 다르다. 따라서 사회의 변화에 따른 인식의 변화와 함께 종교도 변해야 하는 것이다. 또한 "의례의 밀도에서 그 정도가 다르고 의례의 스타일이 다르면 세계관과 사회 조직 그리고 자아의 개념에 대한 형태도 달라진다."[11] 사회 변화에 따른 인식의 변화와 함께 의례 체계가 달라지기도 하지만, 달라진 의례 체계를 수용하는 사람에게는 세계관과 자아의 개념에 대한 형태로 달라진다. 이 둘은 서로 변증법적으로 영향을 주고받는다. S모임의 일부는 자신들의 의례 체계를 만들고 있었다. 이들은 달라진 사회가 창출하는 가치관과 세계관에 따라 달라진 신앙 인식에 맞춘 자신만의 의례를 창조하는 것이다.

2) 주어진 의례, 만드는 의례: 작은 의례의 실천자들

일부 심리학자들은 이러한 사적인 의례를 사회적 책임을 가볍게 취급하는 비도덕적 행위라고 보았다.[12] 이러한 주장은 집단적 의례와 이를 행하는 공동체가 상실되면서 무질서한 상태에 이를지도 모른다는 두려움 때문이었다. 모든 의례에 궁극적인 위험이 있다고 보는 견해는 전통적으로 이어온 규칙적이고 정형화된 의례만이 거기에 참여하는 사람들의 삶이 참되다는 것을 가르쳐 준다고 주장한다. 그 의례는 만들어진 것이 아니라 주어진 것이다.[13] 의례를 창조한다는 것은 곧 이러한 질서에서 벗어나는 것이고, 비도적적 행위가 된다. 그러므로 의례는 만드는 것이 아니라 주어진 것이며, 의례를 만드는 것은 곧 공동체를 깨는 이기적인 일이 된다. 그러나 이러한 견해는 계몽주의를 거쳐 탈구조주의화된 현대 사회의 개인에게는 더 이상 통용되지 않는다. 의례의 창조는 종교적인 곳에서만 일어나는 것이 아니다.

예를 들어 정부 기관인 여성가족부는 『작은 결혼 ─ 우리의 빛나는 시작을 위해』[14]라는 책을 발간하여 '작은 결혼'(small wedding)에 대한 인식과 실천을 유도하고 있다. 여기에는 작은 결혼의 정의를 "예식 절차의 참된 의미를 깨닫고 스스로 준비하여 치르는 혼례"라고 한다. 가장 중요한 것은 '스스로 준비하여 치르는' 것이다. 이들은 이전의 전통적인 절차나 형식을 버리고 자신들만의 의례를 만들어 식을 치른다. 결혼식을 '웨딩 콘서트'로 해서 신랑과 신부가 참여하는 공연을 한다거나 '판소리 공연'을 통한 전통 혼례를 하기도 한다. 장소도 도서관이나 돌잔치 식당을 대여하거나 그 외 공공시설을 이용하기도 한다. 주례를 세우지 않고 자신들이 직접 편지를 읽기도 한다. 기존의 전통적인 형식과 내용을 파괴하는 것이다. 이처럼 이제는 매우 '역동적인 의례와 즉흥적인 의례'가 나타나고, 이를 허용하는 시대가 되었다.15

그러면 S모임의 일부 참석자들이 의례를 창조한다고 할 때 그것은 공동체를 파괴하는 무질서한 행동일까? 함께 이야기를 나눈 S와 R은 혼자만의 의례를 행하지 않았다. 그들은 가족이 함께 참여할 수 있는 의례를 만들고 있었다. 가족은 또 다른 공동체이자 가장 결속력이 강한 공동체이다. 그 가운데에서 행해지는 의례는 질서와 공동체성, 사회 결속, 슬픔과 위로, 영적인 것에 대한 수용 등 모든 것을 포함한다. 의례를 특별한 목적을 가지고 행하는 것이라는 정의에 따르면, 목적에 따라 의례가 달라질 뿐 아니라 그것에 참여하는 사람들도 달라진다. 결혼, 출생, 장례 등 사회적 의례에는 다양한 사람들이 참여한다. 마을 단위나 지방축제, 국가적 의례에 참여하는 사람들도 다르다. 그러나 가족 안에서 행하는 의례는 인원이 거의 고정되어 있을 뿐 아니라 삶의 모든 과정과 의미가 포함된다. 따라서 가족이 함께 행하는 의례는 가장 완벽한 의례라고 할 수도 있다. 그러므로 S모임의 참석자들 중 일부가 가정에서 행하는 의례는 그들에게는 가장 완벽한 의례가 될 수 있다. 그들은 교회나 다른 종교 단체의 의례를 답습하지 않았다. 인터넷 등에서 다운받은 예식서를 사용한 것도 아니다. S와 R은 자신과 가족들에게 가장 적합하고 필요하다고 생각한 의례를 창조한 것이다. 그리고 그것을 행함으로 그들은 그들만의 종교를 소유하고 실천한다.

이들의 의례는 일종의 '사회 심리적 메커니즘'으로 이해될 수 있으며, 다원적이고 세속적 사회에서 나타나는 현대적 '에토스'를 함축하고 있다.16 여기서 '에토스'란 모든 것이 해체되는 탈구조주의 시대에서 신앙인으로 존재하고자 하는 자기 모습이며, '사회 심리적 메커니즘'이란 사람과 사건에 대해 신앙적 해석을 하고 이를 어떻게 수용하며, 무엇을 할 것인가에 대한 고민이다. 기존 교회의 의례가 초월성과 자기 신앙의 합리화를 위한 것이라고 한다면, 이들의 의례는 시대의 변화 속에서 자신과 가족 모두가 신앙인으로 살기를 다짐하는 것이 될 수 있다. 스미스(William Robertson Smith)는 의례가 종교의 핵심이며, 종교는 의례에 의해 구성된다고 주장했다.[17] 스미스에 의하면 이들은 새로운 의례를 창조할 뿐 아니라 그렇게 함으로써 자신만의 종교를 표현하는 것이다. 이들은 자기들만의 의례를 만들고 이를 실천하는 작은 의례(small ritual) 실천자들이다.

6장

S모임의 신앙 공공성 자격

S모임의 특성을 알기 위해서 필요한 것은 이 모임의 내용을 분석하는 것이다. 이 모임의 특성은 사회에서 공적 역할을 강조하며 공공의 영역으로 나아가는 것으로 파악되는데, 여기서 공공성 문제는 설명이 필요하다. 근대 이전의 종교는 국가의 통치 이념으로서 인간과 사회의 모든 윤리적 규범의 기준이 되었다. 그러나 근대 이후 계몽주의를 통해 국가의 통치 이념으로서 자격을 잃어버리고, 인간과 사회와도 분리되는 상황이 지속되었다. 하지만 이런 현상에도 불구하고 현대에 이르러 인간의 이성과 민주주의 정치체제의 한계 등으로 종교의 역할이 필요하다는 요구가 커진 것도 사실이다. 따라서 종교가 사회의 영역으로 나아갈 때 그 당위성에 관한 설명이 요구된다. 이는 S모임이 신앙의 '사회적 실천'을 강조할 때 그것을 공공 종교성이라고 할 수 있는가에 대한 설명이기도 하다. 이는 곧 종교가 공공의 영역으로 나아갈 때 어떤 자격이 필요한가에 대한 것이다. 그것을 설명하는 데는 하버마스(Jürgen Habermas)의 공론장 개념이 유효하다. 하버마스는 민주 시민들이 모여 정치적 담론을 형성하는 장(場)으로서의 공론장 개념을 주장했다. 여기서는 자율적인 시민들이 모여 정부의 정치적 결정을 비판하고 새로운 대안을 제시하는 공론(公論)이 가능하며, 공론장의 이러한 역할은 근대 사회의 시민이 민주적 실천에 참여하는 중요한 계기가 되었다. 그러나 공론장의 형성은 일정한 제한이 있으며, 이러한 한계 설정은 비판의 대상이 되었다. 그런데도 공론장은 "무엇을 하는가?"에 대한 검증이 필요하다.

S모임이 신앙의 공공성을 지향한다고 공개적으로 밝혔을 때 여기에

는 두 가지 검증이 요구된다. 이 모임은 공론장이 될 수 있는가? 공론장이 된다고 하면 그 안에서 형성되는 담론은 무엇인가? 첫 질문은 S모임이 시민사회의 정치적·사회적 담론을 형성하는 공론장의 자격에 관한 질문이다. 둘째 질문은 공론장으로서 기능을 가진다고 하면 과연 그 안에서 무엇을 하는가에 대한 문제이다. 일정한 담론의 형성은 그 내용과 질(質)에서 일정한 수준을 요구한다. 이는 그것이 형성되는 공간의 자격과 그 안에서 이루어지는 담론의 정당성에 관한 것이다. 하버마스의 공론장은 일정한 계급의 시민들만 참여했다는 점에서 비판을 받아 왔다. 따라서 정당한 공론장은 모든 이들의 참여가 보장되는 공개적이고 무제한적인 환경이 되어야 한다. 공론장 안에서 이루어지는 담론은 사적 이익을 추구하는 것이 되어서는 안 된다. 공론장 안의 사적 담론은 여론을 호도(糊塗)하며 자신들이 유리한 입장으로 담론을 형성할 수 있다. 종교적으로 보면 이는 자신들의 종교적 이익을 위해 담론을 형성하고 이용하는 것을 말한다. 따라서 공론장 안에서 형성되는 담론은 정치적이고 사회적인 이슈들에 대한 공감대가 필요하며, 객관적 시각이 요구된다.

이와 같이 S모임의 목적이 신앙의 공공성이 전부라고 하면 이는 엄격한 검증이 필요하다. 만약 S모임이 공론장으로서의 자격과 사회적 담론의 형성에 실패한다면 이 모임은 아무런 질적 내용을 가지지 못한 모임이 될 것이다. 나아가 이런 담론이 '공공 종교성'을 가질 수 있는가도 분석해 보아야 한다. 이들의 담론이 단지 정치 사회적인 불만에 그치는 것인지 아니면 공공 종교적이라고 할 수 있는지는 일정한 기준으로 평가해야 한다. 즉, 이 모임에서 이루어지는 신앙을 공공 종교성이라고 부를 수 있는가에 대한 확인이 필요하다. 이를 위해 카사노바(Jose Casanova)의 공적 종교 이론을 중심으로 비교해 본다.

신앙의 공공성 또는 공공 종교성의 추구에서 중요한 것은 보편성이다. 이들이 주장하는 것이 한 종교의 내적 요구에 한정되는 것이 아니라 비종교인뿐 아니라 사회 전체에 공감이 되는 주제여야 한다. 그것은 곧 합리적이고 이성적인 사고와 판단에 의한 것으로 전혀 종교적이지 않을 수 있다. 그런데도 역설적으로 이것은 초월적 대상을 유지함으로써 정당성을 확보한다. 이런 논의는 결국 "S모임은 무엇을 하는가?"에 대한 것이며, S모임의 정체성 판단에는 중요한 근거가 된다.

이후의 진행에서 I에서는 S모임을 그룹 특성별로 분류하고, 이 모임은 어떤 그룹으로 볼 수 있는가를 다룬다. II에서는 S모임의 신앙 공공성에 관한 것으로 이 모임의 공론장의 자격을 살펴본다. III은 이들이 공론장을 구성하면, 그 안에서 형성되는 담론이 공공 종교성을 가지는지에 대한 설명이다. IV에서는 이 모든 논의가 S모임에 어떻게 적용되는지를 설명한다.

I. S모임의 그룹 특성

오늘날 가나안 신자 모임의 정체성은 가나안 신자의 정체성이 명확하지 않은 것과 연관이 있다. 가나안 신자의 모임은 가나안 신자의 자격으로 확보되며, 가나안 신자 모임은 가나안 신자의 자격을 담보한다. 따라서 이 둘은 서로의 보완 관계로 유지된다. 그런데도 이 둘의 정체성과 정당성을 규명하려는 연구는 미미하다.

이 절에서는 먼저 S모임의 사회참여도에 따른 그룹의 특성을 알아본다. 일반적으로 교회를 떠나 개인적으로 영성을 추구하는 사람들은 개인적이고 이기적이라는 비판을 받는 경향이 있다. 교회는 사회적인 참여가 낮다는 비판을 받는다. 그러나 새로운 연구에 의하면 이런 비판은 정당하지 않으며, 교회의 사회참여도도 어떤 기준으로 평가하는가에 따라서 달라진다.

1. 그룹 특성별 사회참여도

그동안 이루어진 연구는 대부분 세속적인 사회에서 새로운 영성이 일어날 때 자기중심적인 특징을 가진다고 보고해왔다. 런던 뉴에이지센터를 방문한 53명의 가톨릭 신자 그룹을 대상으로 한 연구에서는 새로운 영성자들이 자기희생적 목표 의식이 낮은 것을 발견했다. 또한 쾌락주의나 자기 방향에 대해서는 높게 평가되었다.[1] 이처럼 새로운 영성을 찾는 사람들은 종종 자기중심적이며 사회적 참여를 위한 동기가 부족하다고 비판받는다.[2] 그러나 다른 연구에서는 영성(New Spirituality)을 가진 사람들이 자기중심적이며 사회적 참여를 위한 동기가 부족하다는 그동안의 연구를 비판한다. 이 연구에 의하면 새로운 영성을 추구하는 사람들은 전통적 종교인보다 사회적으로 덜 관여하지만, '세속적'인 사람들보다는 더 참여한다는 것이다. 그들은 특히 "환경 보호, 평화 또는 동물 권리 등에 다른 사람들보다 더 헌신적"[3]인 것으로 조사되었다.

이 연구에서는 대상 그룹을 세밀하게 분류하고 있다. '비연합 영성 그룹'(unaffiliated spirituality groups)은 영적이지만 구조화되지 않는 그룹이다. '새로운 영성 그룹'(new spirituality groups)은 영적이지만 친화적이며 약간의 구조화를 이룬 그룹이다. '종교 단체 그룹'(traditional religious groups)은 전통적인 교회나 종교 조직에 속한 그룹이며, '세속 그룹'(Secular groups)은 영적이지 않은 그룹이다. 이들을 사회적 참여 수준에서 비교하며 분류한 것에 의하면 '새로운 영성 그룹'은 '비연합 영성 그룹'보다 사회적 참여와 관련하여 더 독특한 특징을 가지고 있었다.[4] 이것은 개별적으로 영성을 추구하는 대상들은 사회적 참여보다 개인적이고 자기중심적인 성향 때문인 것으로 보인다. 이 두 그룹은 전통적인 종교인보다 사회적으로 덜 참여한다.

그러나 이런 결론에는 좀 더 세밀한 분석이 필요하다. 전통적인 종교인보다 덜 참여한다는 분석은 '자원봉사'에 대한 것으로 이 방면을 제외하면 그 차이는 크지 않다. 오히려 환경 보호, 평화 또는 동물 권리 등에 대한 헌신에서는 점수가 더 높게 나타났다.[5] 이는 전통적인 교회나 종교 단체에서는 집단적으로 봉사에 참여하는 경향으로 인해 비율이 높게 나타났을 수 있다. 또한 교회력이나 행사 등으로 일정하게 참여하는 상황이기 때문에 큰 비중이 될 수 있다. 그러나 새로운 영성을 찾는 개인이나 그룹의 경우 대부분 작은 규모를 이루고 있고, 불규칙적인 참여가 이루어진다는 점에서 사회참여에 대한 비율이 낮게 나타날 것이다. 물론 집단 구성원 수 대비 참여율을 산정한다면 다르게 나타날 수도 있지만, 전체적으로 낮게 나타나는 것은 정확하다고 볼 수 있다.

2. 영적이지만 약간의 구조화를 이룬 '비연합 영성 그룹'

사회적 참여 방면에서 일반적으로 전통적인 교회나 단체가 높은 비율로 나타나지만, 특정 부문에서는 새로운 영성을 찾는 그룹이 약간 높게 나타났다. 이는 새로운 영성을 찾는 개인이나 그룹이 기존의 봉사 차원을 벗어나 새로운 참여 대상을 찾기 때문일 것이다. '평화' 또는 '동물 권리 보호' 등은 기존의 교회 차원에서 실천적으로 참여하지 않거나 참여할 수 있는 신앙적 토대를 갖추기가 어려운 것이 한국 기독교의 현실이라면, 이런 다양한 분야를 개척하고 참여하는 것은 새로운 영성을 추구하는 개인이나 그룹이 더 유리하다고 볼 수 있다. 의사 결정에 참여하기 쉽고 신앙적 담론이 적용되는 범위가 넓고 다양하기 때문이다.

'새로운 영성을 추구하는 그룹'이나 '전통 그룹'은 '세속 그룹'보다 사회적 참여가 더 높게 나타났다. 따라서 "최소한 새로운 영성 세계관, 경험 및 관행이 사회적 참여에 예측적 가치를 지닌다."[6] 이런 결론은 다소 특이할 수 있는데, 대부분의 연구들은 새로운 영성을 찾는 사람들이 개인주의적이고 자기중심적인 특징이 있다고 보고되어 왔기 때문이다. 그러나 이런 연구에 의하면 '비연합 영성 그룹'들이 개별적이고 비공식적인 상황에서 다른 사람들과의 연대와 같은 사회적 참여 형태에서 자신들을 구별하지 않는다는 것이다. 이것은 또 다른 가능성을 나타내는데, 새로운 사회적 참여에 있어서 영성을 찾는 그룹이나 기존 종교적인 그룹들이 서로 연대를 진전시킬 수 있다는 것이다.[7]

이런 면에서 S모임은 어떤가? 이들은 새로운 영성을 찾아 기존 교회를 떠난 사람들이라는 공통점이 있다. 그 영성이 기존 신학을 벗어난 영성일 수도 있고, 교회의 상황과는 대비되는 새로운 환경과 여건을 추구하는 영성일 수도 있다. 이들을 새로운 영성을 찾는 이들이라고 하면 사회참여와 연관하여 이 모임을 정의할 수 있고, 다른 그룹들과의 차이점도 어느 정도 파악할 수 있다. '비연합 영성 그룹'은 영적이지만 구조화되지 않는 그룹이고, '새로운 영성 그룹'은 영적이지만 친화적이며 약간의 구조화를 이룬 그룹이라고 하면, S모임은 미묘한 위치에 자리 잡게 된다. 이 모임이 영적인 것은 맞지만 구조화되었다고 볼 수 없기 때문이다.

친교 모임이나 그 외 공동체적 프로그램이 없기 때문에 S모임을 친화적이라고 할 수도 없다. 모임을 가지기 때문에 개별적인 '비연합 영성 그룹'이라고 할 수도 없다. 그런데도 매주 모이기 때문에 굳이 정의하자면 '영적이지만 약간의 구조화를 이룬 비연합 영성 그룹'이라고 해야 할 것이다. 따라서 사회참여에 대해서 '새로운 영성 그룹'이나 '전통 그룹'과는 다르게 자유롭게 개별적 연대가 가능하다. 이 연대는 신앙적 연대뿐 아니라 '세속 그룹'과의 연대에도 제한이 없다. 실질적으로 S모임의 참여자들은 개별적으로 이런 연대를 활발히 하는 편이었다. 또 S모임 자체도 기존 교회와 일정한 프로젝트를 진행하고 있고, 다른 모임과의 연대도 가지고 있다. 이런 환경은 기존의 전통적 교회나 단체를 벗어난 가나안 신자가 사회적 참여를 더 많이 할 수 있는 가능성을 높여준다. 이들의 사회적 참여는 좀 더 개별적이고 사회적이라는 것과 동물 보호, 평화 운동 등과 같이 폭이 넓다는 점에서 기존 전통적 교회와 다르다. 그리고 S모임의 가나안 신자는 기존의 전통적 교회가 하지 못하는 사회적 참여를 하기 위하여 이 모임에 참석한다. 그리고 이곳에서 신앙적 자양분을 얻고, 자신들의 삶에서 이를 실천하기 위하여 고민했다.

II. S모임의 공론장 자격

S모임의 특성을 알기 위해서는 이들이 주장하는 신앙의 공공성을 살펴볼 필요가 있다. 이 모임의 지향점은 곧 이 모임의 특성을 보여주기 때문이다. 신앙의 공공성이라고 할 때 이는 정당한 담론의 형성과 자격을 요한다. 이는 외적으로 표현되는 공적 담론뿐 아니라 내적으로 그 내용에 관한 수준을 갖출 것을 요구하기 때문이다.

이 절에서는 S모임이 지향하는 신앙의 공공성에 관한 자격을 다루었다. 먼저 S모임이 공론장으로서의 자격을 논하고, 다음으로 이들의 주장이 공적 신앙의 내용을 담보하고 있는가를 살펴보기로 한다. 공론장으로서의 자격은 그 안에서 합리적인 논의가 가능하며, 일부 계층의 주장이 아닌 주변인까지 포함하는 평등한 구조이다. 내용으로서의 자격은 보편성과 합리성에 신앙인으로서의 초월성이 요구된다.

1. S모임의 신앙 공공성의 의미

S모임이 사회에서 공적 역할에 관한 신앙을 강조하는 데는 이 모임의 이해를 위해 '신앙의 공공성'이나 '공공신학'에 관한 논의가 필요하다는 것을 의미한다. 이들이 제시하는 '대안'이 단순히 기존 교회와 다른 장소를 제공한다거나 마음에 맞는 사람들끼리 모여서 예배하는 것이 아니라 새로운 신앙의 역할을 강조하는 것이라면 그것이 무엇인지, 어떻게 형성되는지에 관한 논의가 필요하다는 것이다.

S모임의 예배는 온전히 신앙의 사회적 역할에 초점을 맞추고 있으며, 이는 기존 교회의 신앙과 차별성을 가진다. 기존 교회에서 신앙은 대부분 개인의 영적 성숙과 구원에 관한 것에 중점을 둔다. 기존 교회에서도 사회 변화를 요구하지만, 이는 영적 구원을 통한 삶의 변화로 인한 반응

에 불과하다. 또 사회 변화는 직접적이고 세밀하게 적용되는 것이 아니라 정직하고 도덕적인 삶에 기인한다. 그러나 S모임의 예배는 모든 것을 사회 변화를 위한 것에 직접적으로 작용하도록 의도된다. 예배 순서나 설교, 기도까지도 구체적으로 사회 변화를 위한 것으로 기획되고 실천된다. 이런 점에서 이들의 모임을 단순히 신앙의 공적 역할을 강조하고 있는 것으로만 볼 것인지, 이를 '공공신학'의 실천으로 볼 것인지에 대한 좀 더 구체적인 분석이 필요한 것이다.

오늘날 기존 교회와 차별성을 두고 있는 교회 밖 모임은 크게 두 가지로 분류할 수 있다. 기존 교회의 신학적이고 신앙적인 것 이외의 사유로 떠난 신자와 신학적이고 신앙적인 사유로 떠난 신자가 그것이다. 전자의 사유로 모인 모임은 대부분 '교회'로 모이고, 기존의 신학과 신앙을 답습한다. 그러나 후자의 모임은 S모임과 같이 일시적인 모임의 형태를 가지는 경우도 있다. S모임을 보면 모든 의례가 신앙의 공적 역할을 지향한다는 점에서 종교에 기반을 둔 시민단체와 비슷하게 보인다. 그러나 종교 기반 시민단체는 사회운동에 중점을 두는 반면 S모임은 종교 운동에 중점을 둔다는 점에서 다르다. 이 둘의 지향점이 신앙의 사회적 역할, 신앙의 공적 역할을 강조한다는 점에서 공통점이 있지만, S모임은 철저하게 종교적 형태를 가지고 신앙을 우선시한다는 점에서 종교인들이 사회적 역할을 위해 모인 종교 기반 시민단체와는 차별성을 가진다. 따라서 S모임은 종교적 형태로 사회적 실천만을 강조한다는 점에서 독특하다고 할 수 있다. 나아가 이 모임이 일시적이고 잠정적인 리미널의 반-구조로 되어 있는 것도 이런 특성을 충실히 드러낼 수 있는 구조적 특성이다.

그렇다면 이들은 '공공신학'의 의미를 가지는가? 공적 담론을 형성하는 장(field)으로서의 역할을 할 수 있는가? 그렇다면 이들은 '공론장' 기능을 담당하는가? 이런 문제들에 대해서 알아볼 필요가 있다. 왜냐하면 이런 내용들은 곧 이 모임의 주장에 대한 정당성을 확보하게 하고, 이는 곧 이 모임의 특성을 결정하기 때문이다. 그리고 그 특성은 전통적 교회와 시민단체의 중간적 특성을 지니고 있는 이 모임의 장점이기도 하다. 이들의 형태와 내용은 앞으로 '가나안 신자' 모임의 방향성을 제시하는 데 기여할 수 있을 것이다. 다음의 내용은 모두 S모임의 신앙을 설명하기 위한 도구들이다.

2. 종교가 공론장으로 진입하기 위한 조건들

1) 의사소통 합리성

하버마스는 공론장에 종교를 포함시키는 것에 부정적이었지만, 오늘날 공공신학자들은 이 개념을 인용하면서 이론들을 도출하고 있다. 따라서 종교가 공공의 영역으로 나아갈 때 하버마스의 공론장 개념은 유용한 도구가 되는데, 그것은 '의사소통 합리성'(commmunicative rationality) 문제로 귀결된다.

계몽주의로 인해 인간의 이성에 대한 강조와 합리적 사고가 증가하던 17~18세기에는 시민들의 역할에 대한 중요성이 커졌다. 18세기 이후 독일과 프랑스 등 유럽에서는 새로운 시민 계급이 등장하고 부르주아 계급이 형성되었다. 이들은 다양한 매체를 통해 의견을 개진할 뿐 아니라 서로의 의견을 교환할 수 있는 공공적 소통망을 형성했다. 이들의 집합적 의견은 정치적 성격을 가진 것으로 신문 등을 통해 여론을 주도하고 국가에 대한 저항을 만들었다. 시민들은 신문이나 잡지를 통해 여론을 형성하고 유통시키는 역할을 했으며, 이는 20세기 민주주의 발전에 필수적인 과정이 되었다. 이때 커피숍이나 클럽 등에서 시민들이 자유로운 토론과 논쟁을 통해 공적인 생각이나 의견을 교환하는 공간이 생성되었다.[1]

이를 하버마스는 '공론장'(public sphere)이라는 개념으로 설명한다. 그에 의하면 공론장은 근대 서구 사회에서 발생한 공개적인 토론장이다.[2] 공론장은 공적 장소나 실행을 가리키며, 여기서는 공적인 의견들이 형성되고 유지된다. 이는 국가의 공적 계획이나 실행에 대해 저항하며 참여자들이 자유롭게 비판적인 의견을 주고받을 수 있는 공간을 말한다. 그에 의하면 공론장에서 의사소통을 통해 시민들은 진화하고 성장하며, 사회는 합리성을 갖추게 된다.[3] 그리고 이런 과정을 통해 시민들은 민주주의 이념과 공론장 내에서의 정당화 양식을 배우게 된다. 멜톤(James Van H. Melton)에 의하면 하버마스는 이 공론장을 토론의 새로운 공간으로 의사소통이 생성되는 영역으로 이해했다. 따라서 "이 공간은 공적 장소나 사회성에 대한 더 공개적이고 접근이 용이한 형식을 가지고 있다."[4] 그리고 이러한 공론장은 누구도 배제됨이 없이 모든 당사자가 평등하게 접근할 수 있어야 한다.[5] 이처럼 공론장은 '공개성'과 '접근 가능성'이 모두 확보되어야 제 기능을 할 수 있다. 이렇게 될 때 공론장은 권력 그 자체를 토론에 부치는 기능을 한다.[6]

S모임이 'P다방'이라는 공간을 빌려 모이는 것은 엥겔케의 '주변 신앙'의 좋은 예라는 것은 이미 언급한 바 있다. 이러한 공간은 이곳에 모이는 사람들의 자격을 요구하지 않는다는 전제가 있다. 주변 신앙에서 장소는 '공개성'과 '접근 가능성'을 모두 만족시키는 공간으로서의 역할을 한다. 여기서는 누구나, 언제든지 올 수 있다는 점에서 비밀이 유지되지 않으며, 도심 한복판에, 큰 길가에 위치함으로써 쉽게 접근할 수 있다. P다방은 길 쪽으로 면한 벽 전체가 유리로 되어 있어 S모임의 예배는 모두에게 시각적으로 공개된다. 모임 시간에는 누구나 들어오고 나갈 수 있다.

하버마스는 공론장을 통해 근대 국가의 거대 권력에 대항하는 계몽주의적 인간의 자율성과 함께 의사소통을 통해 시민들의 요구를 관철시키고 민주주의를 형성하는 것을 의도한 것이다. 하버마스는 이곳에서 일어나는 다양한 의견이 논쟁을 통해 공통의 관심사로 전환되는 방식과 합의를 도출하는 과정에 주목했다. 공론장에서 이루어지는 의견 수렴과 토론을 통한 합의 도출 과정은 시민들이 정치적인 주체가 되는 과정이다. 민주주의는 이런 공론장의 토론과 합의 도출 과정을 통해 성숙해지는 것이다. 이러한 과정은 시민들의 의지(voluntas)를 이성(ratio)으로 바꾸는 역할을 한다.7 그렇다면 이 공론장에서 이루어지는 종교는 어떤 조건이 필요할까? S모임이 신앙의 공공성을 목적으로 한다고 하면 공론장 안에서 형성되는 이들의 신앙은 일정한 조건을 갖출 것이 요구된다.

2) 보편성과 합리성: 공공성을 위한 신학의 조건

공공성은 다양한 의미를 내포하고 있는 개념이다. '공적인 것'은 주로 국가가 시행하는 어떤 정책이나 실천을 말하지만 반대로 국가에 대한 국민의 의무나 실천을 말할 수도 있다. 여기서 공론장은 공개적인 장소에서 시민들이 자신들의 공적인 의견을 함께 표현하는 것이나 국가나 행정기관에 대한 저항이 드러나는 공간을 말할 수 있다. 이때 공공성의 주체가 누구인가의 문제도 발생한다. 국가는 시민의 삶을 위한 다양한 서비스를 제공해야 하며, 시민은 국가에 대한 책임을 감당해야 한다. 이처럼 공공성 개념은 시민들의 자유로운 참여를 통해 국가나 행정기관의 정책에 대한 반대를 표현하는 것이기도 하지만, 국가나 행정기관이 실행하는 정책을 옹호하는 개념으로 이용할 수도 있다. 그러나 시민의 입장에서 볼 때 공공성은 국가나 행정기관의 압박으로부터 벗어나 비판적이고 대안적인 의견을 함께 도출하고, 이를 공개적으로 표현하는 것이라고 볼 수 있다.

이러한 공공성의 개념은 공공신학에서 다양한 방식으로 전유된다. 공공신학에서 말하는 공공성은 교회와 신학이 세상의 일반적이고 다양한 공적인 삶과 연결된다는 의미를 지닌다. 따라서 공공신학은 세상의 공적인 삶에서 교회의 위치와 역할을 다룬다. 예를 들어 지역교회의 교인은 그 지역의 구성원이며 동시에 시민으로 존재한다. 그래서 세상 속의 교회는 다양하고 복잡한 방식으로 공적인 삶과 연결된다.8 이렇게 볼 때 세상 속의 교회는 자신의 존재 근거가 세상의 공적인 삶과 연결되어 있고, 이런 연결 방식과 역할에 대한 연구를 공공신학이라고 이름 지을 수 있다. 그러나 이렇게 정의할 때 공공신학의 개념은 너무 광범위해지고 모호해질 위험이 있다. 세상의 모든 것에 관여하는 것이 교회의 의무이고, 존재 이유라고 할 수 있기 때문이다.

공공신학은 하버마스의 공론장에 어울릴 수 있는가? 공공신학이 보편적인 질문에 해답을 주는 것으로 공공성을 확보했다면 하버마스의 공론장에 진입할 수 있어야 한다. 하버마스의 공론장은 다른 여론 형성의 기능들로부터 벗어나 규범적 정당성을 확보하려는 것이었고, 억압적 구조로부터 자유로운 의견의 표출과 수렴이라는 기능을 가지고 있다. 여기에서 시민들의 비판적 토론은 합리적인 과정을 거쳐 해방적인 역할을 한다. 따라서 신학이 하버마스가 말하는 공론장으로 진입하려면 이에 합당한 합리적이고 보편적인 구성을 가져야 한다. 트레이시(David Tracy)는 "신학이 보편성을 갖추기 위해서는… 개인적인 신념에 호소할 것이 아니라 철학적인 논증을 취해야 한다"9고 했다. 그렇다면 기독교 신앙이 공공성을 갖기 위해서는 철학이나 타 종교로부터 인정받을 수 있을 정도의 합리적이고 윤리적인 진정성을 갖추어야 하는 것이다.10 기독교인들에게 신앙은 보편적 사랑에 바탕을 두고 있고, 이는 이 세상 안에서 이루어진다. 따라서 기독교 신자들은 반드시 공적인 영역으로 나아가 증인이 되어야 한다.11 이런 주장들은 모두 기독교 신학을 보편적이고 합리적인 것으로 설명하고 있다.

여기에서 보편적이라는 것은 곧 공공성을 말한다. 세상 안에서, 모든 것에 적용할 수 있는 합리적인 것을 가질 때 기독교 신학은 공공신학이 될 수 있다. 공론장에서 자유로운 토론이 가능하기 위한 조건은 권력으로부터의 독립이다. 하버마스가 공론장을 대상에 제한 없는 비판과 합리적인 의견 수렴과 도출에 주목한 것은 권력으로부터의 독립적 배경을 말하는 것이었다. 테일러(Charles Taylor)는 공론장 형성의 주체가 특정 당파로부터 벗어난 주체임을 강조한다. 공론장의 주체는 공권력의 담지자가 아니며, 이는 결핍이 아니라 오히려 공공성을 이루는 핵심이 된다. 공론장에서 공적 존재를 배제하려는 이러한 노력은 공론장의 주체가 '정치 외적 지위'12라는 것을 잘 보여준다.

공론장의 또 다른 특성은 '세속화'이다. 공론장의 토론은 어떤 틀을 필요로 하지 않으며, 형식도 전통적인 규범도 필요하지 않다. 참석자들은 그 행위만으로 연합체를 구성하며 여기서 공론장은 '장소 초월적'13이라고 할 수 있다. 이런 논의에 의하면 종교가 공공신학으로서 공론장으로 진입할 수 있는 조건은 보편성, 합리성을 가지는 것이고, 이는 특정 정치권력과 결탁하지 않고 세속적인 것과의 연관성을 수용하는 것이라고 할 수 있다.

S모임이 자신들의 신앙을 공공성으로 표명한 것은 이 모임의 설교가 이성적이라는 것에서도 어느 정도 확인할 수 있다. 그 내용에는 초월적인 것을 언급하지 않으며, 권장되지도 않는다. α대표는 자신의 설교를 책을 통해 구성한다. 여기서 성경은 그 구성을 위한 전제일 뿐이다. 성경은 성경으로 해석되지 않으며, 설교에서 소개되는 책의 내용을 통해 해석된다. 그리고 주제는 성경의 내용을 더 깊이 전하는 것이 아니라 세속의 이슈들이다. 성경을 통해 세속을 해석하는 것이 아니라 세속을 통해 성경을 해석하는 것이다. 따라서 그것은 신앙인과 비신앙인 모두에게 통용되는 보편성을 가진다. 만약 세속적인 것을 종교의 초월적인 것으로 해석한다면 그것은 보편성과 합리성 둘 다를 잃게 될 것이다. 이곳에 모

이는 가나안 신자들도 성경이 아닌 다양한 책을 통해 자신들의 신앙을 구성했다. 이들이 접하는 책은 신앙 서적뿐 아니라 과학과 철학에 관한 책과 논문을 망라한다. 이를 통해 이들이 원하는 것은 '합리적인 신앙'이다. 따라서 이들은 초월적인 것을 믿지 않을 뿐 아니라 믿어도 도구적으로 수용하는 것에 그친다.

3) 범사회적 가치와 초월성: 공론장에서의 종교의 정체성

오늘날 공공성에 관한 논의들은 대부분 하버마스의 공론장 이론과의 연결을 시도함으로써 이루어지고 있다. 그러나 하버마스가 종교는 근대에 이르러 사회 통합적 기능을 상실했다[14]고 비판한 것을 주목한다면, 종교와 공공성에 관해 그의 공공장 이론을 무비판적으로 수용하는 것은 논쟁의 여지가 있을 수 있다. 따라서 종교가 하버마스의 공론장에서 어떤 역할을 하기 위해서는 분명한 자기 정체성을 가질 뿐 아니라 이에 대한 설득력을 갖출 필요가 있다.

이를 위해 종교는 공론장에서 자기 정체성을 위해 범사회적 가치를 나타낼 필요가 있다. 이는 곧 인류의 보편적 가치를 말한다.[15] 종교가 공공의 영역에 진입할 때 종교가 사적 이익을 구한다면 이는 정당한 공공성으로 볼 수 없다. 예를 들어 이슬람국가(IS)[16]는 시리아와 인근 지역을 점령하고, 정치, 경제, 사회, 외교, 군사 등 민간인들의 모든 삶에 자신들의 종교를 적용하고 있으며, 이에 불응하는 사람들을 학살할 뿐 아니라 같은 이슬람이라고 해도 시아파인 경우에는 이단으로 처형한다. 이들은 자신들의 종교를 구현한다는 명분을 내세우지만, 실상은 자신들만의 종교를 통한 자신들만의 국가를 목적으로 한다는 점에서 범사회적 가치를 가졌다고 할 수 없다. 이런 이기적인 목적으로 사회, 정치, 시민들의 삶에 개입한다고 해도 이는 자신들의 이기적인 목적을 이루기 위한 것에 불과하므로 범사회적 가치를 지녔다고 할 수 없다. 나아가 그들의 목적을 이루기 위해 학살을 자행하고 폭력과 강압적인 방법을 동원한다면 이는 공공의 영역에서 범사회적 가치를 위반하는 것이 된다.

자신들의 목적을 달성하기 위해 일시적으로 사회에 기여하는 것도 마찬가지이다. 예를 들어 교회를 새로 짓는다거나 크게 확장할 때나 교회 건물이 들어서는 것에 반대하는 주민들의 의견이 있을 때, 교회에서는 일시적으로 기부를 한다거나 그 지역에 봉사를 하기도 하고 또는 그 지역에 필요한 것들을 제공하는 경우가 있다. 이는 자신들의 목적을 이루기 위해 일시적으로 공공의 영역으로 진입하는 것일 뿐 엄밀한 의미에서 범사회적 가치를 실현한다고 볼 수 없다. 따라서 범사회적 가치라는 것은 객관적이고 보편적으로 사람들에게 통용될 수 있는 가치를 가지고 지속적으로 행할 수 있는 것이 전제되어야 한다. 종교가 공공의 영역으로 나아갈 때 자기 종교의 교리(Dogma) 가치만을 고집하는 것도 범사회적 가치가 될 수 없다. 자기 종교를 믿어야만 일정한 역할을 해준다거나 필요한 재화를 공급한다는 것이나 자기 종교의 교리적 방식으로만 한다는 것은 보편적 가치를 드러낸다고 할 수 없다. 따라서 종교가 공공의 영역으로 나아갈 때 테일러가 말한 공론장의 특성인 세속적 가치를 인정할 수 있어야 한다.

또한 종교는 자기 정체성을 위해 초월적 가치를 견지할 필요가 있다. 종교가 범사회적 가치를 가진다고 해도 이것이 종교의 고유한 정체성을 포기하는 것은 아니다. 만약 그렇다면 종교는 시민단체나 봉사단체 또는 압력단체 등과 구별할 수 없게 될 것이다. 여기서 말하는 '초월'은 카사노바가 말한 '초월'의 개념과는 다르다. 카사노바는 "근대의 분화된 사회에서 종교가 다시금 조직적인 규범적 사회 통합의 역할을 할 것 같지 않고, 그것이 바람직해 보이지도 않는다. 그러나 공적 영역과 사적 영역의 경계를 넘어섬으로써… 영역 경계를 재설정하고…"17라고 하고 있다. 여기서 공적 영역과 사적 영역을 넘어선다는 것은 이 모든 것을 넘어선 '초월'로서[18] 양 대립을 넘어선다는 의미이다. 이는 그동안의 논의들이 일반적으로 종교의 사회참여나 사적인 것에 대립되는 공의 개념으로 설명하는 것과도 다르다. 그러나 카사노바의 '초월'은 종교적 초월과 다르다. 카사노바의 '초월'은 방법론적인 것을 말하지만, 종교의 '초월'은 신(神)적인 개념을 포함한다. 이처럼 공공성을 공·사의 이분법적으로 설명하면 범사회적 가치나 보편성에 문제가 생긴다. 이는 앞으로 볼 하버마스의 공론장에서 사적 이익을 여론으로 포장하고 이를 추구하는 것도 공공성으로 볼 것인가에 대한 논의에서도 중요한 판단 개념이 될 수 있다.

4) 세속화 속의 초월성 찾기

사회적 가치의 초월성에 관한 논의에 대한 주된 개념은 슈미트(Carl Schmitt)에서 나타난다. 그는 '법-국가-개인'의 도식을 설명하면서 "법은 순수한 형식의 세계로서 파악되며 사실을 통해서는 정의될 수 없는 이념"[19]으로 파악했다. 이에 비해 개인의 세계는 법과 상대해서 존재하고 있다. 여기서 국가는 매개의 요소가 된다. 국가는 법과 개인의 이원론을 이어주고 실현하는 다리이다. 또한 국가는 법과 현실의 중계자이며, 법을 실현화한다는 점에서 스스로 고유한 근거와 정통성을 가진다. 나아가 슈미트는 "국가 개념은 실재의 세계에서 윤리적인 것을 실현할 필요성에서 생겨나는 신(神) 개념이 윤리에 대해서 차지하는 것과 같은 입장을 법에 대해서도 가지고 있다"[20]고 주장했다. 여기서 슈미트는 형이상학적 신의 개념과 국가의 개념 간에 구조적 유사성을 강조한다. 이는 법과 개인의 매개체로서 다른 두 차원을 연결하는 국가 개념의 기원과 기능, 의의를 명확하게 하는 것이다. 따라서 신이 만든 불변의 계명을 본받는 일은 국가적 법 생활의 이념이었다. 그러나 이런 도식의 개념들은 18~19

세기에 이르러 계몽주의의 도래와 함께 초월의 이미지가 사라짐으로써 무관심의 대상이 된다.[21] 이에 따라 주권자에게 포함된 신의 이미지와 초월성이 사라지고 민주적인 관념들이 등장하지만, 이의 실현이 불가능해지고 '법형식주의'[22]와 나쁜 권위만이 남게 된다.

초월적 가치를 상실한 국가에서 종교는 그 가치를 잃어버리고 상품화되고, 물질화된다. 국가의 통치 이념 속에 담지되었던 종교의 초월적 가치의 상실은 곧 법과 개인의 매개적 전제인 초월성을 상실한 것과 같으며, 이는 형식적인 법체계와 세속적인 개인만 남겨두게 된 것이다. 따라서 슈미트에 의하면 종교의 사사화나 공적 역할에 대한 외면과 소외는 단순히 세속화의 진행에 따른 자연스러운 현상이라기보다는 신의 초월적 가치와 표상에 대한 무관심이 원인이 된다. 이는 슈미트가 '세속화'의 의미를 어떻게 사용하는가를 보면 더 명확해진다. 그에게 세속화는 "현세적 현실과 신성한 가치와의 관계가 상실되는 과정을 의미하는 것이 아니라 오히려 실현되고, 가시화되고, 육체화되는 이념의 긴장 상태를 가지는 계속적 활력을 의미한다."[23] 카사노바도 공공 영역에서 종교의 역할에 대한 자신의 견해를 비판한 아사드의 질문에 답하면서 세속화 과정이 곧 종교의 쇠퇴를 의미하는 것이 아니라 종교가 자신의 영역을 새로운 방식으로 찾아가는 과정이라고 주장했다.[24]

아사드(Talal Asad)는 근대 사회에서 종교적인 것들과 세속적인 것들 사이의 경계가 여전히 불투명하고, 다양한 영역에서 두 요소가 함께 걸쳐 있으며, 역사 속에서 종교는 세계 모든 지역에서 항상 국가 정치의 중요한 요소로 작동되어 왔다고 주장했다.[25] 따라서 종교는 세속화로 인해 초월적 가치를 잃어버린 것이 아니라 세속화 가운데 여전히 존재할 수 있고, 그래서 추구해야만 하는 초월성에 무관심해진 것이 종교의 사사화나 주변화를 가져온 것이다. 슈미트의 이런 분석은 종교가 다시 절대적인 권위를 가지고 사회 모든 것의 통치 이념으로 회귀하라는 것이 아니라 종교가 초월적 가치를 지닌 본래의 정체성으로 공공의 영역으로 진입해야 한다는 것을 의미한다. 만약 종교가 이런 초월적 가치를 잃어 버리고 공공의 영역으로 들어간다면, 이는 시민단체나 봉사단체 또는 이 익집단이 허울뿐인 종교적 표어로, 공공의 영역으로 들어가는 것과 다르 지 않다. 그러므로 종교의 공공성이란 종교가 형이상학적 초월성을 회복 하고, 이를 자기 정체성으로 견지하면서 나아가야 한다는 것을 말한다. 이런 모든 논의에 따라 공론장의 공공성을 위한 종교의 정체성은 신의 초월적 가치를 가지고 사적 이익이 아닌 보편적이고 범사회적 가치를 가 지고 세속적 영역을 인정하며 나아갈 때 확보될 수 있다.

범사회적 가치는 S모임이 추구하는 것이며, 모임의 목적이기도 하다. 이들이 사회적 이슈를 해석하고 질문하는 것은 자신들의 신앙이 편협한 종교에 머물지 않기를 원하기 때문이다. 이들의 기도는 개인의 것이 아 니라 사회적인 이슈에 초점이 맞춰져 있으며, 설교의 내용 또한 그렇다. 이 모임에 오는 가나안 신자들이 교회에 대해 가장 많은 비판을 하는 것 은 교회가 사회적 가치 창출에 미약하다는 것이다. 교회의 사사화, 신앙 의 사사화로 불리는 이러한 신앙 형태는 교회를 더욱 고립시키고 비판의 대상이 되게 한다. 그렇다면 종교가 추구하는 초월성은 범사회적 가치와 양립할 수 있을까? 이것은 S모임의 구조적 특성과 연결된다. 후술하겠 지만 S모임은 교회와 시민단체의 중간에 위치하며, 이는 양쪽 모두의 특 성을 소유하기도 하고, 소유하지 않기도 하는 특성을 가진다. 터너는 이 를 '리미널'(liminal)이라고 불렀으며, 여기에는 모든 가능성이 열려 있다. S모임은 그곳에 모이는 일부 가나안 신자와는 달리 '복음주의'를 표명하 며, 일정한 개신교적 정체성을 드러낸다. 그런데도 교회가 아니며, 교회 를 추구하지도 않는다. 이런 특성은, 기도는 초월적 대상에게 하면서도 기도 제목은 세속적인 것이며, 기도의 초월적 대상도 자신들의 바람을 염원하는 수준에 머문다. 즉, 초월적 대상은 존재하지만 초월적 능력은 인정되지 않는다는 점에서 범사회적 초월성이 가능한 존재가 되어버리는 것이다.

5) 주변인들의 무제한적 참여

하버마스의 공론장은 참여자의 자유로운 토론과 의견 수렴을 위한 역할을 한다는 긍정적인 의견도 있지만, 여러 가지 비판도 많다. 이런 비판들은 하버마스가 현대 민주주의를 비관적으로 평가했다는 것과 오늘날 발달한 인터넷이나 휴대전화 같은 시민들을 연결하는 새로운 기술들에 대해 무지했다는 것 등 다양하다. 그러나 가장 숙고해야 할 비판은 하버마스의 공론장이 부르주아에 의해 주도되고 타자들을 배제시켰다는 비판이다. 공론장에서 요구되는 합리성은 주로 삶의 전제가 유사한 시민들끼리 이루어지는 토론에 머물 수 있고, 거기에 동조하지 않을 경우에 토론에서 배제될 수 있다.[26] 이는 같은 계급, 같은 사회적 지위, 재산의 정도에 따라 폐쇄적인 성격을 가지게 한다. 따라서 이런 한계를 넘어서기 위해서는 공론장에 참여하는 시민들의 출신과 조건 등과 같은 차이를 넘어 마치 그들이 사회적, 경제적 동료인 것처럼 서로 이야기할 수 있는 경기장이 되어야 한다.[27] 사회적, 경제적 불평등이 심화되고 있는 현대에서 이데올로기화된 부르주아의 공론장에 도전하고 새로운 대항 공론장을 형성할 필요가 있는 것이다. 새로운 공론장은 사회적 빈곤층, 여성, 종교적이나 인종적 소수자 등을 제한 없이 참여시키는 것을 전제로 한다. 새로운 공론장은 모든 문화적 표현과 형식이 허용되고 수용되며 참여자의 자격을 제한하지 않는 공간으로, 사회적 평등과 문화적 다양성으로 참여적인 민주주의가 보장되는 공간을 말한다.[28] 이곳에서는 포괄적 의견 수렴과 제한 없는 참여자 그리고 이 모든 것들에 대한 동등한 권리 보장이 요구된다.

그러나 공론장에 대한 가장 큰 비판은 공론장 그 자체가 이데올로기가 되었다는 것이다. 프레이저(Nancy Frazer)에 의하면 하버마스의 공론장은 "부르주아 남성이라는 계층의 특정한 사람들에게만 접근 가능한 공간"[29]이다. 하버마스의 공론장은 모든 이들이 제한 없이 참여하고 자유롭게 의사 토론을 하는 공간이라고 했지만, 사실은 당시 중산층으로 구성된 부르주아 계급이 주도했고, 이에 따라 이 계급에 속하지 않거나 이런 토론에 동의하지 않을 경우 배제되는 경우가 생긴다. 프레이저는 이를 비판하고, 대안적 공론장으로 "서발턴 대항공론장"(subaltern counter-publics)[30]을 제시했다. 이는 하버마스의 공론장에서 벗어나 이를 재결성하는 것으로, 누구나 제한 없이 들어 올 수 있는 더 넓은 공론장을 만드는 것이다.

이와 비슷한 맥락으로 공공신학의 한계를 거론하는 비판적인 연구도 있다. 공공신학이 보편성과 합리성 등을 내세우지만, 신학의 현장에 대한 특수성을 모두 담지 못하고 있다는 것이다. 쿠프만(Nico Koopman)은 남아공에서 경제정의, 인종주의 등을 거론하며 이곳에서 공공신학이 공론장에서의 역할을 할 수 있는가에 비판적인 입장을 취한다.[31] 하버마스의 공론장이 제한 없이 자유롭게 의견을 교환하는 공간이라면 그리고 공공신학이 공론장에서 그런 역할을 할 수 있다면 적어도 인종분리정책이 있는 남아공 같은 현실에서는 그 기능을 할 수 없게 된다. 따라서 남아공의 공론장은 그 현실을 담아내기 위해 특정한 사람들의 의견을 더욱 수렴하고, 이들의 자유롭고 제한 없는 토론의 공간이 되어야 할 필요가 있다. 이처럼 온전한 공론장이 되기 위해서는 모든 문화적 표현의 형식이 보장되고 수용될 수 있는 호혜의 공간이 되어야 한다.[32] 공론장은 사람과 권력을 연결시킨다. 따라서 건강한 공론장은 반대 세력과 책임에 대한 올바른 평가를 통해 판단해야 한다.[33] 또 건강한 공론장은 "사회적 상호 작용의 완전한 동반자로서 다른 사람들이 동등하게 참여하는 것을 막는 제도화된 장애를 해체시키는 것을 의미"[34]하는지 여부에 달려 있다. 결국 공론장은 공공성에 대한 다양한 담론을 수용하고, 토론자의 출신과 자격에 제한이 없어야 하며, 모두에게 개방적인 것을 요구한다.

6) 포용성을 위한 한 부분

하버마스의 공론장이 부르주아 시민의 공론장으로 이데올로기화되는 것에 대한 비판으로 모든 이들을 배제하지 않는 공론장이 필요하다면, 공공신학은 이에 중점을 둘 수 있다. 아더톤(John Atherton)은 공론장에서 공공신학을 위해 네 가지 제안을 하고 있다.[35] 첫째, 신학자들은 공론장에서 밀려난 자들에게 집중해야 한다. 둘째, 인간에 대한 근본적인 이해이다. 특히 소외 계층은 인간 개발에 대한 왜곡된 제한을 보여주며, 이를 시정하기 위해 신학이 무엇을 해야 하는지를 생생하게 보여준다. 셋째, 공적 광장에서 신앙 공동체의 개입으로 인한 인간 개발 프로세스를 진행하는 것이다. 넷째, 이를 위한 제도적 구현이 필요하다. 이를 위해 소외된 사람, 투쟁의 장소로 나아가는 것은 공공신학에 기반한 적절성을 보여준다. 이는 부르주아가 주도하는 하버마스의 공론장에서 주변부로 밀려난 자들에게 집중하는 '포용성을 위한 한 부분'(a bits for inclusivity)[36]을 말한다. 종교가 사회에서 소외된 사람들과 상황들에 관심을 갖는다면 이는 하버마스의 공론장의 한계인 주변인에 대한 포괄성을 가질 수 있다. 결국 종교는 하버마스의 공론장에 이데올로기화된 부르주아를 넘어서 그 주변인들을 포함하는 연대를 구성함으로써 더 폭넓은 공론장을 지향할 수 있는 것이다. 이런 논의에 따라 종교가 공공의 역할을 할 수 있는 것은 보편적이고 합리적인 자세로 세속적인 것마저 수용할 뿐 아니라 이데올로기화한 공론장의 주변에 있는 소외된 자들과 함께 들어가는 것이다.

아더톤의 네 가지 제안은 오늘날 교회의 공적인 역할의 방향을 명확하게 지정해 준다는 점에서 중요하다. 이러한 제안은 신앙의 공적 역할을 주장하며 세속의 영역으로 나아가는 신앙인들에게도 가치가 있다. S모임은 교회에서 자의든 타의든 밀려난 자들이 모인다는 점에서 첫째 요건을 충족한다. 교회에서 전개되는 담론 형성의 장에서 이들은 자기 발언을 할 수 없었다. 교회 안의 발언은 일정한 자격 요건이 필요하며, 이 요건이 충족되지 않을 경우에 발언의 기회조차 주어지지 않는다. 오늘날 이런 폐쇄적인 구조는 사회에서 가장 많이 비판을 받는 요인이 된다. S모임의 설교뿐 아니라 기간별로 행해지는 '독서 모임'의 주제는 언제나 인간에게 초점이 맞추어진다. 교회의 신앙이 신을 향한 인간의 헌신이라면 이곳에서는 인간을 향한 신의 뜻을 묻는다. 이것은 곧 정치와 사회, 도덕과 윤리, 전쟁과 평화에 관심을 가져야만 하는 이유가 된다. 교회에서 소외되고 주변부로 밀려난 '가나안 신자'들을 교육시키며 재무장한다고 하는 이들의 목적은 곧 인간 지향적이라는 것을 말해준다.

S모임에는 다양한 사람들이 모인다. 이들 중에는 교회에서 직분을 가진 사람들도 있고, 주일에 교회에 열심히 봉사하는 사람들도 있었다. 자녀가 결혼한 사람도 있지만 미혼이 더 많았다. 질문 시간에는 모두가 동등하게 질문과 대답이 오갔으며, 누구도 나이나 직분 또는 사회적 위치로 더 많은 기회를 갖지 않았다. 설교하는 α대표조차도 무엇을 인도하거나 주장하지 않았다. 그도 설교하는 역할을 맡은 사람일 뿐이었다. 이런 의미에서 S모임은 교회에서 밀려난 주변인들의 무제한적인 참여가 가능한 구조이다.

III. 공론장 안의 세속화 논의

앞 절에서는 S모임이 신앙의 공공성을 지향하면서 민주적 의견 도출
이 가능한 '공론장'으로서 역할이 가능한가를 보았다. 신앙의 공공성은
공적 신학의 문제와 연결되며, 이에는 일정한 요건이 필요하다.

이 절에서는 좀 더 구체적으로 공론장 안에서 전개되는 내용이 공적
인 것이라면 그것이 무엇을 의미해야 하는가를 다룬다. 공론장에서는 무
제한적인 참여와 토론이 가능하지만, 그 내용이 공적인 것인가는 엄밀한
조건을 갖추어야 한다. 이는 종교의 세속화 논쟁과도 연결된다. 신앙의
공공성을 위해서는 이런 논의가 일어날 수 있는 공론장의 조건을 만족할
뿐 아니라 그 안에서 논의되는 내용마저도 공적인 것이 되어야 한다.

1. 공·사 구별의 논란

종교가 '신앙의 공공성'을 가지기 위해서는 공공의 영역으로 진입할
수 있어야 하고, 그 방법 중 하나는 하버마스가 말하는 공론장으로 들어
가는 것이다. 그러나 공론장의 내부적 역할이 공적인가를 문제 삼을 때
는 또 다른 논의가 필요하고, '공적'(公的)이라는 의미를 좀 더 세밀하게
볼 필요가 있다. 하버마스에 의하면 공론장이 구조 변동을 겪은 후 "공익
으로 자신을 정당화하려는"[1] 이익단체들이 나타났다. 이들은 사적 성격
때문에 권력을 가지며 "무엇보다 그것은 '여론'에 의해 통제받을 필요 없
이 '여론'을 조작한다."[2] 이에 따라 하버마스는 공론장의 특성인 공개성
이 재확립되어야 한다고 주장했다. 이는 사적 영역에 속하는 이익집단이
결정 과정을 거칠 때 투명성을 재고하고, 공개성으로 모든 과정을 다뤄
야 하며, 이를 통해 전시적 공공성이 진정한 의미에서 공론의 기반이 될
것이라는 말이다. 오늘날 공론장에서 이익집단이 자신들의 사적 이익을

위해 여론을 조작하고, 이를 공론(公論)으로 포장하는 현상이 일어나고 있다. 이는 공적인 언표(言表)를 하지만, 실은 교회나 종교 기관의 이익을 도모하는 것에서 나타난다. 사회적 이슈에 대해 동조하고 이를 선전하지만, 결국 자신들의 홍보를 위해서나 이익을 위해서 하는 경우도 있다. 따라서 종교가 공론장에서의 진정한 공공성을 가지려면 사적 이익이 아닌 공적인 면을 드러내야 한다.

이는 종교의 공적인 것이 무엇인가라는 또 다른 논의를 낳는다. 오늘날 종교와 세속을 논의할 때 '탈사사화'(deprivatization)의 기준을 제시하는 경우가 많다. 그런데도 카사노바와 다른 연구들이 주장하는 종교의 공·사의 구별은 명확한 기준을 제시하지 않는다. 그러나 이런 연구들은 종교의 공적 역할이 무엇인지에 대해 그 범위를 좁혀주고 한정해 주는 최소한의 기준을 설정하는 데 도움이 된다.

1) 세속화 논쟁의 재구성

오늘날 종교에 관한 연구에서는 '후기 세속주의'나 '공공 종교' 등과 같은 개념들에 대한 연구와 논의가 활발하다. 이러한 논의는 종교가 서구 유럽을 포함한 현대 사회의 공공 영역에서 점점 더 크게 존재하고 영향을 미친다고 가정하며, 이는 종교에 대한 새로운 패러다임이 필요하다는 것을 의미한다. 이런 논의가 활발한 것은 그동안 진행되어 왔던 세속화 이론이 잘못되었다는 주장이 설득력을 얻고 있기 때문이다. 학자들의 주장과는 달리 종교는 근대성의 맥락에서 사라지거나 심각한 손실을 겪지 않고 있으며, 오히려 종교는 전 세계적으로 더 활발하게 진행 중이다. 이런 근거를 바탕으로 많은 연구는 세속화 시대가 끝났다고 진단한다. 세속화 이론의 중심이었던 유럽에서조차 종교의 부활을 경험하고 있다. 이런 종교의 계속되는 상승은 공공 영역에서 특히 명백하게 나타난다.

여러 곳에서 종교는 새로운 공공의 역할을 맡고 있으며, 이는 종교의 사유화에 대한 오랜 가정을 부정하는 근거로 제시된다.

세속화 논쟁은 한때 종교 연구에서 가장 인정되고 확실한 개념을 구성했으며, 1970년대까지 종교에 관한 학문적 논쟁을 지배했다.3 세속화 논쟁의 맥락에서 초기에 버거(Peter L. Berber)와 루크만(Thomas Luckmann)은 종교적 신념의 사유화를 강조했다. 버거는 사회 경제적 발전을 통해 종교가 공공 영역에서 밀려날 것이라고 가정했다. 그 결과로 사적 영역은 종교적 실행을 위해 이용 가능한 마지막 영역으로 남을 것이며, 종교는 사적인 문제가 될 것이라고 했다.4 루크만은 세속화에 대한 생각을 거부하면서 종교적 사유화에 대한 아이디어를 덧붙였다. 그는 종교의 쇠퇴를 주장하는 대신에 종교는 단지 '보이지 않게'(invisible) 될 것이라고 주장했다. 그에 따르면 종교의 사회적 외양이 현대 사회에서 변형되어 현재는 종종 종교로 거의 인식되지 않는다. 종교는 사라지거나 줄어들지 않고, 형태를 바꾸고 더 개인적이고 사적이 된다.5 이런 연구에 따르면 종교는 공공 영역으로부터 금지될 것이며, 거의 보이지 않는 개인의 사적인 영역에 국한될 것이다. 종교의 실천은 점점 더 사적 선택의 문제가 되어 공공 영역에 영향을 미치지 않을 것이다.6 이런 주장은 세속화 이론을 재정의하고, 종교 연구에서 주류 입장이 되었다. 그러나 고전적인 세속화 논쟁과 다른 점은 종교의 사유화를 가정했지만, 이는 종교의 개별 관행이 반드시 쇠퇴한 것은 아니라는 것이다.

카사노바는 이러한 주장에 수정을 요구했다. 그는 현대 세계의 종교는 계속해서 사사화되고 있는 중이지만, 또 다른 면에서 종교의 '탈사사화' 과정인 것처럼 보이는 현상도 동시에 목격되고 있다고 주장했다. 카사노바는 세속화 이론이 첫째로 '공공 종교의 다양성'(varieties of public religion)을 해석하는 데 개념적 도구로 사용되며, 둘째로 현대 사회의 경험적 서술적 이론을 드러냄으로써 근대적 제도화의 특정한 역사적 형태를 합법화하는 역할을 하고, 셋째로 공공 종교가 사적 영역과 공적 영역 사이의 경계를 다시 그리는 역할을 하는지에 대한 것을 조사한다고 주장 했다.7 여기서 "탈사사화란 세계 전역의 종교 전통이 근대성 이론과 세속 화 이론이 지닌 한계적이고 사유화된 역할을 받아들이기를 거부한다는 사실을 의미한다."8 이 주장에 따르면 종교의 사사화는 현대 사회의 필수 불가결한 것이 아니다. 많은 경우에 종교는 공공의 기능을 유지하며, 한 계적이고 개인적인 역할에 국한되는 것을 거부했다. 어떤 경우에는 종교 가 새롭고 강화된 공공의 역할을 맡을 수도 있다.9 카사노바는 이전까지 의 세속화 이론이 정당성을 주장하는 것을 반박하고, 오히려 공공 종교 가 무엇인지를 어느 정도 규명할 수 있는 개념적 도구로 이용할 수 있다 고 주장했다. 따라서 세속화 이론의 한계를 지적하기 위해서는 탈사사화 의 조건들이 중요하다.

2) 탈사사화의 조건들

'공공 종교'(public religion)라는 용어는 카사노바가 처음 창안했다. 이 용어는 현대 사회의 공공 영역에 효과적으로 참여하는 종교 또는 종교 단체를 지칭한다. 공공 종교에 대한 개념은 과학적 논쟁에서 점점 더 두 드러졌으며, 현대 사회에서 종교에 대한 새로운 담론의 시작을 알렸다. 그는 종교의 쇠퇴라는 일반적 가정을 유지하면서도 두 가지 방식으로 논 쟁을 확대했다. 첫째, 그는 정치 분야에서 활동하는 종교에 대해 더 개방 적으로 되었다고 주장했다. 그는 초기 연구에서 대중 종교를 시민사회의 영역으로 제한했지만, 최근의 논쟁에서는 정치 대중이나 심지어 국가에 서 종교의 존재가 반드시 민주 정치의 요구 사항과 모순되지 않을 수도 있다고 언급했다. 둘째, 그는 서구 유럽의 경우 공공장소에서 종교의 존 재가 증가하는 현상에 대해 명확한 입장을 취한다.10 따라서 카사노바는

다음의 조건이 충족될 때 종교의 '탈사사화'가 정당화될 수 있다고 주장
했다. ① 종교가 현대의 자유와 권리, 권위주의에 대항하는 민주 시민사
회의 권리를 보호하기 위해 공공 영역에 들어갈 때이다. 가톨릭이 스페
인, 폴란드, 브라질의 민주화 과정에서 적극적인 역할을 한 것이 좋은 예
이다. ② 세속적 영역에서 윤리적이고 도덕적인 것을 외면하고, 절대적
인 합법성을 무시한 채 기능적이고 차별적으로 조직되는 공공 영역에 이
의를 제기할 때이다. 미국 가톨릭 주교가 무기와 국가 핵 정책, 자본주의
경쟁체제의 비인간적 결과에 의문을 제기한 것이 좋은 예이다. ③ 종교
가 행정 또는 법률 국가의 침투로부터 전통적 삶의 세계를 보호하기 위
해 공공 영역에 들어갈 때이다. 소위 '도덕적 대다수'(The Moral Majority
Movement)[11]라는 운동과 낙태 반대를 위해 '생명의 권리'를 위한 가톨릭
대중 동원이 한 예이다.[12] 카사노바는 이를 다시 유형화해서 설명한다.
① '국가적 단계'로 스페인 가톨릭처럼 국교화되어 대표성의 공공성을 가
진 것과 영국 국교회의 수장인 여왕처럼 행정적인 권위적 공공성을 가진
경우, ② '정치적 사회 단계'로 교회가 국가 기반의 기관으로 변하는 과정
으로 미국 근본주의 교회들이 헌법이나 일반법을 기독교화하려는 입법
화 운동, ③ '시민사회 단계'로 종교가 공공 속으로 들어가는 것으로 미국
복음주의 교회들이 낙태 반대, 동성애 금지 등을 위한 사회 '캠페인을 벌
이는 것이다.[13] 이는 앞서 탈사사화의 조건으로 예를 든 세 가지를 좀 더
정교하게 유형화한 것으로 보인다.

캐버너(William Cavanaugh)와 스콧(Peter Scott)은 정치신학을 정치와
신학을 각각의 적절한 자율성을 가지면서 종교의 신앙을 더 큰 사회 문
제와 관련시키는 것이라고 주장했다.[14] 이 주장에 의하면 ① 신학은 정치
에 대한 비판적 반영이며, 계급, 성 또는 인종의 불평등을 재현하고 신학
을 재구성하여 공의의 원인이 되도록 하는 것이다. ② 모든 정치에는 신
학이 내재되어 있으며, 특정 형태의 조직은 교회의 종말론이나 삼위일체

같은 교리에 함축되어 있다. 따라서 진정한 신학은 '세속적인 정치' (secular politics)를 주장하는 거짓 신학을 드러내고, 그 안에 내재되어 있는 진정한 정치를 홍보할 수 있다. ③ 이러한 정치신학은 사회과학 및 세속적 담론에 사용하는 정도에 따라 특정 사람들의 경험에 '맥락화'(con-textualized)되거나 뿌리 내려 있다. 따라서 신학 자체가 하나의 사회적 담론을 형성하고 발전한다. 캐버너와 스콧은 낙태나 사형제도 등과 같은 정책으로 교회와 정부가 갈등을 일으킬 때 종교적 신념이 이를 바로 잡아야 한다고 주장한다. 이런 주장은 카사노바의 '시민사회'를 '신학'으로 바꿔도 이해가 될 수 있을 정도로 카사노바의 탈사사화 요건과 거의 비슷한 내용이라고 할 수 있다.

이러한 맥락은 S모임의 설교뿐 아니라 질문과 면접에서 자세하게 나타난다. S모임의 설교는 정치, 사회, 경제, 인문 등 모든 분야를 다루며, 이를 성경의 가치관으로 적용한다. 특히 질문 시간에는 설교의 내용뿐 아니라 가나안 신자들이 한 주간 삶에서 관심을 가졌던 모든 이슈가 제기된다. 앞서 보았듯이 노동운동과 임금 문제, 파업, 경제 동향, 정치권의 움직임 등 모든 관심사가 질문된다. 면접에서는 동성애 문제 때문에 교회를 떠났다는 응답이 복수로 나타났다. 동성애 문제에 대해 교회가 공식적으로 반대를 표명하고, 교인들에게 서명을 받으며, 이를 종교 대 세속의 문제로 대립시킨다는 것은 카사노바가 주장한 탈사사화의 모습이라고 할 수 있다.[15]

2. 공공 종교의 모호성

종교가 공적으로 부활하고 있다는 여러 현상과 연구에도 불구하고 종교의 공적 영역(public square)과 사적 영역(private square)을 구분하려는 시도는 항상 어려운 문제로 남아 있다. 더글러스(Mary Douglas)는 "우리는 두 종류의 사람들 또는 두 종류의 현실이나 과정이 있다고 선언한 누구에게도 의문을 제기해야 한다"[16]고 했다. 세상의 모든 것은 흑백논리로 양분되지 않으며, 경계적인 것이 존재하고 정의 내리기가 모호한 것들이 수없이 많다. 또한 어느 한쪽의 성질이 있다 해도 다른 쪽의 성질을 포함하고 있는 경우도 있다. 따라서 이분법적 논리는 불변의 기준이 아니다. 마찬가지로 종교를 사적·공적으로 명확하게 구분할 수 있는 기준도 모호하다. 종교를 이런 기준으로 구분하는 것은 오래전부터 다중적인 논쟁이 되어 왔다. 위에서 언급한 바와 같이 근대화의 영향으로 종교가 사적인 영역으로 물러갈 것이라는 주장과는 다르게 종교는 '탈사사화' 과정으로 나아가고 있다. 카사노바는 자신의 저서인 *Public Religion in the Modern World*의 핵심을 "모든 종교 전통과 세계의 모든 지역에서 상대적으로 새로운 세계 추세로서 종교의 '탈사사화' 과정을 목격하고 있다는 것"[17]이라고 설명했다. 종교는 사적인 영역을 벗어나 공적인 영역으로 드러나는데, 여기서 공공 종교는 "공적인 기능 또는 역할을 가정하거나 시도하는 종교"[18]이다. 카사노바는 세 가지 영역, 즉 "정당, 사회운동, 로비 기관을 통한 정치 경쟁을 위해 제도적 자원을 동원하는 종교"[19]를 공공 종교의 예로 들었다. 이처럼 시민사회 차원의 공공 종교는 "공공 광장, 즉 시민사회의 미분화된 공공 영역에 진입하는 종교가 공무, 공공 정책 및 공동선 또는 공동 재산에 관한 공개 토론에 참여"[20]하는 것이다. 그러나 이런 구별은 분석적이며, '이상적(ideal)-전형적(typical)'[21]인 구별에 불과할 수 있다. 실제로 경험적인 현실에서 정치의 영역 사이의 경계는 절대로 명확하지 않음으로 공공 종교의 여러 유형에 대한 묘사 또한 항상 명확하고 분명한 것은 아니다.[22] 따라서 현대 사회의 종교가 계속 사유화되는 반면 종교의 '탈사사화' 과정도 동시에 진행되는 역설이 일어난다. 따라서 공공 종교를 판단하기 위해서는 또 다른 기준이 필요할 수 있다.

1) 초월적인 것에 의한 의사소통

공공 종교를 논하려면 먼저 기초가 되는 '종교'에 대한 좀 더 정확한 정의가 필요하다. 대부분의 공공 종교에 대한 연구자들은 공공 종교에서 '종교적 성격'이란 어떤 사회 현상을 말하는 것인지에 대한 설명이 부족하다. 이것은 현재 일어나고 있는 다양한 종교적 현상을 잠재적으로만 설명하게 한다. 이런 일이 일어나는 것은 공공 종교의 기초가 되는 종교에 대한 정의가 어렵기 때문이다. 따라서 공공 영역에서 종교적 정체성은 임의의 행위가 된다. 종교를 정의하는 것은 종교의 본질을 결정하고, 종교와 비종교를 정확하게 가르는 이론을 제공하는 것을 의미하지 않는다. 종교를 정의하는 것은 이론적인 것뿐 아니라 경험적이고 현상적인 것들에 대한 연구를 위해 실용적인 기초를 제공할 수 있다. 이렇게 될 때 종교가 적용되는 현상들에 대한 임의의 해석을 줄이는 데 도움이 된다.

공공 종교를 위한 종교의 개념은 종교를 다른 유형의 의사소통이나 실천과 명확하게 구별하는 것을 불가능하게 할 정도로 지나치게 넓다. '종교'라는 용어를 다양한 사회 현상에 적용하는 것은 현대 사회의 공공 영역에서 전례 없는 종교의 부흥을 볼 수 있게 한다. 반대로 새로운 종교의 가시성(可視性)은 종교의 정의를 넓히는 것보다 경험적 실재의 변화로 측정할 때 덜 보이게 된다. 따라서 종교가 현대 사회의 공공 영역에서 중요한 존재인지를 결정하기 위해서는 종교에 대한 적절한 정의를 조금 더 엄격하게 적용할 필요가 있다. 공공 영역에서 종교적 또는 비종교적 사회 현상을 구별할 수 있는 명확하고 제한적인 정의가 필요하다. 이는 개인의 행위에도 마찬가지로 적용된다.

공공 종교에서의 종교성을 구별하기는 쉽지 않지만, 메이어(Brigit Meyer)가 제안하는 방식은 한 가지 기준이 될 수 있다. 메이어는 실용적이고 한정된 종교 정의를 제시하는데, 그에 의하면 종교는 초월의 매개로서 개념화된다. 종교는 개인과 초자연 사이의 거리를 만들어 내고, 인간과 신의 영역 사이에 대한 중재된 연결 고리를 제공함으로써 이러한 차이를 중재한다.[23] 여기서 중재는 초월에 대한 내용의 사용을 의미한다. 이를 종교 사회학적으로는 가장 보편적이고 단순한 초자연적인 초월적 실재를 나타내는 의사소통 및 실천으로 정의한다.[24] 이런 정의를 적용하면 초자연적 영역 또는 초월적 실제를 언급하지 않는 의사소통이나 관행은 종교가 아니며, '종교'라는 용어에 포함되어서는 안 된다고 할 수 있다. 예를 들어 '지옥', '예수 그리스도', '사탄', '하나님의 뜻', '부활' 같은 초자연적 개념이 적용될 때 종교적 소통이 이루어진다. 또한 공개적으로 가난한 자를 돕는 것은 '하나님의 뜻'이라고 주장하거나 또는 동성애자들은 회개하지 않으면 '지옥'에 간다고 하는 것이 공공 종교에 포함될 것이다.

이런 초월적인 것에 의한 의사소통을 요구하는 것은 행위자의 종교적 정체성을 공적으로 드러내야 한다는 것을 의미한다. 이런 의사소통으로 인해 행위자는 자신이 종교인이라는 것과 종교적 가치판단으로 이런 것을 주장한다는 것을 밝혀야 한다. 따라서 종교인이나 단체가 집회에 참여하면서 초월적인 의사소통 없이 "○○반대", "○○을 쟁취하자"고 한다면 그것은 공공 종교라고 할 수 없을 것이다. 그러므로 종교적 의사소통은 초자연적인 것으로 정의된 실재들에 대한 명시적인 언급을 포함한다. 이는 종교가 공론장으로 진입하기 위한 조건 중 하나인 '초월성'과도 맞닿아 있다. 종교가 공론장으로 들어가 공공 종교성을 가지려면 '초월성'이 기본이 된다고 할 수 있다. 이런 정의에 따르면 공공 종교라고 할 때 초자연적인 것에 대한 언급을 종교의 존재를 위한 기준으로 사용한다. 이런 정의가 모든 것의 기준이 된다고 할 수 없지만, 공공 종교의 혼합성을 어느 정도 구별할 수 있는 역할은 할 수 있다고 본다.

공공 종교는 종교인의 공개 성명이나 의사 표현을 공개 종교의 표현으로 묘사한다. 공공 영역에서 종교의 지속적인 발전은 그들의 참여에 기반한다. 그러나 이러한 행위자들이 공공 영역에 개입하는 방식을 고려할 때 그들의 공헌은 주로 비종교적인 것처럼 보인다. 비종교적 행위자와 마찬가지로 비종교적 의사소통을 사용하여 기여하는 것이다. 이렇게 본다면 공공 종교는 많은 연구자들이 지지하는 것처럼 부흥하는 것이 아닐 수 있다. 예를 들어 단순히 종교인들이 TV 프로그램이나 라디오 등의 공개적인 방송에 많이 참여한다고 해서 이것이 곧 종교의 부활이라고 할 수 없다. 이는 논의한 대로 분석하자면 종교적 행위자들에 의한 비종교적 의사소통일 뿐이다. 그리고 이를 구분하는 것은 중요하다.

이런 논의를 종합해 보면 '공공 종교성'이란 이 용어를 창안한 카사노바의 탈사사화를 위한 세 가지 조건을 종교의 초월성에 의한 명확한 의사소통 방식으로 나타내는 것으로 요약할 수 있다. 이는 현대의 자유와 권리, 권위주의에 대항하는 민주 시민사회의 권리를 보호하거나 윤리적이고 도덕적인 것을 외면하고 합법성마저 무시할 때 이의를 제기하고, 국가의 권력으로부터 신민의 전통적 삶을 보호하기 위해 신의 이름으로 행동하거나 신학적 근거인 경전의 내용을 이용하는 것이다. 이는 종교가 공론장으로 진입하기 위한 형식을 갖출 때 필요한 요건과도 연결이 된다. 종교가 자유롭고 민주적인 의사소통을 전제로 범가치적이고 보편적 의미를 가지고 초월성을 견지한 채 소외되고 주변부로 밀려난 사람들을 포함하는 것은 종교가 공공의 영역으로 나아갈 수 있는 형식이 된다. 종교는 이런 요건을 갖추면서 공론장으로 진입하는 것이다. 그러나 그 공론장 안에서 무엇을 할 것인가는 또 다른 문제이다. 하버마스가 염려한 것처럼 개인과 단체의 사적 이익을 공익으로 포장하여 여론을 형성하는 일들이 일어나기 때문이다. 따라서 '공공 종교성'이란 종교가 공공의 영역에서 범가치적이고 초월성을 견지한 채 카사노바의 탈사사화 요건이나 캐버너와 스콧이 주장한 신학의 정치적 성격을 드러내는 것으로 요약할 수 있다. 그리고 이런 정의는 S모임이 신앙의 공공성을 목적으로 한다고 했을 때 이에 대한 기준이 될 것이다. 그러나 이런 정의에는 또 다른 논의가 있을 수 있다. 특히 카사노바가 탈사사화의 조건으로 제시한 것 중 셋째 항목은 오늘날 다른 해석이 필요할 수도 있다. 카사노바는 종교가 일상적 삶을 보호하기 위해 공공의 영역에 들어갈 때를 설정하고, 예로 '낙태 반대'를 위한 가톨릭 대중 동원을 들었다. 그러나 '낙태 반대'는 가톨릭 신학의 해석에 의한 것으로 이를 보편적 가치나 범사회적 가치로 하기에는 오늘날의 시대적 상황에서 설득력을 잃을 수도 있다.[25] 따라서 이 책에서 공론장으로 진입을 위한 범사회적 가치와 보편성은 공공 종교성을 판단하는 데 핵심적 기준 가운데 하나로 작용한다.

2) '공공'에 대한 더 넓은 적용

이 연구의 주변적인 분석을 위해 '공공'(公共)에 대한 더 넓은 개념이 필요할 때도 있다. 먼저 카사노바가 주장한 '탈사사화'의 정당성을 요약하자면 민주 시민사회가 부도덕하고 비윤리적이며, 일방적인 국가 공권력이나 공공 영역에 문제를 제기하고 행동하는 것이다. 여기서 문제는 '공공 영역'이라는 말이다. 이는 반드시 정치적인 것을 말하는 것일까? 국가나 정부 기관 또는 행정에 관련된 일에만 한정되는 말일까? 이는 '공공 영역'을 어떻게 정의할 것인가에 따라 달라질 수 있다. '공공의 영역'이란 '사적인 영역'의 반대 개념이다. 사적인 영역이란 개인적이고 좀 더 은밀한, 공개되지 않는 것을 의미한다. 공동적이고, 공개되며, 숨겨지지 않는다면 '공공의 영역'이 되는 것이다. 우드노우(Robert Wuthnow)는 '공공'을 개방적이거나 접근 가능성이 있는 것, 다른 사람들과의 집합적 관계로 공존하는 것, 사회적으로 책임감을 갖는 것으로 정의했다.[26] 이런 의미에서 개방적이고, 접근 가능성이 있으며, 일반 신자들에게 공개된 건축물이 있는 교회는 '공공 영역'이 된다.[27] 교회에서 함께 모여 예배를 드리는 것을 '공예배'(公禮拜)라고 지칭하는 것을 보면 함께 모여 예배드리는 행위는 당연히 '공적 예배'이며, '공공 종교성'을 가진다고 할 수 있다. 대부분의 교회에서 '공예배'는 "공적 성격을 띤 예배로 신자들의 개인적인 삶의 집약이 아니라 하나님의 부름을 받은 성도의 공동체, 즉 교회적인 예배"[28]이다. 여기서 정의된 대로 함께 모여서 드리는 예배는 '공예배'로 '공적 성격을 띤 예배'가 된다. 나아가 대한예수교장로회총회(합동)의 헌법 제6항 제6조에는 "이와 같이 엄숙한 태도로 공식 예배를 마친 후에는…"[29]이라고 함으로써 교회에서 함께 모여 행하는 예배가 '공공성'이라는 것을 밝히고 있다. 이런 의미에서 '교회'나 '종교 단체'는 '공공성'을 띤다고 할 수 있다.

문제는 카사노바나 우드노우가 말한 '사회적 책임'이다. 교회나 종교 단체는 사회적 책임과 반드시 연관된다. 그들은 세상을 사랑할 의무가 있으며, 이는 약자를 돕고 가난한 자를 구제하며 불의한 일을 맞은 사람들을 보살피는 것을 말하며, 그것을 얼마만큼 하느냐 또는 하지 않느냐일 뿐이다. 이는 개교회나 종교 단체의 문제이고, 특히 한국 개신교 상황에서 심각하게 대두되고 있는 '사사화'의 문제일 뿐 교회나 종교 단체가 그런 의무에서 벗어났다는 말은 아니다. 모든 정상적인 교회나 종교 단체는 교리상 반드시 사회적 의무와 책임을 가진다. 따라서 카사노바가 말한 종교의 탈사사화의 정당성 요건을 국가나 행정기관 등에만 적용시키는 것은 잘못이다. '공공 종교'라는 것이 단순히 국가나 정부, 행정기관 등에 대한 시민사회의 대응처럼 정치적인 것에만 한정되는 것은 아니기 때문이다. 공공(公共)은 말 그대로 국가나 사회 구성원에게 관계되는 일을 말한다. 이것을 종교에 적용시켰을 때 대부분의 정치적이고 사회적인 면에만 한정하는 경향이 있다. 그러나 '공공'이라는 것은 그보다 더 넓은 개념이다.

3) 종교적 공공

와인트라웁(Jeff Weintraub)은 종교의 공·사적 구별을 네 가지로 시도하고 있다. ① 주 정부와 시장 경제를 구별하는 관점, ② 시장과 행정 상태와는 구별되는 정치 공동체와 시민권의 관점에서 '공공' 영역을 보는 것, ③ 공공의 영역을 유동적이고 다원적인 영역으로 보는 것, ④ 어떤 종류의 경제사 및 페미니스트 분석에서 가족과 시장 경제의 구별로 보는 관점30이 그것이다. 카사노바는 좀 더 세밀하게 종교적인 접근을 시도한다. ① 설립된 종교와 해체된 종교: 이는 자유주의 개념으로 인해 교회와 국가의 분리를 통해 이루어진다. 자유주의 담론에서 스페인이나 영국 국교회 같은 국가 교회는 공개되면 해체된 종교는 사적으로 남는다. 자유주의적 개념은 국가, 공공 및 정치를 혼란스럽게 하기 때문에 국가 종교의 해체는 사사화와 탈정치의 동시 과정으로 이해되고 규정된다. ② 민간 종교 대(對) 대안적 종교 공동체: 정치 공동체로 기능하는 공공 시민 종교와 민간 연합 공동체나 이단 및 구원의 개인주의 종교는 구별된다. ③ 개별 신비주의 대 교단주의: 개인적인 종교성과 모든 종류의 공공 제도적 형태의 연합 종교의 구별을 말한다. ④ 가정 대 종교 시장: 역사적으로 구성된 개념으로 상품 생산을 통한 봉급생활의 영역이 '일'(work)로 인식되고, 가정은 이와 대조적인 개념으로 자리매김한다.31

이런 기준에 의하면 공공 종교의 폭은 훨씬 넓어진다. 국가 교회뿐 아니라 종교 공동체나 교단, 종교 시장은 모두 공공의 영역이 된다. 정치나 사회와 직접 연결되지 않아도 개인적이고 사적인 민간 종교를 벗어난 종교 공동체는 공식적인 종교 공동체, 즉 공공 종교가 되는 것이다. 따라서 종교의 공적인 정의는 앞서 종교의 사사화를 강력하게 주장했던 루크만처럼 다각적인 면에서 개인적인 것에 머무른다고 판단되지 않는 이상 폭넓게 적용할 필요가 있다. 즉, 사적(Private)인 영역을 넘어서는 모든 종교적 활동을 공공 종교라고 정의할 수 있다.

이런 의미에서 '대안 종교성'의 다양한 형태로 소개된 단체들은 '공공 종교'로서의 요건을 갖추는 것으로 볼 수 있다. 이들은 공공의 장소에서 종교적 행위를 했을 뿐 아니라 때로는 정치적인 것에도 개입을 시도한다. 또는 교회라는 공공의 건물에서 공개적인 방언과 치유, 동시적인 성령의 체험 등을 하기도 한다. 타인과의 관계에서 하나님을 동행시키는 것도 공개적인 것이다. 이렇게 넓은 개념의 공공성을 소개하는 것은 세계적으로 종교가 다양한 방식으로 공공의 영역에서 모습을 드러내고 있다는 것을 밝히기 위해서이다.

공론장의 개념과 그 안에서 일어나는 보편성과 합리성, 설교와 토론의 범사회적 가치와 초월성 등은 S모임의 내용을 이해할 수 있는 기준이 된다. 이들이 신앙의 사회적 역할을 지향한다고 주장함으로써 '탈사사화'에 관한 논의는 이 모임의 정체성을 밝히는 데 도움이 된다. 이 모임의 구성적 요소는 이런 개념의 적용이 충분히 가능하다. 이들은 개인적인 영적 성장을 위해 모이지 않는다. 이들은 자신들이 모이는 목적을 신앙의 공공성이라고 공표하고 있다. 또한 공개된 장소에서 설교와 기도 제목마저도 공개된다. 설교의 주제와 기도의 제목은 온전히 사회적인 문제들에 집중하고, 개인적인 문제들은 전혀 언급되지 않는다. 가장 중요한 것은 이들이 '초월성'을 가지고 행한다는 것이다. 이들은 '하나님'이나 '예수 그리스도'의 이름으로 이 모든 것이 정상화되기를 기원한다. 물론 이런 신의 개념은 정통 기독교에서 다루는 초월성과는 차이가 있다. 이들이 말하는 초월성은 천지를 창조하고, 우주의 운행에 개입하며, 인간사에 간섭하는 신이 아니다. 그보다는 어떤 목표, 어떤 지향점, 어떤 원리의 최종점이라고 하는 것에 더 가깝다. 그런데도 이들은 '초월성' 그 자체를 부인하지 않는다. 다만 전통적 기독교의 그것과 차이가 있을 뿐 인간의 한계 너머의 그 무엇을 부인하지 않는다. 이런 면에서 하나님은 '신'인 것은 분명하다. 다만 그 역할이 다를 뿐이다.

　S모임의 가나안 신자들은 약하지만 개신교인의 정체성을 가지고 있었고, α대표 또한 자신을 '복음주의자'라고 말했다. 이런 운동은 한국 복음주의의 일환으로 전개되는 것이며, 새로운 복음주의, 대안적 복음주의로 자리매김한다는 의식이 강했다. 이 모임에서 가나안 신자들 간의 개신교적 정체성은 다양하지만, 이들이 '종교인'의 자리에 있다는 것은 분명하다. 따라서 이들이 사회적 이슈에 관해 담론을 만들고 이를 개인적으로 실천하는 것은(이들은 시민단체나 기타 기관과 연결되어 행동하는 경우가 많았다) 이 모임의 신앙이 공공의 개념에 적용된다는 것이고, 이는 기존 교회의 사사화에 대한 비판으로 인해 더욱 차별성을 가진다.

IV. 공론장으로서의 S모임

공론장으로서의 자격은 무제한적 참여와 함께 그 안에서 합리적이고 범사회적 가치를 가진 담론이 형성된다는 것이다. 내용적으로는 좀 더 공(公)적인 가치를 추구해야 하는데 여기에 세속화 논쟁의 핵심이 있다. 종교가 보이지 않게 된다고 하는 주장과 달리 오늘날 종교는 공적 영역에서 자신의 모습을 거침없이 드러내고 있다. 이는 종교의 공·사의 구분에 대한 논란을 일으키며, 일정한 기준을 충족할 것을 요구한다.

이 절에서는 위에서 설명한 공공성에 관한 논의들이 S모임을 설명하는 기제로 어떻게 작용하는가를 다루었다. 공공성과 S모임에 관한 것들은 위의 각 항목마다 언급했지만, 이 절에서 좀 더 깊이 설명하고자 한다. S모임은 공론장의 개방적이고 무제한적인 참여와 그 안에서 형성되는 공적인 담론으로 인해 다른 모임과의 차별성을 드러낸다. 이런 점들이 하버마스나 카사노바의 논의를 충족시키는 것은 물론이다.

1. 사회참여의 이슈 인식

한완상은 "무엇을 위한 예배인가"라는 글에서 예배를 "신도들이 하나님을 섬기고 사랑하겠다는 결단을 표명하는 공동체적 행위"[1]라고 했다. 이는 곧 "우리 가운데 있는 보잘것없는 형제, 지극히 작은 이웃을 사랑하는 구체적 행동"[2]이다. 성서에 나타난 착한 사마리아인의 비유처럼 "예배의 참뜻은 우리 주변에 있는 불한당에 의해 억울하게 빼앗기고 억눌리고 차별당하는 이름 없는 소자(小子)들을 사랑하겠다는 결단"[3]인 것이다. "그렇기에 예배는 역사 속의 사건이요, 상황의 사건이다. … 다 함께 동지의식을 가다듬고 역사 속으로 용기 있게 다시 뛰어들겠다고 서로 확인하는 것"[4]이 예배이다.

오세일은 이런 사람을 '참된 인간'[5]으로 분류한다. 그에 의하면 폭력적 상황에서 이를 외면하는 '성속 이원론자'나 '개인주의자'와 달리 '참된 인간'은 사마리아인을 통한 예수의 실존적 가르침에 반응하는 사람이다. 예수의 실존적 도전에 반응해야 하는 사회참여의 이슈는 "사회적 억압과 차별 및 희생이라는 사회 현상을 볼 수 있는 '사회구조적 안목'"을 키워야 제대로 보고 인식할 수 있다. 사회구조적 안목이란 "법, 제도, 규범, 정책, 관습, 문화 등이 어떤 이들에게는 폭력(violence)이 될 수 있다"는 사회적 사실(social facts)을 인식할 수 있는 관점을 의미한다.[6] 그러므로 "우리 그리스도인의 보편적인 소명(calling)은 교황이든, 주교나 사제이든, 평신도이든 바로 이 세상 안에서 하느님의 거룩함(holiness), 즉 성덕(聖德)의 본질인 사랑을 증거하는 데 있다"[7]고 주장한다.

이런 면에서 S모임의 예배에 대한 정의는 한완상과 오세일의 설명과 중복되는 부분이 많다. 이것이 곧 "'예배와 그리스도인의 삶'은 '교회와 그리스도인의 삶'보다 가깝다"[8]고 한 이유이며, "거리에서", "투쟁하며" 이를 실천해야 한다는 말과 동일하다. S모임이 추구하는 예배는 일정한 장소나 체계, 신학적 규범을 준수하는 것보다 일상의 삶에서 일어나는 현장에서 드려지는 예배인 것이다. 그럼에도 이들은 예배가 충분하지 않다고 한다. 왜냐하면 "기독교 신앙의 틀 안에서 예배만이 할 수 있는 고유한 기능이 충분히 발휘되지 않았기 때문"[9]이다. 예배만이 할 수 있는 고유한 기능이 무엇인지는 명확하지 않지만 'C ARMC'는 그것을 더 다양한 콘텍스트와 더 다양한 방식으로 드리는 예배라고 말하고 있다. 그리고 그것은 '대안적 예배'(Alternative Worship)[10]이며, 그 목적은 오세일이 말했듯이 사회의 '공공선'에 참여하는 '참된 인간'을 키워내는 것이라고 할 수 있다.

S모임이 추구하는 예배는 오늘날 종교가 소비자 중심으로 변화하고 있다는 것을 보여준다. 세속화된 사회에서 종교의 새로운 형태의 '소비

자 선호의 역학'(dynamics of consumer preference)[11]이 등장했다는 주장은 이론(異論)의 여지가 없다. 세속화로 인한 다원주의 사회에서는 기존의 전통적 교회나 종교 단체가 자신들의 전통을 불변의 진리로 유지하기가 어렵게 되어 결국 소비자 선호의 역학이 종교적인 영역에 도입된다는 것이다. 그리고 그것은 결국 신학적 차원에서 정당화된다고 보았다. 'C ARMC'가 추구하는 예배가 세속적 차원에서 진행되거나 이를 적극적으로 도입하는 것은 아니다. 이들이 더 다양한 방식의 예배를 추구한다는 것은 기존 전통적 교회에서 자의든 타의든 떨어져 나올 수밖에 없었던 가나안 신자들을 위한 예배로서 그들의 신앙적 갈증을 해소할 수 있는 방향으로 나아가겠다는 의지일 수 있다. 또한 이런 예배가 한국교회의 대안적 모델로서 자리 잡기를 목표로 하는 것에서 성공한다면 기존의 교회들은 변화의 과정을 정당화할 것이고, 이는 버거가 말한 바와 같이 신학적 차원에서 이루어질 가능성이 크다.

2. 공론장으로서의 적합성

S모임이 기존 교회와 다른 점 중 하나는 자유로운 의사 표명이 가능하다는 것이다. 이는 설교 후 질문 시간을 통해 이루어진다. 이때 질문의 내용은 제한이 없었다. 설교의 내용에 대한 의문과 비판도 가능하다. 필자가 참여 관찰한 결과로는 신앙적인 질문이나 정치적인 질문보다는 사회적인 질문이 많았다. 물론 사회적인 이슈가 정치와 연결된 경우도 있지만, 대부분 사회적인 문제에 국한시키려는 것 같았다. 예를 들어 어떤 사회적인 문제가 있을 때 이를 어느 정당, 어느 정부와 연관시켜서 토론하기보다는 그 사회적인 문제만 거론하는 형식이다. 이는 S모임이 당파적 모임이 되는 것에 대한 거부감일 수 있고, 모임에 참석하는 사람들 또한 자신의 정치적 입장을 드러내는 것에 부담감을 가지는 것으로 보였

다.[12] 그런데도 사회적 이슈에 대한 토론은 교회 문제부터 동성애, 세금 등 다양했고, 이는 이들의 사회참여의 모습이기도 했다.

그러나 가장 큰 특징은 누구도 이런 질문들과 토론에 정답을 주거나 진행을 하지 않는다는 것이다. 참석자들의 의사 표명은 사회자가 모임 시간상 제지하기까지 질문과 시간에 제한 없이 이루어졌다. 또한 진행자가 나서서 질문 차례를 정하거나 질문에 대한 답을 정리하지도 않았다. 질문은 자유롭게 하고, 이에 대한 답들도 자유로웠다. 질문과 상관없는 답들이 나오기도 하고, 질문에 대한 또 다른 질문이 이어지기도 했다. α 대표는 자기에게 한 질문 외에는 이런 과정들에 관여하지 않았고, 참석 자들끼리 답을 구할 수 있도록 방관자의 역할을 했다. 따라서 질문에 대한 답을 구할 수 없는 때도 많았다. 하지만 분명한 것은 토론의 주제와 의사소통에 제한이나 자격 조건이 없다는 것이었다.

칸트는 단순한 기업인들뿐 아니라 여성들까지도 논쟁할 수 있다고 지적하면서 특정한 엘리트주의를 비판했다. 이로써 지위나 전통이 아닌 논쟁이 "논리적 담론의 규범을 통해 제도화되었다."[13] 이는 한 개인이 세상에 대해 해석과 설명을 하는 것이 아니라 '의사소통'을 통한 상호주체성에 의해 세상을 설명하는 것이다. S모임의 토론이나 질문 시간에 α대표가 일방적으로 개인적인 답을 제시하거나 설득하지 않는 것도 '의사소통 합리성'의 부분으로 설명할 수 있다. 그리고 이런 점들이 S모임이 공론장으로서 역할을 한다는 것에 긍정적으로 작용한다.

또 다른 점은 이 모임의 개방성과 접근 가능성이다. 위에서 언급한 바와 같이 이 모임은 장소가 큰길에 면접해 있고, 전면이 통유리로 되어 있어 지나다니는 사람들이 모두 들여다볼 수 있는 구조이다. 이곳은 일반인들이 사용하는 '다방'이며, S모임에서 예배 시간만 대여하고 있다. 따라서 누구나 들어올 수 있고, 모임 시간 중이라도 나가는 것에 제한을 두지 않았다.[14] 이 모임에 오는 사람들의 자격 조건이나 연령 제한도 없다. 이 모임이 가나안 신자들의 모임임을 표방하고 있지만, 교회 출석자나 시민단체, 일반인 등 오는 사람들의 배경도 다양해서 필자가 참여 관찰하는 동안 참석자 중 약 30~40% 정도가 매주 바뀌었다. 그만큼 참석자들의 변화가 많고, 이동이 심했다. 어떤 면에서는 참석자들을 방치하고 있는 것은 아닌가 하는 생각도 들었다. 이런 면에서 S모임의 접근성과 개방성은 보장되는 것 같았다. 이것은 S모임이 공론장으로서 무제한적인 참여가 가능하다는 것을 말한다. 또한 이 모임은 자유로운 토론이 가능했으며, 참석자의 신앙의 유무나 종파적 소속에 제한을 두지 않았다. 모임의 종교적 특성은 개신교 신앙이 대부분이지만, 개신교 신학적 특성을 고수하지 않았으며, 기존 교회의 포교적 방식을 따르지도 않았다. 물론 전도도 하지 않는다. 심지어 권면도 없다. 이들은 공론장 안에서 이성적이고 합리적인 수행이 필요한 것처럼 신앙도 이성적이고 합리적으로 추구했다.[15]

교회를 떠난 가나안 신자 중에서 각종 모임에 참여하는 수는 극히 적다. 그러나 이들이 참여하는 모임이 어떤 특성을 가지고 있는가는 또 다른 논의가 필요하다. 첫째, 이들이 참여한다고 하는 모임이 또 다른 '교회'인 경우이다. 교회를 떠난 가나안 신자가 모이는 모임은 대부분 교회의 조직과 형태를 가지는 경우가 많다. 이들은 교회를 떠난 후 신앙을 계속하기 위해 교회를 만드는 것이다. 이런 모임은 주로 가정에 모이거나 아니면 장소를 빌려서 예배를 한다. 이럴 경우 기존 교회의 모순점과 문제들을 제거한, 나름대로 대안적 교회를 지향하지만, 이들이 범사회적 가치를 가지고 세속적 영역으로 나아간다고 할 수 없는 경우도 있다. 둘째, 반대로 세속성을 지향하는 모임에 참여한다고 해도 그 모임이 초월적 가치를 가지지 못한 경우도 있다. 이는 각종 봉사단체나 시민단체 또는 정치적 압력단체 등에서 자신의 목적을 이루려는 경우이다. 실제로 기존 교회에서 정치적 의견이 맞지 않아서 떠난 경우에 자신의 정치적 목적을 이루기 위해 모임에 가입하는 사람도 있다. 또는 종교적 가치를 지닌 모임을 찾기 어렵거나 찾는다 해도 자신의 신앙과 맞지 않는다고 판단할 때는 다른 모임에 참여하면서 때를 기다릴 수도 있다.

이런 면에서 S모임은 하버마스의 공론장으로서 필요한 조건을 갖춘 것으로 보인다. S모임은 예배의 형식을 가지고 있으며, 성경의 말씀을 근거로 설교가 행해진다. 이들은 '하나님', '예수님' 등 초월적 실재의 이름으로 예배하고, 초월적 가치가 이 땅에서 이루어지도록 기도했다. 그러나 이를 개신교의 신학을 확증하고 고수하기 위해 사용하지 않고, 사회적 참여를 독려하기 위한 정보의 제공이나 신학적 근거로 사용하고 있었다. 그리고 이는 S모임의 독특한 가치나 목적을 드러내고 홍보하기 위한 것이 아니라 인간과 사회의 보편적 가치에 대한 것들이 대부분이었다. 따라서 S모임이 공론장의 역할을 한다고 했을 때 그 안에서 이루어지는 설교와 기도 등에서 범사회적 가치와 초월적 가치의 정체성을 확보하고 있었다.

3 '주변인'들의 모임

S모임의 이런 정체성은 기존 교회가 어느 특정한 집단의 전유물이 되거나 아니면 어느 특정한 이념적 성향을 가진 집단으로 전락했다는 비판과는 차이를 가진다.[16] 보편성을 상실한 교회나 종교 단체는 곧 '자기들만의', '자기들끼리'라는 비판의 원인이 된다. 이런 속성들은 부자들이 모이는 교회, 정치인이나 공직자가 많은 교회, 학벌이 좋은 교회 등 재력과 경력에 의한 교회 분류가 가능하게 하고, 이는 특정 이데올로기화된 교회가 되게 한다. 물론 이런 경향은 교회의 지역적 특수성을 감안한다면 어느 정도 반박이 가능하나 지역과 상관없이 특정 이념과 성향에 따라 교인들이 모이는 교회가 있는 것도 사실이다.[17]

S모임은 다양한 성향과 경력의 사람들이 모인다는 점에서 이데올로기화되었다는 비판은 면할 수 있을 것으로 보인다. 필자가 참여 관찰한 결과 이 모임의 고정적이고 정기적인 참석자들은 고졸부터 대학원까지 학력이 다양했다. 전공도 일반에서 신학까지 있었으며, 교회 중직자의 자녀들이나 직분자도 있었다. 젊은이들만 있는 것도 아니라 그 나이 또래의 자녀를 가진 중년도 있었다. 다만 부자나 노년층이 없는 것처럼 보이는 것은 이 모임이 추구하는 성격과 맞지 않기 때문이라고 생각할 수 있다. 부자일 경우 이들이 사회적으로 비판하는 부(富)의 세습, 약자에 대한 배려 부족 등을 수용하기가 쉽지 않다. 노년의 경우 역시 이성적이고 합리적인 논의가 오가는 것에 부담을 가질 수 있다. 그러나 그들의 참석을 제한하거나 거부감을 가지는 것 같지는 않았다. 문제는 정치적 입장이다. 물론 이 모임은 특정 정치적 입장을 공개적으로 지지하거나 거론하지 않았다. 이 모임이 사회적 참여를 강조하고, 따라서 사회 여러 문제에 제한 없이 질문과 토론을 할 수 있는 것으로 보아 이 모임을 진보적 성격이 있다고 할 수는 있겠지만, 특정 당파적 행위나 지지를 하지는 않는다. 그러나 앞에서 언급한 바와 같이 진보적인 것 같은 의사 표명이나 긍정적으로 반응하는 면들이 자칫 당파적이고 특정 이념적 지지로 보일 수 있는 소지는 있다. 하지만 이는 개인적인 판단에 의한 것이고, S모임이 공개적으로 이런 면들을 보이거나 표명하지는 않았다. 따라서 이 모임은 특정한 경력과 성향의 사람들이 모이는 모임이라고 할 수 없고 모든 사람들에게 개방되며, 모든 토론이 가능하다는 점에서 편향적으로 이데올로기화되는 것으로부터 자유로울 수 있어 보인다. 그리고 이런 구조는 하버마스의 공론장이 부르주아 계층이 주도한 것과는 차별성을 갖는다.

S모임이 하버마스의 공론장에서 부르주아 계층이 여론을 만든 것과는 어떻게 다른가? 이 모임은 우선 가나안 신자들이 모이는 모임이다.

이들은 기존 교회를 떠난 자들로 기존 교회와 체제에서 주변부로 밀려난 사람들로서 기존 종교 체계에서 '주변인'[18]으로 취급되며, 대부분 종교 행위를 포기한 채 살거나 다른 모임에 흡수된다. 자의든 타의든 교회를 떠날 수밖에 없는 사람들에게는 다른 모임에 참여한다는 것도 쉽지 않다. 따라서 이런 '주변인'을 수용한다는 점에서 S모임은 특정 이데올로기화된 구조와는 다를 수 있다. 이 모임은 참석자에게 일정한 요건을 갖출 것을 요구하지 않았다. 대부분의 기존 교회에서는 헌금과 봉사의 의무뿐 아니라 각종 교회 행사에 참석할 의무가 주어진다. 이것은 교인의 의무일 뿐 아니라 직분을 얻기 위한 필수조건이기도 하다. 구원받은 사람으로서 교인이 되기를 원할 경우에는 세례의 과정을 거쳐야 하고, 그 교회가 요구하는 새신자반 공부나 그 밖의 과정을 밟아야 한다. 이렇게 해서 그 교회의 조건과 가치관을 공유하는 것이 교인의 조건이 되는 것이다. 그리고 이것은 그 교회의 이데올로기화에도 기여한다.

그러나 S모임은 이런 조건이 전혀 없었다. 구원을 받은 여부나 세례 여부, 헌금의 의무도 없다. 출석부도 없고, 명부도 없다. 오히려 이런 조건들로 인해 교회를 떠나거나 이런 조건들 때문에 교회를 떠난 사람들이 이 모임에 온다. '교인'이 되는 과정이 싫어서라거나 교인이 된 다음 각종 의무가 싫어서 떠난 사람들 또는 그런 의무들을 행하다가 충돌이 발생할 경우도 교회를 떠나는 요인이 된다. 그렇게 되면 그들은 다른 교회에 속하기를 꺼려한다. 대부분의 교회가 거의 동일한 것을 요구하기 때문이다. 따라서 이들은 조직적이고 체계적인 교회에 다시 편입되지 못한 채 주변부로 밀려나게 되고, 가나안 신자가 된다. '가나안 신자'라는 말도 주변부로 밀려난 상태를 의미한다. 이스라엘 민족이 애굽을 떠나 가나안으로 향할 때 이들은 소속된 국가가 없었고, 정착하지도 못한 채 광야를 떠돌아야 했다. 그들은 지나는 길에서 그곳 정착민들이나 나라로부터 끊임없이 침략을 당해야 했다. 따라서 이들이 정착해서 국가를 형성해 가는 과정을 기록한 것이 '구약'이 되었다.

S모임이 개신교 신앙의 사회적 참여를 목적으로 질문하고 토론하는 것도 주변인들에 관한 것이 대부분이었다. 사회와 교회의 권력을 비판한다는 것은 곧 그것에 희생된 사람들을 대변한다는 말이기도 하다. 권력에서 멀어지거나 보호받지 못하는 사람들, 소외된 사람들, 억압받는 사람 등 이들 모두가 사회나 교회의 주변부로 밀려난 사람들로서 주변인으로 살아가는 사람들이다. 따라서 신앙의 공공성을 가지고 사회적 참여를 해야 한다는 것은 곧 이런 부당함과 불의함 또는 약자들을 위해 참여하는 것을 말한다. 물론 이런 운동이나 참여는 기존 교회에서도 할 수 있는 일이다. 그러나 그 교회 자체가 신학적 해석이나 신앙적 관점, 전통적 규범에 의해 이미 이데올로기화되었다면 그 운동 또한 이에서 자유롭지 못하다. 따라서 새로운 대안 공론장이 필요하다. 이런 의미에서 S모임은 하버마스의 공론장을 벗어나 확대된 '서발턴 대항공론장'(subaltern coun-terpublics)으로서의 역할을 할 수 있는 가능성이 있다. 이런 모든 논의에서 첫째로 S모임이 교회 밖 대안 운동모임으로서 자유롭고 비판적인 의견이 가능하며, 둘째로 특정 계급과 신분, 출신, 학벌, 재산 등에 제한 없이 출입이 가능하고, 셋째로 교회에서 소외되거나 교회를 떠난 사람들과 함께 토론의 공간이 되기 때문에 이는 공론장 역할을 하고 있다고 볼 수 있다.

4. 공적 이익의 추구

공론장에서 사적 이익을 구하거나 여론을 조작하는 일은 공론장에 역기능으로 작용하며, 이곳에서 이루어지는 종교의 공공성에 대한 논란을 일으킨다. 교회나 종교 단체가 세속의 영역으로 들어가면서 자신들의 이익을 구한다면 이는 진정한 의미의 공공 종교성을 지닐 수 없게 될 것이다. 카사노바가 종교의 공·사에 대한 구분이 쉽지 않다고 하면서도 몇 가지 기준을 제시한 것은 이 때문이다. S모임은 자신만이 진리라고 하지 않는 면에서 종파적이지 않다. 이들은 성경이 말하는 보편적 진리가 사회에서 어떻게 적용될 것인가에 초점을 맞춘다. 참석자들의 수를 늘리거나 이를 통해 이익을 구할 방도를 찾지도 않았다. 위에서 분석한 것처럼 이들의 관심은 교회와 사회를 넘어 전 세계적인 것으로 넓어진다. 물론 그들이 참여할 수 있는 범위와 능력이 어디까지인지에 대한 논의는 별도로 이들이 내적으로 몰두하지 않는다는 반증인 것만은 분명해 보였다. 예를 들어 '수능'이 전 국민에게 영향을 끼치고 사회의 기본 질서가 잠시 재편성되는 일임에도 이것이 지극히 개인적인 일이라는 이유로 기도 제목의 뒤로 밀리는 것은 어쩌면 강박적으로까지 보이는 신앙의 관점을 잘 나타내 준다. 이 모임에서는 '축복', '은혜', '기도의 응답', '영광' 등과 같이 기존 교회에서 하나님을 경외하는 말이나 믿음으로 인해 받는 수혜적인 단어들을 거의 들을 수 없었다. 이런 단어들은 기존 교회에서 대부분 개인의 신앙에 대한 기복적인 개념으로 사용되는 경우가 많다고 알려져 있다. 그러나 S모임에서는 이런 개념들이 들어 설 자리가 없어 보였다.

이 모임은 홈페이지에 기독교인의 신앙으로 '사회적 참여'를 하는 것이 목적이라고 밝힌다. 그리고 모든 의례는 이것을 잘 드러낼 수 있게 진행된다. 또한 자신들을 '세속'에 있는 '성자'라고 함으로써 종교가 공공의 영역으로 나아가는 조건인 세속성과 초월성을 한 번에 표현하기도 한다. 특히 이들의 홈페이지에 나타난 문구는 '공공 종교성'을 분류한 연구들과 동일하게 나타난다. 아더톤은 공공신학이 공공의 영역에서 활동하기 위해 "소외된 사람, 투쟁의 장소로 나아가는 것"이라고 말했다. 이는 S모임의 홈페이지에서 자신들의 의례 목적을 "투쟁의 현장에서, 거리에서 예배드리며 사회적 책임에 대한 도전과 실천을 감당"하는 것으로 표현한 것과 같은 맥락이다. 이들이 개신교 신앙을 "그리스도인들의 삶 속에 세속성과 거룩성의 역설적 결합"이라고 정의했을 때 이미 종교가 공론장으로 진입할 수 있는 자격인 '세속성'을 인정하는 것이다.

이런 면에서 S모임의 홈페이지에 나타난 문구들은 종교가 공론장으로 진입할 수 있는 자격과 공론장 안에서 '신앙의 공공성'에 대한 내용을 잘 표현하고 있는 것으로 보인다. 그리고 이런 목적은 의례 순서에서 잘 드러난다.

의례의 첫 순서인 '예배로의 부름'을 비신앙인들이나 사회운동가들의 글을 싣는 것은 사회적 참여의 조건이 비단 신앙인에만 국한되지 않는다는 것을 말한다. 이 땅을 사는 모든 사람은 자기가 사는 땅의 일에 무관심할 수 없으며, 참여의 형식으로 그 땅의 일원임을 증명해야 하는 것과 같다. '말씀 나눔'은 참여의 이유와 대상, 방법에 대한 성경적 근거와 신앙적 실천의 당위성을 나눈다. 신앙인들에게 이런 사회적 참여는 초월적 신에게서 오는 명령과 같다. 성경은 온통 그것에 대한 이야기이고, 예수는 그런 삶을 사시고 죽임을 당하셨다. 따라서 그 예수를 믿는 신앙인을 그 삶을 또한 따라야 한다는 것이다. 이런 성경적 기조는 설교의 주제가 무엇이든 항상 신앙인이 실천해야만 하는 근거로 작용한다. '기도' 순서는 그 범위가 넓을 뿐 아니라 다양하다는 특징이 있다. '종교인 과세 문제', '리비아에서 노예로 팔려가는 난민들', '이집트 테러 피해자들', '한국 사회와 교회의 여성들'…, 이런 기도 제목들은 모든 사람의 관심사일 뿐 아니라 모든 사람의 관심을 촉구하기도 한다. 또한 이미 일어난 사건들에 대한 것과 지금 일어날 사건들에 대한 '즉시성'도 있다. 이것은 이 모임이 추상적이고 형식적인 공공 영역이 아니라 현실적이고 근본적인 문제들에 언제나 열려있다는 사실을 가리키는 것이기도 하다.

7장

'유동적'인 S모임과 의례의 구조적 특성

S모임을 이해하기 위해서는 몇 가지 분석적 틀이 필요하다. S모임의 의례 구조를 문화적 이론의 틀로 분석하는 것도 그중 하나이다. 이것이 가능한 이유는 종교는 문화에 의미를 부여하고, 문화는 그것을 표현하는 방식으로 존재하기 때문이다.[1] 종교가 문화의 한 부분이고, 문화도 종교의 영향을 받는다면 종교의 해석 방법과 문화의 해석 방법은 서로 영향을 끼칠 수 있다. 시대의 문화적 맥락 속에서 발전되거나 갱신되어 온 예배를 고찰하기 위해서는 다른 학문적 분석도 필요가 이유가 이것이다. S모임을 문화적 이론의 틀로 분석하면 S모임의 구조적 특성을 알 수 있다. 이는 "가나안 신자 모임은 무엇이어야 하는가?"라는 주제와 연결된다.

예배를 의례(ritual)로 볼 때 비로소 다른 학문의 틀로 분석하는 것이 가능해진다. 의례란 어느 한 종교만의 고유한 것을 나타내는 것이 아니라 인간의 문화 속에서 다양하게 일어나는 현상이기 때문이다. 인간의 문화와 사회 속에서 일어나는 다양한 의례를 분석하려면 종교적이거나 신학적인 관점에서 보는 것이 아닌 의례를 인간의 문화 현상으로 보는 관점이 필요하다. 김성례는 "의례가 연행을 통해 문화의 본질을 구현하고 있는 현실감과 가치관의 기본적인 가정과 도덕적 진실을 극화한다"[2]고 봄으로써 의례가 한 사회의 문화의 본질을 드러내고 현재의 도덕적 가치를 공개하는 역할을 한다는 사실을 강조하고 있다.

따라서 S모임을 분석하기 위해서는 문화 해석적 방법의 이론적 틀이 유용하다. S모임의 예배를 의례로 보는 것은 그것이 일어나는 의례의 구조가 어떤 것인가를 보기 위해서이다. 의례가 일어나는 구조는 단순히 순서의 나열이나 예식 행위를 공지(公知)하는 것이 아니다. 의례의 구조는 그 안에 명시적 목적과 묵시적 목적을 동시에 갖고 있다. 명시적 목적은 그 의례의 이름과 연결된 어떤 행위를 의도적으로 드러냄으로써 의례를 진행한다. 그러나 묵시적 목적은 의례의 순서에 나타나지 않으며, 의례 그 자체의 의미와 능력이 의도하거나 오히려 의도하지 않게 영향을 끼치게 함으로써 의례가 완성되게 하는 본질이다. S모임의 의례 구조를 문화 현상으로 보고 이것의 역할과 의미를 분석하는 것은 의례 구조의 묵시적 목적, 겉으로 드러나지 않지만 그 의례의 구조를 독특하게 구성하는 본질을 파악하기 위해서이다. 따라서 이 모임의 예배 구조를 문화 속에서 일어나는 의례의 구성으로 보고 문화적 맥락에서 분석할 때 빅터 터너(Victor Turner)의 의례 이론은 적합하게 적용된다. 이는 교회 밖 대안 운동으로서 S모임의 의례가 리미널(liminal) 과정에 있다는 것이며, 구조적이며 조직적인 교회에 대한 반-구조(anti-structure)로 작용한다는 분석이다. 이는 곧 '가나안 신자 모임'의 정체성을 규명하는 기준이 된다.

S모임의 특성은 기존의 연구에서 본 어떤 모임과도 맞지 않았다. 이들은 "비스듬히나 부분적으로만 연결된" 모임으로 어떠한 구조적 구성도 거부했다. 이런 불안전한 구성은 '리미널'(limimal)과 '액체 교회'(Liquid Church)의 특성을 공유하며, 이는 곧 '가나안 신자 모임'의 정체성을 구성한다. 이런 구조적 특성은 S모임의 의례 구조가 유동적이며 지속성이 없는 반-구조로 존재한다는 것과 여기서 새로운 문화가 창출한다는 점에서 확인할 수 있다. 따라서 리미널 단계와 액체 교회의 특성은 S모임 구성적 특성을 가장 잘 나타내고 있으며, 이는 이 모임이 '가나안 신자 모임'이라는 것을 확인해 준다.

S모임은 사회극의 주체로서 가나안 신자들을 치유하며 새로운 분리나 통합의 역할을 한다. 그러나 이 모임은 일시적인 특성으로 '대리공동체'(surrogate community)가 되며 이 안에서의 신앙은 일시적으로 소비되

는 '사건'(event)이 된다. 이 모임은 공동체성이 없이 연대성만 존재하며 여기서는 모든 참여자들의 동등성이 보장된다. 가끔 행해지는 MT는 오직 '수다'만을 위한 것으로 연대성을 위한 불특정한 기획이다.

오늘날 복음주의는 새로운 변화를 일으키고 있으며 이는 복음주의 안에서도 일어나고 있다. 여러 가지 목적으로 행해지는 새로운 복음주의는 기존의 그것을 변형시키며 새로운 대안 종교성을 창출한다. 새로운 복음주의는 세속과의 연결을 적극적으로 추구하며 이에는 정치와의 연대와 저항도 포함된다. 이런 환경에서 S모임을 새로운 복음주의와 비교하는 것은 의미가 있다. S모임은 새로운 복음주의의 특성을 일부 또는 전부 공유하며 이런 동질성과 차별성은 한국 개신교에 새로운 복음주의 운동의 당위성을 제공한다.

I은 S모임의 구조를 문화 이론으로 분석한다. 여기에 터너(Victor Turner)의 의례 이론은 중요한 관점을 제공한다. 이 구조분석은 '액체 교회'의 특성과도 연결된다. II는 S모임의 구조적 특성을 세밀하게 설명하려고 한다. 이런 설명으로 오늘날 한국교회 밖에서 등장하는 가나안 신자 모임을 알게 되고, 기존 교회와의 차이점이 더욱 뚜렷해질 것이다. III은 오늘날 전 세계적으로 일어나는 '새로운 복음주의' 운동을 소개하고, S모임의 가능성을 살펴본다. 새로운 복음주의는 다양하며, 때론 세속과의 연결을 두려워하지 않을 뿐 아니라 정치와 사회에 더욱 적극적이다.

I. S모임의 문화적 구조

의례는 시대의 문화를 반영하며, 특히 사회의 갈등을 표출함으로써 그것을 치유하는 목적이 있다. 따라서 의례는 그 시대의 반영이며 얼굴이기도 하다. 의례를 통해 참여자는 자신들의 갈등을 드러내고, 의례는 이를 치유한다. 세속의 더러움은 의례를 통해 성스러움으로 변화하고, 이런 과정은 의례의 구조를 더욱 공고히 한다.

이 절에서는 사회의 갈등이 어떻게 의례의 구조에 반영되는지를 다뤘다. 사회의 갈등은 의례 구조 속에서 분리-재통합되며, 이런 과정에서 참여자는 여기도 저기도 속하지 않은 리미널한(liminal) 존재가 된다. 이런 혼돈은 재창조의 가능성을 함축하며, 성(聖)과 속(俗)의 중간에서 이들 모두를 비판할 수 있는 반-구조(anti-structure)가 된다.

1. 되고 있는 모임: '되고 있는 세계'의 갈등과 의례

뒤르켐(Emile Durkheim)은 사회는 의례와 믿음으로 유지되고 존속할 수 있다고 보았다. 사회통합을 가능하게 하고, 사회 현상과 사회적 사실을 이루게 하는 것은 의례와 믿음인 것이다. 의례는 개인들을 모아 그들 사이의 관계를 증진시킨다.[1] 기어츠(Clifford Geetz)는 의례에서 상징과 실제가 서로 반응하며 나타난다고 주장했다. 의례는 현실의 삶에서 체험하는 것과 실재의 본질에 대한 이미지가 융합되는 곳이며, 그 둘은 동일하다.[2]

뒤르켐이 의례를 사회의 집합적 역할을 함으로써 고정적인 안정을 중시한 것에 비해 기어츠는 의례가 실재와 현실을 통합하거나 중재한다는 점에서 지속적으로 변화하는 것에 중점을 두었다. 터너(Victor Turner) 역시 의례를 머물러 있는 고정적 체계가 아니라 변화의 과정으로 보았다.3 터너는 의례를 한 문화 속에서 시간과 상황(context)을 표현하는 방식으로 보았다. 그에게 사회적 세계는 "되고 있는 세계"(in becoming)4이다. 고정적이지 않은 사회적 세계는 의례의 상징들을 갈등 상황에 처하게 하고, 이를 분석하기 위해 터너는 '사회극'(social drama)이라는 개념을 사용한다. 사회극은 변화하는 것이 갈등을 드러내면 이를 분석하고 기술하기 위한 하나의 고안이다.5 사회극이란 이러한 갈등 상황에서 드러나는 사회의 비(非)조화나 부(不)조화 과정의 한 단위이다.6 이런 개념으로 터너는 의례가 사회가 스스로 지속적으로 재정의하고 갱신하는 변화 속에서 함께 변화되는 한 부분이라는 것을 밝혔다. 그에게 사회는 의례 행위의 연속이나 마찬가지이다. 따라서 문화의 주요 구성 요소인 의례는 "상호작용에서 나타나고, 그것이 생물학적 생태계에 의미를 부여하기 때문에 과정으로 보아야 한다"7고 주장했다. 이를 요약하면 터너는 의례가 상징과 사회적 갈등으로 이루어진다는 것과 의례는 고정된 체계가 아니라 과정으로서의 특성을 가진다는 것이다. 따라서 터너에게는 컨텍스트(context)의 의미가 중요하다. 의례에서 컨텍스트는 갈등 상황이고, 이를 분석하기 위해 사회극이라는 개념을 사용하는 것이다. 터너는 사회극을 통해 사회의 긴장과 갈등이 드러날 뿐 아니라 치유하는 기능을 가진다고 주장했다. 이는 기어츠가 의례는 치유의 과정이 아니라 그것을 "드러내는"(display) 것8이라고 주장한 것보다 앞으로 더 나아가는 것이다.

1) 갈등과 치유 그리고 재통합

사회극을 사회의 갈등이나 부조화 과정의 한 단위라고 한다면, 사회극의 형태는 국가나 가족에 이르기까지 사회조직의 모든 영역에서 찾을 수 있다. 사회극은 같은 가치와 관심, 같은 역사를 가진 그룹들에서 발견된다. 터너는 이를 관찰하기 위해 '위반'(breach), '위기'(crisis), '교정'(regressive action), '재통합'(re-integration) 또는 '분리'(separation)의 네 단계를 설정했다.9

사회극은 공공의 영역에서 한 사회의 규범이 위반될 때 발생한다. 여기서는 법이나 관습 등이 어겨지고, 도덕적 규칙이 훼손된다.10 개인이나 그룹이 함께 지켜온 규범이나 관습에 위배되는 행위가 나타난다. 이러한 위반 행위는 대결과 충돌의 상징적인 계기가 된다.11 그러나 이것은 범죄와 다르다. 범죄가 이기적인 동기라면 이러한 위반 행위는 항상 이타적인 것이 내재되어 있다.12 여기에 위기가 온다. 위반은 확장되려는 경향이 있다. 그 위반으로 인해 혼란이 오고, 사회 구성원들 사이에 적대감이 고조된다. 여기서 위기의 확산을 방지하기 위해 교정이 개입한다. 교정은 그 사회제도의 지도적인 또는 구조적으로 그 제도를 대표하는 구성원에 의해 시작된다.13 이때 의례는 전형적인 교정 행위로서 기능한다. 의례는 그 사회의 모순들을 감추거나 표현하며, 위기와 갈등을 잠재우고 화해시키는 하나의 상징적인 일치를 제공한다. 이런 과정을 거쳐 사회적 관계는 다시 생성되며, 교정 단계는 자기성찰(self-reflection)을 가져온다. 이로써 사회극들은 "성찰의 과정을 포함하고 유발하며 성찰성이 합법적인 공간에서 발견될 수 있는 문화적인 틀을 생산해낸다."14 따라서 교정 단계는 문화 장르의 생성과 보전에 기여한다. 교정 단계는 그룹의 확장된 자의식이다. 이들은 교정 단계를 통해 "자기를 의식하게 되고 삶의 구석진 곳에서 투쟁하고 있는 누군가의 명료함을 얻게 된다."15 교정 단계는 리미널(liminal)의 단계이기도 하다. "그것의 본질은 '이것도 저것도 아닌 것'(betwixt and between)이다. 그리고 그러한 것으로 거리를 둔 응답과 차츰 위기로 이끌어 가서 위기를 구성하고 있는 사건에 대한 비판을 제공한다."16 교정 단계는 영원한 상태나 고정된 상태가 아니라 과정에 지나지 않는다는 것이 중요하다. 이러한 과정은 성찰적인 과정 속에 있는 사건들과 관계들에 의미를 부여함으로써 진전되어 간다.17 따라서 리미널의 특징은 비확장성과 잠재성, 되어감의 가능성이다. 마지막

단계는 재통합이나 분리이며, 갈등이 극복되는 경우 재통합이 이루어지지만, 그렇지 않을 경우는 분리된다.

이런 모든 과정은 터너가 의례를 정적인 과정이 아니라 역동적인 과정으로 보았음을 알 수 있다. 그에게 의례는 뒤르켐이 주장한 것처럼 고정된 사회를 통합시키는 역할이 아니며, 기어츠가 정의한 대로 사회적 갈등을 드러내는 것도 아닌 의례를 행하는 공동체가 위의 과정을 거쳐 스스로를 성찰하고 새롭게 만들어지는 지속적인 과정인 것이다. S모임의 의례가 이런 역할을 가지고 있는가? 이런 역할에 대한 질문은 곧 '가나안 신자 모임'의 역할에 관한 것이기도 하다.

S모임은 교회에서 갈등을 가진 신자들이 교회를 떠나 가나안 신자가 된 신앙인들이 모이는 모임이다. 이들에게 신앙 성장의 터였던 교회를 떠나는 것은 굉장한 위기이며, 실제적으로 다른 모임에 참여하거나 타 교회에 출석하는 가나안 신자들은 매우 적다. 이들이 매주 고정적으로 제공 받던 종교 서비스에서 제외되었다는 것은 이들의 신앙뿐 아니라 인생의 위기가 된다. 이들은 S모임에서 자신들의 위기를 드러내며, 설교와 질문 시간 또는 연대적 동질감을 통해 '교정'의 단계를 거친다. 이들이 타 교회나 모임에 소속되거나 여전히 가나안 신자로 남는 것은 개인의 선택으로 남는다. 이런 면에서 S모임은 터너의 사회극 과정을 충실하게 재현한다.

2) 반-구조적 모임: 대조적 사회 모델과 안티테제

터너에 의하면 인간의 사회생활은 고립되거나 경계 차원 또는 자유와 고립되지 않은 차원이라는 두 가지 차원을 가지고 있다. 인간이 사회적 존재로서 있기 위해서는 무한한 제약과 경계를 부과해야 한다. 반면에 생존하고, 호흡하고, 고귀함을 위해서는 일상에서 공간과 시간을 만들어야 하고, 가장 소중한 그룹의 문화적 순환에 들어가야 한다.[18] 터너는 이 두 가지 차원의 사회생활을 '두 개의 대조되는 사회 모델'(two contrasting social model)이라고 했다. 따라서 터너가 사회가 과정이라고 할 때 사회생활은 두 대조 모델을 번갈아 나타내는 변증법적 과정의 형태라는 것을 의미한다. 그러므로 이 모델은 서로의 관계에서만 이해할 수 있다. 터너에게 구조(structure)는 "행동의 반복된 패턴에 대한 설명, 즉 행동이나 조작의 관찰 가능한 단일성에 대한 설명, 거기에 있는 것, 경험적으로 관찰할 수 있는 것, 측정할 수 있는 것 등이다."[19] 구조로서의 사회는 구성원 간의 관계 방식을 미리 배열하거나 패턴화하여 개인이 사회적인 인격 뒤에서만 모호하게 직면하고 파악하게 한다.[20] 이러한 점에서 구조로서의 사회 단위는 친밀하지 않은 지위, 역할 및 직무 간의 관계이다. 그러므로 터너의 구조는 사회적 관계나 사상 체계의 중심이나 실체보다 "외적 경계 또는 원주"라고 할 수 있다.[21] 사회구조에서 개인은 자신이 수행하는 역할로 세분화된다. 왜냐하면 구조는 행동을 제한하고 차이를 정의함으로써 구별되기 때문이다.[22] 또한 개인의 구조적 생활은 객관적인 어려움으로 가득 차 있다. 결정이 내려져야 하고, 그룹의 요구와 필요에 희생되는 경우가 있으며, 육체적·사회적 장애물이 개인의 비용으로 처리된다.[23] 그러므로 터너는 "일련의 삶과 지위의 유지가 인간의 역량을 최대한으로 활용하지 못하게 한다"[24]고 주장했다. 이와 반대로 터너가 말하는 반-구조(anti-structure)는 자유와 고립되지 않은 차원을 말하며, 비구조화된, 기본적으로만 구조화된 상태이다. 여기에는 비차별적인 공동체를 형성하며 평등 공동체의 성격을 가진다.

의례는 상징과 사회적 갈등으로 이루어지고, 이는 고정적 체계가 아니라 과정으로서의 성격을 가진다는 전제는 터너가 의례를 정의하는 핵심적인 개념이다. 터너에게 "실질적으로 모든 길이와 복잡성을 가진 거의 모든 의례는 하나의 위치, 구조 또는 구조의 영역에서 다른 영역으로의 통로를 나타낸다."[25] 이것은 그가 모든 의례를 '통과 의례'라고 가정하여 그의 의례 이론을 발전시켰음을 의미한다. 터너는 아프리카 부족과 농경 사회에 대한 언급과 함께 종교 의례 과정의 리미널리티(liminality)와 코뮤니타스(communitas)를 설명하기 위해 반-구조(anti-structure)라는 용어를 사용했다.[26] 반-구조는 급진적인 부정성을 암시하기보다는 긍정적으로, 구조적 인간관계의 외적 경계 또는 주변 특성에 대항하는 생성(generative) 중심을 의미한다.[27] 터너는 반-구조가 "구조적 반전, 속세의 노동일과 사회 경제적 구조의 거울 영상 또는 구조적 필수품에 대한 거부"[28]를 의미하지 않는다고 말했다. 좀 더 정확하게 반-구조는 영향력, 의지, 창의성 등 인간 능력의 해방을 통해 현재의 규범적 제약으로부터 비롯된 가족, 혈통, 족속, 종족, 국가 등과 같은 구성원이나 계급, 성별 또는 연령 구분과 같은 사회 범주와의 제휴에 대해 신중하게 인식하는 것이다.[29]

이러한 반-구조는 과도기적 기간(liminal period)에서 명백하게 드러난다. 이런 한계 기간은 반-구조가 나타나는 사회적 전환의 중간 단계이기 때문에 반-구조의 특성은 사회 전환의 특성, 즉 '터너의 의례'(ritual in Turner)가 되었다. 터너는 이를 '의례의 반-구조'(ritual anti-structure)라고 불렀다. 알렉산더(Bobby Alexander)는 터너에게 "종교 의례는 일상생활에서 대안으로 전환하는 동안 일상적인 사회구조의 일부 요구 사항을 완화할 때 참가자를 구조적 범주에 대한 의무에서 해방시키기 때문에 반-구조이다"[30]라고 했다. 따라서 의례의 반-구조는 사회구조의 안티테제(Antithese)이다. 의례의 반-구조는 리미널리티과 코뮤니타스의 특성을 가진다.

이런 논의에 의하면 S모임은 반-구조적 모델로 분류된다. 이 모임에 참석하는 가나안 신자들은 기존 교회를 떠나는 이유에서 "자유로운 신앙을 위해서"[31]라고 응답한 것을 보면 그동안 이들이 구조적 모델인 교회에서 행동의 제한이나 요구와 필요에 있었던 가능성을 볼 수 있다. 또한 교회의 직분적 구조, 계급적 구조에 거부감을 가지는 이들이 많다는 점도 이 모임이 반-구조적이라는 것을 알 수 있다. 실제로 S모임은 계급적 직분이 없으며, 모두가 평등하게 연결된다. 의례의 순서를 맡은 사람은 그 역할에 머물 뿐 그것이 다른 사람들과의 차별성을 나타내지 않는다. 여기서는 계급, 성별, 연령 구분과 같은 구조적 범주 또는 사회적 범주에서 벗어난다. 반-구조로서의 S모임은 구조로서의 교회에 대한 비판적인 위치에 있다.

2. 모호한 존재들: 의례의 본질로서의 '리미널'과 '코뮤니타스'

터너는 그의 리미널리티 개념을 반 게넵(Arnold van Gennep)의 통과 의례인 'liminal phase'에서 도출했다. 반 게넵에 의하면 모든 통과 의례는 예비 단계(분리, rites of separation), 경계 단계(이행, rites of transition), 후기 단계(통합, rites of incorporation)의 세 단계로 구성된다.32 첫째 단계에서 참가자는 "사회구조의 초기 고정점, 문화적 조건 또는 둘 다로부터 분리된다."33 최종 단계에서 참가자는 새로운 지위로 사회에 돌아간다. 터너는 '통과'라는 과정은 거의 모든 의례에서 발견된다고 했다. 이것은 리미널/리미널리티(liminality)가 의례의 본질이라는 것을 의미한다.

의례의 과정 중 '중간 전환기의 상태와 과정'이 '리미널'(liminality)34이다. 이것은 문화와 사회의 상태에서 어떤 상태를 형성하고 구조적인 지위를 정해 가는 과정이다. 그렇기 때문에 이것도 저것도 아닌 상태가 특징이다. 이 단계에 있는 사람들은 "정치적-구조적으로 확립된 것들 사이에 있고", "일반적인 인지적 분류를 피한다."35 이 기간 동안 "의례의 주제는 선행이나 후속의 사회 계급이나 문화적 상태의 속성을 거의 갖지 않는 일종의 사회적으로 모호한 시기를 지나게 된다."36 그것은 이 기간

동안 "일상적인 사회구조를 구성하는 지위와 역할 차별이 일시적으로 중지되기 때문"[37]이다. 터너에 의하면 "자격자는 여기에 없으며, 거기에 있지도 않다. 그들은 법령, 관례, 의례에 의해 배정되고 배열된 지위 사이에 있다."[38] 사회에는 이런 리미널한 애매모호함과 불확정성을 나타내는 수많은 상징이 존재한다.[39]

터너는 의례의 사회구조적 범주를 정지시키고 구조적 모호성을 창출하는 것을 강조하기 위해 무의미성이라는 용어를 사용했다. 의례의 참여자들은 사회적 구조에 대해 "구조적으로 죽은 것"이며, "보이지 않는다."[40] 따라서 리미널리티는 행동 규범과 사회의 인지적 규칙으로부터 의식적 주제에 대한 "일시적인 해방"[41]을 가능하게 한다. 여기서는 일상의 감각과 질서가 적용되지 않는다. 모든 것은 파괴되거나 해체된 것처럼 보인다. 리미널 단계에서 사회-구조적 규범의 중지는 의례 참가자에게 사회구조를 반성할 수 있는 기회를 제공한다. 이것은 "잠재적으로 그것이 발생하는 문화의 중심 가치와 이치를 면밀하게 검토하는 시기"[42]이다.

3. '완전히 매개되지 않는 관계'의 평등성

코뮤니타스(communitas)는 반-구조 개념을 정의하는 또 다른 구성요소이다. 사람들은 사회-구조적 관계에서 "다양한 추상적인 과정을 통해 역할, 지위, 계급, 문화적 성별, 전통적인 연령 구분, 민족적 제휴 등으로 일반화되고 세분화된다."[43] 그러나 의례 과정의 리미널 단계에서 의례 참가자들은 그들의 사회구조적 부분에서 벗어나 사회생활의 주요 영역을 외면한다. 결과적으로 그들은 평등하게 축소되고, 사회적 역할과 지위에 기반을 둔 그들의 관계는 "강렬한 동지애와 평등주의를 발전시키도록"[44] 변화된다. 터너는 이것을 "구체적인, 역사적이며, 특이한 개인들 사이의 비-매개된 관계"로, 즉 코뮤니타스(communitas)[45]라고 불렀다.

그에 의하면 "코뮤니타스는 사회구조가 없는 곳에서 출현한다."[46] 그것은 또한 "구조의 틈을 통해 비공식적으로 구조의 가장자리, 구조 아래에서, 열등감에서 출현한다."[47] 그리고 그것이 이루어질 모든 곳에서 코뮤니타스는 "구조화되고 제도화된 관계를 지배하고, 규범을 위반하거나 해체하기 때문에 신성한 또는 거룩한 것으로 여겨진다."[48] 코뮤니타스는 "합리성, 의지 및 기억을 포함하고 사회생활의 경험으로 발전하는 독특한 인간 능력의 산물"[49]이다. 터너는 코뮤니타스의 본질이 사회구조의 본질에 반하지만 "코뮤니타스는 사회구조의 측면과의 병치(parallelism) 또는 하이브리드화(hybridization)를 통해서만 분명하게 접근이 가능하다"[50]고 주장했다. 그에 의하면 "사회구조는 개인이 사회적 인격(즉, 지위, 역할 등) 뒤에 숨어 있는 '추상적 시스템'이다."[51] 그러나 코뮤니타스는 "임의적인 구별과 추상적인 부분에 종속되어 있는 구조를 비판한다."[52]

진정한 인간의 본질과 능력은 다양한 사회적 역할로부터 막혀 있다. 이런 사회구조는 "사람과 사람 사이의 거리와 구별을 통해 절대 실체를 형성한다."[53] 그러나 코뮤니타스는 "인간이 단순한 역할을 넘어서 인간의 총체로서 서로 대면하는 차원"[54]이며, 이로 인해 동일한 인간성을 인식할 수 있다. 또한 코뮤니타스는 "사회구조 차별의 '실존적 박탈'에 대한 반응이며, 사람과 사람 사이의 완전하고도 매개되지 않는 관계, 그럼에도 불구하고 서로를 합병하지 않지만 독특함을 보호하는 관계"[55]이다. 그러므로 코뮤니타스는 사회구조적 구별이나 문화가 만들어 낸 허구의 기초가 되는 기본적 인간 평등을 나타낸다. 이러한 코뮤니타스는 "구조에서 구조로 나아가면서 그 존재는 모든 사회구조적 역할을 의문시하고 새로운 가능성을 제안한다."[56] 코뮤니타스의 이러한 성격은 코뮤니타스의 변형 능력으로 불리며, 사회구조를 변화시킬 수 있는 능력으로 인해 현상 유지를 위한 기득권이 있는 사람들을 코뮤니타스의 파괴자로 간주하게 만든다.[57] 터너는 코뮤니타스가 리미널한 공간에서 일시적으로 형성된다고 주장했다.[58] 그리고 이때 평등하며 친밀한 관계가 일시적으로 형성된다.

코뮤니타스가 '구조의 틈', '비공식적', '구조의 가장자리', '열등감'에서 출현한다는 것은 오늘날 가나안 신자의 출현을 가장 정확하게 표현한다. 이들은 몇천 년 공고히 지속되어 온 교회의 구조의 틈에서 출현하며, 이런 출현은 전혀 공식적이지 않다. 이들의 모임은 따라서 구조의 가장자리에 위치하며 이들은 소수라는 열등감으로 제 목소리를 내지 못한다. 이런 의미에서 교회 밖 모임들은 코뮤니타스적이며, S모임은 가장 정확한 자리에 있다. 리미널적인 구조로 인해 이 모임은 고정적이지 않으며 이곳에 모이는 가나안 신자들 또한 "서로 대면하는 차원"에 머문다. 이들은 서로 "매개되지 않는 관계"이다. 여기서는 모든 구조적 기득권이 사라지며 평등한 관계가 형성된다. 가장 중요한 것은 이런 관계적 차원이 일시적이라는 것이다. 이런 일시성은 공동체성을 추구할 수 없는 여건이며, 각 개인은 철저히 개인으로 남는다. 그러나 서로의 공감대가 형성된다는 점에서 연대성은 있다. 리미널과 코뮤니타스는 '가나안 신자' 모임을 결정하는 가장 중요한 기준이다.

터너의 의례 구조 분석의 의도는 의례가 '미완성' 단계라는 것을 밝히는 것이다. 의례는 사회적 갈등을 재현하고, 여기서 사회적 구조는 무너진다. 사회적 구조가 붕괴되는 것은 곧 의례의 참가자들을 치유하는 역할이며 여기서 이들은 여기도 저기도 속하지 못한 '모호한 존재'가 된다. 이런 위치는 오히려 새로운 창조를 가능하게 하는 동력으로 작용하며 이 과정을 통해 참가자들은 새로운 존재가 된다. 그리고 이런 특성은 '액체 교회'를 가능하게 한다. 액체 교회는 그 유동성으로 말미암아 '인스턴트 공동체'(instant community)가 될 것이며, 신학보다는 실천에 중점을 둔다. 이들은 구조적이거나 고정적이지 않으며, 터너의 리미널 구조와 함께 S모임은 액체성을 가진다.

4. 리미널 구조로서의 '액체 교회'

바우만(Zygmunt Bauman)은 탈근대화 이전의 시대를 고체적인(solid) 시대로 규정하여 '고체 근대'(solid modernity)로, 탈근대적인 현대는 액체적인(liquid) 시대로 묘사하면서 탈근대 사회의 유동적인 특징을 잘 설명하고 있다.[59] 그에 의하면 액체는 흘러넘치고, 엎질러지고, 뛰쳐나오며 쏟아지고, 어디서든지 스며나오고, 누출되는 특성으로 같은 모양을 유지하지 못한다. 따라서 공간이나 시간에 고정되어 있지도 않으며, 탁월한 변화와 이동성이 있다. 대조적으로 고체는 그 성질상 모든 간섭 및 응력에 저항한다. 그리고 이런 특성은 '액체 교회', '유동적 교회'라는 개념을 오늘날 탈구조주의적인 시대에 나타나는 다양한 교회의 형태에서 나타난다.

'액체 교회'(liquid church)는 체계적으로 고정된 집합 교회와 이를 기반으로 설립된 종파를 벗어난 형태로 더 유동적이고 더 넓은 문화와 맥락에서 중재(mediations)와 실천(practices)에 집중하는 교회를 말한다. 와드(Pete Ward)는 유동적 교회의 개념을 이해하려면 대중문화와 더 깊은 관계를 유지하는 실천신학에 대한 새로운 이해가 필요하다고 했다. 진정한 신학은 합리적인 영적 훈련과 이성(理性)의 수행 둘 다 실천하는 것이다. 나아가 인간적이고 문화적인 관습과 신성한 반성을 중재하는 것이 세계에 선교하는 것이 된다. "교리와 신학의 장소를 지역사회에서 구체화되고 전통으로서 살았던 그대로 존중하는 실천신학을 위한 비전"을 제시한다.[60] 실천신학은 "교회의 사람들이 현대의 표현과 실천 형식에 비판적으로 반응하도록 하는 영적인 훈련"[61]이다. 따라서 '유동적 교회'란 현장에서 실천되는 신앙이 필수적이다. 여기에는 교단이나 종파가 중요하지 않다. 자신이 속한 곳에서만 실천하는 신앙도 아니다. 종파나 교단에 상관없이 신앙이 실천되는 곳이 '유동적 교회'인 것이다.

1) 대리 공동체

탈근대주의는 모호성, 상대성, 분열, 불연속성으로 자신을 드러낸다. 근대주의의 단호함과 진리에 대한 확신으로부터 탈피하여 탈근대주의는 놀이(Play), 아이러니(Irony), 모순(Paradox), 혼돈(Chaos)으로 이 시대를 진단한다. 이로 인해 탈근대주의는 모든 것에서 '탈중심화'에 관여한다. 탈근대주의는 다원적이며 모호한 것이 우리가 피할 수 없는 시대적 특징으로 권고된다. 이런 혼란과 모순은 역설적으로 종교의 필요성을 감퇴시켰다. 탈근대주의에서는 이러한 혼란이나 진리의 부재(不在)가 종교에 대한 수요를 창출하지 않는다. 그 대신 사람들은 자신의 정체성을 확인해 줄 전문가를 찾는다.[62] 모순과 혼란한 사회에 살고 있는 사람들은 종교적인 메시지에 만족하지 않고, 불확실성에 대처할 수 있으며, 이를 진단해 줄 전문가가 필요한 것이다. 근대 이전의 교회에서 행하던 삶의 체험과 종교적 해석은 일방적이었고, 이는 의사소통을 근본적으로 허용하지 않는 절대적 진리로 요구되었다. 그러나 이러한 것은 새로운 불확실성을 야기했으며, 사람들은 자신들이 스스로 그것을 찾기를 원했다. 주어진 것에 만족하는 것이 아니라 스스로 그것을 찾는 것이다.

근본적인 것이 거부된다는 것은 곧 유동적인 것들의 출현이며, 이런 사회의 공동체는 '인스턴트 공동체'(instant community)가 될 것이다. 이런 공동체는 피상적인 공동체로 예를 들면 같은 의상을 입고 파티에 참석하거나 군중 속에 들어가는 것이다. 이때 잠시 동안 개인은 같이 공생하거나 장기적인 약속이 없는 공동체 의식을 제공할 수 있다.[63] 그러나 이러한 경우에는 '진정한'(genuine) 공동체는 될 수 없다. 이러한 '카니발'(carnival) 공동체는 진정한 공동체가 아니라 액체 모더니티(liquid modernity)의 사회 무질서 및 인과적 요인이다.[64] 액체 시대에서는 교회와 같은 공동체도 선택의 대상이기 때문에 종교 의식을 위한 공동체만 있을 수 있다.

이 공동체는 다른 공동체와는 달리 사회적 네트워크를 가지지 않는다. 이 공동체는 종교라는 이름으로 소속 경험을 제공할 뿐이다. 그러나 이 종교 공동체는 지속성이나 조직성이 없기 때문에 '대리 공동체'(surrogate community)에 불과하다.65

유동적 공동체는 진정한 공동체가 될 수 없다는 것은 리미널한 단계가 지속성을 갖지 못하는 것과 같다. 리미널 단계에서 형성되는 코뮤니타스는 일시적으로만 구성된다. 여기서는 '소속'이나 '지속성'이 존재하지 않으며, '소속'은 일시적인 상태로 지나가는 단계에서 잠시 머무는 것을 의미한다. 이를 터너는 '일시적 해방'이나 '구조적으로 죽은 것'으로 표현했다. 따라서 이들의 모임은 인스턴트 공동체가 되고 만다. 이는 종교 의식을 위해 일시적으로 모이는 것을 말하며, 데이비(Grace Davie)는 이를 '대리 종교'(vicarious Religion)66라고 불렀다. 그리고 이런 설명은 '가나안 신자 모임'의 전형적인 특성이며, S모임이 이에 해당된다.

2) 소비되는 신앙

탈근대주의 시대에서 '쇼핑'은 문화를 이해하고 해석하는 원형이 될 수 있다. 이는 탈근대주의의 종교적 상황을 소비자 시대의 신앙이라고 표현한 것과 같다. 그것은 욕망을 쇼핑하는 것이며, 여기서 욕망은 액체이다. 그것은 훨씬 변덕스럽고 일시적이다.67 근대주의까지 견고한 교회는 이러한 욕망을 부과하거나 처방하는 데 만족했다. 그러나 유동적인 교회는 욕망이 소비자에게서 온다. 따라서 선택이 중요해진다. 소비자가 자신의 욕망을 위해 매 순간 선택의 기회를 갖듯이 견고한 교회는 극단적인 헌신과 '제자도'를 제공하고 이를 안정적으로 유지하려 노력한다. 그러나 유동적인 교회는 만들어진 제자가 아니라 개인이 하나님을 만나고 선택하며 판단할 수 있도록 한다. 또한 유동적인 교회의 리더십은 자격증과 권위에 의존하지 않는다. 영성을 실천하고 삶에서 이를 드러내는 리더를 개별적으로 따라갈 뿐이다. 액체 시대에서는 고정 계급과 지위에 대한 경계가 사라진다. 액체 시대에서는 이 모든 것이 소비자에 의해 결정된다. 따라서 사람들은 모든 것을 '선택'해야 한다. 종교도 선택의 대상일 뿐이다. 물론 종교에 대한 바우만의 진단은 "근대를 포함하여 역사를 통한 종교의 지속적인 중요성을 인식하지 못했다"[68]는 비판을 받지만, 탈근대적 사회에서 존속할 수 있는 교회의 성격을 설명하는 데 유용하다. 결국 탈구조주의 시대에 교회가 살아남으려면 이 유동적 흐름이 교회 '안'에서 수용될 수 있도록 교인들의 선택을 존중할 필요가 있다. 그것은 더 많이 참여시키며, 더 많이 의견을 반영하고, 더 많이 변화할 수 있는 여건을 허용하는 것이다.

3) 리미노이드(liminoid)적인 종교 공동체

액체 시대의 종교 공동체가 가능하다는 것에 부정적인 바우만과 달리 와드는 액체 교회(liquid church)의 예를 자신의 사역 현장에서 찾아냈다. 예를 들어 음악과 만남 그리고 예배가 포함된 '그린벨트 페스티벌'(Greenbelt Festival)이나 '알파 과정'(Alpha courses) 그리고 청소년 사역 활동 등은 견고한 교회에서 벗어난 활동으로 바우만의 공동체적 이론과는 맞지 않는다.[69] 이런 액체 교회의 예를 그루트(Kees de Groot)는 '세계 청소년의 날'(World Youth Days)을 들어 설명한다. 이 행사는 교황 바오로 2세가 개최한 대규모 행사(mega-event)로서 1986년 이래 거의 2년마다 로마 가톨릭의 영향권 내에 있는 도시에서 개최되는 종교적 행사이다. 이 행사는 종교 행사가 아닌 '사건'(event)이 된다. 여기서 얻는 체험은 전통적 교회의 그것보다 더 중요시되고, 이로 인해 '사건'(event)은 '교회'(church)보다 더 중요시된다. 여기서 친밀한 영혼과 특별한 존재를 경험하는 것이 전통적 교회의 가르침보다 더 중요하게 여겨진다. 이 현장에서 견고한 교회와 유동적인 교회는 복잡한 관계로 얽혀 있는 것처럼 보인다. 젊은이들은 다른 젊은이들을 만나고, 연대감과 영성을 느끼기 위해 이 행사를 이용한다. 이런 상황으로 제도적 교회는 이 행사의 사건에 기여하고 동시에 충돌한다.[70]

　　탈근대적인 액체 공동체의 둘째 유형은 신자와 비신자가 함께 참석하는 경우이다. 예를 들어 병원에서 환자, 자원봉사자, 직원 및 다른 참가자들이 참여하는 공동체는 여러 사람이 만날 수 있는 공동체가 된다. 이곳에서는 온갖 종류의 환자와 자원봉사자, 직원들로 구성된 유동적 공동체를 만나게 된다. 이 외에도 종교 방송에 의한 라디오나 텔레비전 또는 월드 와이드 웹(www)의 메시지 전달도 액체 교회의 예가 될 수 있다. 종교 방송을 듣거나 보면서 사람들은 이를 가정 제단으로 이용할 수 있다. 이들은 방송을 통해 설교를 듣고 함께 노래하며 이것은 곧 예배에 참석하는 것이 된다. 방송을 통해 시청자와 교회 회원들은 연대감을 경험한다. 따라서 종교 방송은 유동적 종교의 좋은 예가 될 수 있다. 이 방송을 듣거나 보는 사람들은 종교인들이라고 할 수 있지만, 비종교인들도 시청이 가능하기 때문이다. 이렇게 종교 방송은 견고한 교회와 유동적 교회 모두가 인정할 수 있는 영역이 된다. 유동적 교회에서는 신자와 비신자 또는 종파 간의 구별은 모든 결정권을 잃는다. 다음의 글은 유동적 교회와 리미널의 특성이 얼마나 많은 것을 공유하고 있는가를 보여준다.

　　유동적인 교회는 탈근대주의적 교회라고 할 수 있다. 여기에는 모호함, 신비, 경이로움, 경외심 등이 한꺼번에 섞여 있거나 서로를 포용한다. 유동적인 교회는 역설적이고 모순적이기도 하다. 또한 민첩하고 스트레스에 반응한다. 왜냐하면 이것들이 삶의 본질적인 것이라고 수용하기 때문이다. 유동적인 교회는 사람들을 보호하지 않는다. 다만 고통과 슬픔, 불안을 인정한다. 이에 비해 견고한 교회는 모든 것이 맞춰진 교회이다. 그곳의 제공되는 설교나 음악, 성경 공부 등에 자신을 맞춰야 한다. 그러나 유동적인 교회는 반응적이며 사람들이 같은 방식으로 생각하거나 행동하도록 유도하지 않는다. 유동적이고 보편적인 진리가 있는가? 확실히 있다. 그러나 이 진리는 그들의 지역사회의 삶에서 온다. 유동적인 교회에는 목회자 대신 순례자와 성령을 위한 안내자가 더 많다.[71]

이렇듯 불분명하면서도 액체 교회의 특성을 가진 사건(event)들은 교정의 단계를 잘 보여준다. 예로 든 사건들에서 액체 교회는 전통적 교회에서 해방된 구조를 갖고, 이에 참석한 사람들은 구조적 규범에서 벗어나 리미널한 특성을 누린다. 이때 그들은 구조적인 교회와는 분리되고, 당장의 사건은 교회보다 더 중요하게 체험된다. 그러나 이런 사건들은 일시적이고 즉각적인 성격 때문에 공동체성을 가질 수 없다. 따라서 이들에게는 '연대성'이 더 중요하다.

II. S모임의 구조적 특성

S모임은 구조적 교회의 틈에서 비공식적으로 존재한다. 이 모임의 가나안 신자들은 교회와의 갈등으로 위기를 맞고 이곳에 모인다. 여기서 S모임은 사회극의 현장이 되어 이들을 치유하는 의례를 제공한다. 이런 상황은 이들을 여기도 저기도 아닌, 이것도 저것도 아닌 모호한 존재로 만든다. S모임은 일시적이고 유동적인 구조를 가지며, 이들은 여기에서 신앙을 소비하고 돌아간다.

이 절에서는 터너의 사회극 구조로서의 리미널과 탈구조주의 시대의 교회로 등장하는 '액체 교회'의 신앙이 S모임과 가나안 신자들에게 어떻게 적용되는가를 설명한다. S모임은 일시적인 모임으로 유동적이며, 여기서 소비되는 의례는 사건(event)일 뿐이다.

1. 사회극의 주체인 S모임과 가나안 신자

한국 개신교에서 일어나는 현실을 사회극으로 볼 때 S모임과 가나안 신자는 그 주체가 된다고 할 수 있다. 터너가 말했듯이 사회극의 형태를 사회의 모든 영역에서 발견할 수 있다면 이 사회극의 장(field)은 한국 종교계, 특히 개신교단이 될 수 있고, 더 좁게는 기존 교회 또는 S모임이 될 수 있다. S모임을 사회극으로 볼 때 여기에는 가나안 신자들의 신앙이라는 컨텍스트가 존재한다. 이들은 교회를 떠나면서 가졌던 신앙에 대한 회의와 긴장을 가지고 이 모임에 들어온다. 이로써 갈등 상황이 고조되고 의례는 이를 드러내게 하기도 하고, 제거하기도 한다. 이런 면에서 S모임의 의례와 가나안 신자는 사회극의 주체가 된다.

가나안 신자들은 기존 교회의 각종 요구와 가르침에 반발함으로써 '위반'이 일어난다. 이런 반발의 형태는 '외적 가장'(external disguise)과 '내적 가장'(internal disguise)으로 나타난다. 이들은 믿음이 있지만 교회가 요구하는 것에 순응하지 않거나 교회나 종교 단체에 속하지만 그들이 원하는 믿음은 믿지 않는다. 이런 방식으로 종교계 또는 교단이나 교회의 가르침을 '위반'하는 것이다. 여기에 '위기'가 온다. 이들은 교회나 종교 단체에 계속 남아 있을 것인가 아니면 떠날 것인가를 두고 고민하는 동안 '도덕적 불협화음' 때문에 타인과의 마찰이나 내적 갈등을 겪는다. 그리고 결국 교회를 떠나 가나안 신자가 된다. 이런 위기는 쉽게 끝나지 않는다. 교회를 떠난 91.2%는 여전히 다른 교회나 신앙을 계속할 수 있는 모임을 만나지 못하고 방황한다.[1] 대부분은 개신교인의 정체성만 가진 채 신앙생활을 포기하게 되고, 이는 신앙의 위기가 된다.

이때 '교정'의 단계가 개입한다. S모임은 이 단계에서 존재한다고 볼 수 있다. 소속을 잃고 방황하는 가나안 신자들에게 S모임은 의례를 제공할 뿐 아니라 그들의 위기의 근원인 각종 신앙적 질문들과 의문에 대한 해답을 시도한다. 따라서 의례는 이들의 현재 상황(context)을 표현하는 방식이 되고, 이는 곧 그들을 '교정'하는 과정이 된다. 그리고 이 과정은 '이것도 저것도 아닌 것'(betwixt and between)인 리미널(liminal)의 단계이기도 하다. 이들은 기존 교회에 속하지도 못하고, 이 모임에 소속되지도 않는다. 이들은 이 모임에서 '이도 저도 아닌' 존재가 되며, 이런 정체성은 '가나안 신자'의 특성을 명확히 드러낸다. 또한 이들은 여기서 일시적으로 '코뮤니타스'를 형성하며 위기를 구성하고 있는 사건에 대한 비판을 형성한다. 여기서는 모든 참여자가 평등하며, 강요는 물론 권고나 상담도 없다. 이런 특성은 기존의 교회나 현 사회를 모두 비판할 수 있는 자격을 갖게 한다. S모임이 기존 교회의 대안 운동으로서 교회의 부조리와 사회의 모순을 비판하는 것도 이와 같은 반-구조를 가지기 때문이다. 이 후에는 통합이나 분리의 과정을 거친다. 이 모임은 조직적이거나 체계적이지 않기 때문에 지나가는 과정이라고 할 수 있다. 따라서 이런 교정을 통한 다음 이들은 다시 교회로 돌아가거나 새로운 모임에 소속되기도 하고 계속 주변인으로 머물 수도 있다.

2. 신앙을 소비하는 대리 공동체

액체 교회의 '중재의(mediated) 의미는 리미널 단계의 이것도 저것도 아닌 것'의 특성과 함께 고정되어 있지 않은 상태를 나타낸다. 여기서는 이 순간, 현재, 즉각성이 중요하고, 과거와 현재의 사이에서 어디에도 속하지 않는 특성을 지닌다. 리미널의 이러한 특성은 현재의 실천을 중요시하는 '유동적 교회'의 특성과 닮았다. 유동적 교회는 고정되어 있지 않으며 모든 것과의 연결이 가능하다. S모임이 어느 교단이나 단체에 속하지 않는다는 점과 이곳에 참석하는 가나안 신자의 신앙적 교단이 다양하다는 것은 유동적 교회의 전형적인 특징이다. 또한 체계적이지 않고 조직적이지 않다는 것도 리미널하고 유동적인 특성을 드러낸다. 특히 이 모임에서는 출석이나 관리, 기타 프로그램 등 구조적이고 체계적인 것을 가지지 않는다는 것과 자체 건물이 없이 임시로 공간을 대여한다는 점도 '이동성', '즉각성', '흘러가는 것'의 모습을 나타낸다. S모임의 의례가 교회를 떠난 가나안 신자를 교정하는 것은 중재의 의미를 내포하는 것으로 이는 리미널과 액체 교회의 유동성이 공유하는 특성이기도 하다.

S모임의 경우 이들이 구조적이거나 규범적이지 않다는 것은 확실하다. 이들은 예배 후 다른 프로그램으로 모이거나 주중에 S모임의 이름으로 모이는 것도 없었다. 서로 연락하거나 친목을 위한 모임을 만들지도 않았다. 이들은 단지 일주일에 한 번 예배를 위해 모였다가 바로 흩어졌다. 그리고 종합적인 관리 없이 개별적으로 형성되어 있었다. 이런 면으로 볼 때 S모임은 예배(ritual)를 위해 일시적으로 개설한 즉각적인 모임의 특성을 가지고 있다고 볼 수 있다. 교회를 떠난 가나안 신자들에게

공간을 제공하고, 예배를 진행한 후 없어지는 것이다. 공간도 일시적으로 빌려서 한다는 점은 즉각성의 개념이기도 하다. 여기서 의례는 사건 (event)이 된다. 이렇게 볼 때 S모임은 종교 의식(ritual)을 위한 모임일 뿐 그 이상도, 그 이하도 아닌 것이 된다. 이들은 신앙의 사회참여라는 공동의 목표 아래 느슨한 연대성은 있지만 공동체성은 없는 것으로 보였다. 이는 매주 모이는 사람들의 약 30~40% 정도가 바뀌는 것으로도 짐작할 수 있다. 이런 면에서 바우만의 '대리 공동'과 데이비가 말한 '대리 종교'의 역할과 잘 부합한다.

3. 의례 하나만 제공되는 모임

S모임은 기존 교회가 진행하는 '성경 공부'나 '교리 공부' 등 일체의 신앙적 훈련을 제공하지 않는다. 매주 모이는 가나안 신자들에게 예배만 제공할 뿐이다. 또한 이 모임은 목표나 계획도 없다. 기존 교회에서 매년 말마다 기획하고 연초에 발표하는 '올해의 목표'나 '실적' 같은 것이 없다. 신앙의 수준이나 성경 공부의 진도 계획, 예배 외의 모임이나 출석 인원의 목표 같은 것도 없다. 참석하는 사람들에게 요구하는 것이 전혀 없이 오직 예배 하나만 제공한다. 따라서 개인의 신앙은 개인의 선택이며 판단이 된다. 이 모임은 출석이나 관리가 없기 때문에 이들은 자신의 '선택'에 의해 참석하기도 하고, 사라지기도 한다. 이 모임의 α대표는 설교를 하지만 '목사 자격증'이 없다. 그러나 이 모임의 목적인 신앙의 사회적 참여를 위해 끊임없이 글을 쓰고 직접 참여한다.[2] S모임이 모임을 홍보하거나 전도하지 않는다는 점에서 이 모임에 오는 대부분의 가나안 신자는 α대표의 글을 읽거나 이런 모습을 보고 찾아온다. 오직 예배 하나만 있는 모임에 이들은 그 예배를 소비하러 오는 것이다.

S모임의 이런 모습은 리미널의 특성을 잘 보여준다. 이들은 교회를

떠났지만, S모임에 속한 것도 아니었다. 이 모임에서 이들은 오늘날 한 국교회를 비판하며 대안을 나눈다. 그러나 이 모임은 지속성을 보장할 수 없다는 것에서 불안정성을 드러낸다. 이곳에 참석하는 가나안 신자들은 잠시 거쳐가는 과정으로서 참석하고, S모임도 이들을 "길 떠나는… 순례자들…"이라고 표현하는 것으로 보아 고정적인 것을 고려하지 않는 것으로 보였다. 그러므로 이곳은 '신앙을 소비'하는 공간이기도 하다. 지나가는 과정으로서의 가나안 신자들이 이곳에 와서 제공하는 신앙을 소비하고 돌아가는 형식인 것이다. 이런 반-구조적이고 리미널한 특성들은 시간이 지남에 따라서 다시 구조화되는 순환을 가진다. 이를 알고 있는 α대표는 필자에게 "절대로 교회가 되지 않으려고 노력한다"고 말했다. 이 때문에 이 모임에서는 의례만 제공할 뿐 다른 것이 없는 상태로 진행되고 있다. 이런 상황으로 S모임은 반지속성의 모임이 되며, 가나안 신자들은 이곳에서 제공하는 의례를 통해 신앙 소비하면서 지나가는 형식이 된다.

4. 제삼의 문화가 창출되는 공간

이 모임이 이도 저도 아닌 상태로 있다는 것은 이도 저도 비판할 수 있는 자유가 있다는 것을 나타낸다. 이 모임에서 끊임없이 사회의 현실에 대한 비판적 의식을 키우고, 기존 교회의 모순과 불의를 지적할 수 있는 것은 이들이 여기에도 저기에도 속하지 않기 때문이다. 이런 반-구조적 특성은 이들에게 자유를 주고, 평등함을 가지게 한다. 설교자나 사회자는 그 시간에만 존재하고, 그 역할이 끝나면 그 위치도 없어졌다. 이들은 이렇게 공감대를 형성하는 '한시적 공동체'를 형성했다. 여기서 한시적이라는 말은 이 모임 시간 동안만큼을 의미한다. 이들이 이 모임 후에 곧바로 흩어지는 것으로 봐서 이들이 가지는 느슨한 연대성은 이 공간 안에, 이 모임 시간 동안만 형성되는 것이다. 물론 이들이 모임에서 다시 만날 때나 MT 등에서 만날 때 서로 인사도 하고, 반가움도 표시하지만, 필자가 보기에는 그 이상도 그 이하도 아닌 것처럼 보였다.

S모임의 참석자와 면접을 할 때 그들 중에는 이 모임에서 연대성을 느낀다는 사람들이 있었다. 일주일에 한 번 잠깐 만났다가 헤어지지만, 이들은 "자신과 똑같은 생각을 가진 사람들이 있다는 것"에 안심하고 있는 듯했다. 터너에 의하면 이들은 기존 교회를 떠나 소속 없이 방황하는 위기의 상황에 있는 경우가 대부분이다. 이들이 교회를 떠나면서 느꼈던 '도덕적 불협화음'은 먼저 자신들의 갈등을 유발할 가능성이 크다. 그동안 다녔던 교회를 떠난다는 것은 자신의 신앙에 대한 의심과 교회 밖의 세상에 적응해야 한다는 불안이[3] 공존하며, 자존감이 상실되는 경우도 있을 것이다.[4] 따라서 이들은 S모임에 참석하면서 자신과 같은 과정을 겪었을 다른 참석자들과 연대성을 느끼게 된다. 또한 이들은 관리를 받지 않는다는 점에서 자칫 기장 교단에서 가나안 신자들의 비율이 가장 높은 원인이 된 '목회적 돌봄'의 부족이 작용할 수도 있다. 유동적인 교회가 사람들을 보호하지 않는다는 것은 리미널의 잠시적이고 순간적인 특성에 의한 것이다. 그리고 이런 의미에서 S모임은 교회적인 요소와 함께 '사건', '행사'의 성격을 가진다. 김성례는 터너의 리미널한 특성을 한 문화의 상태가 변하는 지점으로 중심/주변과 여기/저기의 구분 그리고 기존의 국경과 공동체의 한계를 초월하는 제삼의 문화가 창출되는 곳으로 보았다.[5] 따라서 페스티벌이나 사건(event)은 리미널의 단계로서 여기/저기의 구분을 초월하는 제삼의 문화가 만들어지는 공간이 된다. 마찬가지로 S모임을 리미널의 과정으로 볼 때 이 모임은 중심/주변의 사이에 있는 공간으로 인식되며, 이는 기존 교회의 구조적 형태를 벗어나 새로운 문화를 만드는 공간이 되게 한다.

이 모임의 미래는 두 가지 가능성이 있다. 하나는 리미널한 특성을 가진 일시적이고 불안정한 모임으로 가나안 신자들이 신앙을 소비하고 지나가 버리는 과정 속에 있는 것이다. 다른 하나는 변증법적 과정으로 이 모임이 구조화된 교회나 단체로 변화되는 것이다. 필자가 이 모임에 참석하는 동안 보여준 분위기나 일관된 운영 방식을 보면 결코 구조화된 조직으로 갈 것 같지는 않았다. α대표가 "교회가 되지 않기 위해서 노력한다"고 했을 때 그는 이런 상황을 잘 알고 있는 듯했고, 그래서 더욱 조심하는 것처럼 보였다. 결국 이 모임은 불안정성을 일부러 유지하고 있는 듯했다.

5. 잠시 만났다 흩어지는 모임

S모임은 견고한 조직이 아니다.[6] 이곳에는 가르치는 교리도 규칙도 없고, 성경 공부도 없다. 일정한 형태를 고수하지도 않는다. 참석하는 모든 사람은 종교 여부나 종파 여부에 상관없이 자유롭다. 비신자도 있고 목회자 자녀도 있으며, 신학생도 있다. 따라서 신학적 일치성을 추구하지 않는다. 이들은 이 모임을 공동체로 생각할까?

E는 교회에서 나온 후 깊은 상실감을 느꼈다고 했다. 교회에서 나오자 이전에는 몰랐던 교회와 세상과의 '담벼락'이 얼마나 크고 두꺼운지를 알게 되었다는 것이다. 교회에서 나온 후 당장 다가오는 문제는 기댈 공동체가 없어졌다는 허망함이었다. "눈에 안질이 생겨서 병원에 가야 하는데 운전해 줄 사람이 없었어요. 그때 공동체가 얼마나 중요한지를 절실하게 깨닫게 되었어요. 그렇다고 교회로 다시 돌아가지는 않을 겁니다." 그러면서 또 이렇게 말했다. "교회에 있을 때는 그곳이 나의 공동체였어요. 그런데 교회를 떠나자 갑자기 혼자 버려진 듯한 기분이 들었어요. 이곳에 나오면서부터 이 모임은 내가 속한 공동체가 되었어요." 그렇다고 E가 매주 이 모임에 나오는 것은 아니다. 집이 멀기도 하고, 다른

모임에도 참석하고 있어서 빠지는 경우가 많다. 그런데도 이 모임을 자신의 유일한 공동체7로 인식했다.

그러나 "예배하는 모임에 참석한다"는 대답도 있다. 이 모임에 대한 공동체성 질문을 가장 잘 보여준 대답은 M이었다. 그에 의하면 "모임이고, 예배이며, 잠시 만났다 흩어지는 공동체이기도 합니다"라는 것이다. 모임은 분명하지만 잠시 만났다 흩어지는 공동체라는 말은 리미널한 모습을 잘 나타내 주며, 신앙을 소비하는 모임이라는 것을 보여준다. 따라서 이런 모습을 더 잘 드러내는 것은 동질성에 관한 질문이다. O의 경우 "이 모임에 참석하는 사람들에게 동질성을 느끼는가?"라는 질문에 "내가 경험한 어떤 공동체보다 동질감을 느낀다"고 했다. 이 사람의 경우 신앙 경력이 20년이고, 부모들이 교회의 중직자로서 어려서부터 교회에 속한 신앙을 했다. 그런데도 그곳에서 20년 동안 동질감을 느낀 것보다 더 큰 동질감을 느끼는 것이다. 또는 "만나는 기간이 긴 경우에는"이라는 조건적 대답도 있다. 이는 종교적 동질성보다는 오랜 만남을 통해 친밀감을 느끼는 것이라고 할 수 있다. 그러나 코뮤니타스적인 모습을 가장 잘 보여준 대답은 이것이다.

> 동질성을 느낍니다만 이 모임에는 그리스도교 신앙인이 아니거나 거부하시는 분들도 있을 수 있으므로 교회 내에서 형제, 자매로 불리는 동질성으로 대하기보다 함께 하는 사람으로서, 동일한 피조물로서, 서로의 삶을 응원하는 입장에서 동질성을 느낍니다. (M)

이런 대답은 견고한 조직의 모습과는 다르다. 코뮤니타스에는 신앙의 여부나 나이, 직업, 학벌 등에 상관이 없이 '함께 하는 사람'으로 존재한다. 그리고 이것은 곧 '평등성'을 보장한다. 가나안 신자들은 여기에서 동질감을 느끼는 것이다. 즉, 이들이 말하는 공동체란 같은 관심사와 이에 따른 동질감이다. 이들은 서로에게 연결되지 않으며, 이런 면에서 S모임은 공동체성이 없이 일시적인 느슨한 연대성을 가진다. 그들은 교회를 떠나 가나안 신자가 되었다는 '동지애'를 느끼지만, 지속적인 관계를 만들지는 않는다. 이들은 '공동체성'은 약한, '동질성'은 강한 모임이며, 코뮤니타스적으로 교회의 틈을 통해 비공식적으로 교회의 가장자리에서 열등감을 가지고 모이는 가나안 신자들이다.

6. 교회인 듯 교회 아닌 교회 같은 S모임

위에서 언급한 바와 같이 이 모임에 참석하는 사람들은 이곳을 공동체로 여기거나 그렇지 않거나 다양했다. 그러나 '동질성'에 대한 사안에서는 대부분이 갖고 있다고 대답했다. 이들은 신앙적 배경이나 사회적 배경이 모두 다름에도 불구하고 교회를 떠났다는 것, 자신의 신앙에 물음이 많다는 것, 이를 해결하기 위해 노력한다는 점과 신앙인의 사회적 책임 등에서 같은 연대감을 느끼는 것이다. S모임이 "교회인가 모임인가"에 대한 생각은 모두 달랐다. "확실히 예배이다", "예배하는 모임이다", "예배이고 모임이다" 등 다양한 대답이 나왔다. 그러나 분명한 것은 이들에게 예배든 모임이든 중요하지 않다는 것이다. 이들에게는 자신의 신앙에 답을 줄 수 있는 곳이 필요하고, 그곳이 어디든 상관없다.

그런데도 이 모임은 믿는 자들이 함께 모여 예배를 드리는 까닭에 교회라고 할 수도 있다. 신학적으로 교회를 규정할 때 주로 "두세 사람이 모인 곳에 나도 그들과 함께 있겠다"[8]고 한 말씀에 근거한다. 그렌즈(Stanley J. Grenz)는 교회를 "근본적으로 예수 그리스도의 교회는 건물도 아니고, 조직도 아니다. 오히려 교회는 백성, 특별한 백성, 곧 죄인들을 구원한 하나님에 대한 관계 및 이 구원을 공유하는 자들인 서로에 대한 관계 속에 있는 자들로 보는 백성이다"9라고 정의했다. α대표도 그의 설교에서 "그리스도가 계신 곳이 교회다"(ubi christus ibi ekklesia)10라고 말했다. S 모임 순서지에는 '예배 순서'라고 쓰여 있다. 따라서 이 모임은 예배를 드리는 교회라고 할 수 있다. 버거가 말했듯이 다양한 교회 중 하나이며, 와드가 정의한 액체 교회이며, 유동적인 교회인 것이다. 더 정확히 말하자면 '공동체성은 약한, 동질성은 강한 유동적 교회'라고 할 수 있다. 그러나 통상적인 분류에 따라 교회의 본질을 '사도성', '보편성', '통일성', '거룩성'11 등으로 파악하면 이 모임은 전통적 '교회'의 범주에 들어갈 수 없다. 그러나 이런 논의는 교회의 본질을 어떻게 볼 것인가에 따라 달라진다. '사도성'은 일정한 절차와 자격증이 필요한가? '보편성'은 반드시 구조적이고 체계적이며 전통적인 교회에만 적용할 수 있는가? '통일성'은 어느 교단의 신학이 기준이 되는가? '거룩성'은 그 무엇을 말하는가? 이런 질문에 대한 논의가 필요하다. 이때 S모임을 기존의 '교회' 범주에 넣거나 아니면 단순히 '모임'이라고 할 것인가를 정확하게 규정하기에는 더 많은 논의가 있어야 한다.

1) 누가 메시지를 전할 수 있는가?

S모임에는 위계적 조직이 없고, 직분도 없다. 기존 교회의 '집사'나 '권사', '장로' 등의 직급이 없기 때문에 서로 부를 때도 대부분 '○○씨' 정도로 불린다. 기존 교회의 공식적 명칭인 '○○형제'나 '○○자매'라는 명칭은 들을 수 없었다. 아마 기존 교회를 떠난 가나안 신자로서 이전의 것들에 대한 거부감일 수 있고 또는 S모임이 공동체적 모임이라기보다는 느슨한 연대적 모임이기 때문에 그 안에서 기존 신앙적 표현이 거북할 수도 있다. 당연히 성직 계급도 없기 때문에 설교하는 α대표를 순서지에서만 '설교자'라고 할 뿐 그 외 신학적이고 신앙적 직분명으로 표현하

지 않는다. 이 모임 시간에는 오직 설교자와 사회자만 있다. 여기서 '설교자'란 또 다른 직급의 표현이 아닌 '설교하는 사람' 정도이다. 그리고 그들도 철저히 자신의 역할에만 머문다. 그리고 그 시간이 끝나면 그 역할자로서의 위치는 자동적으로 없어진다.

이 시간에 설교를 하는 α대표는 영국에서 신학을 공부했다. 하지만 어느 교단에 속하거나 그곳에서 '안수'(按手, ordination)를 받은 적이 없다. 그러므로 전통적인 교단의 입장에서 보면 '무자격자'인 셈이다. 한국에서 가장 큰 개신교 교단인 대한예수교장로회(합동) 헌법 3장 제2조의 '교회 항존직(恒存職)' 제1항을 보면 "강도(講道)와 치리(治理)를 겸한 자를 목사라 일컫고"[12]라고 규정하고 있다. 교회에서 설교는 안수받은 목사만이 할 수 있는 것이다. 그리고 이런 권한은 항존(恒存), 즉 영원한 권한이다. 둘째로 큰 교단인 대한예수교장로회(통합) 헌법 제2편 '정치'의 4장 제22조의 '항존직'에도 "설교와 치리를 겸한 자를 목사라 하고"[13]라고 명시하고 있다. 이런 자격은 작은 교단에서도 대부분 마찬가지이다. 이런 면에서 α대표의 설교는 한국의 개신교단에서 인정받지 못할 뿐 아니라 이는 다른 조직적인 교단으로부터도 마찬가지일 것이다. 그는 안수받지 않은 '무자격자'이기 때문이다. 그런데도 설교가 가능한 이유는 무엇일까?

오늘날 설교가 공격을 받고 있는 이유 중 하나는 특별한 잘못이라기보다 설교가 "전통적이고 견고한 제도의 한 부분"[14]으로 인식되고 있기 때문이다. 다시 말하면 설교의 위기는 설교 자체의 문제가 아니라 설교가 권위주의의 상징이며, 정치적, 종교적 또는 여타 제도에 대한 의문의 대상이 되었기 때문이라는 것이다. 이로 인해 설교는 단순히 하나님의 말씀을 전달하는 행위가 아니라 성직주의를 견고하게 하고 권위를 주장하는 도구로 전락했다는 비판을 받는다. 따라서 설교자는 더 이상 계몽주의로 인한 탈권위적 문화에서 중세 시대와 같은 위치를 가질 수 없게 되었다.

한국 개신교에서 제일 큰 교단을 형성하고 있는 대한예수교장로회총 회의 '합동'과 '통합' 모두 설교자의 자격으로 '안수'를 제시한다. 역사적 으로 '안수'는 초대교회가 형성되는 과정에서 이단과의 구별을 위해 사용 되었다. 그러나 이후로 이런 개념이 변질되어 계급적 방향으로 특징지어 졌고 헬라-로마 세계의 세속적 구조를 모방해 우월과 열등, 신성과 세속 등을 가르는 기준점으로 바뀌었다.[15] 오늘날 이러한 분류와 근거는 그 당위성을 잃는다. 따라서 쉴레백스(Edward Schillebeeckx)는 누가 메시지 를 전할 수 있도록 허락을 받았는가가 아니라 "누가 이 메시지를 전할 수 있는가?"[16]로 바꾸어야 한다고 주장한다. 그러므로 복음의 합법적인 선포를 위한 정당성은 "설교자의 삶 속에 구체화되어 나타나는 예수의 실천(praxis)"[17]이다. 이런 실천의 강조는 액체 교회의 본질이며, 코뮤니 타스의 대표적인 속성으로 S모임에서 '평등성'으로 나타난다.

2) 일시적으로 부여되는 자격

예수의 실천(praxis)이 설교자의 자격이라고 할 때 α대표의 실천[18]은 설교자로서의 당위성을 갖게 된다. 그러나 그의 설교자 자격은 그 시간 에만 잠깐 부여될 뿐 그 역할이 끝나면 참석자들과 동등한 위치로 다시 재조정된다. 그리고 이런 평등성은 여러 곳에서 나타난다. 단체 사진을 찍을 경우 그는 한쪽으로 서거나 중앙에서 벗어나는 일이 많다. 모임을 위한 준비를 할 때도 출입구의 플래카드를 직접 걸기도 한다. 간사들이 있지만 함께 하는 것이다. 이 모임의 중심이 자신이라는 것을 인정하지 않을 뿐 아니라 가장 핵심적인 인물이라는 것도 의식하지 않으려는 상징 적 행위일 수 있다. 그는 의도적으로 이런 자리를 통해서도 평등성과 낮 아짐을 추구하고 있는 것 같이 보였다.

기존의 전통 교회의 경우 모든 것은 담임목사나 당회 중심으로 운영

된다. '장로교'의 경우 모든 것은 목사와 장로로 이루어진 '당회'에서 결정되고 집행된다. 장로교는 민주주의 방식으로 장로를 두고 목사의 전횡과 독단을 막기 위해 당회의 필요성을 역설한다. 장로는 모든 교인의 대표로서, 목사와 교인 사이의 중재자로서 당회의 일원이 된다. 이것이 '장로교'의 원칙이지만, 이렇게 구성된 당회는 교회의 운영과 예산 집행 등 모든 것에서 전권을 휘두르는 또 하나의 전횡적 기구가 되고 있다는 비판을 받고 있다. 황성철은 당회가 국민의 대표라고 할 수 있는 국회와 같지 않다고 주장한다. 국회가 회의를 공개하는 데 비해 당회는 회의를 교인들에게 공개하지 않기 때문이다. 따라서 당회는 교인들의 의견을 수렴하는 대표적 기구가 될 수 없다.[19] 대부분의 교회에서 당회의 회의는 비공개로 진행되고, 이를 기록한 당회의록은 일반 교인들의 열람이 쉽지 않다. 당회는 교회의 모든 것을 결정하고 집행하는데, 특권적 지위를 독점하는 구조인 것이다. 이렇게 당회가 구성되면 특별한 일이 없는 한 은퇴할 때까지 지위가 보장된다.[20]

S모임은 기존 교회의 이런 면에 거부감을 가진 가나안 신자가 모이는 곳이므로 당연히 계층적 기구가 없을 뿐 아니라 독단적인 의사결정도 없다. 물론 이 모임은 구성된 조직이 아니므로 함께 행할 사업도 없다. 또한 재정적 헌금도 없으므로 예산 계획이나 집행도 없다. 따라서 이런 일들을 위한 위원회 등의 조직도 없고, 계급적 위치도 없으며, 직분도 없다. 그러므로 근본적으로 평등성이 보장된다. 이 모임에서는 직분 없이 모두가 평등하게 말씀을 듣고 삶으로 실천할 뿐이다. 버트릭(David Buttrick)은 "복음 전도는 근본적으로 평신도 활동이기 때문에 우리는 사람들을 훈련시켜야 한다"[21]고 주장했다. 이것은 '평신도 설교학'(lay homiletic)[22]을 포함한다. S모임의 참석자들은 모두 평신도로서 참석할 뿐 아니라 α 대표도 평신도로서 설교를 한다. 이들에게 '성직주의'는 교회의 계급적 구조의 출발점이며 근원이다.[23] S모임의 설교는 평신도의 몫이며, 설교

자의 자격은 설교하는 시간으로 한정된다.

3) 긴 왕복 시간, 짧은 모임 시간: 플래시몹 교회

이들이 S모임에 오가는 시간은 짧지 않다. 교회에서 떠나자 '담벼락'이 얼마나 높았는지를 알게 되었다는 E는 모임 시간이 퇴근 시간과 겹쳐 용인에서 3시간 30분이나 걸려서 이 모임에 나온다. L은 인천에서 2시간 가까이 버스를 타고 온다. 집에는 6학년인 아들이 혼자 있다고 했다. N은 남양주에서 남편과 함께 왔다. 지금 속한 교회의 '수요예배'를 끝내고, 아이를 할머니에게 맡겨 놓은 채 온다고 했다. 그렇게 긴 시간을 오고가지만, 정작 S모임 시간은 1시간 30분 남짓이다. 모임이 끝난 후에는 또 2~3시간을 걸려 돌아간다. 이들이 이 모임을 알게 된 경위는 대부분 인터넷을 통해서였다. 신앙의 갈등과 더 많은 정보를 위해 인터넷을 검색하거나 책을 읽다가 그곳에 기록된 정보를 통해 모임을 알게 되는 것이다. 이들은 부부가 아닌 한 혼자서 움직인다. 다른 사람을 데리고 오는 경우는 극히 드물다. 필자가 참석하는 동안 다른 사람에게 이 모임을 소개하거나 소개받고 오는 경우는 없었다. 면접과 설문에 응한 사람들도 모두 혼자서 이 모임을 찾아온 경우이다. 이 모임은 철저하게 개별적인 신앙인들의 모임이라고 보아도 무방할 것 같다.

필자는 이런 특성들로 인해 S모임을 '플래시몹 교회'(flash mob church)로 규정할 수 있다고 본다. '플래시몹'이란 공공장소에서 갑자기 모여 짧은 시간 동안 특이하고 겉으로 보기에 무의미한 행동을 취하는 행동을 말한다. 이들은 다양한 목적으로 모였다가 신속하게 분산되는 특징이 있다. 이런 "플래시몹은 통신, 소셜미디어 또는 바이러스 전자 메일을 통해 구성"[24]된다. 플래시몹은 수많은 물리적, 정치적, 사회적 위험으로 가득 찬 고도로 구조화된 계층 문화에서 자발적으로 표현할 수 있는 기회를 제공하며,25 "비헤게모니적 정치실천의 논리에서 부분적으로 파생된 정치 사상의 위기의 증상으로 이해될 수 있다."26

S모임은 기존 교회가 계층적으로 구조화된 가운데 자신들의 신앙을 표현할 수 없었던 가나안 신자들의 모임이다. 따라서 이 모임에서 자신들의 의견을 표출할 수 있다는 것은 이들이 이 모임에 나오는 가장 큰 이유 중의 하나였다. S모임이 홈페이지에서 밝히듯이 이들의 출현은 기존 교회의 위기를 나타낸다. 교회 밖 대안 모임이 활성화된다는 것은 교회 안의 위기에 대한 반증이 될 수 있다. 이런 점에서 플래시몹에 대한 정의(definition)를 그대로 적용할 수는 없지만, 많은 부분에서 공통점이 있다고 본다. 플래시몹이 각자 개별적으로 움직이는 것처럼 이들도 혼자서 움직이며, 공개된 장소에서 모인다. 그리고 짧은 시간 모임 후 각자 흩어진다. 그렇다고 이들이 무의미한 행동을 취하는 것은 아니다. 밴더빌트가 "명백한 정치 프로그램의 부족은 플래시몹에 관한 모든 것 중에서 가장 정치적인 것일 수 있다"27고 말한 것처럼 이 모임이 장기적이고 지속 가능한 정치적인 프로그램을 가지고 있지 않지만, 교회 밖의 대안 운동으로서 교회와 사회에 대한 비판적 담론을 가지고 있다는 점은 가장 정치적인 것일 수 있다.

플래시몹처럼 S모임도 '소셜미디어'(social media)를 이용한다. S모임은 광고 시간이 길지 않다. 그리고 자세하지도 않다. 모든 것은 홈페이지나 페이스북(facebook) 그리고 트위터(twitter) 등을 통해 공지된다. 모든 설교와 기도 제목도 미디어를 통해 공개된다. S모임의 가나안 신자들도 인터넷이나 소셜미디어를 통해 정보를 얻고 온다.

S모임은 개신교인의 삶을 통해 정치적 저항과 사회 활동을 강조하고, 기존 교회뿐 아니라 사회의 모든 분야에서 왜곡된 것들에 대항하는 연대성을 나눈다. 이런 신앙적 목표는 플래시몹의 정치적 의도와 다르다고 할 수 없다. 다만 이들은 종교인이며, 때로 플래시몹이 '폭도'로 규정될

만큼 과격하지 않다는 점에서 구별된다. 이런 의미에서 S모임을 '플래시 몹 교회'(flash mob church)라고 말할 수도 있을 것이다. S모임을 교회로 규정한다 해도 일시적일 뿐이지만, '플래시몹 교회'는 가능하다.

7. 소셜미디어의 중재 기능

탈구조적 사회에서 미디어는 개인화를 심화시키는 데 중요한 역할을 하며, 이런 면에서 미디어는 종교를 재생산하고 개인의 종교를 벗어나지 않도록 하는 데 중요한 문화 자원이 된다.[28] 이런 미디어의 영향은 종교를 집단적이고, 구조적인 방식에서 개인적이고, 탈구조·반-구조적인 방식으로 소유할 수 있도록 돕는다. 이러한 방식의 종교와 미디어는 이전과는 다른 문화를 창출한다. 오늘날에는 개인이 종교를 선택할 수 있으며, 이런 선택은 일시적일 수 있다. 이는 자신의 영성을 위해 다양한 종교 콘텐츠를 이용하는 것뿐 아니라 같은 종교 내에서도 타 교단의 메시지를 선택할 수도 있다는 것을 의미한다.

이런 선택으로 인해 종교의 사사화, 개인화는 더 심화된다. 기존의 전통적 교회의 종교적 가치가 해체되고 재구성되어 개인의 선택적 수용 대상이 되는 것이다. 따라서 오늘날 미디어는 종교적 의미 생산에 있어 개인의 능동적 역할에 주목하게 되었다.[29] 여기서 개인의 실천이 수행되는 자아(self)와 성찰성(reflexivity)이 중요한 개념이 된다. 개인화된 사회에서는 자신의 영성에 맞는 종교를 선택하고, 이를 통해 자아의 의미를 성찰하는 것이 중요하다. 이렇게 종교와 미디어의 관계가 탈구조적 사회에서 새로운 문화를 창출함에 따라 후버(S. M. Hoover)는 종교와 미디어의 관계에서 ① 종교의 미디어 이용, ② 미디어의 종교 이용, ③ 엔터테인먼트(entertainment) 미디어 속 종교 상징의 구성, ④ 미디어 시대의 종교적 실천에 대한 관심이 중요하다고 주장했다.[30]

이 연구에서 주목하는 것은 첫째 사항 '종교의 미디어 이용'이다. 이 것은 주로 교회나 종교 단체에서 자신들을 홍보하거나 설교나 교리를 전 파하는 것에 미디어를 이용하는 것을 말한다. 뒤의 두 개는 비종교 단체 나 집단이 엔터테인먼트를 위해 종교를 이용하는 데 해당된다. 그러나 종교의 미디어 이용이나 미디어의 종교 이용 모두 상업적일 수 있다. 종 교가 미디어를 이용할 경우 단순히 설교나 교리를 전파하거나 교회나 단 체를 홍보하는 것에 그치지 않고 이를 판매하는 것까지 확장되는 경우가 많다. 특히 종교 미디어 상품의 경우 기존의 제도권 종교에서 이용하던 것과는 달리 오늘날 종교 미디어 제작이 대안적 종교 집단으로까지 확대 되었다는 것이 중요하다.

이것이 가능한 것은 소셜네트워크서비스(SNS)나 팟캐스트(podcast), 유튜브(youtube) 또는 페이스북이나 트위터와 같이 개인이 접근할 수 있 는 미디어 발전의 영향으로 볼 수 있다. 이런 종교 미디어의 발전으로 다음과 같은 것에 주목할 필요가 있다. 첫째, 종교 미디어의 등장으로 인 해 '종교 쇼핑'(religion shopping)이 가속화될 수 있다. 둘째, 종교 미디어 가 생산하는 종교에 대한 담론이 종교의 공공성에 어떤 영향을 끼치는가 이다. 셋째, 이런 종교 미디어의 영향으로 기존의 제도적이고 구조적인 종교가 어떻게 변화되거나 해체되는가에 대한 이해이다. 넷째, 종교 미 디어의 활용으로 이를 소비하는 소비자가 어떻게 그 의미를 재해석하고 수용하며 재생산해 내는가이다. 결국 이 모든 것은 현대 사회의 종교적 지형의 변화를 가져오며, 기존의 구조적 종교에 변화를 촉구하거나 해체 시키는 동인으로 작동하고, 이는 새로운 종교 문화의 창출로 이어진다.

S모임의 설교는 페이스북이나 팟캐스트, 유튜브, 트위터, 아이튠즈 등을 통해 음원으로 공개된다. 이는 불특정 다수에게 이 모임의 목적을 소개하는 역할을 한다. 그러나 이는 이 모임을 홍보하거나 전도하기 위 한 목적이 아니라 이런 모임 같은 신앙도 가능하다는 것을 공개하는 의

미가 큰 것 같았다. 또한 이는 기존 교회에 대한 반-구조적 모임으로 대안을 제시하는 기능을 하며, 교회 안에 있는 가나안 신자들에게 성벽 밖으로 나올 것을 촉구하는 안내 역할을 하는 것 같다. 이렇게 함으로써 S모임은 종교의 사사화와 개인화라는 시대적 문화에 호응하며 이를 촉진시키는 역할을 한다.[31]

S모임이 설교를 음원으로 공개하는 것으로 다음의 효과를 기대할 수 있다. 첫째, 이는 기존 종교적 구조를 해체하는 역할을 할 수 있다. 개신교 예배의 중심이 설교에 있다면, S모임이 제공하는 설교는 교회에 출석하지 않고도 일인 예배가 가능한 역할을 한다. 이는 곧 가나안 신자들이 반드시 교회나 모임에 참석하지 않아도 개신교인으로 생존할 수 있도록 한다. 둘째, 새로운 종교적 담론 형성이다. 이는 신자이거나 비신자이거나 상관없이 한국 사회에서 새로운 종교적 담론에 대한 이해를 돕고, 이를 통해 종교적 지형 변화에 대한 감각을 가질 수 있게 한다. 셋째, 이런 현상은 새로운 종교 문화를 창출하는 것으로 볼 수 있다. 이는 개인적 수용-성찰-실천의 과정을 거치면서 그 의미를 확대 재생산하는 것이다. "미디어가 종교적 신념을 재구성하고 집단적 기억과 현대적 의미의 정치를 만들어 낸다"[32]는 점에서 S모임은 미디어를 적극 활용하여 이를 실행하고 있는 것이다.

S모임이 기존 교회의 미디어 활용과 다른 점은 교인의 관리나 전도 또는 교회나 종교 단체의 홍보용으로 사용하지 않는다는 것이다. 이 모임이 설교의 음원을 공개하는 것은 기존 종교 체계에 대한 대안적 담론을 형성하고 이를 개인과 사회에 확산시킴으로써 기존 교회에 반(反)하는 코뮤니타스적 활동에 있다고 할 수 있다. 그리고 이는 '액체 교회'가 미디어를 통해 형성되는 것과 같은 방식으로 여기서 미디어는 새로운 문화를 창출하는 데 기여한다.

8. 목적 없는 '수다' MT: 의도된 연대성

1) '수다'에 의한 '수다'를 위한 '수다 MT'

S모임은 일 년에 1~2회 MT를 한다(하지 않을 때가 많다). MT에는 보통 교회나 종교 단체에서 쓰는 '수련회'라는 용어는 사용하지 않는다. 종교적 색채 없이 모임에 중점을 두는 것이다. 2017년 10월 27~28일까지 1박 2일로 MT가 공지되었다. 그러나 이를 S모임의 공식 모임으로 볼 수는 없다. S모임은 매주 의례를 제공하는 것 외에 다른 모임을 공식적으로 진행하지 않는다. 따라서 이런 MT는 고정적이지 않고 불특정하다. 예를 들어 사회자는 이런 MT를 다른 광고 말미에 잠깐(스쳐지나가듯) 공지된 후 푸념을 했다. "아, 그런데 아직 장소를 못 정했어요…", "올해는 어디로 가야 하나…", "하지 말까도 생각해봤는데…." 이런 푸념은 매번 반복되는 것 같았다. 그리고 이런 말들 속에 이 MT가 반드시 필요한 것은 아니라는 느낌을 받았다. S모임이 기획했다기보다는 여기에 참석하는 가나안 신자들이 요청하는 것 같았다. S모임 참석자들 중에는 지방으로 전근을 가거나 여러 가지 사정으로 매주 S모임에 참석하지 못하는 사람들이 있다. 필자의 생각으로는 아마 그들의 요구도 이런 모임을 하는 원인이 되는 듯했다. 매번 장소도 찾지 못하는 것을 보면 이것이 S모임이 의도적으로 기획한 것이 아니라는 반증이기도 하다. 따라서 이런 MT는 불특정하고 불연속성을 가진다.

S모임의 출석과 마찬가지로 MT도 별다른 권유나 안내를 받지 않는다. 이번에는 '어떤 것을 하겠다'든가 '무슨 목적이다'라는 것도 없다. 광고도 S모임 후 한두 번 이런 일이 있다는 것 정도이고, 나머지 장소나 시간은 홈페이지나 트위터 등을 통해 간략하게 공지된다. 볼 사람만 보면 된다는 분위기였다. 별다른 권유나 요란한 홍보가 없어서 모임이 흐

지부지되는 것은 아닌지 하는 생각이 들었다. 홈페이지에 소개된 MT 시간표는 다음과 같다.

[표 5] S모임 1박(泊) MT

날짜	시간	내용
27일(금)	19:30~21:00	식사 및 수다
	21:00~23:00	본격 수다
	23:00	더 깊은 수다
28일(토)	10:00~11:00	브런치 및 수다
	11:00~	정리 및 해산

　이 표를 보면 '수다'로 시작해서 '수다'로 끝난다는 것을 알 수 있다. 다른 프로그램이나 이를 위한 도구는 없었다. 참가비는 있었지만, 1박을 하지 않고 가는 사람은 회비가 경감되었다. 회비도 미리 내는 것이 아니라 당일 가져오면 접수가 되었다. 참가할 사람들은 미리 신청을 받았지만 이는 식사 준비를 위한 사전 조사의 용도였다. 당일 일손을 도울 생각으로 조금 일찍 도착했지만 꽤 많은 사람이 와 있었다. 일하는 사람들의 순서는 없었다. 지정된 일도 없고, 시간도 없다. 각자 맡겨진 일도 없어서 할 사람들은 알아서 하는 분위기였다. 그런데도 식사부터 몇 사람이 준비하고 있었고, 다른 한쪽에서는 자연스럽게 이런저런 이야기들을 나누고 있었다. 도울 일이 없냐고 물어보자 알아서 하라는 말이 돌아왔다. 무엇을 해야 할지 몰라서 이것저것 하려니 이 모임에는 처음이라서 실수할 것 같고, 가만히 앉아 있으려니 아무것도 안 하는 것 같아 조금은 안절부절이 되었다. 그래서 이리저리 방안에 널린 각종 재료를 정리했다. 그리고 입구에 아무렇게나 놓여 있는 이름표를 들고 들어오는 사람들에게 나눠주었다.

　사람들은 아무 때나 들어왔다. 몇 명이 왔는지 계수도 하지 않았다.

늦었다고 연락하는 사람도 없었다. 누구에게 연락해야 할지, 누가 연락을 받는지에 대한 실체가 명확하지 않았다.

2) 핼러윈, 로또, 요가

MT에 참석하는 사람들은 S모임에 나오지 않는 사람들도 있었다. 주말에 이루어지는 MT는 주중에 있는 S모임보다 참석할 수 있는 시간이 확보되기 때문인 것으로 보인다. 들어오는 사람들은 공통적으로 편안하게 보였으며, 서먹하게 들어오는 사람들은 별로 없었다. S모임에는 잘 보이지 않지만 이 모임과의 관계가 오래된 사람들이 대부분인 것 같았다. 그래서 오랜만의 모임에도 스스럼없이 오는 것 같았다. 이런 분위기는 MT의 주제와도 상관이 있어 보인다. 일반적으로 교회나 종교 단체의 수련회나 MT의 경우라면 각종 집회 시간이나 기도 모임 아니면 교회나 단체의 현 상황 등에 대한 회의 같은 일종의 프로그램들이 시간별로 계획된다. 그러나 이 모임은 그런 프로그램이 전혀 없었다. 흔한 개회기도나 폐회기도도 없다. 따라서 참가하는 사람들에게 심적으로 부담이 되지 않는다. 이런 여러 가지 이유로 사람들은 편안하게 들어오는 것 같았다. 이런저런 일을 해도 하지 말라거나 저걸 하라거나 하는 말조차도 없어서 '이 일을 잘하고 있는 것인가', '안 해도 될 일을 하고 있나?'라는 생각도 들었다. 일을 해도, 일을 하지 않아도 누구도 신경 쓰지 않는 분위기였다. 그런데도 모든 일들은 제대로 이루어진다. 각자가 하고 싶은 일이나 해야 하는 일들을 알아서 하는 식이다.

식사 때도, 식사 후에도 자리의 중앙은 J였다. 모든 이야기의 주도권도 그가 이끌었다. 그의 가족은 모두 S모임에 참석한다. J는 지방으로 전근되어 자주 참석하지 못하고 아내와 딸, 사위가 S모임에 참석하고 있다. 아내는 식사를 앞장서 준비한다. 이 가족은 오래전부터 S모임에 참석하고 있고, J는 그중에서 가장 연장자였다. 그래서 모인 사람들과 거의 알고 있었고, 편안해 보였다. 상황이 이러하므로 중앙 자리를 J가 차지해도 어색하지 않았다. α대표는 자신이 맡은 일이 아니면 앞에 나서지도 않고, 말을 이끌지도 않았다. 따라서 자리의 배치도 중앙에서 벗어난 위치에 있다. 필자는 식사 시간에 우연히 그의 아내와 딸, 사위와 함께 이야기를 나눌 수 있었다. 그래서 이들의 신앙과 교회를 떠나게 된 이유 그리고 현재의 상황까지 모두 들을 수 있었다.

식사 후에는 잠시 차나 커피를 마시며 함께 이야기를 나누는 시간이 되었다. 이야기의 주제는 정해진 것이 없다. 이런저런 이야기가 함께 나왔다. 그러던 중 어느 한 사람의 제안으로 각자 원하는 대화를 하자고 했다. 대화의 주제는 모임에 온 사람들이 쪽지에 원하는 주제를 써서 모은 다음 무작위로 두 장을 뽑은 후 주제를 제출한 사람을 인도자로 삼아 각자가 원하는 팀으로 가면 된다. 각 방으로 흩어진 두 팀은 아무런 제한 없이 대화를 한다. 인도자는 매개 역할만 할 뿐 자신의 의견이나 생각을 강조하지 않는다. 필자가 속한 모임은 대화를 시작하다가 마침 핼러윈 축제로 떠들썩한 이태원으로 거리 구경을 나갔다. 돌아와서는 아까 중단되었던 대화를 다시 시작했다. 대화 주제 중 하나는 '로또' 문제였다. K가 자신은 건물주가 제일 부럽다고 말했다. 그리고 건물을 사려면 로또가 맞아야 한다고 하면서 외할아버지의 꿈 이야기를 했다. 외할아버지가 꿈을 꾸었는데 태몽이었다. 이 꿈은 태몽이라고 했지만, 손주 중에 아무도 결혼을 하지 않았기에 로또를 위한 꿈으로 재해석되었다. 그러나 로또는 당첨되지 않았다. 사실 이런 주제는 교회에서 허용되지 않는다. 로또는 요행의 결과이고, 요행은 하나님의 계획에 들어 있지 않다. 그런 사행심은 사단의 유혹이기 때문에 하나님은 그런 것을 허락하지 않는다. 그렇기 때문에 로또에 대한 주제뿐 아니라 로또를 사는 행위 또한 자칫 불신앙의 모습으로 비칠 수 있다. 그런데도 이곳에는 아무런 문제가 없는 주제가 되었다.

모임에 참석한 L은 남편과 아들이 캠핑을 먼저 떠나고 자신은 이 모임에 왔다. L은 1박을 하지 않고 오늘 밤 아들이 캠핑하는 곳으로 간다고 했다. L은 아이 키우는 이야기가 나오면서 아들과 나눈 대화를 들려주었다. 아들이 여름성경학교를 다녀온 후 "엄마, 요가는 하나님이 싫어하신대!"라고 했다. 그 말을 들으니 이대로 더 크면 큰일 나겠다는 생각이 들었다고 했다. 그리고 어떻게 해야 할지 몰라서 걱정이라고 했다. L은 주일이면 남편과 함께 전통적인 교회에 나간다. 그렇지만 S모임이나 MT에 참석하는 이유는 아들이 받는 교회 교육처럼 기존 교회에 대한 신뢰성을 잃게 만드는 것에 대한 회의 때문이라고 했다. 비록 남편과 아들이 교회에 나가지만 그곳의 교육을 받으면서 하는 말들이 기존 교회에 대한 불신을 갖게 하고, 이것이 주중 S모임에 참석하게 하는 요인이 된 것이다. 이런 상황으로 L은 그 교회에 출석은 하지만, 등록은 하지 않고 있다고 했다. 이런 불신이 주중 S모임에 나오게 하는 동력이 되고, 심지어 남편과 아들이 캠핑을 가도 본인은 이곳에 참석하게 되는 계기가 되는 듯했다.

3) 제한 없는 주제

MT에서는 대화 주제에 제한이 없다. 필자가 속한 모임에는 이 외에도 '세대 간 갈등', '자본주의의 문제', '여행 이야기', '페미니즘' 등이 있었다. MT의 중점은 '수다'에 있다. S모임 MT에는 일방적인 프로그램이 없이 모든 것은 수평적인 대화에 중점을 둔다. 이것은 '질문하는 그리스도인'과 같은 맥락이다. 기존 교회 내에서는 이런 주제로 이야기를 나눌 기회가 거의 없다. 있다 해도 신앙적 주제나 내용에 한정되는 경우가 대부분이다. 일방적인 신앙 교육일 뿐 이미 답을 정해놓고 시작하는 것이다. 그러나 이 모임에서는 답이 없다. 서로의 의견과 생각을 제한 없이 말할 뿐이다. 어떻게 보면 이런 것이 답을 구하지 않는 유익 없는 대화일 수 있다. 그러나 기존 교회에서 질문할 수 없는 신앙 상황을 '숨 막힘'으로 표현했던 것을 보면 이들은 답을 구하는 것이 아니라 단지 말을 하고 다른 사람의 의견을 듣는 것 자체가 필요한 것처럼 보였다.

모든 것이 평등한 상황에서 누군가가 가르치고, 누군가는 듣는 일방적인 구조는 통하지 않는다. 따라서 모든 대화는 양방향으로 진행된다. 답을 구하는 것이 아니기 때문에 다른 사람의 의견은 판단이나 비판의 대상이 될 수도 없다. S모임의 질문 시간에는 직전의 설교에 관련된 질문들이 많지만, MT의 수다는 그런 제한을 받지 않았다. S모임의 질문 시간에도 답을 구하는 것보다 함께 생각하고 고민하는 경우가 많았지만, 기본적으로 함께 결과를 얻기 위한 시간이기도 하다. 그러나 MT의 경우 일정한 결과를 얻기 위한 이야기가 아니라 말하는 것에 중점을 두는 시간이기 때문에 누구나 참여하고 있었다. 질문 시간의 경우 대부분 이야기를 하는 것을 조심스러워 한다. 앞선 사람이 질문한 것에 대한 자신의 응답이 질문의 요지에서 벗어나거나 구하려고 하는 답이 아닐 가능성에 조심하는 것이다. 그러나 MT의 수다는 그러한 한계를 벗어난다. 그래서 참석하는 모든 사람이 부담 없이 말을 하고 참여한다. 그야말로 '수다'가 되는 것이다.

4) '털 고르기': 연대성을 위한 수다

MT는 S모임의 연대성을 도모(圖謀)하는 역할이 가장 큰 것 같았다. 이 모임은 기존 교회나 종교 단체와 같이 조직적이거나 체계적인 구조가 없다. 따라서 친목 도모와 같은 교회의 교인들을 결속시켜 줄 공동체적인 프로그램이 없다. 그러나 MT는 S모임에 나오지 않는 사람들까지도 포함하여 공동의 연대성을 확인하는 자리가 되는 것 같았다. S모임의 참석과 상관없이 서로 허물없는 시간에 참여함으로써 자신도 이 모임과 관계가 있는 가나안 신자라는 것을 확인하고 다른 사람들과의 연대성을 느끼는 것이다. 특히 특별한 프로그램이나 계획이 없이 수다로 일관된 모임은 참여하는 사람들의 마음을 편하게 해주기 때문에 그곳에 모인 사람들 간의 거리를 좁히고 서먹함을 빨리 해소시킨다. 그리고 이런 수다로 인해 형성된 친밀감은 이들의 느슨한 연대성을 확인할 뿐 아니라 증가시키는 것이다.

진화인류학자인 던바(Robin Dunbar)는 '수다'가 세상을 돌아가게 하는 원동력이라고 했다. 그에 의하면 수다는 동물들의 '털 고르기'와 같다. 동물들의 털 고르기는 상대방에 대한 헌신의 표현에 가깝다. 인간은 이 목적을 '언어'를 통해 달성한다. 또한 말은 헌신의 신호뿐 아니라 정보 교환의 수단도 된다. "결국 우리 인간은 언어의 진화 덕분에 수많은 사회적 관계를 통합할 수 있었다"는 것이고, 그렇기 때문에 "건전한 수다는 몸에도 좋다"[33]는 것이 던바의 결론이다. S모임이 MT를 온전히 '수다'에 집중하는 것은 교회를 떠나 정착할 곳을 찾아 헤매는 가나안 신자들에게 '털 고르기'해 주는 것과 같은 효과를 가진다. 교회를 떠나 '담벼락' 바깥으로 나온 이들이 아무 주제 없이 수다를 떨면서 서로 '털 고르기'를 해주는 것이다. 그리고 이것은 "너는 혼자가 아니야", "우리는 공동의 경험이 있어", "우리가 찾는 신앙은 서로에게 도움이 돼"라고 하는 메시지와 같다. S모임에 나오는 이들은 이런 모임에 참석하면서 서로에게 무언의 동질감을 느끼는 것이다. 이들은 각자의 삶의 경험과 생각들, 신앙에 대한 절망과 소망, 앞으로의 두려움과 호기심 등의 정보 교환을 나누면서 서로의 연대성을 확인한다. 따라서 S모임의 '수다' MT는 아무런 목적이 없는 것을 가장한 가나안 신자들의 '털 고르기' MT의 성격을 가진다고 볼 수 있다.

III. S모임과 새로운 복음주의

S모임의 α대표는 자신을 '복음주의자'라고 소개했고, 이로써 S모임은 복음주의 운동이 된다. 그러나 이 모임은 특별한 형태로 인해 전혀 새로운 복음주의라고 할 수 있다. 이들의 모임은 신앙의 공공성을 내용으로 하지만, 그 구조는 이전의 어떤 것과도 다른 차별성을 가진다. 오늘날 교회 밖에서 등장하는 가나안 신자 모임은 한국 개신교에 새로운 복음주의 운동의 가능성을 보여준다. 이러한 새로운 영성 운동이나 대안 종교성은 기존의 제도 종교 안에서도 일어난다. 이들은 기존 종교나 종파 안에서 새로운 영성을 추구하거나 기존과 다른 지향점을 명확히 함으로써 구별된다. 특히 미국이나 한국의 종교 시장에서 가장 넓게 퍼져 있는 '복음주의'의 변화는 기존 제도 종교 안에서 새롭게 파생되는 종교 현상을 잘 보여준다.

이 절에서는 세속화 속의 여러 가지 종교 운동이 복음주의 안에서도 일어나며, 다양한 형태로 존재한다는 것을 설명하려고 한다. 이런 운동은 복음주의가 공간의 한계뿐 아니라 내용의 한계마저도 세속과 연결되고 있음을 보여준다.

1. 새로운 복음주의의 대안 종교성

근대 후기에서는 대다수의 사람들이 하나님을 믿는 사회에서도 초자연적인 것을 당연한 것으로 받아들이지 않는다. 사람들은 그들이 믿지 않거나 믿더라도 다르게 믿는 사람들이라는 것을 안다. 세속화로 인해 규범적이고 전통적인 종교 정의의 타당성이 붕괴되었다. 버거는 이런 상황을 "주관적으로, 거리에서 만나는 사람은 종교적인 문제에 대해 불확실한 경향이 있다. 객관적으로 그의 헌신과 관심을 끌기 위해 노력하는 매우 폭넓고 다양한 종교적이고 현실적 기관들에 직면하고 있으나 그에 게 강요할 수 있는 입장에 있지 않다"[1]고 설명했다. 버거는 사회가 산업 화됨에 따라 그들의 정치, 경제가 전통적인 종교 기관의 고삐에서 풀어 지고 있다고 주장했다. 종교는 사적인 문제(private matter)가 되었고, 선 택이나 선호의 문제로 개인화되었다(individualized). 또한 그는 "그런 사 적인 신앙은 그것을 받아들이는 개인에게 '진짜'(real)가 될지라도 더 이 상 모든 사회생활이 궁극적인 의미를 가지며, 모든 사람을 구속하는 공 통의 세계를 건설하는 종교의 고전적 목적이 될 수 없다"[2]고 했다. 버거 에 의하면 종교적 충성은 자발적 특성으로 인해 점점 더 불확실해진다. 일원적 진리가 해체되고 다원주의가 나타난다. 대안 종교성이 등장하고, 삶의 감각을 만드는 또 다른 방법들이 등장한다. 영성은 소비자의 이익 이 되며, 사람들은 식료품 상점 통로에서 화장품을 사는 것처럼 영적인 샘플들을 고르거나 버릴 수 있다. 이로 인해 "다원적인 상황에서는… 종 교를 신빙성의 위기로 만든다."[3]

버거의 이런 지적은 복음주의 운동이 미국뿐 아니라 지구 곳곳에서 퍼져감에 따라 설득력을 잃어버린 것처럼 보일 수 있다. 카사노바가 주 장한 것처럼 복음주의는 미국뿐 아니라 남미, 아프리카에서 공·사의 구 별 없이 부흥하고 있다. 그러나 다원주의가 전통 신앙을 변형시킨다는 통찰력은 더 많은 설득력을 얻고 있다. 많은 사람들이 자신을 그리스도 인으로 묘사하지만, 교회에 출석하지 않거나 다양한 교회를 옮겨 다니거 나 비정기적으로 이동한다. 또한 다른 사람들이 자신의 신앙적 견해를 공유하지 않는다는 것을 인정한다. 사람들은 자신들이 흥미롭고 알맞다 고 생각하는 것을 믿고 고르며 선택한다. 삶의 방식에 더 매력적인 것들 이 있다는 각성이 생기면서 종교 선택의 폭이 기하급수적으로 늘어났다.

S모임은 홈페이지에서 자신들을 교회 밖 '대안 운동'이라고 밝히고 있다. 그리고 자신들의 존재가 기존 교회의 실패로부터 시작된다고 주장

한다. 이 모임이 교회의 실패로부터 시작한다는 것은 대안적 모임의 정체성을 명확하게 해준다. 이 모임은 가나안 신자들에게 '대안적 공간'을 제공하고, 이들이 스스로 대안을 생각할 수 있도록 돕는 역할을 자처한다. 그러나 이들이 교회 밖 '대안 운동'이 아닌 '대안 종교성'을 가지는 것은 S모임이 단순히 신앙인들이 모여서 사회운동을 하는 모임이 아니라 신앙인들의 예배가 수행되고 그것이 전부인 모임이기 때문이다. 따라서 이들은 사회운동을 위해 신앙인들이 모인 시민단체적 성격과는 다르다. 이들은 자신들을 '복음주의자'로 자처하며, 기존 교회와 동일한 의례를 행한다. 이들의 '대안 종교성'은 이들의 '복음주의'가 기존 교회의 그것과 다른 차별성을 강조한다.

2. 새로운 복음주의와 S모임

복음주의는 다양한 의미를 함의하고 있고, 시대에 맞춰 다양하게 분화되어 왔다. 따라서 복음주의의 정의(definition) 자체가 매우 다양하며 일치된 합의가 없다.4 복음주의가 영국이나 유럽보다는 미국에서 발달한 것은 정교분리의 원칙이 헌법적으로 보장된 환경 때문이다. 복음주의는 민주주의와 자본주의가 발달한 곳에서 더불어 발전하며 다양한 종파로 변화를 거듭했다. 이는 복음주의가 민주주의라는 정치적 환경과 자본주의라는 사상적 배경에서 자유로울 수 없다는 것을 말한다. 따라서 복음주의는 정치와 자본에 의해 영향을 받기도 하고, 영향을 주기도 하면서 형성된다. 이는 정치적 경쟁과 사상적 경쟁에 따라 복음주의도 이들과의 관계 속에서 또는 복음주의 자체 간의 경쟁에서 형성되었다는 것을 의미한다. 이것은 또한 복음주의의 분열이나 신학적 특성은 사회와의 관계 속에서 형성된다는 말이기도 하다. 복음주의는 시대적으로 사회가 급변하거나 사회의 요청이 있다고 판단될 때마다 그에 맞는 신학적 변화를 수용하거나 거부하면서 발전해왔다. 이는 복음주의가 사회를 중시해야 하는 이유가 된다.

복음주의의 이런 특성은 두 가지를 의미한다. 첫째, 시대의 변화에도 변화하지 않는 복음주의는 살아남지 못한다는 것이다. 위에서 언급했듯이 복음주의는 시대적 환경과 정치, 민주주의 경쟁 속에서 변화해 왔다. 따라서 지금의 신학과 신앙을 고수하는 것은 다시 생각할 필요가 있다. 둘째, 현재의 시대적 환경을 읽고 수용하는 유연성이 필요하다. 또한 앞으로의 변화에 대응하는 개방적 사고(思考)도 있어야 한다. 현재의 복음주의는 다시 변화를 맞이할 것이다. 따라서 사회의 변화를 읽지 못하거나 그 시대가 요구하는 것을 수용할 수 없는 복음주의는 살아남을 수 없다. 이런 의미에서 한국 복음주의의 현재를 주시할 필요가 있다. "다양한 종교가 공존하는 한국 사회에서 복음주의는 어떤 형태로 존재하는가?", "시대의 변화에 따라 새롭게 등장한 새로운 복음주의는 무엇인가?", "그들의 복음주의는 어떤 특성이 있는가?"라는 질문에 대한 답을 구하고, 이를 구현할 복음주의가 필요하다.

S모임은 기독교가 전래된 이후의 복음주의를 고수하려는 한국교회의 습성에서 벗어난 가나안 신자들이 모이는 모임이라는 점에서 새로운 복음주의 운동으로 볼 수 있다. 또한 이들은 시대의 변화에 민감하며 사회에서 일어나는 사건들과 행위들에 성경적 해석을 시도한다. 이 모임의 설교는 '공공성'에 초점이 맞춰져 있고, 모든 것은 철저하게 세상과 사회의 공적 영역에 맞춰져 있다. '축복', '치유', '은혜'와 같은 기존 교회의 신앙적 용어들은 언급되지 않으며, 언급되어도 사회에서의 실존에 관한 것으로 해석되고 적용된다. 이 모임은 리미널한 특성과 액체 교회의 특성을 함께 갖고 있으며, 이로 인해 구조적인 교회가 가지고 있는 여러 형식이 전무하며 전혀 다른 반-구조로서 존재한다. 신앙과 반-구조적 특성은 이 모임이 시대의 변화에 적응하며 가나안 신자들의 신앙에 부응한다

는 점에서 교회 밖 새로운 대안 종교성을 가진다고 할 수 있다. S모임이 조직적이고 체계적이며 구조적이지 않다는 것도 다른 교회 밖 대안 종교나 교회와도 다른 점이다. 가나안 신자들이 모인다고 알려진 다른 모임은 이미 '교회'라는 조직으로 구성되며 이는 진정한 가나안 신자들의 모임이라고 할 수 없다. 이들은 가나안 신자들이 아니라 교회에서 다른 교회로 이동한 경우라고 보아야 하기 때문이다. 따라서 이런 기준에 의하면 S모임은 가나안 신자들이 일시적으로 모이는 모임으로서 차별성을 가진다. 그리고 이런 특성은 한국 종교에 새로운 종교 문화로 자리 잡을 수 있다.

3. 새로운 복음주의의 다양한 현상

1) 새로운 복음주의 운동

제도 종교 안에서 분화되는 종교에 대해서는 현재 미국 종교 환경에서 일어나는 '복음주의'(evangelical)에 관한 여러 가지 운동에서 확인할 수 있다. 일반적으로 '메가 처치 복음주의'(megachurch evangelicalism), '보수적인 기독교'(the conservative Christian right), '이머징 처치 운동'(the emerging church movement), '복음주의 좌파'(the evangelical left) 등은 모두 '복음주의' 운동으로 이미 미국 종교계와 사회에 일정한 영향을 끼치고 있다. 그러나 여기에 '신수행주의'(neo-monasticism) 운동이 새롭게 등장하고 있다. 이들은 복음주 분야에서 나름대로 합법적인 기독교로 존재하며 경쟁적인 비전(vision)을 가지고 경쟁한다. 이러한 경쟁을 통해 이들은 가치에 대한 투자를 확인하고, 복음주의가 새로운 인구 및 사회적 세대에 적절하고 중요하게 유지되도록 도울 수 있는 새로운 지위를 개발한다. 이런 경쟁은 복음주의자들 사이에 부분적인 혁명을 지속시키며, 동시에 전 분야를 재현하고 변형시킨다.

'복음주의 좌파'와 '이머징 처치', '신수행주의'는 주로 예술과 지적인 삶에 대한 탁월한 문화적 능력을 보유한 것으로 평가된다. '이머징 처치'는 '메가 처치'에서 행하는 규범적이고 전통적인 예배를 비판하면서 신비주의와 영적 공동체를 강조한다. 이들은 현장의 근본적이고 정통적인 민음을 다시 강조함으로써 복음주의를 보존하고 새롭게 한다. '복음주의 좌파'는 종교적 권리의 민족주의를 거부하며 반전 운동과 평화를 포용하는 것으로 알려졌다. '신수행주의'는 복음주의의 종교적 개인주의를 부인하며 '전체론적 공동체주의'를 받아들인다. 이런 운동은 신자유주의 신학과 정치, 예술 및 사회적 구제에 대한 새로운 접근 방식을 형성한다. 이들은 '메가 처치' 복음주의에 반대하고 비난하면서도 관계를 유지한다. 따라서 이 둘은 "복음의 장을 보존하고 변형시킨다."[5] 이런 운동들은 모두 복음주의를 내세우고 있고, 이는 미국 복음주의 대표를 위한 '합의와 투쟁의 영역'[6]이 된다.

'메가 처치'는 경제적·정치적 자본이 충분하다는 것을 내세워 종교적 보수와 정치적 보수주의를 연결하는 데 지배적인 영향력을 가진다. 이 복음주의는 기독교가 중산층 교외 지역의 세계와 어떻게 관련이 있고 적용이 가능한지 보여줌으로써 외부 세계와 교회 간의 거리를 의도적으로 최소화하며, 교회의 부정적 의미를 피하기 위해서도 자신들의 이미지를 최소화한다.[7]

'메가 처지'와 그들을 반대하는 '이머징 처치'는 몇 가지 점에서는 동일하다. 둘 다 전통적인 교회나 전통적인 기독교에 관심이 없는 비기독교인들과 교전하고자 하는 욕구에 기원을 두고 동기를 부여한다.[8] 이들은 또한 기독교인과 의사소통을 하며 자신들의 복음을 구현하려고 한다. 둘 다 기독교의 메시지를 혁신적인 방식으로 의사소통하고 구체화하여 기독교인의 삶의 방식과 특성을 전파한다. 이들이 특정 인구 통계 및 문화 그룹에 복음적 메시지를 전달하는 경우 '메가 처치'의 '치료적 개인주의'(therapeutic personalism) 복음에서 '신수행주의'와 '이머징 처치'의 전체론적 공동체주의로 변형된다.9 이러한 독창적인 접근 방식의 내용과 형식은 융통성 있게 적용되며 이는 미국 복음주의에 역동적인 활력을 불어넣고, 각 복음주의의 정체성을 신빙성 있는 운동으로 유지시켜준다. '이머징 처치'의 복음주의 비판과 '메가 처치'의 지배력에 대한 비판은 복음주의 신앙을 보존하거나 변형시키는 것에 똑같이 작용한다. 새로운 복음주의 운동은 기존의 지배적인 복음주의에 도전하여 영향력을 증대시키기 위해 자신들의 정당성을 내세우면서 변화가 시작된다. 따라서 기존의 '메가 처치'가 조직한 협회에 참여하기보다는 새로운 회의에 참여하는 경향이 크다. 이러한 것은 기존의 복음주의에 적대적이거나 무관심한 인구 및 문화적 집단에 호소하는 새로운 신학적 및 문화적 형태를 채택하면서 확장한다.

기존의 복음주의자들은 성경적 정통과 독단적인 정체성을 유지하며 자신들의 신앙을 보존하려 한다. 복음주의자들이 새로운 진입자들에 대한 반대는 종종 '순결'(purity)이나 '기원으로의 회귀'(return to origins)를 요구하며 자신들의 정통성과 존재를 더욱 강화시킨다. 복음주의 분야에서 가장 흔한 형태의 '기원으로 돌아가기'는 성경적 기독교의 고대적 환경을 말한다. 이런 주장은 '이머징 처치'와 '오순절 교회' 등에서 영적 회귀 운동이나 영혼의 순결을 강조할 때 사용되며, 기존의 교회가 시대의 변화를 거부할 때도 이데올로기적으로 사용된다. 한국교회에서는 특히 이를 '청교도 신앙의 회귀'로 선전되며 이는 시대적 변화, 새로운 성경 해석, 신앙의 다양한 표현 등을 거부할 때 쉽고 설득력 있게 사용된다. '이머징 처치'는 "구도자에게 민감할 것"(post-seeker-sensitive)을 요구하는데, 이는 '빈티지 기독교'(vintage christianity)로 돌아가는 것을 의미한다.10

2) 행동하는 수행자 공동체주의

이런 기존 환경에서 새롭게 등장하고 있는 '신수행주의'를 주목할 필요가 있다. 거의 모든 '신수행주의' 복음주의자들은 '타협된 종교'(compromised religion)에 대한 폭력적인 반응으로 시작되었고, '편의 시설 같은 교회'(accommodation Church)와 사회 전체의 변화[11]를 요구한다. 이들은 자신의 관습, 총체적 사명, 기도, 정의, 진정한 공동체, 친밀한 영적 가족의 가치를 높이 평가하며 이를 사도들이 교회를 가졌던 방식으로 주장한다. 그리고 관료적이고 분리주의적인 '전통적' 교회에 대해 비판적인 입장을 가진다.

'신수행주의'(neo-monastics)는 신학적·사회적 및 정치적 문제에 대해 전체론적이며 공동체적 접근법을 사용하는 것을 받아들이며, 공동체의 신앙 표현을 강조한다(살아 있는 동안 함께 동일한 주거지에 있음). 예를 들어 이들은 경제적 불평등을 해결하기 위한 점진적인 과세 등에 집단적 사회 행동을 하며 이를 강조한다. 이들의 전반적인 공동체주의적 접근으로 인해 '신수행자'는 정치적 좌익에 기울기 쉬운 반면 신학적으로는 공동체적 측면, 특히 삼위일체에 대한 정통 견해를 강조한다. 이런 점에서 미국 복음주의의 공통적 종교적 정체성과 유산을 공유하고 있음에도 '메가 처치'와 '신수행주의'는 구별된다.[12] '신수행주의'는 정치적으로 민주당에 기울어 있으며 이는 기존의 기독교 이데올로기나 '보수적인 복음주의' 또는 '공화당 보수주의'와 심지어 '복음주의 좌파'에도 적합하지 않다.[13] 그럼에도 이들은 '이머징 처치'와 '복음적 좌파'와 함께 복음주의에서 '지배자의 연합'(coalition of the dominated)[14]을 구성하며 정치적 양극화의 시기에 교량 역할을 할 것으로 기대된다.

전통적인 미국 복음주의와는 대조적으로 '신수행자'는 복음주의자로서 기독교 신앙을 중요하게 여기며, 복음주의를 통해 신앙에 대한 행동주의적 접근을 취한다고 강조한다. 오늘날 미국에서는 이러한 '신수행자 공동체'가 성장하고 있으며, 미국의 복음주의를 변화시키고 있는 한 방식으로 알려졌다.

이들은 종교적으로 일관되게 이어온 이론과 도덕적 우주 이론을 성경적이고 문화적 의미에 대한 종교적·정치적 견해를 축소시키는 것으로 평가한다. 따라서 실용적인 사회 해석이나 종교적 및 정치적 견해를 변화시키는 일련의 행동에 대한 의미 있는 해석이 이런 운동으로 생성될 수 있다는 점을 긍정적으로 받아들인다. 이들이 전통적인 미국 복음주의와 구별되는 것은 '성경해석학'(hermeneutic)을 종교적이고 정치적 견해에 독립적으로 적용한다는 것이다. 이러한 해석학은 지금까지의 성경해석학이 시대에 뒤떨어진 것으로 간주하는 젊은 세대에 의해 주도된다. 이러한 성경해석학적 경쟁으로 '신수행주의' 같은 공동체는 복음주의를 변화시키는 한 요인으로 작동한다.

4. 새로운 복음주의로서의 S모임

'복음주의 좌파'나 '신수행주의'가 예술과 지적 삶을 통한 문화적 능력을 보유한 것이 특징이라면, S모임이 모든 설교의 내용과 근거를 성경뿐 아니라 다양한 책을 통해서 한다는 것은 비슷한 특성이라고 할 수 있다. 특히 그 책의 내용들이 단순히 신앙 서적에 머무는 것이 아니라 사회 문화의 전반적인 것에 관한 것이고 또한 이 모임에 참석하는 '가나안 신자'들도 다양한 책을 통한 영성을 추구한다는 점에서 문화 전반에 대한 지향성을 갖고 있다고 볼 수 있다.

이 모임은 가나안 신자들의 배경이 다양하다는 점에서 메가 처치가 경제적·정치적 자본으로 보수화되고, 주로 중산층 이상의 지역에 초점을 맞춘 것과는 전혀 다른 방향을 갖는다. 이머징 처치와 신수행주의가 신비주의를 추구한다는 점에서도 다르다. 이 모임에서는 초월적인 것을 언급하지 않는다. 신비주의는 현실에서 도피하는 것으로 여겨질 수도 있다. 메가 처치와 이머징 처치가 자신들의 복음주의로 새로운 신자들을 찾는 것에 목적이 있다는 점에서도 이 모임은 다르다. 이들은 전도를 전혀 하지 않으며, 이를 위한 다른 행사도 없다. 한가지 공통점은 '구도자에게 민감'한 의례를 진행한다는 점이다. 그러나 메가 처치와 이머징 처치가 구도자들을 '교인화'하는 목적이라면, S모임은 교회를 떠난 가나안 신자들에게 대안적 장소를 제공하는 것에 그친다. 또한 의례의 목적이 개종이나 구원을 강조한다는 것과 신앙의 사회적 역할을 강조한다는 점에서도 다르다.

S모임이 기존의 교회와의 교류를 거부하지는 않는다는 것도 다른 복음주의와 다르지 않다. 활발하지는 않아도 기존 교회와 연계해서 세미나 등을 열고 있으며, 공동으로 할 수 있는 일들도 진행한다. 그러나 그 교회들 대부분은 기존 교회의 범주를 벗어난 성격이 대부분인 독립적 교회인 것으로 보인다. 그런데도 기존 교회와의 연계를 계속하는 것은 이 모임의 성격에 동조하고 이를 수용하려는 교회가 있기도 하고, 이 모임이 기존 교회 안으로 들어가 일정한 영향력으로 변화의 촉매제 역할을 하려는 의도도 있는 것으로 보인다.

S모임과의 연관성은 '복음적 좌파'와 '신수행주의'에서 더 많이 발견된다. 복음적 좌파는 종교적 권리의 민족주의를 거부하고 반전 운동과 평화를 주장한다. S모임은 다양한 종파나 종교의 사람들에게 동일하게 의례를 개방하고 평등하게 대한다는 점에서 종교적 우월성이나 특정 종교에 대한 선호도를 나타내지는 않았다. 또한 전 세계를 대상으로 하는 기도 제목과 특히 전쟁의 피해자들을 위한 기도를 끊이지 않는 것에서 평화 공존이라는 것을 우선시한다는 것을 볼 수 있다.

S모임과 가장 유사한 특성은 '신수행주의'에서 발견할 수 있다. '신수

행주의'가 메가 처치의 확장 일변도를 비판하는 것은 오늘날 한국교회가 교세 확장에만 주력한다는 비판을 받는 것과 같다. 물론 이런 비판은 이미 한국 종교계 전체에 대한 비판이자 내부적으로도 자성의 목소리가 높지만, S모임도 이런 행태에 대해 부정적인 시각을 가지고 있다. 경제적 불평등을 해결하기 위한 사회 행동을 강조한다는 점에서도 '신수행주의'와 공통점이 있다. 특히 이 문제는 S모임의 기도 제목 순서에서 항상 위에 있을 만큼 관심의 대상이 된다. '신수행주의' S모임은 이런 문제들에 관심을 갖고 사회적 실천을 강조한다. 이런 것은 '신수행주의'가 정치에 있어서 당파적으로 기울어지는 모습을 보이는 까닭이기도 하다.

'신수행주의'가 우선순위로 주장하는 것들은 미국의 진보 세력이 우위를 가지는 부분이고, 민주당(Democratic Party)은 이런 기조 위에 있다고 알려졌다. 따라서 '신수행주의'가 민주당을 선호하는 것도 서로 비슷한 지향점을 가지고 있는 것이 이유가 된다. 그럼에도 이들이 정치적으로 보수적인 복음주의와 다를 뿐 아니라 '복음주의 좌파'와도 다른 점은 '신수행주의'는 정치적 양극화에서 이들을 연계하는 역할을 한다는 것이다. 이들은 사회적 참여를 강조하며 진보적 입장을 견지하지만 기존의 신학과 전통을 고수한다는 점에서 양쪽 어디에도 속하지 않는 것처럼 보인다. S모임이 당파적인 모임이 되지 않을까 하는 염려가 있는 것은 이들의 지향점이 사회적 참여라는 것에 있다. 필자가 보기에 이들의 사회적 참여라는 것은 두 가지로 보인다. 하나는 공동의 참여가 없다는 것이다. 이 모임의 특성상 의례 외에는 다른 모임이 구성되지 않았다. 따라서 신앙의 사회적 참여라는 것은 이곳에 참석하는 가나안 신자의 개별적인 몫이다. 다음으로 이들이 지향하는 것은 '온건하고 이성적인 사회참여'를 말하는 듯하다. 홈페이지에서 '투쟁', '거리에서' 신앙을 실천하는 것이 의례의 목적이라고 해도 필자가 보기에 모임뿐 아니라 개별적 가나안 신자들도 과격한 움직임을 보이지는 않았다. 이들의 참여 방식은 투표, 조

용히 교회 떠나기, 세월호 리본 달기, 다른 사람들에게 책 소개하기 등
자신들의 삶의 내재적 투쟁에 머무는 경우가 많았다. 필자가 관찰한 바
로는 이곳에 모이는 가나안 신자들의 정치적인 성향이 대부분 비슷한 것
으로 보였고, α대표가 가끔 발표하는 글에서도 이런 분위기를 어느 정도
읽을 수 있었다. 그러나 모임에서는 당파적 언급이나 지지를 하는 것은
전혀 없다. 따라서 이 모임은 정치적 성향을 가진 사람들의 모임이거나
특정 정치적 달성을 목적으로 한다거나 또는 어느 정당을 지지하는 등의
정치적 색을 드러내지 않는다. 따라서 이 모임이 당파적 오해를 받을 수
있는 것은 이들이 '사회적 참여'를 강조하고 있고, 사회적 약자들이나 기
타의 지향점들이 특정한 당의 것과 비슷한 것으로 여겨질 수 있기 때문
이다. 물론 이를 표현하는 방식은 특정한 정당의 지지자들과도 달랐다.
이런 점들은 '신수행주의'가 그렇듯이 어떤 정치적 성향의 모임과도 차별
적이며 이로 인해 정치적 양극화 사이에서 자신만의 정체성을 가지고 있
는 것으로 보인다. '신수행주의'와 가장 큰 차이점은 이 모임이 개인적인
모임이라는 것이다. 이 모임은 공동체성을 추구하지 않으며 사회 현실에
대한 공감대에서 느슨한 연대성만을 가지고 있었다. '신수행주의'가 공
동체적으로 생활하며 이를 자신들의 정체성으로 삼는 것은 S모임과의
가장 큰 차이점이다.

이 둘이 새로운 종교 문화를 형성하고 복음주의에서 새로운 경향을
보일 수 있는 것은 정치적인 성향이 있음에도 신학적으로는 정통적 견해
를 갖고 있다는 것이다. S모임이 특정한 정치적 성향을 드러낸다고 볼
수는 없다. 그러나 사회 모든 곳에서 수행하는 신앙의 역할을 강조한다
는 점에서 일정한 정치적 지향성이 없다고 할 수 없다. 그럼에도 일부
가나안 신자와는 달리 S모임은 성경의 가치를 부인하지 않는다. 의례는
기독교의 형식과 차이가 없으며, '예수님', '기도' 같은 개신교적 개념을
의미 그대로 사용한다. 이 모임에 참석하는 가나안 신자의 신앙이 탈구

주조의적 특성이 있는 것과는 별도로 이 모임에서는 기존 교회의 형식을 수용한다. 다만 그 신앙을 어떻게 사용할 것인가에서 차이점을 보인다. 이런 점에서 이 모임은 오늘날 미국에서 가장 새롭게 등장하고 있는 '신수행주의'와 공유하는 부분이 많은 것으로 보인다.

8장

가나안 신자와 한국교회

한국에서 교회를 떠난 이들에 대한 연구는 미비하다. 한국의 경우에 2000년대 들어서 이런 개념들이 구체적으로 인식되었고, 연구도 이때부터 시작되었다고 볼 수 있다. 그런데도 아직까지 이들의 명칭에 대한 정확한 정의(definition)와 내용에 관한 연구를 보기 어렵다. 이런 연구의 주된 경로는 종교사회학이었다. 종교사회학은 이런 현상들이 한국 사회에서 일어나고 있다는 것과 이를 수치화하고 통계적으로 산출한 다음 이런 현상들이 한국 사회나 종교계에서 어떤 의미가 있는가를 분석해왔다. 그러나 이를 종교학적으로 또는 종교인류학적으로 그들 내부의 신학과 신앙을 구체적으로 분석한 연구는 찾기 힘들다. 그러나 이 연구는 그들 내부로 들어가 함께 의례를 진행하면서 분석했다. 이런 연구는 그들의 삶과 종교, 가치관과 신앙관을 좀 더 깊이 있게 볼 수 있게 해준다.

이 연구에서 밝혀진 이들은 기존 연구에서 대상으로 삼은 '가나안 성도 교회'에 참석하는 이들과 다르다. 앞에서도 밝혔듯이 일반적으로 통용되고 있는 '가나안 성도'는 재정의될 필요가 있다. 그들에 대한 정의가 선행되지 않으면 '교회를 떠난 이들'에 대한 연구는 잘못된 대상들을 택하는 것이 된다. 이들을 정의하기 위해서는 '소속'의 개념이 매우 중요하다. 이는 단순히 어느 곳에 등록되어 있다는 것을 의미하지 않는다. '소속'은 다의적인 개념이며, 교회 안에 있는 신자들을 구분할 수 있게 해준다. 나아가 '가나안 성도'라는 명칭도 수정이 불가피하다. 성경에서 '가나안'이라는 지명이 의미하는 바는 이스라엘 백성들이 정착하는 복된 땅이다. 이 때문에 함석헌은 자본주의에 빠져서 안주하는 교회와 신자들의 현상을 '가나안'에 비유하였다. 이를 교회에 '안 나가'는 신자들을 가리키는 말로 사용하면서 '가나안 성도'라는 말이 정착되었지만, 이는 잘못 적용된 용어라고 할 수 있다. 이런 개념적 정의를 바로 잡지 않고 무분별하게 사용한다면 그 대상을 잘못 지정하게 되고, 따라서 연구는 잘못된 결과를 도출할 수밖에 없다. 그러므로 이 책에서는 그들에 대한 정확한 용어로 '무소속 신앙인'을 제안했고, '가나안 성도'라는 용어가 정착되었다면 '가나안 신자'로 고쳐야 한다고 주장했다.

그들이 모이는 S모임은 일시적인 모임으로서 리미널한 형식으로 유동적 교회의 특성을 가지고 있었다. 이런 특성은 반-구조로서 교회도 사회도 아닌 그 중간에 위치하며 양쪽 모두를 비판할 수 있는 자격을 갖춘다. 이런 특성은 이 모임에 참석하는 이들의 '가나안 신자'에 대한 자격을 유지시켜주면 모임 또한 이들로 인해 '가나안 신자 모임'이라는 정체성을 가지게 된다. 이 둘은 서로의 정체성을 담보하는 역할로 작용한다. 이 모임의 지향점은 신앙의 공공성이다. 이들은 교회와 개인의 신앙이 사사화되는 것을 비판하며 사회에서 공적 역할을 강조했다. 이는 이들의 신앙이 현실 지향적이라는 것을 보여주며 이로 인해 초월적인 개념들에 대한 새로운 해석을 요구하게 된다.

이런 특성은 기존 교회와의 관계를 완전히 끊는 기제로 작용한다. 이들의 신앙은 기존 교회의 그것과 완전히 다른 관점을 가지며 이는 이들의 신앙이 기존 교회로 돌아갈 수 없음을 의미한다. 이런 현상은 교회가 이들을 대하는 방법을 바꿔야 함을 의미하며 한국 사회에 새로운 종교 지형이 형성되었음을 알려준다.

I. S모임의 특성과 한계

기존 교회와 S모임은 두 개의 대조적인 사회 모델로 비교할 수 있다. 이 두 개의 모델은 전혀 별개의 것이 아니다. 같은 신앙을 공유하고(개신교), 같은 의례(예배 형식)를 수행하며, 같은 신학적 근원(성경)을 가진다. 이들이 각자 수행하는 것은 형식과 내용이 다를지라도 공유할 수 있는 부분도 있다. 이 둘은 서로를 비판하는 것으로 인해 자신들의 성격을 더욱 드러낸다. 그러나 이런 비판은 서로의 부족한 면모를 보완할 수 있는 기회이기도 하다. 그러므로 이 둘은 변증법적 관계가 되고, 서로의 관계에서 자신을 좀 더 잘 이해할 수 있다. S모임의 목적은 기존 교회를 통해서 더 분명해지고, 기존 교회는 S모임을 통해 자신을 돌아볼 수 있는 것이다. 그러나 분명한 차이 중 하나는 기존 교회는 '구조'의 범주에 있고, S모임은 '반-구조'의 범주에 있다는 것이다.

반-구조로서 S모임이 개신교인의 예배인지 신앙인들이 모이는 모임인지는 불분명하다. 예배라면 교회가 될 것이고, 모임이라면 집회나 세미나가 될 것이다. 이들의 홈페이지에는 이 모임이 예배이며, 기존 교회의 대안적 운동이 목적이라고 밝히고 있다.[1] 그러나 이 모임을 이끌고 있는 α대표는 신중하다. 그는 한국교회의 대안적 모델을 형성하는 것이 쉽지 않음을 설명하고 있다: "나는 원칙적으로 '가나안 목회'라는 것이나 '가나안교회'에 대해서는 부정적인 입장이다."[2] α대표가 이런 의견을 가지는 것은 기존 교회의 실패에 대한 정확한 인식과 원인 규명 없이 성급하게 가나안 성도를 다시 한번 목회의 대상으로 삼는 것은 문제 인식을 안이하게 만들고 대안을 남발하게 하기 때문이다.[3] 그러므로 가장 좋은 방법은 "가나안 성도 스스로가 자신들을 위한 대안을 만들어내는 것이다."[4]

이에 따르면 S모임은 특별한 대안을 제시하지 않을 뿐 아니라 가나안 교회가 아니다. 이런 애매모호함은 이 모임의 형식을 보면 더 분명해진다. 이 모임은 모든 것이 자유이다. 무엇보다도 참석이 자유롭기 때문에 출석을 체크하지 않는다. 필자가 간사에게 오늘 몇 명이나 출석했냐고 물었을 때 돌아온 대답은 "잘 모르겠는데요"였다. 출입도 자유이기 때문에 설교 시간에 들어오고 나가는 것도 자유이고, 한 번 왔다가 안 와도 전화하거나 연락하지 않았다. 오래전부터 오는 사람들도 언제나 1/3에서 많게는 1/2 정도까지 참석자들이 바뀌었다. 매주 고정적으로 참석하는 사람은 3~5명 정도이다. 모이는 사람들의 종교적 성향은 물론 종교적 배경도 달라서 개신교 계통의 종교를 가지고 있지만 교단도 제각각이다. 보수적인 장로교에서부터 좀 더 자유로운 신학적 배경인 기장 출신까지 다양했다. 부모가 모두 교회의 중직자이기도 하고, 목회자 자녀들도 있다. 신학생도 참석한다.

이처럼 교단적, 가족의 신앙적 배경이 다름에도 이들은 매주 모여서 예배를 드린다. 모임 장소로 사용하는 P다방의 사용료는 모임에 참석하는 사람들이 커피나 차를 주문하는 것으로 대신한다. 그러나 커피나 차를 주문하지 않는 사람도 있다. 그런데도 어떤 광고나 권고도 없다. 어떤 때는 '이렇게 해서 모임이 유지될까?'라는 생각이 들 정도로 간섭이 없다. 그렇다면 이 모임은 교회일까, 모임일까? 이런 질문을 참석자 몇 사람에게 물어보았을 때 선뜻 대답하는 사람은 없었다. 이들은 "지금 생각하니 그렇네요"라든가 "별로 중요하지 않아서 생각하지 않았어요" 또는 "그것이 중요한가요. 교회든 모임이든 와서 말씀을 듣는다는 것이 중요하죠"라는 반응이었다. 이곳에 모이는 가나안 신자에게는 이 모임이 교회의 형태든 모임의 형태든 전혀 중요하지 않았다. 단지 자신들이 원하는 것이 있느냐가 중요한 듯했다. 따라서 예전적(ritual) 순서나 교회력에 의한 절기 예식 등도 고려 대상이 아니다. 소속이 없는 사람들이 잠깐 함께 모여서 예배를 드리고 흩어지는 것이 이 모임의 정체성이었다. 신앙을 소비하러 오는 것이다. 이들은 모임이 끝나면 각자가 바쁜 걸음으로 흩어진다. 구조적 교회에서처럼 예배 후 따로 모이는 행사나 시간은 마련되어 있지 않다. 기존 교회에서 강조하듯 친목(Koinonia)이나 형제, 자매로 부를 만큼 공동체성을 나타내지 않을 뿐 아니라 공동체라는 말도 하지 않는다. 그 대신 '연대'(solidarity)라는 단어가 이 모임을 설명하는 데 더 정확하다.

'가나안 목회'나 '가나안교회'에 부정적이면서도 가나안 신자들이 모이는 모임을 진행한다는 것은 이 모임의 리미널한 특성을 가장 명확하게 드러낸다. 이는 리미널한 과정으로서 일시적이고 지나가는 모임이라는 것과 여전히 불안정한 상태에 있음을 보여준다. 그러나 바로 이런 점이 '대안 종교성'이라는 정체성을 나타낸다. 이들은 어떤 규범적 기준으로도 정의되지 않는다. 그리고 이런 것이 '대안 종교'들로 분류될 수 있는 특징 중 하나이다. 대안 종교들은 기존 종교들의 규범적 가치나 기준에서 벗어나 새로운 기준을 제시하고 있다. '감각 종교'(sensing religion)나 '삶의 체험적 종교'(lived religion)는 전통적인 종교의 범주에 넣을 수 없는 것들이다. 서구적 관점에서 이들은 종교가 아니라 새로운 '영성'으로 분류된다. 그러나 오늘날 이러한 서구의 단일한 기준은 받아들여지지 않고 있다. 이는 탈구조주의적 사상과 글로벌 현상으로 인한 문화적 교류가 활발해진 영향으로 볼 수 있다. 탈구조주의적 시대에서는 유일한 진리나 불변의 가치라는 것은 존재하지 않는다. 이로 인해 기존의 가치들은 해체되었고 다원화된 관점들이 거부감 없이 수용된다. 문화의 교류는 타 문화에 대한 인정을 넘어 존중으로 발전된다. 이로 인해 '종교'의 정의는 다원화되고 다변화되는 문화 속에서 새롭게 가치를 인정받는 것이다. S 모임은 가나안 신자를 대상으로 하면서도 구조적 교회가 되는 것은 거부한다. 신학적으로 신앙인들의 모임을 '교회'라고 한다면, 이들은 교회가 된다. 그러나 '교회'가 갖추어야 할 몇 가지 기준에는 적합하지 않다. 따라서 이들은 '교회'와 '모임' 사이에 위치한다.

　이런 정체성을 가장 잘 드러나게 해주는 것은 이들의 모임이 규정적이거나 고정된 것이 아니라는 것이다. 이들이 매주 같은 시간대에 모이는 것은 맞지만, 이는 언제나 일시성을 가진다. P다방은 일시적으로, 일정한 시간만 대여한 것이며, 언제든지 해약이 가능하다. 이들의 모임은 고정적인 프로그램이나 장기적인 목표가 없다. 이런 특성은 일시적인 대안 공간을 '제공할 뿐'이라는 설명에서도 잘 드러난다. 이런 문구에서 이미 한정적인 역할과 정체성을 제시하는 것이다. 이들의 목적은 교회를 떠나 다른 곳에 정착하지 못하는 신자들에게 일시적으로 공간을 제공하는 것이다. 이에 따라 S모임은 그 형식에서 일시성과 순간성을 가지며, 신앙을 소비하는 가나안 신자들의 지나가는 과정에 존재한다. 여기에는 의례 외에는 어떠한 것도 없으며, 참석자는 전적으로 자율적이다. 이들의 모임은 홈페이지나 팟캐스트, 트위터, 아이튠즈(iTunes) 등을 통해 알려진다. 이런 특성은 가나안 신자라는 특성을 유지시켜주며, 이들로 인해 이 모임은 유동적이고, 그야말로 '가나안 신자의 모임'이 어떤 것인가를 보여준다. 이처럼 이 둘은 서로의 정체성을 유지시키는 상호관계로 작용한다. 따라서 이런 정체성을 벗어나는 순간 이들은 더 이상 '가나안 신자'가 될 수 없으며, 이 모임도 기존의 가치를 잃어버린다. 그리고 이런 기준은 그동안 한국의 종교계에서 '가나안 신자들이 모이는 교회'라는 대상을 새롭게 정립할 필요성을 제기한다.

　이 모임의 또 다른 특성은 이 모임이 하버마스의 공론장 역할을 한다는 것이다. 여기서는 논의에 제한이 없으며, 누구나 말할 수 있고, 그 모든 것은 범사회적 가치를 지닌다. 이들은 신앙인으로 초월적 가치를 내세우며 이를 사회에 접목시키려 노력했다. 이런 점에서 일반적인 시민단체와 다르다. 이들은 성경에 근거하여 새로운 가치를 내세우지만, 적용하는 주제에 제한이 없다는 것에서 세속성을 인정하며 합리성도 갖추고 있는 것으로 보인다. 교회라는 구조적이고 사회적 규범 속에 있는 체계에서 벗어나 주변인으로 남아 있는 '가나안 성도'들이 모여 자유롭게 의견을 개진하는 것은 하버마스의 이데올로기화된 공론장을 넘어서는 새로운 신앙적 공론장의 역할이라고 볼 수 있다. 이 모임은 의례를 통해 '신앙의 공공성'을 강조한다. 모든 순서는 오직 이 목적에만 초점이 맞춰져 있으며, 특히 설교와 기도를 통해 명확하게 드러난다. 기존 교회의 가장 큰 문제점 중 하나가 신앙의 '사사화'로 인한 공적 역할의 상실이고, 이는 외형적 교회 성장에만 몰두함으로 온갖 비리와 부패로 사회적 비판의 대상이 되고 있는데, 이들이 신앙의 '공공성'에 초점을 맞춘다는 것은 분명 기존 교회와 다른 대안적 신앙이라고 할 수 있다. 이들의 의례는 '신앙의 공공성'에 목적을 두고 있으며, 모든 순서는 오직 이것에 초점이 맞춰져 있다. 그리고 이런 모든 점은 교회 밖 대안 운동이 아니라 기존 교회의 신앙을 대안하는 '대안 종교성'을 가진 것으로 볼 수 있다. 여기서 대안 종교성은 기존 교회의 또 다른 버전(version)으로 기존의 선교적 가치를 가지고 새롭게 등장하는 교회가 아닌 종교의 추구 목적이 다른 종교성을 말한다.

그럼에도 이 모임의 한계는 분명하다. 이 모임이 기존 교회의 그것과 같이 체계적이며 조직적인 모임이 아니기 때문이다. 이는 분명히 유동적이고 자유롭다는 장점을 가지지만, 그에 못지않게 단점으로 작용할 수 있다. 먼저 이 모임이 가나안 신자들이 지나가는 과정에 속한 일시적 모임이기 때문에 이는 반대로 언제든지 자연스럽게 사라질 수 있는 가능성 또한 내포한다. 이 모임이 일부러 리미널한 특성을 고집하며 이런 속성을 유지하려 한다면 이런 소멸은 자연스러운 것이 될 것이다. 그러나 이런 속성 없이 한국교회의 모순을 지적하며 대안을 표방했던 여러 모임도 시간이 지남에 따라 없어지는 경우가 많았다. 이는 그런 모임이 가지는 다양한 한계가 존재하고 이를 극복하지 못했기 때문이다. S모임도 그런

궤적을 따를 수 있는 가능성을 염두에 두어야 한다. 따라서 미국에서 새로운 복음주의로 주목을 받고 있는 '신수행 공동체'에 대한 다음의 지적이 적용될 수 있다. ① '신수행 공동체'는 그 수가 상대적으로 적고, 수명이 짧으며, 임시적이라는 단점이 있다. 이는 그동안 정치-사회적으로 영향력을 끼쳐온 지배적인 복음주의 그룹에 영향을 미치기에는 수가 부족하다는 것이 지적된다. ② 이러한 운동은 그 수가 적고, 수명이 짧다는 것으로 인해 기존의 전통적 복음주의나 교회에 의해 그들 가운데 하나로 재해석되어 편입되는 경향이 있다. 그런 운동들이 특별한 문화를 창출하고 새로운 복음주의 운동을 일으키고 있다는 것을 무시하고 그들이 기존 복음주의와 전통적 교회의 일부라고 포장하는 것이다. 그럼으로써 이 새로운 기독교 운동은 기존의 복음주의 운동에 편입되고 소멸된다. 필자가 조사한 바로는 S모임과 같은 가나안 모임은 거의 없고 그나마 서울 등 일부 지역에 한정되어 있는 것으로 알려져 있다. 이러한 상황은 이들이 기존 교회에 영향을 미칠 수 있는 역량을 가지지 못한 것으로 볼 수 있다. 이는 그동안 기존 교회에서 다양하게 시도된 여러 프로그램이나 모임의 일종으로 해석되고, 개신교의 새로운 운동 정도로 다루어질 가능성이 높다.

S모임이 느슨한 연대성은 있어도 공동체성을 가지기에 한계가 있는 구조라는 점도 불리하게 작용한다. 한 연구에서는 다시 교회에 나간다면 어떤 교회를 원하는가에 대한 설문에 "공동체성이 있는 교회"가 15.6%로 가나안 성도가 교회를 고르는 조건 중 둘째로 높았다.[5] 앞서 보았듯이 가장 자유로운 신학을 주장하는 기장에서 가나안 신자 비율이 가장 높다는 것과 그것이 '목회적 돌봄'의 부족 때문이라는 요인은 '소속'과 '공동체성'에 대한 중요성을 다시 일깨워준다. S모임이 새로운 복음주의 운동으로 유동적 교회(liquid Church)의 장점을 가질 수 있지만, 이런 유동성과 일시성은 시대와 사회적 환경에 따라 존재 자체가 가지는 역량이 축소될 수 있다.

다음으로 이 모임은 기존 교회의 신앙 내용과의 차별성이 불리하게 작용할 수 있다. 앞서 언급했듯이 이 모임은 '사회적 참여'에 목적을 두고, 개인적이고 기복적인 것에 관심을 두지 않는다. 그러나 전통적 교회의 입장에서 예배의 의미를 하나님을 찬양하는 것이라고 보면 '은혜'나 '축복', '기도의 응답', '하나님을 경외'하는 것 등 한국교회의 일반적인 신앙에서 사용되는 개념에 대한 언급이 적다는 것은 일부 가나안 신자들에게는 아쉬울 수 있다. 특히 약 71%의 가나안 성도가 "다시 교회에 나가고 싶다"고 응답[6]한 것에 미루어 보면 이들이 그동안 신앙해 왔던 익숙한 환경을 어느 정도는 도입할 수 있지 않을까 하는 아쉬움이 있다. 그리고 필자가 보기에는 이런 환경들이 이 모임의 참석 인원이 늘지 않는 가장 큰 이유 중 하나라고 생각되었다.[7] 그렇다고 이 모임에 영적인 것이나 초월적인 것에 대한 언급이나 신뢰가 없다는 말은 아니다. 이 모임이 기존 교회의 예배 형식을 사용한다든지 '예배'나 '기도' 등과 같은 단어를 사용하는 것은 이미 그 안에 내재된 초월적 성질의 것을 인정하는 것이기도 하다. 또한 사적인 기도 제목을 함께 기도해주는 '중보기도'의 시간도 있다. 그러나 이런 개념들을 기존 교회의 그것과 다른 의미로 차용한다는 성격이 강할 때 기존 교회의 생활에 익숙한 가나안 신자들을 만족시킬 수 없을 것이다.

마지막으로 이 모임의 목적과 형식이 기존 한국교회가 안고 있는 문제점들을 일소에 해소할 수 있는 대안이라고 생각할 수 없다. 물론 이 모임도 그렇게 생각하지는 않는 듯했다. 특히 α대표는 이 모임이 한계와 가능성 사이에서 고민하고 있는 것처럼 보였다. 그리고 "대안 공간을 제공한다"는 홈페이지의 언급과 대안은 "가나안 성도 스스로가 만들어야 한다"는 α대표의 글에서도 알 수 있듯이 이 모임은 가나안 신자들이 그런 역량을 키울 수 있는 안목을 키워주는 것으로 자신들의 역할을 한정하는 것 같았다. 엄격한 기준으로 구별되는 가나안 신자의 수는 적고, 그나마 모임에 참석하는 수는 소수이며, 이들의 '모임' 또한 찾기 어렵다는 것은 이들의 영향력이 기존 교회를 변화시킬 만큼 크지 않다는 것을 보여준다. 물론 책이나 인터넷 환경 등으로 자신들의 주장을 공개할 수 있지만, 직접 대면하지 않는 이러한 방식은 일정한 한계를 가진다.

또 하나 간과할 수 없는 것은 기존 교회의 장점 또한 분명하다는 것이다. 기존 교회는 루터가 1517년 종교개혁을 일으킨 이래로 600여 년이 지나는 동안 구축된 신학과 경험 위에 존재해 왔다. 교회는 시대에 따라 적절히 변화하면서 영향력을 끼쳐 왔다. 기독교와 교회 문화는 서구 유럽 문화의 근간이 되었고, 이는 유형·무형으로 여전히 존재한다. 약 100여 년 전에 한국에 도입된 기독교는 근대화의 동력 중 하나로 역할을 감당했고, 역사적 현장에서 나름대로 목소리를 내왔다. 오늘날 이런 영향력의 감퇴로 인해 비판도 받지만, 교회가 한국 사회의 일원으로 존재한다는 것은 분명하다. 따라서 일부의 문제 제기와 대안적 움직임은 분명히 도움이 되지만, 그 자체로 해결의 근거로 작용하기에는 분명 한계가 있다. 따라서 S모임에서 기존 교회의 부정적 시각과 함께 긍정적인 면을 함께 거론한다면 이 모임이 반-구조적 모임으로 구조적인 교회와 변증법적인 관계를 유지하며 이에 따른 대안도 좀 더 현실적인 것이 될 것이라고 생각한다.

한국의 종교적 상황에서 S모임 같은 탈교회적 모임은 계속 늘어날 것이다. 이런 모임은 교회를 떠난 신앙인들의 신앙적 의문과 정체성을 함께 고민하고 대안을 제시하는 대안 운동이다. 이들은 자신이 종교적 인간임을, 특히 개신교인이라는 정체성을 사회적 기여를 통해 증명하려 한다. 한국의 전통적인 교회들이 이런 질문들을 수용하고 답을 할 자세가 되어 있지 않다면, 이스라엘인들이 신앙의 자유를 찾아 애굽을 떠났듯이 이들은 끊임없이 교회를 엑소더스(exodus)할 것이다. 이런 현상이 많아질수록 한국 사회의 종교적 지형도 달라질 것이다. 그리고 이미 이런 염려는 여러 기관의 조사대로 이제 상식적인 일이 되었다. 이런 현상들은 비종교인들이 한국교회를 부정적으로 인식하게 되는 여론으로 작용할 것이며 이는 그동안 한국교회가 해왔던 긍정적인 면까지도 잠식하는 결과로 이어질 확률이 높다. 이렇게 될 때 다음의 두 가지를 예측할 수 있다.

첫째, 교회 밖 대안 운동의 확산이다. 필자가 연구하는 동안 이런 공동체를 찾는 것은 쉽지 않았다. 일부 조사에서 발표된 것처럼 교회를 떠난 약 92%의 '가나안 성도'들이 아무 모임과도 접촉하지 않고 있고, 앞으로 교회를 떠나는 사람들이 더 많아진다고 가정하면 그들의 수치는 더 커질 것이다. 이는 새로운 공동체의 필요성을 가져올 것이며, 새로운 대안 종교나 모임이 생길 환경이 될 것이다. 이렇게 될 때 지금의 S모임과 같은 대안 종교성 운동은 롤 모델(role model) 역할을 할 수 있다. 그리고 이런 운동의 확산은 시간이 지나면서 변증법적으로 구조화의 길로 갈 가능성이 높다. 어쩌면 이는 기존 교회가 새롭게 움직일 기회가 될 수도 있다. 교회 자체가 변할 수 없다면 교회가 후원하거나 교회 분립의 형식을 빌려 새로운 공동체를 만들 수 있다. 이는 기존 교회와 새로운 공동체가 공존하는 형태가 된다. 기존 교인들도 만족하면서 새로운 신자도 수용하는 것이다.[8] 물론 교회와 공존하는 새로운 공동체는 신학과 설교 등 모든 면에서 완전한 자율권을 주어야 한다. 하지만 앞서 언급했듯이 기존 교인의 반발로 이런 시도는 쉽지 않을 것이다.

둘째, 종파 운동의 가능성이다. 종교개혁도 가톨릭에 반대하는 움직임들이 루터에 의해 촉발된 일종의 종파 운동이었다. α대표와 언젠가 이에 관한 이야기를 나누었을 때 그는 아직 루터와 같이 깃발을 들 인물이 한국 종교계에 없다고 했다. 이런 상황에서 앞장서서 구심점의 역할을 할 인물이 없다는 것이다. 필자는 루터 당시처럼 기존 종교에 대항할 수 있는 거대 담론이 형성되지 못했다는 말로 대답했다. 한국교회가 사사화되어 세습과 재정 횡령, 목회자의 신격화 등과 같은 일뿐 아니라 신학교와 교회를 사유화하는 현상이 버젓이 일어나고 있음에도 신학적으로 이를 비판하고, 때론 기존 세력을 완전히 부정할 수 있을 만큼의 강력한 신학적 담론이 아직 형성되지 못한 것으로 보인다. 그러나 이런 현상들을 계속 방치한다면 새로운 종파 운동이 일어날 가능성을 배제할 수 없다. 이런 종파 운동은 한국 내에서만 진행될 것이다. 종교개혁이 유럽 전체에 영향을 줄 수 있었던 것은 가톨릭[9]이라는 단일 종교 체계가 구성되어 있었기 때문이다. 그러나 탈구조주의 시대에 종교의 다양성이 인정되는 한국 사회에서 종파 운동은 한국 개신교 자체에 머물 것이다. 그리고 그 종파 운동의 지향점은 S모임과 같이 반-구조적이고, 일시적이며, 지나가는 정도의 형식만 갖춘 모임이 될 가능성이 높다고 할 수 있다.

II. 한국교회에 대한 제언

교회를 떠나는 사람들이 증가하고 있고, 이들이 어느 곳에도 소속되지 못한 채 자신의 종교적 정체성만을 유지하고 있는 현실은 그들에게뿐 아니라 교회에도 부담으로 남는다. 특히 교회는 떠나는 사람들이 증가하고 있는 현실을 체감하면서도 이에 대한 이해도 부족할 뿐 아니라 대책도 세우지 못하고 있는 것처럼 보인다. 이미 '가나안 신자' 현상은 한국에서 2000년대 들어서면서 급증했고, 여전히 진행되고 있는 종교 현상이다. 그런데도 기존 교회에서는 이에 대한 연구도 부족할 뿐 아니라 인식조차도 빈약하다. 교단 차원의 대책은 거의 없다고 보아야 한다. 그러나 이에 대한 대책은 개교회 내부에 있을 수 있다. 교인의 급감 현상을 외부의 사회 현상과 환경의 변화로 돌리지 말고 교회 내부로 눈을 돌릴 필요가 있다.

앞서 언급한 것처럼 교회를 떠난 사람들 중 약 70%가 넘는 비율로 "다시 교회로 돌아가고 싶다"고 응답했다. 이는 다음과 같은 내용을 시사한다. 먼저 이들이 떠난 이유가 신학적인 문제가 아니라는 것이다. 이들이 교회를 떠나는 이유는 대부분 교회 내의 부정 때문이었다. 그것은 세습에 관련된 것도 있고, 재정에 관한 문제도 있었다. 한국교회에서 세습은 여러 대형 교회에서 진행되었고, 중소형 교회에서도 이를 답습하고 있다. 이는 교회가 한국 사회에서 가장 많은 지탄을 받고 있는 요인이기도 하다. 신자들의 입장에서 이런 일은 개인적으로 용납될 수 없는 부분이기도 하지만, 공개적으로 교회를 다닐 수 없게 만드는 요인이기도 하다. 자신이 출석하는 교회에서 세습이 이루어지고 이를 외부에서 비판하는 상황에서 그 교회에 계속 출석한다면 자신의 신앙에 대해 긍정적으로 설명할 수 없게 된다. 신앙의 정당성을 잃게 하는 것이다. 이는 다른 교회에서도 마찬가지 기제로 작용한다. "내가 출석하는 교회도 그렇게 하지 않을까" 하는 막연한 부정적 감정이 있을 수 있다. 따라서 교회에서는 이런 문제에 대해 명확한 입장을 밝혀야 한다. 여기서 명확한 입장이란 "이 교회에서는 그렇게 하지 않겠다"는 공표이다. 물론 이는 단순한 공표로 끝나서는 안 된다. 목사와 당회는 물론 전 교인이 함께 서명하는 공식적인 문서를 만드는 것이 좋다. 나아가 세습을 단행한 교회에 대한 성경적 비판도 이루어질 필요가 있다. 그런 현상에 대해 아무 말을 하지 않는 것은 곧 같은 교회 입장으로, 나아가 같은 교단 소속으로 묵시적 동의를 한다는 것으로 받아들여질 수 있기 때문이다. 교인들을 이런 침묵에 막연한 불안감을 가진다. 비판을 하되 감정적인 것은 옳지 않다. 오히려 성경을 근거로 한 신학적 분석을 교인들에게 설명해 줄 때 분명한 가치를 공유할 수 있다.

재정적인 비리도 교회가 내적, 외적으로 비판을 받는 가장 큰 이유 중 하나이다. 기본적으로 교인들의 헌금으로 유지되는 교회는 재정적 투명성을 더 확실하게 할 필요가 있다. 여기서 재정의 투명성이란 단순히 재정의 수입과 지출에 대한 투명한 공개뿐 아니라 재정의 수입에 관한 신학적이고 신앙적인 올바른 관점을 보여주는 것을 포함한다. 교회는 헌금을 한 사람들을 매주 주보에 게재하는 경우가 많다. 이는 교인들 간의 비교뿐 아니라 헌금을 하지 못한 교인들에게 자괴감을 줄 수 있다. 헌금은 자발적이며 제한이 없어야 한다. 그리고 이런 것은 역시 신학적으로 설교를 통해 교인들에게 알리고 교육할 필요가 있다. 자본주의 사회에서 교회도 자본주의화된다는 비판은 교회가 상업화되어 설교와 신앙 교육 과정 등을 판매하고, 교인들은 이를 소비하는 소비자로 인식한다는 것이다. 따라서 많이 소비해주는 교인들이 우선시되며 이들에게 특권이 주어질 수 있다. 또한 교인들 간의 헌금 경쟁을 유도하지 않도록 이를 교회 직급과 연결시키거나 실적 따위로 평가해서는 안 된다. 헌금은 자발적이며 이를 투명하게 공개하되 교인들 간의 비교가 되지 않도록 세심하게 배려할 수 있어야 한다.

목회자의 전횡과 독재도 문제이다. 교회의 특성상 민주적 이념과 절차를 그대로 적용할 수는 없다. 그러나 가능한 부분에서 적극적으로 이를 수용하고 신자들과 함께 교회를 만들어 갈 수 있는 방안을 더 많이 강구할 필요가 있다. 그동안 교회는 목회자나 당회의 전권과 비공개적 절차, 일방적 결정 등이 당연시되어온 점이 없지 않다. 이들이 교회의 대표이거나 교인들의 대표라는 사실은 맞지만, 이는 모든 결정을 독단적으로 할 수 있다는 것을 의미하지 않는다. 교인들의 의견을 모두 수렴하여 결정하는 것이 당회이며, 목회자도 이런 과정에서 자유롭지 않다. 교회 밖에서 모이는 모임들 중에는 평신도가 돌아가면서 설교하는 경우도 있고 이런 현상은 장려되고 있다. 평신도 신학도 교회의 본질을 재정립하는 근거로 사용되며 활발히 연구되고 있다.

개인적 적응의 문제도 있다. 앞서 제시한 여러 예들은 교인들 간의 차이를 드러내는데, 이는 분열 기제로 작용한다. 헌금의 비교나 출석의 비교, 목회자와 당회의 전횡과 독재에 대한 지지와 반대는 교인들 간의 갈등을 유발한다. 나아가 신자들 개개인의 성격으로 인해 연합되지 못하거나 적응에 어려움을 느낄 때 또는 도움이 필요한 상황에 빨리 개입할 수 있는 '목회적 돌봄'이 더 깊어져야 한다. 여기서 깊어져야 한다는 것은 피상적이고 형식적인 돌봄이 아니라 개개인, 가정마다 그에 필요한 신앙적 돌봄이 필요하다는 의미이다.

결국 교회를 떠난 교인들이 다시 돌아가기를 원한다는 응답이 많다는 것은 교회가 신학적 변화 없이 형식과 과정만 바꾸어도 다시 수용할 수 있다는 것을 말한다. 즉, 교회를 떠난 이들이 증가하는 것은 사회적이거나 신학 또는 신앙의 문제가 아니라 적응의 문제라는 것이다. 설교 때문에 교회를 떠나는 이들은 거의 없다고 할 수 있다. 설교 때문이라면 다른 교회에 출석할 수 있기 때문이다. 이들이 교회를 떠나는 것은 신학이나 설교 같은 근본적인 문제가 아니다. 대부분 교회가 충분히 재고해 볼 수 있고, 실행할 수 있는 부분들이다. 이런 요인들만 시정된다고 해도 많은 신자들이 다시 교회로 돌아올 가능성은 크다. 특히 S모임같이 '무소속 신앙인'의 정체성을 고스란히 가진 모임이 아니라 '가나안 성도 모임' 이나 '가나안 성도 교회' 성격을 가진 경우에 이들은 신학적 차이 때문에 떠난 것이 아닐 확률이 높기 때문에 다시 교회로 통합될 가능성이 크다.

다음으로 돌아보아야 하는 것은 교회를 떠난 이유로 신학적인 내용을 거론하는 경우이다. 앞서 본 것과 같이 S모임의 신자들은 기존 교회의 전통적 신학과는 전혀 다른 신학을 거론했다. 구원의 과정이나 사후의 문제, 성경의 내용 등 모든 부분에서 이들의 신앙은 기존 교회의 그것과 달랐다. 이런 문제에 대해서는 기존 교회는 이들과 더 이상 상관이 없다고 보아야 한다. 이는 어디가 더 옳은가의 문제가 아니다. 그들이 찾는 것은 전혀 다른 신앙 내용으로 보아야 한다. 그들이 주장하는 신앙은 기존 교회의 신학과 맞지 않다. 기독교는 유대교로부터 분리되면서 2천 년이 넘는 기간 동안 존속해왔다. 교회의 존립은 그동안 수없이 많은 신학적 변천과 과정을 거쳐 정립된 신학을 바탕으로 한다. 따라서 그 신학을 거부하면 교회는 설 자리를 잃어버리게 된다. S모임의 신자들의 신앙은 전혀 다른 신학을 바탕으로 삼는다. 이들을 면접한 결과 여러모로 기존 교회의 신학과 일치점을 찾을 수 없었다. 그러므로 둘은 서로 다른 신학 위에 세워진 서로 다른 신앙이라고 보아야 한다. 이는 두 가지 사실을 말해준다. 먼저 이들은 서로 비판할 필요가 없다. 둘의 신학과 신앙이 다르다면 서로 독립된 길을 가면 된다. 교회가 고민하는 것은 이들이 개신교 신자라는 것이다. 나아가 기존 교회의 신앙을 가지고 있으며 이로 인해 같은 '교인'이라는 관점을 가지고 있다. 따라서 이들은 교회의 신자로 계수되며 계속 교회와 연결된 신자로 생각하는 것이다. 그러나 앞에서도 보았듯이 이들은 개신교 신자일 수 있지만, 예를 들면 '대한예수교장로회' 신자는 아니라고 보아야 한다. 즉, 어떤 교단에서 속할 수 없는 개신교 신자들이다. 같은 신자라는 관점을 가질 경우에 그들에 대한 비판은 계속될 수 있고, 이 비판의 기준은 '이단'이 될 수도 있다. '이단'의 정의가 '전통이나 권위에 반항하는 주장이나 이론' 또는 '정통 이론에서 벗어난 교리'라고 하면 이는 교회를 떠나는 이들을 비판하는 명목으로 사용될 수 있다. 그러나 그들이 기존 교회의 신학과 전혀 다른 관점을 가지고 있다면 그것은 교회의 그것에서 변질된 것이 아니라 전혀 다른 신앙으로 받아들일 수 있다. 이렇게 될 때 공존이 가능해진다.

이는 서로 인정할 필요가 있다는 것을 의미한다. 서로의 틀림이 아니라 서로의 다름을 인정하고, 서로의 공존을 모색할 필요가 있는 것이다. 그동안 교회와 교회를 떠난 사람들은 서로 비판하는 것에 열중한 면이 있다. 그러나 서로의 다름을 인정할 때 이런 비판은 다른 내용을 가지게 된다. 교회를 떠난 이들은 자신들이 떠난 교회를 비판하는 시각으로 보는 경우가 많다. 이들의 비판은 대부분 교회가 변해야 한다는 것이다. 그러나 그 한계를 정하는 경우는 드물다. 교회는 자신들이 원하는 대로 변해야 하는가? 교회가 변해야 한다고 할 때 그 내용은 한계가 없는가? 교회가 변해야 한다고 할 때 그 기준은 무엇인가? 교회를 비판할 때 이런 질문이 필요하다. S모임 신자들의 경우에 이들은 기존 교회의 신학과 전혀 다른 신학적 관점을 가지고 있다. 이들이 자신들의 신학적 관점으로 교회를 비판할 때 기존의 신학 자체를 부인하는 결과가 된다. 이는 2천년이 넘도록 정립되어 온 것을 비판하는 것이며, 그 위에 세워진 교회의 존립 자체를 거부하는 것으로 보일 수 있다. 따라서 여전히 '같은 개신교도'라는 생각으로 행해지는 교회에 대한 비판이 신학적인 내용에까지 이른다면 그 비판은 유효하지 못하다. 만일 비판이 이루어진다면 그것은 '같은 개신교도'가 아니라 '다른 개신교도'로서 하는 비판이어야 한다. 물론 종교의 특성인 사랑의 실천, 도덕과 윤리적 문제에 대해서는 얼마든지 비판할 수 있다. 그러나 각자의 존립 기반 자체를 비판하는 것은 '같은 개신교도'라는 인식하에서는 불가능하다고 할 수 있다.

　따라서 교회는 그들을 '같은 개신교도'로서 비판할 근거가 없다. 마찬가지로 그들은 '같은 개신교도'로서 교회를 비판할 자격이 없다고 할 수 있다. 이제는 서로 다름을 인정할 필요가 있다. 교회는 교회를 떠난 이들 중 새로운 신학적 관점을 가진 사람들을 인정하고, 다시 돌아올 가능성이 있는 이들을 위해 내부적 개혁에 눈을 돌려야 한다. 교회를 떠난 이들 중 기존 교회와 다른 신학적 관점을 가진 이들은 새로운 교회를 시작하거나 새로운 종교 운동을 시작할 수 있다. 이 둘은 서로의 비판을 지양하고 공존을 모색해야 한다. 오늘날 종교의 위기라고 하는 상황에서 기존의 교회가 존립하는 것도 어려울 뿐 아니라 새로운 신학에 기반한 신앙을 영위한다는 것도 쉽지 않다. 따라서 서로 공존할 수 있는 길을 찾을 필요가 있다. 이렇게 될 때 전혀 새로운 확장의 길이 열릴 수 있다. 기존의 교회는 내부의 개혁을 통해 교회 밖 신자들이 돌아올 수 있도록 하고, 가나안 신자들은 새로운 종교 운동의 일환으로 새 길을 여는 것이다. 이런 공존은 서로 도움이 될 것이다. 교회는 이들을 인정함으로써 이들이 기존 신학과 다르다는 것을 드러낼 수 있다. 이는 교회를 떠나는 이들에게 다시 한번 생각할 수 있는 기회가 된다. 교회 밖 새로운 신앙은 교회를 인정함으로써 자신들만의 독특한 신앙을 더욱 분명히 할 수 있다. 이는 교회 안이나 사회에서 자신의 신앙적 근거를 찾지 못한 이들에게 좀 더 명확한 선택의 기회를 줄 수 있다. 이렇게 될 때 한국 사회에 오히려 새로운 종교적 지형이 생성되고 다양한 영향력이 확대될 수 있을 것이다.

참 고 문 헌

귀베르나우, 몬트세라트/유강은 역.『소속된다는 것: 현대사회의 유대와 분열』. 서울: 문예
　　출판사, 2015.

그렌즈, 스텐리/신옥수 역.『조직신학 ― 하나님의 공동체를 위한 신학』. 서울: 크리스찬다이
　　제스트, 2008.

김수한.『개혁파예배학』. 서울: 보문출판사, 1982.

김승혜.『종교학의 이해』. 분도출판사, 1986.

＿＿＿.『한국신종교와 그리스도교』. 서울: 바오로딸, 2002.

니터, 폴/변선환 역.『오직 예수 이름으로만?』. 서울: 한국신학연구소, 1987.

대한예수교장로회총회.『헌법』. 서울: 대한예수교장로회 출판부, 2009.

던바, 로빈/김정희 역.『발칙한 진화론』. 서울: 21세기북스, 2011.

듀이, 존/정창호ㆍ이유선 역.『공공성과 그 문제들』. 서울: 한국문화사, 2014.

드 보통, 알랭/박중서 옮김.『무신론자를 위한 종교』. 서울: 청미래, 2011.

로핑크, 게하르트/이영덕 옮김.『오늘날의 무신론은 무엇을 주장하는가』. 서울: 가톨릭대학
　　교출판부, 2012.

르 코프, 자크/최애리 역.『연옥의 탄생』. 서울: 문학과 지성사, 2008.

마우, 리처드/홍병룡 역.『무례한 기독교 ― 다원주의 사회를 사는 그리스도인의 시민교양』.
　　서울: IVP, 2014.

몰트만, 위르겐/박봉랑 외4인 역.『성령의 능력 안에 있는 교회』. 서울: 한국신학연구소, 2007.

문화체육관광부.『2018년 한국의 종교 현황』. 서울: 새성균기획, 2018.

박종우.『중국종교의 역사: 도교에서 파룬궁까지』. 서울: 살림, 2006.

버거, 피터/이양구 역.『종교와 사회』. 서울: 종로서적, 1982.

베버, 막스/박성수 역.『프로테스탄티즘의 윤리와 자본주의 정신』. 서울: 문예출판사, 2010.

벨, 캐서린/류성민 역.『의례의 이해』. 서울: 한신대학교 출판부, 2009.

브루거만, 월터/김쾌상 역.『예언자적 상상력』. 서울: 대한기독교출판사, 1981.

삼발라, 짐/정진환 역.『성령의 웃음소리』. 서울: 죠이선교회, 2002.

슈미트, 칼/김도균 역.『합법성과 정당성』. 서울: 길, 2010.

스미스, 윌프레드 켄트웰/길희성 옮김.『종교의 의미와 목적』. 분도출판사, 1991.

스미스, 조너선/방원일 역.『자리 잡기』. 서울: 이학사, 2010.

양희송.『가나안 성도 교회 밖 신앙』. 서울: 포이에마, 2014.

_____. 『다시, 프로테스탄트』. 서울: 복있는사람, 2012.

여성가족부.『작은 결혼 ― 우리의 빛나는 시작을 위해』. 서울: CLARK, 2016.

월간 현대종교 『현대종교』. 서울: 국제종교문제연구소, 2016.

이승구 외. "WCC 신학의 연장선상에 있는 부산 총회."『WCC, 참된 교회연합운동인가』. 수원: 영음사, 2012.

이원규.『종교사회학의 이해』. 서울: 사회비평사, 1997.

_____.『한국교회 위기와 희망』. 서울: kmc, 2010.

장왕식.『종교적 상대주의를 넘어서 ― 과정신학으로 종교다원주의를 품고 넘어서기』. 서울: 대한기독교서회, 2002.

정재영.『교회 안나가는 그리스도인 ― 가나안 성도를 어떻게 할 것인가?』. 서울:한국기독학생 출판부, 2015.

제임스, 윌리엄/김재영 역.『종교적 경험의 다양성』. 서울: 한길사, 2005.

콜린스, 트레비스/주상락·이삼열 역.『교회의 새로운 표현들 101』(*Fresh Expressions of Church*). 성남: 다리빌더스, 2018.

크래머, 핸드릭/유동식 역.『평신도 신학과 교회 갱신』. 서울: 평신도신학연구소, 1994.

테일러, 찰스/이상일 역.『근대의 사회적 상상, 경제·공론장·인민주권』. 서울: 이음, 2010.

_____.『현대종교의 다양성』. 송재룡 역. 서울: 문예출판사, 2017.

하버마스, 위르겐/박영도 역.『공론장의 구조 변동』. 서울: 나남, 2001.

_____/한승완 역.『공론장의 구조변동 ― 부르주아 사회의 한 범주에 관한 연구』. 서울: 나남 출판, 2001.

하트, 아취발트/차호원 역.『우울증이 목회사역에 미치는 임상적 연구』. 서울: 신망애출판사, 1988.

한국갤럽.『한국인의 종교 1984-2014』. 서울: 한국갤럽, 2015.

_____.『한국인의 종교와 종교 의식』(1차비교조사). 서울: 한국갤럽, 2004.

한국갤럽조사연구소『한국인의 종교 1984-2014』. 서울: 한국갤럽조사연구소, 2014.

한국기독교목회자협의회.『한국 기독교 분석 리포트 2018 한국인의 종교 생활과 의식조사』. 서울: URD, 2018.

_____.『한국 기독교 분석 리포트 ― 2013 한국인의 종교 생활과 의식조사 보고서』. 서울: URD, 2013.

한국찬송가공회.『찬송가』. 한국찬송가공회, 2008.

한완상.『예수 없는 예수교회』. 서울: 김영사, 2009.

한인철.『종교다원주의의 유형』. 서울: 한국기독교연구소, 2005.

NIV/김의원·나용화 역.『새성경사전』. 서울: 기독교문서선교회, 2008.

WCC 제10차 총회 백서발간위원회.『세계교회협의회(WCC) 제10차 총회 백서』. 서울: 생명 의말씀사, 2014.

논문

김동춘. "교회세습, 무엇이 문제인가 — 교회 사유화에서 교회 공공성으로." 「국제신학」 18(2016).

김상백. "한국교회 개혁을 위한 병든 신앙에 대한 영성적 치유." 제64회 한국실천신학회 정 기학술대회(2017).

김성례. "탈식민시대의 문화이해." 「비교문화연구」 창간호(1993).

_____. "무교 신화와 의례의 신성성과 연행성." 「종교신학연구」 10(1997).

김은혜. "한국교회 청년문제를 통해 본 한국교회의 위기와 기독교 윤리적 대안." 「기독교사회 윤리」 30(2014).

김주한. "종교개혁과 공공신학 — 사회 변동의 영향사 측면에서." 「신학연구」 69(2016).

김지욱·유해연·최두남. "현대 교회 건축의 공적 공간의 연계방식 연구." 「대한건축학회 논문집」 계획계 28/7호(2012).

김쾌상. "이단에 관한 재해석." 「기독교사상」 224(1977. 2.).

김흥수. "새로운 이단대응책이 필요하다." 「기독교사상」 647(2012. 11.).

니콜레티, 미카엘·김효전. "칼 슈미트의 정치신학의 근원." 「독일학연구」 18(2002).

류성민. "한국 종교 인구 분포 비율의 변화와 그 특징." 「종교연구」 56(2009).

목회사회학연구소 "갈 길 잃은 현대인의 영성 — 소속없는 신앙인의 모습." 청어람 세미나 (2013. 5. 25.).

박승길. "종교 시장의 세계화와 신종교 운동의 대응." 「신종교연구」 25(2011).

박일영. "종교와 종교성." 「인간연구」 3(2002).

박종균. "하버마스의 종교론에 대한 비판적 연구." 「한국기독교신학논총」 31(2004).

법정. "불교의 구원관." 「기독교사상」 140/1(1970).

배덕만. "복음주의 — 그 난해하고 복잡한 역사." 「피어선 신학 논단」 1/1(2012).

신승범. "부모, 신앙 교육의 주체인가." 「기독교교육논총」 48(2016).

신진욱. "공공성과 한국사회." 「시민과 세계」 11(2007).

오세일. "그리스도인과 사회참여." 「사목정보」 6/11(2013).

_____. "한국천주교회와 사회참여 — 제2차 바티칸 공의회로 인한 성찰적 근대화." 「한국사 회학회」 49/2(2015).

윤은석. "스스로 새벽을 깨우는 초기 한국 개신교회 — 새벽기도의 발전과 특징." 「영산신학저 널」 43(2018).

윤희철·송종석. "교회건축의 사회적기능, 공간활용에 관한 연구(2) — 교회의 지역사회 봉사 현황 및 설문조사 결과를 중심으로." 「대한건축학회 논문집」 10/2(1994).

염한진. "종교의 전 지구적 보수화와 한국교회." 「역사비평」 70(2005).

이덕주. "신학이 정치를 만날 때." 「한국기독교와 역사」 44(2016).

이승진. "한국교회 설교의 사사화(私事化)와 공동체 지향적 설교." 「성경과 신학」 67(2013).

이영란·김민. "유럽 청소년, 청년 대항문화와 대안 문화의 기원과 전개양상에 관한 연구." 「청소년문화포럼」 53(2018).

이진구. "미국의 문화전쟁과 '기독교미국'의 신화." 「종교 문화비평」 26(2014).

장석만. "특집: 우리속의 이단4, 한국 기독교와 이단 생산의 사회." 「오늘의 동양사상」 9(2003).

전명수. "포스트모던 사회의 종교 문화에 관한 성찰 ─ 포스트모더니즘이 종교에 미친 영향과 전망을 중심으로." 「신종교연구」 15(2006).

전인수. "최태용의 조선적 기독교 연구." 「한국기독교와 역사」 39(2013).

정승훈. "칼빈의 성령 이해와 예배 예전." 「기독교사상」 47(1998).

정원범. "한국교회의 공공성 위기와 기독교의 사회선교." 「한국기독교사회윤리학회」 27(2013).

정재영. "그들은 왜 교회를 떠나는가? ─ 한국 교회의 가나안 현상에 대한 이해." 느헤미야연구원, 2018.

조대엽. "공공성의 재구성과 시민사회의 공공성 ─ 공공성의 범주화와 공공성 프로젝트의 전망." 「한국사회학연구」 1(2009).

_____. "현대성의 전환과 사회 구성적 공공성의 재구성 ─ 사회 구성적 공공성의 논리와 미시 공공성의 구조." 「한국사회」 13/1(2012).

조성돈. "종교 인구 변동에 대한 분석과 한국교회의 과제." 「사회이론」 32(2007).

조세희·이재혁. "왜 '느슨한 교회'가 성장하는가? ─ 합리적 선택론에서 본 한국 그리스도교의 교세변화." 「한국사회학」 47/2(2013).

조혜정·양성은. "목회자 자녀의 신학과 진로 결정에 관한 질적 연구." 「기독교교육정보」 37(2013).

최현종. "종교 인구에 대한 센서스 결과 분석." 「신학과 실천」 24/2(2010).

한완상. "무엇을 위한 예배인가." 「기독교사상」 23/2(1979).

함석헌. "한국 기독교는 무엇을 하려는가?" 「씨알의 소리」. 서울: 삼명인쇄사, 1997.

황성철. "한국장로교 정치에 있어서 당회의 문제점과 그 해결을 위한 과제." 「신학지남」 64/2(1997).

허호익. "한국교회의 기독교 이단연구현황." 「기독교사상」 647(2012.11).

전집

김교신. "대통령 링컨의 신앙." 『김교신전집』 1권. 서울: 부키, 2001.

_____. "일로전쟁 좌담회기." 『김교신전집』 2권. 서울: 부키, 2001.

_____. "신앙의 주관 객관." 『김교신전집』 2권. 서울: 부키, 2001.

_____. "나의 기독교." 『김교신전집』 2권. 서울: 부키, 2001.

_____. "골로새서 강의." 『김교신전집』 4권. 서울: 부키, 2001.

최태용. "비교회주의자." 기독교대한복음교회 신학위원회(편). 『최태용 전집』. 꿈꾸는터, 2009.

_____. "우리가 교회에 대하여 어떻게 할까." 『최태용 전집』 2권.

Albercht, Stan L. and Cornwall, Marie. "Life events and religious change." *Latter-day Saint Social Life: Social Research on the LDS Church and its Members Provo.* UT: Religious Studies Center, Brigham Young University, 1998.

Alexander, Bobby C. *Victor Turner Revisited: Ritual as Social Change.* Atlanta, Georgia: Scholars Press, 1991.

Anders, Sarah Frances. "Religious behavior of church families." *Journal of Marriage and the Family Living* 17/1(1955).

Asad, Talal. *Formations of the Secular: Christianity, Islam, Modernity.* Stanford: Stanford University Press, 2003.

Atherton, John. "Marginalisation, Manchester and the Scope of Public Theology." *Studies in Christian Ethics* 17/2(2004).

Barker, Don & Richard Dawkins. *Godless: How An Evangelical Preacher Became One of America's Leading Atheists.* New York: Ulysses Press, 2008.

Barna, George. *Churchless: Understanding Today's Unchurched and How to Connect with Them.* Tyndale Momentum, 2016.

Bateson, Gregory. *Steps Towards an Ecology of Mine.* Chicago: University of Chicago Press, 1972.

Bauman, Zygmunt. *Postmodernity and its Discontents.* Cambridge: Polity, 1997.

_____. *Liquid Modernity.* Malden, Mass: Blackwell Publishers, 2000.

_____. *Community: Seeking Safety in an Insecure World.* Cambridge: Polity Press, 2001.

Beckford, James A. "Postmodernity, High Modernity and New Modernity: Three Concepts in Search of Religion." Flanagan, K. and Jupp, P.C., eds., *Postmodernity, Sociology and Religion.* Basingstoke: Macmillan Press, 1996.

Berger, Peter. *The Sacred Canopy.* New York: Anchor, 1967.

_____. *The Sacred Canopy: Elements of a Sociological Theory of Religion.* New York: Anchor Books, 1990.

_____. "Conclusion: General Observation on Normative Conflicts and Mediations." Peter Berger, ed., *The Limits of Social Cohesion.* Westview Press, 1998.

Berghuijs, Joantine, et al. "New Spirituality and Social Engagement." *Journal for the Scientific Study of Religion* 52/4(Dec. 2013).

Bickel, Bruce and Jantz, Stan. *Talking with god.* Eugene, OR: Harvest House, 1996.

Bialecki, Jon. "Disjuncture, continental philosophy's new 'political Paul.' and the Question of Progressive Christianity in a Southern California Third Wave Church." *American Ethnologist* 36/1(2009).

Blackaby, Henry and King, Claude. *Experiencing god.* Nashville: Broadman & Holman, 2004

Bruce, Steve. "Religion and Rational Choice: A Critique of Economic Explanations of Religious Behavior." *Sociology of Religion* 54/2(summer,1993).

_____. "Good intentions and bad sociology: New Age authenticity and social roles." *Journal of Contemporary Religion* 13(1998).

Brueggemann, Walter. *Texts under Negotiation: the Bible and Postmodern Imagination.* Minneapolis: Fortress Press, 1993.

Buttrick, David. *A Captive Voice: The Liberation of Preaching.* Louisville, Kentucky: Westminster John Knox Press, 1994.

Calhoun, Graig ed. "Introduction." *Habermas and the Public Sphere.* Cambridge: MIT Press, 1992.

Carey, Joseph W. "Preface." *Journal of Media and Religion* 1/1(2002).

Casanova, Jose. "Private and Public Religions-Jose Casanova." *Social Research* 59/1(spring 1992).

_____. *Public Religions in the Modern World.* Chicago: The University of Chicago Press, 1994.

_____. "Secularization Revisited: A Reply to Talal Asad." Scott, David & Hirschkind, Charles, eds., *Powers of the Secular Moderns: Talal and His Interlocutors.* Stanford: Stanford University Press, 2006.

_____. "Rethinking secularization: A global comparative perspective." *Hedgehog Review* 8/1-2 (2006).

_____. "Religion Revisited-Women's Rights and the Political Instrumentalization of Religion." *Heinrich-Böll-Foundation & United Nations Research Institute for Social Development* 5-6(June 2009).

Certeau, Michel de. *The Practice of Everyday.* trans., Steven Rendall, California University Press, 1984.

Chupungco, Anscar J. *Liturgical Inculturation:Sacramentals, Religiosity, and Catechesis.* Collegeville, Minnesota: The Liturgical Press, 1992.

Coppel, Charles A. "The origins of Confucianism as an organized religion in Java, 1900-1923." *Journal of Southeast Asian Studies* 12/1(1981).

Craddock, Fred B. *As One without Authority-Revised and with New Sermon, St. Louis.* Missouri: Chalice Press, 2001.

Curtis, Brent and Eldredge, John. *The Scared Romance.* Nashville, TN: Thomas Nelson, 2001.

David, Bruce and Jeffrey H, Mahan. eds. *Religion and Popular Culture in America.* Berkeley, CA: University of California Press, 2000.

Davie, Grace. "Believing without Belonging: Is this the Future of Religion in Britain?" *Social Compass* 37/4(1990).

_____. *Religion in Britain since 1945, Believing without Belonging.* Oxford & Cambridge: Wiley-Blackwell, 1994.

_____. "Vicarious Religion: A Methodological Challenge." Ammerman, Ammerman Nancy T. ed. *Everyday Religion: Observing Modern Religious Lives.* New York: Oxford University Press, 2006.

Diesing, Paul. *Reason in Society: Five Types of Decisions and their Social Conditions.* Westport, Conn: Greenwood Press, 1973.

Dionne Jr, E. J. *Souled Out: Reclaiming Faith and Politics After the Religious Right.* Princeton, NJ: Princeton University Press, 2008.

Douglas, Mary. "Judgements on James Frazer." *Daedalus* (Fall 1978).

Dreyer, Jaco S. & Pieterse, Hennie J. C. "Religion in the public sphere: What can public theology learn from Habermas's latest work?" *HTS Theological Studies* 66/1(2010).

Durkheim, Emile. *The Elementary Forms of the Religions Life.* trans., Karen. E. Field. Free Press, 1995.

Ellingson, Stephen. "The Rise of the Megachurches and Changes in Religious Culture: Review Articlem." *Sociology Compass* 3/1(2009).

Elster, Jon. ed., *Rational Choice.* Washington Square, New York: New York University Press, 1986.

Erlandson, Seven. *Spiritual but Not Religious: A Call to Religious Revolution in America.* iUniverse Inc, 2000.

Engelke, Matthew. "Angels in Swindon: Public religion and ambient faith in England." *Journal of American Ethnologist* 39(Feb 2012).

_____. "'Good without God': Happiness and Pleasure among the humanists." *Journal of Ethnographic Theory* 5/3(2015).

Farias, Miguel and Lalljee, Mansur "Holistic Individualism in the Age of Aquarius: Measuring Individualism/Collectivism in New Age, Catholic, and Atheist/Agnostic Groups." *Journal for the Scientific Study of Religion* 47/2(2009).

Fenn, Richard K. "Toward a New Sociology of Religion." *Journal for Scientific Study of Religion* 11/1(1972).

Finke, Roger "Religious Deregulation: Origins and Consequences." *Journal of Church and State* 32/3(Summer 1990).

Finke, Roger and Stark, Rodney. *The Churching of America 1776-2005:Winners and Losers in Our Religious Economy.* New Brunswick, NJ: Rutgers University Press, 2005.

Fogel, Robert W. *The fourth Great Awakening.* Chicago: University of Chicago, 2000.

Forbes, Bruce David. "Introduction: Finding Religion in Unexpected Places." Forbes, Frazer, Nance. *Justice Interruptus: Critical Reflections on the "Postsocialist" Condition*. New York: Routledge, 1997.

Frazer, Nancy. *Scales of Justice: Re-imagining Political Space in a Globalizing World*. Columbia University Press, 2009.

Freeman, Andy & Greig, Pete. *Punk Monk: New Monasticism and the Ancient Art of Breathing*. Ventura, CA: Regal Books, 2007.

Froese, Paul and Pfaff, Steven. "Replete and Desolate Markets: Poland, East Germany, and the New Religious Paradigm." *Social Forces* 80/2(2001).

Furseth, Inger and Repstad, Pål. *An Introduction to the Sociology of Religion: Classical and Contemporary Perspectives*. Burlington: Ashgate Publishing Company, 2006.

Gardner, Wendi L., Pickett, Cynthia L. & Brewer, Marilynn B. "Social Exclusion and Selective Memory: How the Need to Belong Influences Memory for Social Events." *Personality and Social Psychology Bulletin* 26(2000).

Geetz, Clifford. *The Interpretation of Culture*. New York: Basic Books, 1973.

Gennep, Arnold van. *The Rites of Passage*. trans., Vizedom, Monika B. and Caffee, Gabrielle L. Chicago: University of Chicago Press, 1960.

Goldthorpe, John. "Rational Action Theory for Sociology." *The British Journal of Sociology* 49/2(1998).

Grimes, Ronald L. "Reinventing Ritual." *Soundings: An Interdisciplinary Journal* 75/1(Spring 1992).

Groot, Kees, de. "The Church in Liquid Modernity: A Sociological and Theological Exploration of a Liquid Church, International." *Journal for the Study of the Christian Church* 6(2006).
_____. "Three Types of Liquid Religion." *Implicit Religion* 11/3(2008).

Hart, Stephen "Privatization in American Religion and Society." *Sociological Analsis* 47(1987).

Heelas, Paul. *The New Age Movement: The Celebration of the Self and the Sacralization of Modernity*. Oxford: Blackwell, 1996.

Hick, John. "Jesus and the World Religions." *The Myth of God Incarnate*. ed. John Hick. London: SCM Press, 1977.
_____. "On Grading Religions." *Religious Studies* 17/4(1981).

Hirschkind, Charles. *The Ethical Soundscape: Cassette Sermons and Islamic Counter Publics*. New York: Columbia University Press, 2006.

Hoover, Stewart M. *Religion in the News: Faith and Journalism in American Public Discourse*. Thousand Oaks, CA: Sage, 1998.
_____. "Introduction: The Cultural Construction of Religion in the Media Age." S.M. Hoover

& L.C. Clark. eds. *Practicing Religion in the Media Age: Explorations in Media, Religion, and Culture*. New York: Columbia University Press, 2002.

Iannaccone, Laurence. "Religious practice: a Human Capital Approach." *Journal for the Scientific Study of Religion* 29/3(1990).

Israel, Jonathan. *Radical Enlightenment: Philosophy and the Making of Modernity, 1650-1750*. Oxford: Oxford University Press, 2001.

Jamison, Ben. *Church-Free Spirituality: How to Craft a Spiritual Practice Beyond the Bounds of Religion*. Lightwalker Press, 2017.

Joffe, Ben. "Tripping On Good Vibrations: Cultural Commodification and Tibetan Singing Bowls." https://savageminds.org/2015/10/31/tripping-on-good-vibrations-cultural- commodifica-tion- and-tibetan-singing-bowls. (검색일 2018. 9. 15.).

_____. "Tripping On Good Vibrations: Cultural Commodification and Tibetan Singing Bowls," https://savageminds.org/2015/10/31/ tripping-on-good-vibrations-cultural- commodifi-cation-and-tibetan-singing-bowls/. (검색일 2018. 9. 15.).

Johnson, Todd M. "Demographic Futures for Christianity and the World Religions." *Dialog: A Journal of Theology* 43/1(2004).

Jones, Charles Edwin. "Holiness Movement." Stanley M. Burgess and Gary B. McGee and Patrick H. Alexander. eds. *Dictionary of Pentecostal and Charismatic Movements*. Grand Rapids, Michigan: Zondervan, 1988.

Kant, Immanuel. "What is Enlightenment?" *On history*. ed and trans. Lewis White Beck. Indianapolis: Bobbs-Merrill, 1963.

Kimball, Dan. *The Emerging Church: Vintage Christianity For New Generations*. Grand Rapids, MI: Zondervan, 2003.

Kolden, Marc. "Luther on Vocation." *Word & World* 3/4, Minnesota, St. Paul: Luther Seminary, 1983.

Koopman, Nico. "Some Comments on Public Theology Today." *Journal of Theology for Southern Afirca* 117, 2003.

Kripal, Jeffrey J. *Esalen: America and the Religion of No Religion*. Chicago: University of Chicago Press, 2007.

Küng, Hans. *Die Kirche*. Freiburg im Breisgau: Herder, 1973.

_____. "The Challenge of the World Religion." *On Being a Christian*. New York:Doubleday, 1976.

_____. *Christ sein*. Piper, 2000.

Kuran, Timur. *Private Truths, Public Lies: The Social Consequences of Preference Falsification*. Cambridge, MA: Harvard University Press, 1995.

Lefebvre, Henri. *The Production of Space*. trans. Smith, Donald Nicholson, Blackwell, 1991.

Lewis, C. S. *Mere Christianity*. New York: Penguin, 1980(1952).

Luckmann, Thomas. "The Privatization of religion and morality." Heelas P., Lash S. and Morris P. eds. *Detraditionalization: Critical Reflections on Authority and Identity*. Cambridge: Blackwell, 1996.

Luhrmann, Tanya Marie. "Metakinesis: How God Become Intimate in Contemporary U.S." *American Anthropologist* 106/3, 2004.

_____. "A Hyperreal God and Modern Belief." *Current Anthropology* 53/4(August 2012)

Luther, Martin. "The Freedom of a Christian." In Lull, Timothy E. ed. *Martin Luther's Basic Theological Writings*. Minneapolis: Fortress Press, 1989.

Markofski, Wes. *New Monasticism and the Transformation of American Evangelicalism*. Oxford University Press, 2015.

_____. "The Public Sociology of Religion." *Sociology of Religion* 76/4(2015).

Marler, Penny Long and Hadaway, C. Kirk. "'Being Religious' or 'Being Spiritual' in America: A Zero-Sum Proposition?" *Journal for the Scientific Study of Religion* 41/2(2002).

Mauss, Armand L. "Dimensions of religious defection." *Review of Religious Research* 10/3(Spring 1969).

McGuire, Meredith B. *Lived Religion: Faith and Practice in Everyday Life*. New York: Oxford University Press, 2008.

McMahon, Darrin M. *Happiness: A History*. New York: Grove Press, 2006.

Melton, Gordon J. "Introductory Essay: An Overview of the New Age Movement." *New Age Encyclopedia*. New York & London: Gale Research Inc, 1990.

Melton, James Van Horn. *The Rise of the Public in Enlightenment Europe*. Cambridge University Press, 2001.

Meyer, Birgit. "Religious Revelation, Secrecy and the Limits of Visual Representation." *Anthropological Theory* 6/4(2006).

Mndende, Nokuzola. "From Underground Praxis to Recognized Religion: Challenges facing African Religions." *Journal for the Study of Religion* 11/2(1998)

Montgomery, James D. "Dynamics of the Religious Economy: Exit, Voice, and Denominational Secularization." *Rationality and Society* 8/1(1996).

Moynagh, Michael. *Church in Life: Innovation, Mission and Ecclesiology*. London: SCM Press, 2017.

Myehoff, Barbara. "A Death in Due Time." John J. MaAloon, ed. *Rite, Drama, Festival, Spectacle*. Philadelphia: Institute for the Study of Human Issues, 1984.

Nelsen, Hart M. and Potvin, Raymond H. "Gender and Regional Differences in the Religiosity of Protestant Adolescents." *Review of Religious Research* 22(1981).

Newport, Frank and Carroll, Joseph. "Another Look at Evangelicals in America Today." Gallup News service (2005).

Nishioka, Rodger. "Life in the Liquid Church: Ministry in a Consumer Culture." *Journal for Preachers* 26/1(2002).

Ott, Heinrich. "Existentiale Interpretation und anonyme Christlichkeit." *Zeit und Geschichte*. Dankesgabe an Rudolf Bultmann zum 80. Geburtstag, hrsg. von Erich Dinkler 1964 J.C.B. Mohr(Paul Siebeck) Tübingen.

Panikkar, Raimundo. "Haver 'Religions' the Monopoly on Religion?" *Journal of Ecumenical Studies* XI 3(1974).

Rahner, Karl. "Christianity and the Non-Christian Religions." *Theological Investigations* vol. 5. Baltimore: Helicon, 1966.

Rook, Dennis W. "Ritual Dimension of Consumer Behavior." *Journal of Consumer Research* 12/3(1985).

Rorty. Richard. "Religion in the Public Square: A Reconsideration." *Journal of Religious Ethics* 31/1(2003).

Schillebeeckx, Edward. *The Right of Every Christian to Speak in Light of Evangelical Experience 'in the Midst of Brothers and Sisters'*. Minn Collegeville: The Liturgical Press, 1983.

Schlette, Heinz Robert. *Towards a Theology of Religions*. London: Burns and Oates, 1966.

Scott, Peter & Cavanaugh, William T. "Introduction." Scott, Peter & Cavanaugh, William T. eds. *The Blackwell Companion to Political Theology*. Malden: Blackwell, 2004.

Sherkat, Darren E. "Embedding Religious Choices: Preference and Social Constraints into Rational Choice Theories of Religious Behavior." Lawrence A. Young, ed. *Rational Choice Theory and Religion: Summary and Assessment*. New York: Routledge Press, 1997.

Shorter, Aylward. *Toward a Theology of Inculturation*. Eugene, Oregon: Wipf & Stock Publishers, 2006.

Simonsen, Kristina Bakkær. "What It Means to(Not) Belong: A Case Study of How Boundary Perceptions Affect Second-Generation Immigrants' Attachments to the Nation." *Sociological Forum* 33(1 2018).

Smit, Dirkie. "Notions of the Public and Doing Theology." *International Journal of Public Theology* 1/1(2007)

Smith, Christian. "Secularizing American Higher Education: The Case of Early American Sociology." Smith, Christian. ed. *The Secular Revolution: Power, Interests, and Conflict in the Secularization of American Public Life*. Berkeley and Los Angeles, CA: University of California Press, 2003.

Smith, William Robertson. *Lectures on the Religion of the Semites: The Fundamental Institutions*.

New York: KTAV Publishing House, [1889]1969.

Sorochan, Cayley. *Flash Mobs and Urban Gaming: Networked Performances in Urban Space*. McGill Universtiy: ProQuest Dissertations Publishing, 2009.

Springer, Kevin and Wimber, John. eds. *Power Encounters among Christians in the Western World*. San Francisco: Harper Collins, 1988.

Stackhouse, Max L. et al. *Christian Social Ethics in a Global Era: Reforming Protestant Views*. Nashville: Abingdon Press, 1995.

_____. "Public Theology and Political Economy in a Globalizing Era." *Studies in Christian Ethics* 14/2(2001).

_____. *Globalization and Grace*. New York/London: The Continuum International Publishing Group, 2007.

_____. "Reflection on How and Why we go Public." *International Journal of Public Theology* 1/3-4(2007)

Stark, Rodney. "Micro Foundations of Religion: A Revised Theory." *Sociological Theory* 17/3(1999).

_____ and Finke, Roger. *Acts of Faith: Explaining the Human Side of Religion*. Berkeley, CA: University of California Press, 2000.

Swatos, Jr, William H. ed. *Encyclopedia of Religion and Society*. Walnut Creek, CA: Altamira Press, 1998.

Sweet, William Warren. *Methodism in American history: Revision of 1953*. Abingdon Press, 1961.

Taylor, Charles. *The Ethics of Authenticity*. Cambridge: Massachusetts and London, 1992.

Tillich, Paul. *Theology of Culture*. ed. Robert Kimball. London: Oxford University, 1959.

Turner, Victor. *The Forest of Symbols: Aspects of Ritual*. Ithaca, New York: Cornell University Press, 1967.

_____. *The Drums of Affliction, A Study of Religious Processes among the Ndembu of Zambia*. New York, 1968.

_____. *Dramas, Fields, and Metaphors, Symbolic action in Human Society*. New York, 1974.

_____. "Variations on a Theme of Liminality." In *Secular Ritual*. ed., Moore, Sally F. and Meyerhoff, Barbara G. Assen, The Netherlands: Van Gorcum & Comp, 1977.

_____. "Process, System, and Symbol: A New Anthropological Synthesis." *Deadalus* 106/3(1977).

_____. *From Ritual to Theatre: The Human Seriousness of Play*.New York: Performing Arts Journal Publication, 1982.

_____. *The Anthropology of Performance*. New York: PAJ Publications, 1987.

_____. *The Ritual Process: Structure and Anti-Structure*. New York: Aldine de Gruyter, 1995.

Huizinga, John. *Homo ludens*. Boston:Beacon, 1971.

Hybels, Bill. *Too Busy not to Pray*. Downers Grove, IL: Intervarsity, 1988.

Vandervilt, Tom. "On New-Model Flash Mobs." *Artforum* 42/10(Summer 2004).

Walker, Rebecca A. "Fill/Flash/Memory: A History of Flash Mobs." *Text and Performance Quarterly* 33/2(April 2013).

Ward, Pete. *Participation and Meditation: A Practical Theology for the Liquid Church*. SCM Press, 2009.

Weintraub, Jeff & Kumar, Krishan. eds. "The Theory and Politics of the Public/Private Distinction." *Public and Private in Thought and Practice*. Chicago: The University of Chicago Press, 1997.

Westfield, Nancy Lynne. "'Mama why...?': A Womanist Epistemology of Hope." Stacey M. Floyd-Thomas. ed. *Deeper Shades of Purple: Womanism in Religion and Society*. New York & London: New York University Press, 2006.

Willer, Robb. "Groups Reward Individual Sacrifice: The Status Solution to the Collective Action Problem." *American Sociological Review* 74/1(2009).

Wilson, Bryan. "How Religious are We?" *New Society* 42(1977).

Wimber, John. *Power Evangelism*. London: Hodder & Stoughton Religious, 1985.

Wingren, Gustaf. *Luther on Vacation*. trans. Rasmusen, Carl C. Eugene. Oregon: Wipf & Stock Publishers, 2004[1957].

Wollschleger, Jason & Beach, Lindsey R. "A Cucumber for a Cow: A Theoretical Exploration of the Causes and Consequences of Religious Hypocrisy." *Rationality and Society* 23/2(2011).

_____. "Religious Chameleons: Exploring the Social Context for Belonging without Believing." *Rationality and Society* 25/2(2013).

Wuthnow, Robert. *Christianity and Civil Society: The Contemporary Debate*. Pennsylvania: Trinity Press International, 1996.

Young, Iris M. *Inclusion and Democracy*. Oxford: Oxford University Press, 2000.

인터넷

http://kosis.kr/statHtml/statHtml.do?orgId=101&tblId=DT_1IN0505&vw_cd=MT_ZTITLE &list_id=A11I1&seqNo=&lang_mode=ko&language=kor&obj_var_id=&itm_id=&con n_path=E1.

http://kosis.kr/statisticsList/statisticsListIndex.do?menuId=M_01_01&vwcd=MT_ZTITLE&pa rmTabId=M_01_01#SelectStatsBoxDiv.

http://kosis.kr/statisticsList/statisticsListIndex.do?menuId=M_01_01&vwcd=MT_ZTITLE&pa rmTabId=M_01_01#SelectStatsBoxDiv.

http://www.koreadaily.com/news/read.asp?art_id=4987323.

http://www.newsnjoy.or.kr/news/articleView.html?idxno=208719.

http://www.newsnjoy.us/news/articleView.html?idxno=4561.

http://www.ctkorea.net/news/articleView.html?idxno=3997.

http://ichungeoram.com/10139.

https://www.sisr-issr.org/en/past-conferences.

http://www.sisr-issr.org/Documents/SISR-ISSR_2015_Conference_Sessions.

https://www.christiantoday.co.kr/news/323761.

http://www.humanism.org.uk.

https://www.biblesociety.org.uk/explore-the-bible/lyfe/.

http://www.bbc.com/news/world-asia-china-36167062.

http://www.bbc.com/news/world-asia-china-36223861.

http://www.pckworld.com/news/articleView.html?idxno=69684.

http://www.pewforum.org/2013/04/30/the-worlds-muslims-religion-politics-society-beliefs-
about-sharia/ .

http://ichungeoram.com/10139.

http://ichungeoram.com/10014.

https://ko.dict.naver.com/#/search?query=%EC%B0%AC%EC%96%91.

http://www.newsnjoy.or.kr/news/articleView.html?idxno=198759.

http://www.christiantoday.co.kr/news/307132.

http://ichungeoram.com/10139.

https://www.bodhisattva.com/about.htm.

http://ichungeoram.com/cat/wed-podcast/page/8-2.

https://store.pastors.com/resources/sermons/i-am-the-door.html.

http://www.newsnjoy.or.kr/news/articleView.html?idxno=209730.

http://ichungeoram.com/9525.

http://ichungeoram.com/cat/secular-saints/prayer/page/4-.

http://ichungeoram.com/cat/secular-saints/prayer/.

http://www.newspower.co.kr/sub_read.html?uid=30927.

http://www.newsnjoy.or.kr/news/articleView.html?idxno=213892.

http://www.christiandaily.co.kr/news.

http://www.newspower.co.kr/sub_read.html?uid=30927.

http://raythep.mk.co.kr/newsView.php?cc=270000&no=15341.

http://www.gapck.org/sub_06/sub08_01.asp.

http://ichungeoram.com/10139

http://ichungeoram.com/12677 – http://ichungeoram.com/12946.

http://ichungeoram.com/12637

http://www.seban.kr/home/sb_work_report/21465

http://new.pck.or.kr/law.php?sca=%EC%A0%9C2%ED%8E%B8%20%EC%A0%95%EC%B
9%98 대한예수교장로회총회(통합) 홈페이지.

https://en.wikipedia.org/wiki/Flash_mob

http://ichungeoram.com/10139

http://www.gallup.com/poll/20242/another-look-evangelicals-america-today.aspx.

http://www.newsnjoy.or.kr/news/articleView.html?idxno=214519

신문

"함흥 사촌 교당 신설," 「동아일보」. 1921. 9. 8.

미 주

책을 펴내며

1 여기서 가나안 신자를 개신교와 연결시키는 것은 한국에서 가나안 신자 연구는 대부분 개신교에서 가장 광범위하게 일어나고 있고, S모임의 가나안 신자들 또한 개신교인들이 많기 때문이다.

머리글

1 이 책에서 사용하는 '가나안 신자'라는 말은 그동안 한국 사회에서 일반적으로 일컬어진 '가나안 성도'와 달리 그 정체성을 새롭게 밝혀 적용한 용어이다.

2 Roy A. Rappaport, *Ritual and Religion in the Making of Humanity* (Cambridge University Press, 1999), 281.

3 루돌프 오토, 『성스러움의 의미』 (왜관: 분도출판사, 2009), 39.

4 Clifford Geertz, *Interpretation of Cultures* (New York: Basics, 1973), 93.

5 Peter L. Berger, The Sacred Canopy (Doubleday, 1969), 53.

6 가나안 성도 현상은 모든 종교에서 나타나는 광범위한 현상이지만, 이 책에서는 한국의 개신교에 초점을 맞춘다.

7 이 연구의 사례에서 나오는 사람들은 모두 순서대로 A, B, C…로 표시하였다. 처음에는 한국 성씨 뒤에 ○○라는 것을 붙여서 예를 들면 '박○○'이라고 하려 했으나 면접 대상자와 설문 응답자들이 반대했다. 이들은 철저하게 익명성을 요구했다. 성을 붙일 경우 S모임의 평균 출석률이 14-17명 정도이므로 자신들이 누구인지 다 드러난다는 것이다. 면접에는 신앙적 이야기뿐 아니라 부모와 가족, 사생활까지 이야기할 정도로 사적인 이야기들이 오갔다. 따라서 이름의 일부라도 밝혀지는 것을 염려했다. 이런 염려 때문인지 처음에는 협조를 약속했다가 막상 설문 내용을 메일로 보내며 상황을 설명했을 때 협조를 번복하는 사람도 있었다. 이런 연유로 이 연구에서는 첫 사례부터 영어 대문자 A로 지칭하고 Z가 넘어가면 A1, B1…으로 한다. 사례에서 나오는 대상 중에 S모임의 참석자가 아닌 경우 다른 조사를 반영한 것이다.

8 면접자가 응답을 하지 않거나 설문조사 때 기입하지 않은 경우는 빈칸으로 남겨둔다. 설문지의 경우 한번 참석했다가 안 나오는 사람들의 것도 있고, 면접자들과 중복되는 경우도 있어 생략한다. 여기서 'm'은 'member'의 두문 약자이다. '비고정'은 매주 나오지는 않지만, 오래전부터 출석하는 사람들로 S모임 초기 멤버도 있다. 이들은 평균 50% 이상 꾸준히 참석하는 사람들이며, 이 모임을 후원하는 사람들이 대부분이었다.

1장

I. 가나안 성도 현상

1 서구에서 구별되는 용어들과 그것을 사용하는 학자는 다음과 같다: ① Believing without belonging: Grace Davie, *Religion in Britain since 1945, Believing without Belonging* (Oxford & Cambridge: Wiley-Blackwell, 1994), ② Unchurched, Churchless: George Barna, *Churchless: Understanding Today`s Unchurched and How th Connect with Them* (Tyndale Momentum, 2016), ③ Spiritual but not religious: Sven Erlandson, *Spiritual but Not Religious: A Call to Religious Revolution in America* (iUniverse Inc, 2000), ④ Church-free spirituality: Ben Jamison, *Church-Free Spirituality: How to Craft a Spiritual Practice Beyond the Bounds of Religion* (Lightwalker Press, 2017).

2 서구의 가나안 신자 연구는 주로 'Christian'이라는 명칭으로 진행되는데, 그것은 범기독교적이지만, 이 책에서 '가나안 신자'는 협의적으로 '개신교'에 국한시키려고 한다.

3 Grace Davie,"Believing without Belonging: Is this the Future of Religion in Britain?" *Social Compass* 37/4 (1990): 455-469.

4 Grace Davie,"Vicarious Religion: A Methodological Challenge," ed. by Nancy, T. Ammerman *Everyday Religion: Observing Modern Religious Lives* (New York: Oxford University Press, 2006), 21-37.

5 윌프레드 켄트웰 스미스/길희성 역, 『종교의 의미와 목적』 (분도출판사, 1991), 212.

6 Thomas Luckmann, The Invisible Religion (MacMillan Publishing Co., 1967).

7 '가나안 성도'를 규정할 때 이 표현은 가장 적절한 정의라고 본다. Grace Davie, Religion in Britain since 1945: Believing without belonging.

8 한국기독교목회자협의회, 『한국 기독교 분석 리포트: 2013 한국인의 종교 생활과 의식조사 보고서』 (서울: URD, 2013), 81. 이 조사에서는 약 100만 명으로 추산하고 있으나 실제로는 더 많을 것으로 본다.

9 같은 책.

10 조성돈, "종교 인구 변동에 대한 분석과 한국교회의 과제," 「사회이론」 32 (2007): 94-95.

11 류성민, "한국 종교 인구 분포 비율의 변화와 그 특징," 「종교연구」 56 (2009), 30.

12 http://kosis.kr/statHtml/statHtml.do?orgId=101&tblId=DT_1IN0505&vw_cd=MT_ ZTITLE&list_id=A11I1&seqNo=&lang_mode=ko&language=kor&obj_var_id=&itm_id= &conn_path=E1.

13 최현종, "종교 인구에 대한 센서스 결과 분석," 「신학과 실천」 24/2 (2010), 377.

14 Todd M, Johnson, "Demographic Futures for Christianity and the World Religions," *Dialog: A Journal of Theology* 43/1 (2004): 10-19.

15 한국갤럽, 『한국인의 종교 1984-2014』 (서울: 한국갤럽, 2015), 17.
한국갤럽조사연구소가 발표한 수치는 통계청이 10년마다 조사하는 '인구센서스'의 수치와 비슷하다는 점에서 신뢰할 수 있다. 통계청의 발표에 의하면 "종교 없음"은 1985년 57.4%, 1995년 49.3%, 2005년에는 46.5%로 갤럽의 수치와 별로 차이가 없다.

통계청(http:// www.nso.go.kr) 참조.

16 한국갤럽, "한국인의 종교 1984-2021,"
https://www.gallup.co.kr/gallupdb/reportContent.asp?seqNo=1209, 검색일 2022. 10. 22.

17 한국기독교목회자협의회, 『한국 기독교 분석 리포트 2018 한국인의 종교 생활과 의식조사』(서울: URD, 2018).

18 http://kosis.kr/statisticsList/statisticsListIndex.do?menuId=M_01_01&vwcd=MT_
ZTITLE&parmTabId=M_01_01#SelectStatsBoxDiv. (2019. 8. 26. 검색)

19 문화체육관광부, 2018년 한국의 종교 현황, 89.

20 한국갤럽, 『한국인의 종교 1984~2014』, 27.

21 같은 책, 19.

22 한국기독교목회자협의회, 『한국 기독교 분석 리포트(2013)』, 81.

23 약 10년 전 통계를 이용한 계산이므로 정확하지 않다. 만약 한국갤럽의 조사처럼 개신교인들이 약 1.4% 감소했다면, 2015년 현재 개신교인의 수는 그만큼 더 감소했다고 할 수 있다.

24 같은 책.

25 같은 책.

26 한국갤럽, 『한국인의 종교 1984~2014』, 26.

27 http://kosis.kr/statisticsList/statisticsListIndex.do?menuId=M_01_01&vwcd=MT_
ZTITLE&parmTabId=M_01_01#SelectStatsBoxDiv. (2019. 8. 23. 검색)

28 http://www.koreadaily.com/news/read.asp?art_id=4987323. (2019. 8. 27. 검색)

29 문화체육관광부, 『2018년 한국의 종교 현황』, 98.

30 http://www.newsnjoy.or.kr/news/articleView.html?idxno=208719. (2019. 8. 21. 검색)

31 양희송은 자신이 인도하고 있던 모임을 2019년 사임했다.

32 이원규, 『한국교회 위기와 희망』(서울: kmc, 2010), 136-137.

33 정재영, 『교회 안나가는 그리스도인: 가나안 성도를 어떻게 할 것인가?』
(서울:한국기독학생출판부, 2015), 47. 정재영의 연구에 의하면 기존의 종교 단체를 탈퇴하는 이유는 크게 두 가지로 나뉜다. 첫째는 목회자와의 갈등이 24.3%, 다른 신도들과의 갈등이 19.1%로 전체 43.4%로 나타났다. 목회자와의 갈등은 주로 정치적 견해가 다르거나 설교를 통해 영적인 것을 채우지 못한 경우 그 밖에 목회 방침이 자신의 신앙관과 다를 경우이다. 다른 신도와의 갈등은 신앙관의 차이나 교회 봉사를 하면서 불거진 갈등 또는 교회 직분이나 기타 자신이 인정을 받지 못한다고 생각될 때일 경우가 크다.

34 같은 책. 교회를 떠나는 둘째 사유로 "자유로운 신앙생활"로서 30.3%로 조사되었다.

35 같은 책, 144.

36 같은 책, 181.

37 양희송, 『가나안 성도 교회 밖 신앙』(서울: 포이에마, 2014), 40-42.

38 기존의 전통 교회와 같은 계층적 구조를 말한다. 여기에는 '성직주의', '성장주의', '승리주의'가 그대로 답습되거나 더 강요되는 현장이라고 할 수 있다. 양희송은 그의 책에서 이 세 가지가 한국교회의 쇠락을 견인하는 요인으로 다루고 있다. 양희송, 『다시, 프로테스탄트』(서울: 복있는 사람, 2012), 87-157.

39 S모임 설교. 2017.11.2.

40 양희송,『가나안 성도 교회 밖 신앙』, 62.

41 같은 책, 66.

42 같은 책, 67.

43 같은 책, 68-69.

44 같은 책, 155.

45 정재영,『교회 안나가는 그리스도인』, 203.

46 같은 책, 206.

47 정재영, "그들은 왜 교회를 떠나는가? - 한국교회의 가나안 현상에 대한 이해," 느헤미야 연구원 세미나 자료집 (2018), 7.

48 필자가 참여했던 모임들은 모두 없어졌다.

49 정재영,『교회 안나가는 그리스도인』, 7-8.

50 양희송,『가나안 성도 교회 밖 신앙』, 21.

51 함석헌, "한국 기독교는 무엇을 하려는가?"『씨알의 소리』(서울: 삼명인쇄사, 1997), 34.

52 http://www.newsnjoy.us/news/articleView.html?idxno=4561. (2018. 10. 22. 검색)

53 "거룩하게 하시는 이와 거룩하게 함을 입은 자들이 다 한 근원에서 난지라 …"(히 2:11).

54 NIV,『새성경사전』, 김의원 · 나용화 역 (서울: 기독교문서선교회, 2008), 68.

55 모임의 익명성을 위해 'S모임'으로 칭한다.

56 한국에서 '개신교'와 '기독교'는 별 구분 없이 일반적으로 사용되지만, 이 연구에서는 천주교와 구별하기 위해 '개신교'라고 쓴다. 그러나 문헌을 인용할 때 '기독교'는 그대로 쓴다.

57 『한국기독교분석리포트』에 의하면 자신을 그리스도인이라고 밝힌 사람들 중 약 10.5%가 교회에 출석하지 않는다고 했다. 이를 바탕으로 한목협은 교회에 출석하지 않으면서도 개인적인 신앙을 가진 사람을 약 100만 명으로 추정했다. 한국기독교목회자협의회, 『한국기독교 분석 리포트: 2013 한국인의 종교 생활과 의식조사 보고서』, 71.

58 2015년 '인구주택총조사'의 종교 부문 결과에서 개신교 인구는 2005년 18.2%에서 2015년 19.7%로 비율로는 1.5%, 인구수로는 120만 명이 늘어난 것으로 조사되었다. 이는 각 교단의 교인 출석수가 지속적인 감소세인 것으로 볼 때 역설적인 결과이다. 정재영은 그 이유를 네 가지로 분류했다. ① 자연 증가분으로 인구 증가에 따른 개신교 인구의 증가, ② '가나안 신자' 증가로 교회에 출석하지 않으면서 개신교인으로 밝히는 경우, ③ 비주류 교단의 성장, ④ 이단 교도의 증가가 그것이다. http://www.ctkorea. net/news/articleView.html?idxno=3997. (2018.5.23. 검색)

59 최현종, "종교 인구에 대한 센서스 결과 분석,"「신학과 실천」24/2 (2010), 377.

60 Todd M, Johnson, "Demographic Futures for Christianity and the World Religions," 10-19.

61 피터 버거/이양구 역,『종교와 사회』(서울: 종로서적, 1982), 151-152.

62 신앙의 사사화는 가나안 신자들이 개인적인 신앙을 추구한다는 점에서 가장 잘 적용되는 개념이다. 그러나 이 연구의 가나안 신자들은 자신만을 위한 신앙을 추구하지 않는다는 점에서 다르다. 이들은 개인의 신앙의 사사화를 사회와 세상을 위한 공공성으로

구축한다.

63 정승훈, "칼빈의 성령이해와 예배예전," 「기독교사상」 475/7 (1998), 139.
64 Dennis W. Rook, "Ritual Dimension of Consumer Behavior," *Journal of Consumer Research* 12/3 (1985), 253.
65 Pete Ward, *Participation and Meditation: A Practical Theology for the Liquid Church* (SCM Press, 2009), 26.
66 이는 '액체 교회'(Liquid Church)와 같은 의미로 쓰인다.
67 Pete Ward, *Participation and Meditation: A Practical Theology for the Liquid Church*, 17.
68 Victor Turner, *The Anthropology of Performance* (New York: PAJ Publications, 1987), 74-75.
69 *Ibid.*, 33.
70 Victor Turner, *From Ritual to Theatre: The Human Seriousness of Play* (New York: Performing Arts Journal Publications, 1982), 35.
71 신진욱, "공공성과 한국사회," 「시민과 세계」 11 (2007), 18.
72 Peter Berger, "Conclusion: General Observation on Normative Conflicts and Mediations," Peter Berger, ed., *The Limits of Social Cohesion* (Westview Press,1998), 352-372.
73 조대엽, "현대성의 전환과 사회 구성적 공공성의 재구성: 사회 구성적 공공성의 논리와 미시공공성의 구조," 「한국사회」 13/1 (2012), 32.
74 같은 글, 38.
75 위르겐 하버마스/한승완 역, 『공론장의 구조변동:부르주아 사회의 한 범주에 관한 연구』 (서울: 나남출판, 2001), 62.
76 조대엽, "공공성의 재구성과 시민사회의 공공성: 공공성의 범주화와 공공성 프로젝트의 전망," 「한국사회학연구」 1 (2009), 6.
77 예를 들어 1980년대부터 2000년 초까지 크게 일어났던 캠퍼스에서의 대학생 선교회들과 'CCM'의 폭발적인 인기를 선도한 '찬양집회'들도 모두 '복음주의'를 표방했다.
78 찰스 테일러/송재룡 역, 『현대종교의 다양성』 (서울: 문예출판사, 2017), 123.
79 같은 책, 129.
80 http://ichungeoram.com/10139. (2018. 6. 20. 검색)

II. 가나안 신자의 정체

1 최태용, "비교회주의자," 기독교대한복음교회 신학위원회(편), 『최태용 전집』 (꿈꾸는터, 2009), 429-430.
2 같은 책, 427-428.
3 같은 책, 429.
4 전인수, "최태용의 조선적 기독교 연구," 「한국 기독교와 역사」 제39호 (2013): 76-77.
5 최태용, "우리가 교회에 대하여 어떻게 할까," 『최태용 전집』 2권, 28.
6 같은 책, 28-29.
7 김교신, "일로전쟁 좌담회기," 『김교신전집』 2권 (부키, 2001), 165.
8 김교신, "신앙의 주관 객관," 『김교신전집』 2권, 250.

9 김교신, "골로새서 강의,"『김교신전집』 4권, 252.
10 김교신, "나의 기독교,"『김교신전집』 2권, 84.
11 "함흥 사촌 교당 신설,"「동아일보」 (1921. 9. 8.).
12 김교신, "대통령 링컨의 신앙,"『김교신전집』 1권, 283.
13 정재영,『교회 안나가는 그리스도인』, 55.
14 Heinrich Ott, "Existentiale Interpretation und anonyme Christlichkeit," *Zeit und Geschichte. Dankesgabe an Rudolf Bultmann zum 80. Geburtstag,* hrsg. von Erich Dinkler (Tübingen: J.C.B. Mohr[Paul Siebeck], 1964), 372.
15 *Ibid.*
16 *Ibid.,* 303.
17 Heinz Robert Schlette, *Towards a Theology of Religions* (London: Burns and Oates, 1966), 80-81.
18 Karl Rahner, "Christianity and the Non-Christian Religions," *Theological Inverstigations,* vol. 5 (Baltimore: Helicon, 1966): 131-134.
19 *Ibid.,* 118.
20 *Ibid.,* 390-391.
21 Hans Küng, *Die Kirche* (Freiburg im Breisgau: Herder, 1973), 49.
22 *Ibid.,* 373.
23 Hans Küng, *Christ sein* (Piper, 2000), 81.
24 Hans Küng, "The Challenge of the World Religion," *On Being a Christian* (New York: Doubleday, 1976), 98.
25 John Hick, "Jesus and the World Religions," *The Myth of God Incarnate,* John Hick, ed. (London: SCM Press, 1977), 175-176.
26 *Ibid.,* 183-184.
27 Raimundo Panikkar, "Haver 'Religions' the Monopoly on Religion?" *Journal of Ecumenical Studies* XI 3(1974), 157.
28 이영란 · 김민, "유럽 청소년, 청년 대항 문화와 대안 문화의 기원과 전개 양상에 관한 연구,"「청소년문화포럼」 53 (2018): 95-96.
29 정재영,『교회 안나가는 그리스도인』, 138.
30 알랭 드 보통/박중서 옮김,『무신론자를 위한 종교』 (서울: 청미래, 2011), 13.
31 게하르트 로핑크/이영덕 옮김,『오늘날의 무신론은 무엇을 주장하는가』 (서울: 가톨릭대학교 출판부, 2012), 187-188.
32 미국에서 가장 큰 무신론 단체인 '종교로부터 자유 재단'(Freedom From Religion Foundation) 공동 창립자인 댄 베이커(Dan Baker)는 원래 목회자였다. 그런 그가 무신론자가 된 것은 성경의 내용에 대한 의문 때문이다. 그가 가장 처음 가졌던 의문은 아담과 하와의 역사적 사실성에 대한 것이었다. 그는 자신을 근본주의자이며, 모든 것을 문자적으로 받아들였었다고 말한다. 그러나 성경의 내용에 관해 관점이 다른 크리스천들이 있다는 사실이 그를 정말 괴롭게 했다고 고백하고 있다. 결국 그는 무신론자가 된다. Don Barker, Richard Dawkins, *Godless: How An Evangelical Preacher Became One of America's Leading Atheists* (Ulysses Press, 2008).
33 특히 칸트는 이성적 인간의 도덕적 실천을 위해 최고선(善)을 상정하고 있다.

34 개종의 이유는 매우 복잡하고 여러 가지 요인들이 함께 얽혀 있는 경우가 많다. 한국 갤럽이 2004년에 조사한 "한국인의 종교와 종교 의식"에 따르면 전체 종교인 중 16.2%가 개종 경험이 있다고 응답하였다. 종교별로 보면 불교인의 13.2%, 개신교인의 14.5%, 천주교인의 28.1%가 개종 경험이 있었다. 개종 이전에 가졌던 종교에 대해서는 불교가 34.4%로 나타났고, 개신교가 45.5%, 천주교 14.9%로 나타났다. 한국갤럽, 『한국인의 종교와 종교 의식(1차비교조사)』 (서울: 한국갤럽, 2004), 4. 이를 보면 다른 종교로 개종하는 사례가 가톨릭을 포함하여 기독교 계통에서 가장 크게 나타나는 것을 알 수 있다.

35 가톨릭의 경우는 '교황청 신앙교리성'이 신학에 대한 오류나 판단의 권한으로 이단을 규정하고, 각종 서적을 검증하는 일을 관장하고 있다. 한국 가톨릭의 경우 주교회의 총회에서 이 일을 담당한다. 그러나 개신교의 경우 분파가 많고 통일된 교리 검증 기관이나 시스템이 존재하지 않기 때문에 각 교단별로 기관을 설치하여 이 일을 담당하고 있다. 하지만 이 기관들은 신학적 전문성의 약화나 구성원들의 파행으로 인해 권위를 갖지 못하는 실정이다. 대한예수교장로회(통합)는 1989년에 '사이비 신앙 운동 및 기독교이단 대책위원회'를 조직하고, 이단 판단의 근거로 "신구약 성경, 니케아 신조의 삼위일체 하나님, 콘스탄티노플신조의 성령론, 칼세돈 신조의 기독론, 세계개혁교회의 신앙고백 전통과 대한예수교장로회 총회의 신앙고백서를 제시했다." 김흥수, "새로운 이단대응책이 필요하다," 「기독교사상」 647 (2012. 11.), 7. 대한예수교장로회(통합)에 의하면, 이단이란 "기독교의 기본교리 하나에 문제가 있다 하더라도 그것이 다른 교리에 영향을 끼쳐 기본 교리를 훼손하게 된다면 '이단'이라 규정할 수 있고, 이단이라고 할 수는 없지만 이단과 다름없이 그 폐해가 매우 큰 경우에 '사이비'라 하고, '사이비'보다는 덜하지만 교류나 참여 금지 등 규제가 필요한 경우에 '사이비성'이라는 용어를 적용…"한다고 규정하고 있다. 대한예수교장로회총회 외 편, 『종합 사이비연구 보고집』 (서울: 한국장로교출판사, 2001), 219. 2012년을 기준으로 100개 전후의 이단이 활동하고 있으며, 신자는 100만 명에 가까울 것으로 추산하고 있다. 허호익, "한국교회의 기독교이단연구현황," 「기독교사상」 647 (2012. 11.), 51.

36 장석만, "특집: 우리 속의 이단 4, 한국 기독교와 이단 생산의 사회," 「오늘의 동양사상」 9 (2003. 9.), 149.

37 김쾌상, "이단에 관한 재해석," 「기독교사상」 224 (1977. 2.), 130.

38 개괄적인 의미에서 "신종교란 기존의 전통 종교의 종교적 특성을 가지면서도 기존 종교와 다른 종교 교리와 종교 의식을 가진 종교 단체나 종교 운동을 가리킨다. 따라서 신종교는 새로운 종교 진리를 가지고 있지만, 전통 종교와 다른 독특한 교의를 갖고 있다." 박종우, 『중국종교의 역사: 도교에서 파룬궁까지』 (서울: 살림, 2006), 4.

39 김승혜, 『한국 신종교와 그리스도교』 (서울: 바오로딸, 2002). 이 책에서 김승혜는 종교의 기준을 "진리를 추구하는 것"(50)으로 규정하고 천도교와 원불교는 각각 교육과 사회복지 부문에 기여함으로써(18), 대종교는 민족종교적이며 독립운동사에 기여한

공헌이 많다(38)고 함으로써 신종교에 분류한다. 그러나 증산도의 경우 증산 자신이 상제라고 하는 것은 허황된 것(35)이라고 하면서 종교 간 대화 상대에서 제외시키고 있다. 이는 종교 간의 대화라는 차원에서 분류한 것이지만 진리를 결여했다는 점에서 신종교로 인정하지 않으려는 태도이다. 이 책의 저자들은 강좌를 통해 여러 의견들을 토론하지만, 신종교에 대한 통일된 의견은 볼 수 없다.

40 '개인적인 이유'에는 게으름이나 관심 부족 등 개인적 성품도 포함된다.

41 목회사회학연구소의 연구에 의하면 응답 대상자 중 "시간이 없어서"가 6.8%, "개인적인 이유"가 5.7%로 모두 12.6%로 나타났다. 목회사회학연구소, "갈 길 잃은 현대인의 영성 — 소속 없는 신앙인의 모습," 13.

42 Jose Casanova, *Public Religions in the Modern World* (Chicago: The University of Chicago Press, 1994), 5.

43 존 듀이/정창호 · 이유선 역, 『공공성과 그 문제들』(서울: 한국문화사, 2014), 1.

44 이진구, "미국의 문화전쟁과 '기독교미국'의 신화," 「종교 문화비평」 26 (2014), 108.

45 Was Markofski, "The Public Sociology of Religion," *Sociology of Religion* 76/4 (2015): 459-466.

46 *Ibid.*

2장

I. 종교에 대한 새로운 기준

1 Charles A. Coppel, "The origins of Confucianism as an organized religion in Java, 1900-1923," *Journal of Southeast Asian Studies* 12/1(1981): 179-196. 'The Confucian revival movement'는 중국에서 1895년에 시작되었지만, 1899년 싱가포르와 말레이시아에서 전개된 운동에서 더욱 발전했다. *Ibid.*, 182.

2 Nokuzola Mndende, "From Underground Praxis to Recognized Religion: Challenges facing African Religions," *Journal for the Study of Religion* 11/2(1998): 115-124. 그동안 일반적으로 아프리카 크리스찬 신앙을 '신학'(Theology)으로 분류하기보다는 하위'문화'(Culture)로 분류해왔다. *Ibid.*,118.

3 Penny Long Marler and C. Kirk Hadaway, "'Being Religious' or 'Being Spiritual' in America: A Zero-Sum Proposition?," *Journal for the Scientific Study of Religion* 41/2 (2002): 289-300.

4 전명수는 그의 논문에서 뉴에이지 운동이 현대의 '대체 종교'(alternative religion)로 출발했다고 주장한다. 전명수, "포스트모던 사회의 종교 문화에 관한 성찰: 포스트모더니즘이 종교에 미친 영향과 전망을 중심으로," 「신종교연구」 15 (2006), 302.

5 Richard K. Fenn, "Toward a New Sociology of Religion,"*Journal for Scientific Study of Religion* 11/1 (1972), 31.

6 William H. Swatos, Jr, ed., *Encyclopedia of Religion and Society* (Walnut Creek, CA:

Altamira Press, 1998), 492.

7 Inger Furseth and Pål Repstad, *An Introduction to the Sociology of Religion: Classical and Contemporary Perspectives* (Burlington: Ashgate Publishing Company, 2006), 23.

8 SOCIÉTÉ INTERNATIONALE DE SOCIOLOGIE DES RELIGIONS/INTERNATIONAL SOCIETY FOR THE SOCIOLOGY OF RELIGION.

9 https://www.sisr-issr.org/en/past-conferences. (2018. 6. 15. 검색)

10 http://www.sisr-issr.org/Documents/SISR-ISSR_2015_Conference_Sessions. (2018. 6. 5. 검색)

11 Meredith B. McGuire, *Lived Religion: Faith and Practice in Everyday Life* (New York: Oxford University Press, 2008), 17

12 *Ibid.*, 78.

13 *Ibid.*, 97.

14 *Ibid.*, 118.

15 이 말은 얼랜슨이 처음 사용했다. Seven Erlandson, *Spiritual but Not Religious: A Call to Religious Revolution in America* (Bloomington: Iunivers Inc, 2000).

16 Jeffrey J. Kripal, *Esalen: America and the Religion of No Religion* (Chicago: University of Chicago Press, 2007), 9-11. 여기서 저자는 "종교가 아닌 종교"뿐 아니라 "모든 종교들의 종교"(religion of all religions)라는 표현도 쓰고 있다.

17 위르겐 몰트만/박봉랑 외 4인 역, 『성령의 능력 안에 있는 교회』 (서울: 한국신학연구소, 2007), 169.

18 몰트만, 『성령의 능력 안에 있는 교회』.

19 박승길, "종교 시장의 세계화와 신종교 운동의 대응," 「신종교연구」 25 (2011), 20.

20 후술하겠지만, 이런 '놀이'(play)의 특성은 새로운 종교 운동뿐 아니라 기존의 교회 내에서도 일어난다.

21 몰트만, 『성령의 능력 안에 있는 교회』.

22 Gordon J. Melton, "Introductory Essay: An Overview of the New Age Movement," *New Age Encyclopedia* (New York & London: Gale Reserch Inc,1990), xiii.

23 Casanova, *Public Religions in the Modern World*, 5.

24 Michael Moynagh, Church in Life: Innovation, Mission and Ecclesiology (London: SCMPress, 2017), 3-4.

25 트레비스 콜린스/주상락 · 이삼열 역, 『교회의 새로운 표현들 101』(*Fresh Expressions of Church*) (성남: 다리빌더스, 2018), 18.

26 'FaithXperience Church'이며 통칭 'FX'라고 한다.

27 https://www.christiantoday.co.kr/news/323761. (2020. 7. 28. 검색)

II. 다양한 형태의 종교 표현들

1 '인본주의'(humanism)는 많은 의미와 오랜 역사가 있는 용어이다. 이 용어는 여러 가지 의미로 변화되어 적용되며, 각각은 특정한 동기와 의도를 가지고 있다. 그러나 일반적으로 이러한 인본주의자들, 즉 세속적 인본주의자, 무신론자, 불가지론자, 자유사상가들, 유물론자 등은 그들이 초자연적인 것 또는 신성한 것을 믿지 않는다는 것에 공통점이

있다.

2 Matthew Engelke,"'Good without God': Happiness and Pleasure among the humanists," *Journal of Ethnographic Theory* 5/3 (2015), 69.

3 *Ibid.*

4 "나는 자신의 창조물을 심판하는 신을 상상할 수가 없다"는 알버트 아인슈타인의 글을 싣기도 한다.

5 *Ibid.*, 71-72.

6 Jonathan Israel, *Radical Enlightenment: Philosophy and the making of modernity, 1650-1750* (Oxford: Oxford University Press,2001), 11-12.

7 Immanuel Kant, "What is Enlightenment?" *On History*, ed. and trans., Lewis White Beck (Indianapolis: Bobbs-Merrill, 1963), 3-10.

8 www.humanism.org.uk에 들어가면 첫 페이지에 여러 인물의 사진이 있다. 노엄 촘스키(Avram Noam Chomsky)의 사진은 맨 위 상단을 차지한다. 여러 나라 언어로 변경할 수 있지만 한국어는 없다. (2017. 9. 23. 검색)

9 Engelke, "Good without God," 70. 엥켈케에 의하면 2011년에 실시한 설문 조사에서 BHA 회원 중 남자가 69%였고, 31%가 여성이었다고 한다. 그중 73%는 대학 학위를 받았고, 80%는 매년 자선 단체에 기부했다.

10 *Ibid.*, 73. 설문조사에 의하면 이 단체의 회원들 대부분은 도킨스의 *The God delusion*(만들어진 신)을 읽었으며, 무인도에 가져가기를 원하는 책으로 '셰익스피어 작품집'(62%), 종의 기원에 관한 다윈의 책(36%), Bible(2%)을 선택했다.

11 Darrin M. McMahon, *Happiness: A History* (New York: Grove Press, 2006), 13.

12 Engelke, "Good without God," 72.

13 *Ibid.*, 80.

14 *Ibid.*, 82.

15 정확하게는 '영국과 웨일즈 성서공회'(the Bible Society of England and Wales)이다. 이 책에서는 '영국성서공회' 또는 BSE로 나타낸다.

16 Richard Rorty, "Religion in the Public Square: A Reconsideration," *Journal of Religious Ethics* 31/1 (2003): 141-149.

17 Matthew Engelke, "Angels in Swindon: Public religion and ambient faith in Englands," *Journal of American Ethnologist* 39 (Feb. 2012), 156.

18 스윈던은 영국 월트셔주에 있는 도시이다.

19 Engelke, "Angels in Swindon," 156.

20 *Ibid.*, 157.

21 Charles Hirschkind, *The Ethical Soundscape: Cassette Sermons and Islamic Counter Publics* (New York: Columbia University Press, 2006), 125. 여기서 소개하는 '감각 환경'은 '주변 환경'에 필수적이며, 허쉬킨드는 그 예로 이집트 카이로 거리에서 카세트 설교를 틀어서 거리의 분위기를 조성하는 것을 들고 있다.

22 Engelke, "Angels in Swindon," 159.

23 *Ibid.*

24 Casanova, *Public Religion in the Modern World*, 5.

25 Engelke, "Angels in Swindon," 161. 이는 BHA가 "신 없는 행복"을 추구하는 것과 정반대의

자리에 위치한다.

26 *Ibid.*

27 *Ibid.*, 164.

28 *Ibid.*

29 https://www.biblesociety.org.uk/explore-the-bible/lyfe/. (2017. 9. 13. 검색)

30 Engelke, "Angels in Swindon," 165.

31 Casanova, *Public Religion in the Modern World*, 43.

32 Engelke, "Angels in Swindon," 166.

33 Casanova, *Public Religion in the Modern World*, 63-65.

34 Tanya Marie Luhrmann, "A Hyperreal God and Modern Belief," *Current Anthropology* 53/4 (Aug. 2012), 372.

35 미국에서는 1730년에서 1760년, 1800년에서 1840년, 1890년에서 1930년까지 그리고 1960년부터 최근까지 이런 현상이 있다고 알려졌다. Robert W. Fogel, *The fourth great awakening* (Chicago: University of Chicago, 2000).

36 복음주의(evangelical)라는 용어는 새로운 것이 아니지만, 전혀 다른 방식으로 사용되기 시작했다. 이것은 1940년대 후반에 근본주의 기독교에 대한 비판으로 소개되었고, 1960년대 이후로 확산되었다. 그러나 미국 복음주의는 18세기에 기원한다는 것이 대부분의 해석이다. 배덕만, "복음주의: 그 난해하고 복잡한 역사," 「피어선 신학 논단」 1/1 (2012), 73.

37 Frank Newport and Joseph Carroll, "Another look at evangelicals in America today," Gallup New service, http://www.gallup.com/poll/20242/another-look-evangelicals-america-today.aspx. (2018. 3. 7. 검색)

38 Tanya Marie Luhrmann, "Metakinesis: How God become intimate in contemporary U.S.," *American Anthropologist* 106/3 (2004): 518-528.

39 Luhrmann, "A Hyperreal God and Modern Belief," 124.

40 호라이즌 교회(Horizon Christian Fellowship)같이 메가 처치(Mega-Church)가 된 경우 이 교회는 원래 갈보리채플 운동(Calvary Chapel Movement)과 관련이 있다. 이 운동의 지도자인 척 스미스(Chuck Smith)는 강렬한 영적 경험을 장려했다. 이를 바탕으로 성장한 호라이즌 교회는 더 공적인 교회가 되어 비카리스마적인 교회가 되었다. 그런데도 많은 호라이즌 교회 회중들은 예언을 받아들이고, 방언을 말하고, 그들의 몸으로 하나님을 체험한다.

41 Jon Bialecki, "Disjuncture, continental philosophy's new 'political Paul', and the question of progressive Christianity in a southern California Third Wave church," *American Ethnologist* 36/1 (2009): 110-123.

42 빈야드교회의 현장 연구(fieldwork)는 2010년 이루어졌다. 필자는 2010년 미국 휴스턴 서울교회의 '가정교회 세미나'에 참석하면서 릭 워렌(Rick Warren)의 새들백교회(Saddleback Church), 로버트 슐러(Robert Harold Schuller)의 수정교회(Crystal Cathedral), 조엘 오스틴(Joel Osteen)의 레이크우드교회(Lakewood Church)와 함께 빈야드교회(Vineyard Christian Fellowship)의 현장을 연구했다.

43 Bill Hybels, *Too busy not to pray* (Downers Grove, IL: Intervarsity, 1988), 125.

44 Kevin Springer, and John Wimber, eds., *Power encounters among Christians in the Western world* (San Francisco: Harper Collins,1988), xiv.

45 John Wimber, *Power evangelism* (London: Hodder & Stoughton Religious, 1985), 95-96.

46 Springer and Wimber, *op. cit.*, xxi. 이는 BHA가 계몽주의를 '신이 없음'을 위한 가장 강력한 도구로 사용하는 것과 대비된다.

47 C. S. Lewis, *Mere Christianity* (New York: Penguin, 1980[1952]), 193.

48 『나니아 연대기』는 7권으로 구성된 시리즈이다. 이 소설은 어슐러 르귄(Ursula Kroeber Le Guin)의 『어스시 시리즈』(Earthsea series)와 톨킨의 『반지의 제왕』(The Lord of the Rings)과 함께 세계 3대 판타지 소설로 꼽힌다. 영화로는 총 4편까지 제작되었다.

49 Brent Curtis and John Eldredge, *The Scared Romance* (Nashville,TN: Thomas Nelson, 2001), 13.

50 *Ibid.*, 10.

51 *Ibid.*, 7

52 *Ibid.*, 14.

53 *Ibid.*, 143.

54 롬 1:21.

55 요. 4:14.

56 Eldredge, *The Scared Romance*, 9.

57 Luhrmann, "A Hyperreal God and Modern Belief," 378.

58 Gregory Bateson, *Steps towards an Ecology of Mine* (Chicago: University of Chicago Press, 1972), 191-196.

59 빈야드교회의 경우 개인적으로 성령의 임재를 표현하는 것을 허용한다. 이는 웃거나 발을 구르거나 바닥에 눕기도 하고, 심한 경우 동물의 소리를 내기도 한다. 한국에서도 '빈야드 스타일'이라고 해서 여러 교회에서 이런 것을 허용한 경우가 있었다. 짐 삼발라(Jim Cymbala)는 성령의 필요성을 강조하면서도 '극단적 은사주의'는 '극단적 정통주의'와 같이 옳지 않다고 비판한다. 짐 삼발라, 『성령의 웃음소리』, 정진환 역 (서울: 죠이선교회, 2002).

60 Johan Huizinga, *Homo ludens* (Boston: Beacon, 1971), 25.

61 Henry Blackaby and Claude King, *Experiencing God* (Nashville: Broadman & Holman, 2004), 174.

62 Bruce Bickel and Stan Jantz, *Talking with God* (Eugene, OR: Harvest House, 1996), 40.

63 '빈야드 스타일'의 예배와 신앙이 도입되던 1980년대 한국의 한 대학생 선교단은 캠퍼스로 전도를 나갈 때 하나님이 어느 방향으로 가라고 하시는지를 먼저 기도한 후에 출발했다.

64 이원규, 『종교사회학의 이해』 (서울: 사회비평사, 1997), 66.

65 윌리엄 제임스/김재영 역, 『종교적 경험의 다양성』 (서울: 한길사, 2005), 93-94.

66 박일영, "종교와 종교성," 「인간연구」 3 (2002), 61.

3장

I. 소속된다는 것의 의미

1 Charles Taylor, *The Ethics of Authenticity* (Cambridge: Massachusetts and London,1992), 10.
2 *Ibid.*, 2-11.
3 *Ibid.*, 7-8.
4 *Ibid.*, 45.
5 *Ibid.*, 91.
6 몬트세라트 귀베르나우/유강은 역,『소속된다는 것: 현대사회의 유대와 분열』(서울: 문예출판사, 2015), 9-10.
7 같은 책, 37.
8 같은 책, 38.
9 같은 책, 60.
10 국방의 의무, 납세의 의무, 근로의 의무, 교육의 의무를 말한다.
11 귀베르나우,『소속된다는 것』, 61.
12 필자가 대학생들에게 질문했을 때 대학에 입학 후 교회를 떠나는 경우가 많았다. 이들은 단순히 시간이 없어서가 아닌 자신들의 판단에 의해 교회를 떠난다.
13 귀베르나우,『소속된다는 것』, 62.
14 같은 책.
15 http://www.pckworld.com/news/articleView.html?idxno=69684. (2018. 4. 3. 검색)
16 Wendi L. Gardner, Cynthia L. Pickett, & Marilynn B. Brewer, "Social exclusion and selective memory: How the need to belong influences memory for social events," *Personality and Social Psychology Bulletin* 26 (2000): 486-496.
17 Kristina Bakkær Simonsen, "What It Means to(Not) Belong: A Case Study of How Boundary Perceptions Affect Second-Generation Immigrants' Attachments to the Nation," *Sociological Forum* 33 (Jan. 2018), 118.
18 정재영,『교회 안나가는 그리스도인』, 123-140.
19 "두세 사람이 내 이름으로 모인 곳에는 나도 그들 중에 있느니라"(마 18:20).
20 스텐리 그렌즈/신옥수 역,『조직신학 － 하나님의 공동체를 위한 신학』(서울: 크리스챤다이제스트, 2008), 673.
21 Grace Davie, *Religion in Britain since 1945, Believing without Belonging.*

II. 종교적으로 가장하기

1 교회 안의 가나안 신자의 상황을 '위장'(僞裝)이 아닌 '가장'(假裝)으로 표현한 것은 '위장'은 ~을 안 보이게 한다는 의미를, '가장'은 전혀 다른 것으로 보인다는 의미를 강조한다는 점에서 이들이 교회 안에 머물면서 신자로서 충실한 경우도 있다는 것을 볼 때, '위장'보다 '가장'이 조금 더 적극적인 의미를 내포한다고 볼 수 있다.
2 Roger Finke, "Religious deregulation: origins and consequences," Journal of Church and

State 32/3 (Summer, 1990), 622.

3 Steve Bruce, "Religion and Rational Choice: A Critique of Economic Explanations of Religious Behavior," *Sociology of Religion* 54/2 (summer, 1993), 194.

4 John Elster, ed., *Rational Choice* (Washington Square, New York: New York University Press, 1986), 17.

5 Paul Diesing, *Reason in Society: five types of decisions and their social conditions* (Westport, Conn: Greenwood Press, 1973), 63.

6 John Goldthorpe, "Rational action theory for sociology," *The British Journal of Sociology* 49/2 (1998): 167-192. 여기서 합리적이라는 것은 절차상의 합리성보다는 상황에 초점을 맞추는 것으로서 합리성을 말한다.

7 Rodney Stark, "Micro foundations of religion: A revised theory," *Sociological Theory* 17/3 (1999): 266-268.

8 *Ibid.*, 270.

9 http://www.bbc.com/news/world-asia-china-36167062. (2018. 2. 24. 검색)

10 http://www.bbc.com/news/world-asia-china-36223861. (2018. 2. 24. 검색)

11 월간현대종교, 『현대종교』 (서울: 국제종교문제연구소, 2016년 11월) , 70-77.

12 Stark and Finke, *op. cit.*, 103.

13 Jason Wollschleger and Lindsey Beach, "A Cucumber for a Cow: A Theoretical Exploration of the Causes and Consequences of Religious Hypocrisy," *Rationality and Society* 23/2 (2011), 159.

14 *Ibid.*, 160.

15 *Ibid.*

16 Robb Willer, "Groups reward individual sacrifice: The status solution to the collective action problem," *American Sociological Review* 74/1 (2009): 23-43.

17 Wollschleger and Beach, *op.cit.*,161.

18 Campus Crusade for Christ의 약자로, '한국대학생선교회'이다.

19 InterVarsity Christian Fellowship의 약자로, '한국기독학생회'이다.

20 Armand L. Mauss, "Dimensions of religious defection," *Review of Religious Research* 10/3 (Spring, 1969): 128-135.

21 *Ibid.*

22 '레퍼토리'(Repertory)의 사전적 의미가 '음악가나 극단 등이 무대 위에서 공연할 수 있도록 준비한 곡목이나 연극 제목의 목록' 또는 '들려줄 수 있는 이야깃거리나 보여 줄 수 있는 장기'(네이버 어학사전)라는 것에서 이 논의에 적합하다.

23 한 조사에서 교인들에 대한 불만이 19.1%, 목회자에 대한 불만이 24.3%로 교회를 떠난 가장 큰 이유 중 44.3%나 차지했다. 정재영, 『교회 안나가는 그리스도인』, 47.

24 Wollschleger and Beach, *op.cit.*, 164.

25 James D. Montgomery, "Dynamics of the religious economy: Exit, voice, and denominational secularization," *Rationality and Society* 8/1 (1996): 81-110.

26 일반 교회에서 중직자는 보통 안수집사, 권사, 장로를 말한다. 이들은 일반 신자들과 ① 공동의회 투표로 선출되며, ② 취임식(안수식)을 가진다. ③ 이때 담임목회자로부터 안수를 받는다는 차이가 있다.

27 Stark, "Micro foundations of religion," 280.

28 Timur Kuran, *Private Truths, Public Lies: The Social Consequences of Preference Falsification* (Cambridge, MA: Harvard University Press, 1995), 4.

29 http://www.pewforum.org/2013/04/30/the-worlds-muslims-religion-politics-society- beliefs-about-sharia/. (2017. 10. 12. 검색)

30 Darren E. Sherkat, "Embedding religious choices: preference and social constraints into rational choice theories of religious behavior," Lawence A. Young, ed., *Rational Choice Theory and Religion: Summary and Assessment* (New York: Routledge Press, 1997), 66-67.

31 Hart M. Nelsen and Raymond H. Potvin, "Gender and Regional Differences in the Religiosity of Protestant Adolescents," *Review of Religious Research* 22 (1981): 278-285.

32 Stan L. Albercht and Marie Cornwall, "Life Events and Religious Change," *Latter-day Saint Social Life: Social Research on the LDS Church and its Members* (Provo, UT: Religious Studies Center, Brigham Young University, 1998), 231-252.

33 Laurence Iannaccone, "Religious Practice: a Human Capital Approach," *Journal for the Scientific Study of Religion* 29/3 (1990), 301.

34 Jason Wollschleger and Lindsey R. Beach, "Religious Chameleons: Exploring the Social Context for Belonging without Believing," *Rationality and Society* 25/2 (2013), 183.

35 Sarah Frances Anders, "Religious Behavior of Church Families," *Journal of Marriage and the Family Living* 17/1 (1955), 56.

36 신승범, "부모, 신앙 교육의 주체인가," 「기독교교육논총」 48 (2016), 312.

37 Wollschleger and Beach, "Religious chameleons," 184-185.

38 '바이블벨트'라는 용어는 미국 저널리스트인 멘켄(H.L. Mencken)이 1924년 11월 19일 시카고 일간지 「트리뷴」에서 처음 사용한 것으로, 보수적이고 복음적인 개신교-남침례 교단이 성한 미국 남부의 지역을 일컫는다. 가톨릭과 진보적인 개신교가 주류를 이루는 북동부지역과 대조를 이룬다.

39 Wollschleger and Beach, "Religious chameleons," 185.

40 '이단'(heresy)은 전통적 종교의 교리나 실천에서 벗어난 것을 말한다. '사이비'는 어떤 교리를 이용하여 이익을 얻는 것이라는 점에서 이단과 다르다. 여기서 이단은 전통적 종교의 입장에서 칭하는 의미로 사용된다.

41 "이라크-시리아 이슬람 국가"(Iraq-Syria Islamic State, ISIS). 급진 수니파 무장 단체로 고대 칼리파 국가와 같은 고대 이슬람 국가를 건설하는 것이 목표이다.

42 무슬림 중 약 85-90%의 비율을 가지며, 시리아, 요르단, 사우디아라비아 등 대부분의 아랍권에 분포하며, 동남아시아도 포함된다. 시아파는 그 나머지이며, 이란, 이라크, 레바논, 바레인, 아제르바이젠 등에 분포하고 있다.

43 여기서 '이단'은 전통적 교리와 다르다는 것보다 오히려 전통적 교리를 벗어난 곳에서 전통적 교리를 지키려고 한다는 의미이다.

44 Wollschleger and Beach, "Religious chameleons," 188.

45 "이에 예수께서 제자들에게 이르시되 누구든지 나를 따라오려거든 자기를 부인하고 자기 십자가를 지고 나를 따를 것이니라"(마 16:24).

46 Wollschleger and Beach, "Religious chameleons," 188.

III. 교회의 전략: 세속화되기

1 자크 르 고프/최애리 역, 『연옥의 탄생』 (서울:문학과 지성사,2008), 20.
2 같은 책, 709.
3 Wollschleger and Beach, "A cucumber for a cow," 165.
4 William Warren Sweet, *Methodism in American history: Revision of 1953* (Abingdon Press, 1961), 333.
5 Roger Finke and Rodney Stark, *The Churching of America 1776-2005: Winners and Losers in Our Religious Economy* (New Brunswick: Rutgers University Press, 2005), 65.
6 물론 이는 교회가 주위와의 공존을 위한 방식이기도 하지만, 정책적이기보다 신앙적으로 결정되었다는 점에서 교회의 변화로 보아야 한다.
7 Wollschleger and Beach, "A Cucumber for a Cow," 167.
8 Christian Smith, "Secularizing American Higher Education: The Case of Early American Sociology," Christian Smith, ed., *The Secular Revolution: Power, Interests, and conflict in the Secularization of American Public Life* (Berkeley and Los Angeles, CA: University of California Press, 2003), 97-159.
9 정재영, 『교회 안나가는 그리스도인』, 49.
10 Paul Froese and Steven Pfaff, "Replete and Desolate Markets: Poland, East Germany, and the New Religious Paradigm," *Social Forces* 80/2 (2001): 481-507.
11 정재영, 『교회 안나가는 그리스도인』, 55.
12 같은 책, 56.
13 Charles Edwin Jones, "Holiness movement," Stanley M.Burgess and Gary B.McGee and Patrick H. Alexander, eds., *Dictionary of Pentecostal and Charismatic Movements* (Grand Rapids, Michigan: Zondervan, 1988), 406-409.
14 한 조사에 의하면 "교회를 떠나는 문제로 얼마 동안 고민하였습니까?"라는 질문에 6개월 이상이 32.1%로 가장 높았다. 4-5개월이 11.1%, 2-3개월은 17.5%로 나타났다. 정재영, 『교회 안나가는 그리스도인』, 44.

4장

1 조녀선 스미스/방원일 역, 『자리 잡기』 (서울: 이학사, 2010), 212.
2 같은 책.

I. 진보 교단의 역설

1 α대표 인터뷰. 2017. 10. 17.
2 목회사회학연구소, "갈 길 잃은 현대인의 영성 - 소속 없는 신앙인의 모습," 청어람 세미나(2013. 5. 25.), 13.
3 'CCM'은 Contemporary Christian Music의 줄임말로, 현대적 리듬이나 가사를 담고 있는 기독교 음악이다.

4 제자훈련은 사랑의교회 고(故) 옥한흠 목사가 주도해서 오늘날까지도 한국교회의 대표적인 성경 공부 시스템으로 자리 잡았다.

5 이는 사랑의교회 '제자 훈련', 온누리교회 '찬양 집회', 남서울교회 '장애인 사역' 등과 같이 몇 교회를 중심으로 일어난 특화된 목회를 말하며, 이를 '새로운 복음주의'로 보기도 한다.

II. S모임의 시작과 구성

1 'ARMC'는 Academy, Research, Mission & Movement, Communications의 약자이다.

2 http://ichungeoram.com/10139. (2017. 8. 9. 검색)

3 같은 곳.

4 이들이 사용하는 명칭을 인용함으로 그대로 사용한다.

5 같은 곳.

6 같은 곳.

7 같은 곳.

8 'S모임'은 주로 개신교인들 모임이므로 이 연구에서는 기독교적 용어를 그대로 사용한다. '하나님', '성경', '예수 그리스도', '천국' 등 현재 교회에서 사용하는 용어들이다. 그러나 인터뷰 대상이 직접 표현하거나 인용할 때 '하느님', '성서' 등과 같은 용어는 그대로 쓴다.

9 마 11:28.

10 Robert Wuthnow, op. cit., 8-11.

11 Michel de Certeau, The Practice of Everyday, trans., Steven Rendall (California University Press, 1984), 117.

12 김지욱 · 유해연 · 최두남, "현대 교회 건축의 공적 공간의 연계방식 연구," 「대한건축학회 논문집 계획계」 제28권 제7호 (2012), 141.

13 윤희철 · 송종석, "교회건축의 사회적기능, 공간활용에 관한 연구(2) — 교회의 지역사회 봉사현황 및 설문조사 결과를 중심으로," 「대한건축학회 논문집」 제10권 제2호 (1994), 23.

14 Henry Lefebvre, The Production of Space, trans., Donald Nicholson-Smith (Blackwell, 1991), 164-168.

15 Matthew Engelke, "Angels in Swindon," 156.

III. S모임 의례에서 드러나는 신앙의 공공성

1 스미스, 『자리 잡기』.

2 Max L. Stackhouse, Globalization and Grace (New York/London: The Continuum International Publishing Group, 2007), 85.

3 http://ichungeoram.com/10014. (2017. 12. 4. 검색)

4 한국찬송가공회, 『찬송가』 (서울: 한국찬송가공회, 2008), 3.

5 https://ko.dict.naver.com/#/search?query=%EC%B0%AC%EC%96%91. (2018. 7. 29. 검색)

6 'CCM'은 Contemporary Christian Music의 약자로, '가스펠'(Gespel) 또는 '복음성가'로 불린다.

7 http://www.newsnjoy.or.kr/news/articleView.html?idxno=198759. (2018. 7. 29. 검색)

8 한국찬송가공회, 『찬송가』, 3.

9 2017. 12. 6. 예배 순서지.

10 2017. 11. 15. 예배 순서지.

11 2017. 11. 22. 예배 순서지

12 2017. 11. 1. 예배 순서지.

13 '100주년기념교회'는 서울시 마포구 양화진에 있는 '한국기독교순교자기념관'에 위치해 있다. 이곳은 또한 '양화진외국인선교사묘원'이 있는 곳이기도 하다.

14 김주한, "종교개혁과 공공신학 – 사회 변동의 영향사 측면에서", 「신학연구」 69 (2016): 137-164.

15 Aylward Shorter, *Toward a Theology of Inculturation* (Eugene, Oregon: Wipf & Stock Publishers, 2006), 11.

16 Anscar J. Chupungco, *Liturgical Inculturation: Sacramentals, Religiosity, and Catechesis* (Collegeville, Minnesota: The Liturgical Press, 1992), 13.

17 서울시 장충동에 소재한 교회로 '한국기독교장로회'(기장) 교단 소속이다.

18 서울시 중구 명동에 위치한 교회로 '한국기독교장로회'(기장) 교단 소속이다. 경동교회와 함께 '기장'교회로 묶어서 판단하면 '기장'의 신학적 분위기를 알 수 있다.

19 Chupungco, *Liturgical Inculturation: Sacramentals, Religiosity, and Catechesis*, 17.

20 김은혜, "한국교회 청년문제를 통해 본 한국교회의 위기와 기독교 윤리적 대안," 10.

21 같은 글, 23.

22 이 모임을 현장 연구한 해이다.

23 Martin Luther, "The Freedom of a Christian," Timothy E. Lull, ed., *Martin Luther`s Basic Theological Writings* (Minneapolis: Fortress Press, 1989), 509.

24 양희송, 『다시, 프로테스탄트』 (서울: 복있는사람, 2012), 87.

25 S모임. 2017. 11. 1.

26 Gustaf Wingren, *Luther on Vacation*, trans., Carl C. Rasmusen (Eugene, Oregon: Wipf & Stock Publishers, 2004[1957]), 54.

27 Marc Kolden, "Luther on Vocation," *Word & World, Luther Seminary, St. Paul, Minnesota* 3/4 (1983), 386.

28 한완상, 『예수 없는 예수교회』 (서울: 김영사, 2009), 149.

29 같은 책, 150.

30 같은 책, 155-156.

31 http://www.christiantoday.co.kr/news/307132. (2018. 1. 8. 검색)

32 http://ichungeoram.com/10139. (2018. 1. 4. 검색)

33 "하나님이 말씀하셨다. '이리로 가까이 오지 말아라. 네가 서 있는 곳은 거룩한 땅이니, 너는 신을 벗어라'"(출 3:5, 새번역).

34 Joffe, Ben, "Tripping On Good Vibrations: Cultural Commodification and Tibetan Singing Bowls." https://savageminds.org/2015/10/31/tripping-on-good-vibrations-cultural-commodification-and-tibetan-singing-bowls; Ben Joffe, "Tripping On Good Vibrations: Cultural Commodification and Tibetan Singing Bowls," https://savageminds.org/ 2015/

10/31/tripping-on-good-vibrations-cultural-commodification-and-tibetan-singing-bowls/. (검색일 2018. 9. 15.) 티베트어 구전 전통에 따르면 이 그릇의 존재는 역사적으로 석가모니(Shakyamuni) 시대로 거슬러 올라간다. 이 전통은 부처의 가르침과 함께 인도에서 티베트로, 8세기에 마스터인 빠드마쌈바와(Padmasambhava)에 의해 전해진 것으로 알려졌다. 좌종은 티베트, 부탄, 북인도, 네팔 등 히말라야와 금강승불교권에서 주로 사용했다. 샤머니즘에서도 사용했지만 주로 불교에서 사용했으며 불교 명상과 관련된 의식(ritual)에 사용된다. 오늘날에는 명상(meditation)과 힐링(healing)을 위한 도구로 사용되거나 악기로도 쓰인다. https://www.bodhisattva.com/about.htm. (2018. 1. 3. 검색)

35 정재영, 『교회 안나가는 그리스도인』, 35.

36 WCC는 18, 19세기에 유럽과 북미를 중심으로 파송된 선교사들이 현지에서 교파 분열 현상이 커지게 됨에 따라 이에 협력의 방안을 강구하기 위해 모임을 추진하였다. 이후 1921년 "국제선교협의회"(International Missionary Council, IMC)를 거쳐 1961년 WCC와 통합하여 오늘날에 이른다.

37 WCC 제10차 총회 백서발간위원회, 『세계교회협의회(WCC) 제10차 총회 백서』 (서울:생명의말씀사, 2014), 460.

38 이승구 외, "WCC 신학의 연장선상에 있는 부산 총회," 『WCC, 참된 교회연합운동인가』 (수원: 영음사, 2012), 11.

39 한국갤럽조사연구소, 『한국인의 종교 1984-2014』 (서울: 한국갤럽조사연구소, 2014), 72.

40 김찬현 · 이동환, "WCC, 어떻게 생각하십니까?" 「목회와 신학」 통권 250호 (2010. 4.), 42.

41 'S모임'의 설교는 인터넷과 유튜브, 팟캐스트를 통해 모두 공개된다.

42 'S모임' 독서 모임. 2018. 1. 3.

43 그 순서는 다음과 같다. 다니엘, 갈라디아서, 잠언 · 전도서, 요한복음, 히브리서.' http://ichungeoram.com/cat/wed-podcast/page/8~20. (2018. 1. 8. 검색)

44 양희송, 『가나안 성도 교회 밖 신앙』, 169.

45 같은 책, 171.

46 같은 책, 184.

47 같은 책, 132-134.

48 같은 책, 139-168.

49 오세일, "한국천주교회와 사회참여 ─ 제2차 바티칸 공의회로 인한 성찰적 근대화," 「한국사회학회」 49/2 (2015), 94.

50 같은 글, 98.

51 같은 글, 103.

52 같은 글, 105.

53 같은 글, 110-115.

54 같은 글, 117.

55 한국갤럽, "한국인의 종교 1984-2021."

56 막스 베버/박성수 역, 『프로테스탄티즘의 윤리와 자본주의 정신』 (서울: 문예출판사, 2010).

57 이승진," 한국교회 설교의 사사화(私事化)와 공동체 지향적 설교", 「성경과 신학」 67 (2013): 51-52.

58 양희송, 『다시, 프로테스탄트』, 98.

59 Stephen Hart, "Privatization in American Religion and Society," *Sociological Analysis* 47 (1987): 320-321.

60 예를 들어 미국의 대표적인 새들백교회의 경우, 릭 워렌(Rick Warren) 목사의 설교와 책 등을 파는 홈페이지가 따로 있으며 설교는 MP3, Transcript, PowerPoint 등 가격별로 다르다. https://store.pastors.com/resources/sermons/i-am-the-door.html. (2018. 6. 23. 검색)

61 Max L.Stackhouse et al., *Christian Social ethics in a Global Era: Reforming Protestant Views* (Nashville: Abingdon Press, 1995), 57.

62 Walter Brueggemann, *Texts under Negotiation: the Bible and Postmodern Imagination* (Minneapolis: Fortress Press, 1993), 8-10.

63 *Ibid.*, 12.

64 월터 브루거만/김쾌상 역, 『예언자적 상상력』 (서울: 대한기독교출판사, 1981), 89.

65 양희송, 『가나안 성도 교회 밖 신앙』, 95. 이 말은 가나안 성도나 그 모임에 대한 정체성을 말하는 것이 아니라 그들이 '모임'으로 '교회'로 정착함으로써 사회적 사명을 잊어버리게 되는 것을 경계한다는 의미이다.

66 정재영, 『교회 안나가는 그리스도인』, 81-88.

67 같은 책, 136.

68 리처드 마우(Richard Mouw)는 같은 제목의 책에서 현대 시민사회에서 기독교인들의 교양에 관해 서술하였다. 저자는 현대의 문화전쟁이라는 혼란 속에서 타인에게 친절하며 관용하는 태도를 통해 기독교만이 가지고 있는 교양과 예절을 갖추어야 한다고 주장한다. 또한 다른 신앙과 믿음을 가진 사람들을 존중하기 위해 그들을 이해하는 노력이 필요하다고 한다. 십자가에서 순종을 보여주신 예수를 본받아 타인을 여유롭게 포용해야 한다는 것이다. 이런 주장은 S모임의 주장과 연관된다. 리처드 마우, 『무례한 기독교 ─ 다원주의 사회를 사는 그리스도인의 시민교양』, 홍병룡 역 (서울: IVP, 2014).

69 양희송, 『다시, 프로테스탄트』, 150.

70 같은 책, 157.

71 같은 책, 153.

72 같은 책, 157.

73 양희송, 『가나안 성도 교회 밖 신앙』, 76.

74 정재영, 『교회 안나가는 그리스도인』, 77.

75 S모임. 2017. 11. 1.

76 S모임. 2017. 11. 15.

77 S모임. 2017. 11. 22.

78 S모임. 2017. 11. 19.

79 S모임. 2017. 12. 6.

80 '쉐마 이스라엘'(Shema Yisrael)은 신 6:4-9의 "들으라, 이스라엘이여"라는 의미이다. 한국의 개신교는 이 구절을 말씀을 듣는 것의 중요성을 강조하는 구절로 사용하며, 소위 '강단 선포권'의 권위로 해석한다. 그러나 이는 하나님의 유일성을 강조한 구절이다. 유대교는 토라(Torah)의 모세 오경을 끊임없이 재해석하며, 이런 것은 토론과 질문을 통해 이루어진다. 이를 통해 이루어진 '미슈나'(Mishnah), '게마라'(Gemara)와 이를

통합한 '탈무드' (Talmud) 등도 경전과 동등하거나 비슷한 권위를 가진다는 점에서
다르다.

81 물론 설교가 신학적, 신앙적으로 가치 있게 순기능을 하는 교회도 많다. 여기서 말하는
교회는 이런 순기능을 하지 못하는 경우이다.

82 http://www.newsnjoy.or.kr/news/articleView.html?idxno=209730. (2018. 1. 10. 검색)

83 김동춘, "교회세습, 무엇이 문제인가 ― 교회 사유화에서 교회 공공성으로," 「국제신학」
18 (2016): 111-114.

84 Nancy Lynne Westfield, "'Mama why...?': A womanist epistemology of hope," Stacey M.
Floyd-Thomas, ed., Deeper shades of purple: womanism in Religion and society (New
York & London: New York University Press, 2006), 128-139.

85 http://ichungeoram.com/9525. (2017. 8. 14. 검색)

86 http://ichungeoram.com/cat/secular-saints/prayer/page/4; http://ichungeoram.com/
cat/secular-saints/prayer/. 주제가 뚜렷한 제목으로 분류한 뒤 내용이 비슷한 것들은 함께
묶었다. 내용을 분석하면 조금씩 달라질 수 있으나 제목과 내용이 거의 같다고 볼
수 있다. (2017. 8. 14. 검색)

87 김승혜, 「종교학의 이해」 (왜관: 분도출판사, 1986).

88 '새벽기도'의 주된 목적은 '영혼 구원', '성령의 은혜', '신유' 같은 것에 집중되었다.
윤은석, "스스로 새벽을 깨우는 초기 한국 개신교회 ― 새벽기도의 발전과 특징,"
「영산신학저널」 43 (2018), 429.

89 김상백, "한국교회 개혁을 위한 병든 신앙에 대한 영성적 치유," 「제64회 한국실천신학회
정기학술대회」 (2017), 138.

90 2016. 10. 26. 설교.

91 양희송, 「다시, 프로테스탄트」, 153.

5장

I. 부모와 '다른' 신앙

1 교회에서 중직자(重職者)라 함은 목사, 장로, 안수집사, 권사 등을 말한다. 이들은 교회
공동의회에서 투표로 선출된다.

2 아취발트 하트/차호원 역, 「우울증이 목회사역에 미치는 임상적 연구」 (서울:
신망애출판사, 1988), 136.

3 조혜정 · 양성은, "목회자 자녀의 신학과 진로결정에 관한 질적 연구," 「기독교교육정보」
37 (2013), 327.

4 '대한예수교장로회'를 말한다.

5 양희송, 「가나안 성도 교회 밖 신앙」, 57-60.

6 신승범, "부모, 신앙 교육의 주체인가?" 「기독교교육논총」 48 (2016): 305-306.

7 http://www.newspower.co.kr/sub_read.html?uid=30927. (2018. 2. 2. 검색)

8 http://www.newsnjoy.or.kr/news/articleView.html?idxno=213892. (2018. 2. 2. 검색)

9 http://www.christiandaily.co.kr/news. (2018. 2. 2. 검색)

II. 같은 생각을 하는 사람들

1 정재영, 『교회 안나가는 그리스도인』, 48.
2 http://www.newspower.co.kr/sub_read.html?uid=30927. (2018. 2. 3. 검색)
3 물론 여기에 '근본주의'(fundamentalism)는 제외된다. 이들은 '축자영감설' 등으로 성경을
  문자 그대로 믿는다.
4 기독교 신학은 하나님의 유일성과 구원의 유일성 위에 존립한다. 칼 라너나 그 외
  교회 밖의 구원 가능성을 언급한 것도 하나님의 절대적 은혜 위에 구원의 가능성을
  언급한 것이라는 점에서 마찬가지이다. 한국 기독교가 종교다원주의를 반대하는 것도
  기독교나 교회의 존립 자체가 부인될 수 있다는 위기감 때문이다.
5 실제로 S모임의 일부 가나안 신자들은 교회 자체를 부인하는 듯했다.
6 정재영, 『교회 안나가는 그리스도인』.
7 S모임에 참석해서 들은 내용들을 가리킨다.
8 후술하겠지만 이들 중에는 전혀 새로운 신학적 관점을 가진 이들도 많았다. 그러나
  S모임의 설교는 그렇지 않았다.
9 반대로 교회에 있는 사람들은 보수적인가라는 질문도 가능하다.

III. 독립적 신학 추구

1 폴 니터/변선환 역, 『오직 예수 이름으로만?』 (서울: 한국신학연구소, 1987), 239-240.
2 John Hick, "On Grading Religions," Religious Studies 17/4 (1981), 467.
3 가나안 신자들이 믿는 하나님은 전통적 교회에서 믿는 하나님과 다르다. 이들이 말하는
  하나님은 창조주나 구원주로서의 하나님이 아니라 무엇인가 초월적이고 영적인
  존재로서의 하나님을 말하는 경우가 많았다.
4 한인철, 『종교다원주의의 유형』 (서울: 한국기독교연구소, 2005), 19.
5 장왕식, 『종교적 상대주의를 넘어서: 과정신학으로 종교다원주의를 품고 넘어서기』
  (서울: 대한기독교서회, 2002), 6.
6 같은 책, 7.
7 정재영, 『교회 안나가는 그리스도인』, 35.
8 불교의 경우 자신의 삶의 고행을 통해 인간의 생(生), 노(老), 병(病), 사(死)를 극복하는
  것이고 나아가 "일체중생(모든 이웃)의 괴롬과 재난을 건졌을 때만이 내 자신도 구원을
  받을 수 있다." 법정, "불교의 구원관," 「기독교사상」 통권 제140호 (1970. 1.), 68.
9 '카놋사(Canossa)의 굴욕'은 대표적인 사건이다. 신성로마제국의 하인리히 4세는 자신을
  파문한 교황 그레고리오 7세를 만나기 위해 이탈리아 북부의 카놋사로 가서 금식을
  하며 성문 밖에서 용서를 구했다.
10 캐서린 벨/류성민 역, 『의례의 이해』 (서울: 한신대학교 출판부, 2009), 369.
11 같은 책.
12 Ronald L. Grimes, "reinventing ritual," Soundings: An Interdisciplinary Journal 75/1

(Spring, 1992): 21-41.

13 Barbara Myehoff, "A Death in Due Time," John J. MaAloon, ed., *Rite, Drama, Festival, Spectacle* (Philadelphia: Institute for the Study of Human Issues, 1984), 152.

14 여성가족부, 『작은 결혼 － 우리의 빛나는 시작을 위해』 (서울: CLARK, 2016).

15 벨, 『의례의 이해』, 435-436.

16 같은 책, 467.

17 William Robertson Smith, *Lectures on the Religion of the Semites: The Fundamental Institutions* (New York: KTAV Publishing House, [1889]1969), 29.

6장

I. S모임의 그룹 특성

1 Miguel Farias and Mansur Lalljee, "Holistic individualism in the age of Aquarius: Measuring individualism/collectivism in New Age, Catholic, and atheist/agnostic groups," *Journal for the Scientific Study of Religion* 47/2 (2009): 277-289. 힐라스(Paul Heelas)는 새로운 영성을 찾는 이가 지역사회 봉사보다는 자신의 삶을 변화시키는 작업을 선호한다고 한다. Paul Heelas, *The New Age movement: The celebration of the self and the sacralization of Modernity* (Oxford: Blackwell).

2 Steve Bruce, "Good intentions and bad sociology: New Age authenticity and social roles," *Journal of Contemporary Religion* 13 (1998): 23-35.

3 Joantine Berghuijs et al., "New Spirituality and Social Engagement," *Journal for the Scientific Study of Religion* 52/4 (Dec. 2013), 775.

4 *Ibid.*, 789.

5 *Ibid.*

6 *Ibid.*

7 *Ibid.*, 790. 그러나 Berghuijs는 이 연구가 진행된 네덜란드가 매우 세속화된 나라이고, 뉴에이지와 기독교 종교성이 중복되는 정도가 국가마다 다르기 때문에 대규모 가톨릭 국가인 폴란드나 포르투갈에서는 '전통 그룹'과 '새로운 영성 그룹' 간의 사회적 참여 수준이 훨씬 더 다르게 나타날 것이라고 진단했다.

II. S모임의 공론장 자격

1 James Van Horn Melton, *The rise of the public in enlightenment Europe* (Cambridge University Press, 2001), 1-2.

2 위르겐 하버마스/박영도 역, 『공론장의 구조 변동』 (서울: 나남, 2001), 141.

3 Jaco S. Dreyer & Hennie J. C Pieterse, "Religion in the public sphere: What can public theology learn from Habermas's latest work?," *Harvard Theological Studies* 66/1 (2010), 3.

4 James Van Horn Melton, *op. cit.*, 4.

5 하버마스, 『공론장의 구조 변동』, 171.

6 같은 책, 168.

7 같은 책.

8 Dirkie Smit, "Notions of the Public and Doing Theology," *International Journal of Public Theology* 1/1 (2007), 439.

9 David Tracy, *op. cit.*, 64.

10 Max L. Stackhouse, "Public Theology and Political Economy in a Globalizing Era," *Studies in Christian Ethics* 14/2 (2001): 63-86.

11 Max L. Stackhouse, "Reflection on How and Why we go Public," *International Journal of Public Theology* 1/3-4 (2007), 426.

12 찰스 테일러/이상일 역,『근대의 사회적 상상, 경제 · 공론장 · 인민주권』 (서울: 이음, 2010), 141.

13 같은 책, 149.

14 박종균, "하버마스의 종교론에 대한 비판적 연구,"「한국기독교신학논총」 31 (2004), 104.

15 이는 위에서 언급한 공론장 진입으로의 공공신학이 가져야 할 보편성과 합리성과 같은 맥락이라고 할 수 있다.

16 2014년 이라크 최대 유전도시 모술을 장악하고, '이슬람국가'(Islam State)를 세운 후 현재까지 활동하고 있다.

17 Jose Casanova, *Public Religions in the Modern World*, 43.

18 카사노바의 '초월'은 종교적 의미가 아니라 이것도 저것도 아닌 제삼의 가치나 방식, 영역을 말한다.

19 미카엘 니콜레티 · 김효전, "칼 슈미트의 정치신학의 근원,"「독일학연구」 18 (2002), 92.

20 같은 글, 95에서 재인용.

21 슈미트, 앞의 책, 71.

22 칼 슈미트/김도균 역,『합법성과 정당성』 (서울: 길, 2010), 218.

23 니콜레티 · 김효전, "칼 슈미트의 정치신학의 근원," 99.

24 Jose Casanova, "Secularization Revisited: A Reply to Talal Asad," David Scott & Charles Hirschkind, eds., *Powers of the Secular Moderns: Talal and His Interlocutors* (Stanford: Stanford University Press, 2006), 12-15.

25 Talal Asad, *Formations of the Secular: Christianity, Islam, Modernity* (Stanford: Stanford University Press, 2003), 200-201.

26 Smit, "Notions of the Public and Doing Theology," 435-436.

27 Nance Frazer, *Justice interruptus: Critical reflections on the "postsocialist" condition* (New York: Routledge, 1997), 77.

28 *Ibid.*, 83-85.

29 *Ibid.*, 83.

30 *Ibid.*, 81.

31 Nico Koopman, "Some Comments on Public Theology Today," *Journal of Theology for Southern Afirca* 117 (2003): 3-19.

32 *Ibid.*

33 Iris M. Young, *Inclusion and Democracy* (Oxford: Oxford University Press, 2000), 173.

34 Nancy Frazer, *Scales of justice: Re-imagining political space in a globalizing world* (Columbia University Press, 2009), 16.

35 John Atherton, "Marginalisation, Manchester and the Scope of Public Theology," *Studies in Christian Ethics* 17/2 (2004): 29-35.

36 *Ibid.*, 29.

III. 공론장 안의 세속화 논의

1 위르겐 하버마스/한승완 역,『공론장의 구조변동: 부르주아 사회의 한 범주에 관한 연구』(서울: 나남, 2001), 314.

2 같은 책, 315.

3 Rodney Stark and Roger Finke, *Acts of Faith: Explaining the Human Side of Religion* (Berkeley, CA: University of California Press, 2000), 57-79.

4 Peter L. Berger, *The Sacred Canopy: Elements of a Sociological Theory of Religion* (New York: Anchor Books, 1990), 127-153.

5 Thomas Luckmann, "The Privatization of religion and morality," P. Heelas, S. Lash, and P. Morris, eds., *Detraditionalization: Critical Reflections on Authority and Identity* (Cambridge: Blackwell, 1996), 72-86.

6 Bryan Wilson, "How religious are We?" *New Society* 42 (1977), 176.

7 Casanova, *Public Religions in the Modern World*, 41.

8 *Ibid.*, 5.

9 *Ibid.*, 39.

10 Jose Casanova, "Rethinking secularization: A global comparative perspective," *Hedgehog Review* 8/1-2(2006): 7-22.

11 '미국의 타락'에 분노한 보수적 유권자들과 복음주의 기독교인들이 "미국이 다시 위대해지도록 연대하고, 정치에 영향력을 행사해야 한다"는 정치적 각성을 주문하는 정치 캠페인으로 미국 침례교 목사인 제리 팔웰(Jerry Falwell)이 1979년 설립했다.

12 Casanova, *Public Religions in the Modern World*, 57-58.

13 *Ibid.*, 218-219.

14 Peter Scott & William T. Cavanaugh, "Introduction," Peter Scott & William T. Cavanaugh, eds., *The Blackwell Companion to Political Theology* (Malden: Blackwell, 2004), 2.

15 2020년 현재 "포괄적 차별금지법"의 제정을 두고 종교계와 정부의 갈등이 심화되고 있다.

16 Mary Douglas, "Judgements on James Frazer," *Daedalus* (Fall, 1978), 161.

17 Jose Casanova, "Religion Revisited-Women's Rights and the Political Instrumentalization of Religion," *Heinrich-Böll-Foundation & United Nations Research Institute for Social Development* 5-6 (June, 2009), 1

18 *Ibid.*

19 *Ibid.*

20 *Ibid.*

21 *Ibid.*, 2.

22 *Ibid.*

23 Brigit Meyer, "Religious revelation, secrecy and the limits of visual representation,"

Anthropological Theory 6/4 (2006), 435.

24 Stark and Finke, *Acts of Faith: Explaining the Human Side of Religion*, 89-96.

25 경제협력개발기구(OECD) 회원국 35개국 중 인공 임신중절이 가능한 국가는 80%인 29개국이다. http://raythep.mk.co.kr/newsView.php?cc=270000&no=15341. (2018. 5. 28. 검색) 이런 통계를 바탕으로 낙태에 대한 가톨릭의 입장은 공론장 안에서 특정 단체의 이익을 구하고 이를 여론으로 포장한다는 오해를 받을 수 있다.

26 Robert Wuthnow, *Christianity and Civil Society: The Contemporary Debate* (Pennsylvania: Trinity Press International, 1996), 8-11.

27 AD 325년 니케아 공의회에서 제정되고 오늘날 모든 교회가 고백하는 사도신경에는 "I believe in the Holy Spirit, the holy universal church, the communion of saints..."라는 구절이 있다. 여기에서 'universal church'는 '보편적 교회'를 말한다.

28 김수한, 『개혁파예배학』 (서울: 보문출판사, 1982), 76.

29 http://www.gapck.org/sub_06/sub08_01.asp. (2017. 11. 20. 검색)

30 Jeff Weintraub and Krishan Kumar, eds., "The Theory and Politics of the Public/Private Distinction," *Public and Private in Thought and Practice* (Chicago: The University of Chicago Press, 1997), 7.

31 Jose Casanova, "Private and Public Religions," *Social Research* 59/1 (spring, 1992): 24-37.

IV. 공론장으로서의 S모임

1 한완상, "무엇을 위한 예배인가," 「기독교사상」 23/2 (1979), 18.

2 같은 글.

3 같은 글, 18-19.

4 같은 글, 19.

5 오세일, "그리스도인과 사회참여," 「사목정보」 6/11 (2013), 17.

6 같은 글.

7 같은 글, 18.

8 http://ichungeoram.com/10139. (2018. 3. 9. 검색)

9 같은 글.

10 같은 글.

11 피터 버거/이양구 역, 『종교와 사회』 (서울: 종로서적, 1993), 162.

12 그러나 S모임이 당파적 성격이 전혀 없다는 것은 의문을 가질 수 있다. 예를 들어 2018년 1월 17일 이 모임의 대표가 쓴 칼럼을 보면 문재인 정부의 적폐 청산에 비판 기사를 쓴 잡지의 기고자들에게 "기독교 세계관이 우파운동인가?"라며 강하게 반대 논리를 펴고 있고, 2018년 4월 9일 컬럼의 "○○은 종북좌파인가?"라는 글에서는 어느 강연회에 참석하는 일부 소속 단체를 종북이라고 비판하는 글에 대해 역시 비판하고 있다. 2017년 제19대 대선을 "거대한 변화를 이룬 위대한 시간"이라고 표현하기도 했다. http://ichungeoram.com/12677; http://ichungeoram.com/12946; http://ichungeoram.com/ 12637. (2018. 5. 13. 검색) 일부에서는 이런 글들 속에 나타난 표현과 방향성을 특정 당파적이고 이념적이라고 할 수도 있다.

13 Graig Calhoun, ed., "Introduction," *Habermas and the Public Sphere* (Cambridge: MIT Press, 1992), 2.

14 공론장의 개방성과 접근 가능성은 참여자의 신분, 연령 등 자격에 관한 것이지만, 장소적 개방성과 접근 가능성도 의미가 있다고 본다.

15 이는 양희송이 가나안 신자가 교회를 떠나는 이유가 "상식과 합리성을 전적으로 결여하고 있어서"라고 진단한 것처럼 이들에게는 '합리성'이라는 것이 신앙과 신학을 해석하는 가장 중요한 도구 중 하나가 된다. 양희송, 『가나안 성도 교회 밖 신앙』, 62. 하버마스의 공론장도 '합리적'인 의사소통이 조건인 만큼 공공의 영역에서는 이것이 가장 중요한 사고방식 중 하나로 취급된다. 이는 공공신학이 공론장으로 들어갈 수 있는 조건 중 하나로 다시 거론된다.

16 한국교회 보수화에 대해서는 염한진, "종교의 전 지구적 보수화와 한국교회," 「역사비평」 70 (2005): 82-102; 이덕주 "신학이 정치를 만날 때," 「한국기독교와 역사」 44 (2016): 103-163; 정원범, "한국교회의 공공성 위기와 기독교의 사회선교," 「한국기독교사회윤리학회」 27 (2013): 335-368. 이런 연구들은 한국교회의 보수화가 역사적으로 교단 분열의 원인이 되었고, 교회의 물량화를 촉진했다고 비판하고 있다. 한국교회의 보수화는 대부분 물질주의와 연결되고, 이는 소위 '강남의 부자교회'라는 메가 처치(mega church)로 이어진다.

17 예를 들어 한국교회는 '지역 교회'가 아니라 '전국구 교회'가 된다. 일요일이면 교회 버스가 도(道) 경계선을 넘어서 교인들을 실어 나르는 경우가 많다.

18 양희송은 이들을 "성벽 안의 삶에 헌신하지 않는 주변인들"이라고 표현한다. 양희송, 『가나안 성도 교회 밖 신앙』, 171.

7장

1 Paul Tillich, Theology of Culture (London: Oxford University, 1959), 42.
2 김성례, "무교 신화와 의례의 신성성과 연행성," 「종교신학연구」 10 (1997), 111.

I. S모임의 문화적 구조

1 Emile Durkheim, *The Elementary Forms of the Religions Life*, trans. Karen E. Field (New York: Free Press, 1995), 484.
2 Clifford Geetz, *The Interpretation of Culture* (New York: Basic Books, 1973), 112.
3 Victor Turner, *The Drums of Affliction, A Study of Religious Processes among the Ndembu of Zambia* (New York: Oxford University Press, 1968), 269.
4 Victor Turner, *Dramas, Fields, and Metaphors, Symbolic action in Human Society* (New York: Oxford University Press, 1974), 24.
5 *Ibid.*, 78.
6 *Ibid.*, 37.

7 Victor Turner, "Process, System, and Symbol: A New Anthropological synthesis," *Deadalus* 106/3 (1977), 63.

8 Clifford Geetz, *op. cit.*, 444.

9 Victor Turner, *From Ritual to Theatre*, 68-69.

10 *Ibid.*, 110.

11 Victor Turner, *Dramas, Fields, and Metaphors*, 38.

12 *Ibid.*

13 *Ibid.*, 39.

14 Victor Turner, *From Ritual to Theatre*, 92.

15 Victor Turner, *Dramas, Fields, and Metaphors*, 41.

16 *Ibid.*

17 Victor Turner, *From Ritual to Theatre*, 77.

18 Victor Turner, *The Ritual Process: Structure and Anti-Structure* (New York: Aldine de Gruyter, 1995), vii.

19 Turner, *Dramas, Fields, and Metaphors*, 235.

20 Turner, *The Ritual Process*, 177.

21 Turner, *Dramas, Fields, and Metaphors*, 273.

22 *Ibid.*, 274.

23 Turner, *The Ritual Process*, 139.

24 Turner, *Dramas, Fields, and Metaphors*, 240-241.

25 *Ibid.*, 238.

26 Turner, *From Ritual to Theatre*, 44.

27 Turner, *Dramas, Fields, and Metaphors*, 298.

28 Turner, *From Ritual to Theatre*, 44.

29 *Ibid.*

30 Bobby C. Alenander, *Victor Turner Revisited: Ritual as Social Change* (Atlanta: Georgia: Scholars Press, 1991), 30.

31 정재영, 『교회 안나가는 그리스도인』, 47.

32 Arnold van Gennep, *The Rites of Passage*, trans. Monika B. Vizedom and Gabrielle L. Caffee (Chicago: University of Chicago Press, 1960), 11.

33 Turner, *The Ritual Process*, 94.

34 Victeo Turner, "Variations on a Theme of Liminality," *Secular Ritual*, ed. Sally F. Moore and Barbara G. Meyerhoff (Assen, The Netherlands: Van Gorcum & Comp, 1977), 37.

35 *Ibid.*

36 Turner, *From Ritual to Theatre*, 24.

37 Alenander, *Victor Turner Revisited*, 31.

38 Turner, *The Ritual Process*, 95.

39 예를 들면 죽음, 어머니의 자궁 내의 존재, 불가시성, 어둠, 양성성(bisexuality), 황무지, 태양과 달의 일식과 월식 등이다. 터너는 이러한 성격을 "간구조적 성격"이라고 말했다. Victor Turner, *The Forest of Symbols: Aspects of Ndembu Ritual* (Ithaca, New York: Cornell University Press, 1967), 99.

40 Turner, *The Forest of Symbols*, 96.

41 Turner, *Dramas, Fields, and Metaphors*, 273.

42 Turner, *The Ritual Process*, 167.

43 Turner, *From Ritual to Theatre*, 46.

44 Turner, *The Ritual Process*, 95.

45 *Ibid.*, 131.

46 *Ibid.*, 126.

47 *Ibid.*, 128.

48 *Ibid.*

49 *Ibid.*

50 *Ibid.*, 127.

51 Alenander, *Victor Turner Revisited*, 36.

52 *Ibid.*

53 Turner, *Dramas, Fields, and Metaphors*, 297.

54 *Ibid.*, 269.

55 *Ibid.*, 274.

56 Alenander, *Victor Turner Revisited*, 40.

57 *Ibid.*, 41.

58 Turner, *The Ritual Process*, 96-97.

59 Zygmunt Bauman, *Liquid Modernity* (Malden, Mass: Blackwell Publishers, 2000).

60 Ward, *op. cit.*, 95.

61 *Ibid.*, 165.

62 Zygmunt Bauman, *Postmodernity and its Discontents* (Cambridge: Polity, 1997), 197.

63 Zygmunt Bauman, *Community: Seeking safety in an insecure world* (Cambridge: Polity Press, 2001), 69-70.

64 Bauman, *Liquid Modernity*, 199-201.

65 바우만은 소속감이 자연스러운 인간의 감정이지만 이 시대에 억압되고 있으므로 인간 사교성을 만족시키기 위한 시도인 가상의 사회적 집합체의 대리 형태에서 나타난다고 주장한다. 소비는 사회적 모임을 위한 대리적 방법이 된다. Bauman, *Liquid Modernity*, 112.

66 Grace Davie, "Vicarious Religion: A Methodoiogical Challenge," Nancy T. Ammerman, ed., *Everyday Religion: Observing Modern Religious Live* (New York: Oxford University Press, 2007)

67 Bauman, *Liquid Modernity*, 74.

68 James A. Beckford, "Postmodernity, High Modernity and New Modernity: Three Concepts in Search of Religion," K. Flanagan and C. Jupp, eds., *Postmodernity, Sociology and Religion* (Basingstoke: Macmillan Press, 1996), 33.

69 Kees de Groot, "The Church in Liquid Modernity: A Sociological and Theological Exploration of a Liquid Church, International," *Journal for the Study of the Christian Church* 6 (2006): 91-103.

70 Kees de Groot,"Three Types of Liquid Religion," *Implicit Religion* 11/3 (2008): 277-296.

71 Rodger Nishioka, "Life in the Liquid Church: Ministry in a Consumer Culture," *Journal for Preachers* 26/1 (2002), 34.

II. S모임의 구조적 특성

1 정재영, 『교회 안나가는 그리스도인』, 56.

2 한 예로 α대표는 '교회세습반대운동연대'(세반연)가 2017년 12월 12일에 실시한 '명성교회세습반대 1인 피켓시위'에 참여했다. http://www.seban.kr/home/sb_work_report/21465. (2018. 5. 27. 검색)

3 앞선 분석에서 교회를 떠난 어떤 사람은 "교회와 세상의 담벼락이 이렇게 높은 줄 처음 알았다"고 말했다.

4 정재영의 조사에 의하면 가나안 신자들이 교회를 다닌 기간은 25년 이상이 20.3%, 20-24년 이상이 15%, 10-14년 이상이 21.9%로 나타났다. 정재영, 『교회 안나가는 그리스도인』, 27.

5 김성례, "탈식민시대의 문화이해," 「비교문화연구」 창간호 (1993), 90.

6 조직이 견고하거나 느슨한 경우 느슨한 교회가 성장한다는 연구는 S모임에 적용할 수는 없다. 왜냐하면 S모임은 조직적 교회가 아니며, 체계적인 계급이나 직분도 없기 때문이다. 그러나 이런 연구는 S모임을 이해하는 데 도움이 될 수 있다. 조세희·이재혁의 연구에서는 이안나코네(Laurence Iannaccone)의 연구를 분석틀로 이용하여 미국과는 반대로 한국에서는 조직적 엄격함이 곧 확장으로 연결되지 않으며, 오히려 관대한 가톨릭이 성장한다는 결과를 도출하고 있다. 조세희·이재혁, "왜 '느슨한 교회'가 성장하는가?: 합리적 선택론에서 본 한국 그리스도교의 교세변화," 「한국사회학」 47/2 (2013).

7 여기서 공동체라는 말은 일반적으로 의미로 받아들여지지 않는다. 공동체의 가장 큰 요소는 '소속감'이다. 앞서 논의한 바와 같이 소속은 가나안 신자의 정체성을 구성하는 가장 중요한 요소로서 작용한다. 따라서 E가 말한 공동체는 이 모임에 현재 자신이 출석하고 있다는 정도를 표현한 것이다. E는 이 모임 외에도 여러 모임에서 활동하고 있고, 이 모임에는 가끔 출석하고 있다.

8 마 18:20.

9 스텐리 그렌즈/신옥수 역, 『조직신학 ― 하나님의 공동체를 위한 신학』 (파주: 크리스찬다이제스트, 2008), 666.

10 S모임 설교. 2017. 11. 15.

11 그렌즈, 『조직신학』, 672.

12 대한예수교장로회총회, 『헌법』 (서울: 대한예수교장로회 출판부, 2009), 152.

13 http://new.pck.or.kr/law.php?sca=%EC%A0%9C%ED%8E%B8%20%EC%A0%95%EC%B9%98, 대한예수교장로회총회(통합) 홈페이지. (2018. 1. 12. 검색)

14 Fred B, Craddock, *As One without Authority-Revised and with New Sermon* (St. Louis, Missouri: Chalice Press, 2001), 5.

15 핸드릭 크래머, 『평신도 신학과 교회 갱신』, 유동식 역 (서울: 평신도신학연구소, 1994), 62-62.

16 Edward Schillebeeckx, *The right of every Christian to speak in light of evangelical experience 'in the midst of brothers and sisters'* (Minn Collegeville: The Liturgical Press, 1983), 33.

17 *Ibid.*, 37.

18 양희송은 여러 책을 통해 신앙적 '실천'을 강조할 뿐 아니라 본인도 참여한다. 예를 들면 명성교회의 세습 문제로 한국 개신교계가 혼란스러울 때 2017년 11월 24일 "교회세습반대운동연대"에서 명성교회 앞에서 실시하는 일일 피켓시위에 참여했다. http://www.newsnjoy.or.kr/ news/articleView.html?idxno=214519. (2017. 11. 28. 검색)

19 황성철, "한국장로교 정치에 있어서 당회의 문제점과 그 해결을 위한 과제," 「신학지남」 64/2 (1997): 237-238.

20 예외적으로 목사나 장로의 임기를 정하는 경우도 있지만, '목사'나 '장로'는 항존직이다.

21 David Buttrick, *A Captive Voice: The Liberation of Preaching* (Louisville, Kentucky: Westminster John Knox Press, 1994), 107.

22 *Ibid.*

23 예를 들어 정재영의 책에는 "내가 하나님을 대신하는 사람이다"라고 자신을 신격화하는 목사의 이야기가 나온다. 정재영, 『교회 안나가는 그리스도인』, 81.

24 https://en.wikipedia.org/wiki/Flash_mob.

25 Rebecca A. Walker, "Fill/Flash/Memory: A History of Flash Mobs," *Text and Performance Quarterly* 33/2 (April, 2013), 123.

26 Cayley Sorochan, *Flash mobs and urban gaming: Networked Performances in urban space* (McGill Universtiy: ProQuest Dissertations Publishing, 2009), 98.

27 Tom Vandervilt, "On New-Model Flash Mobs," *Artforum* 42/10 (Summer 2004), 71.

28 Bruce David Forbes, "Introduction: Finding religion in unexpected places," Bruce David Forbes & Jeffrey H. Mahan, eds., *Religion and popular culture in America* (Berkeley, CA: University of California Press, 2000), 1-20.

29 Stewart M. Hoover, "Introduction: The cultural construction of religion in the media age," S.M. Hoover & L.C. Clark, eds., *Practicing religion in the media age: Explorations in media, religion, and culture* (New York: Columbia University Press, 2002), 1-6.

30 Stewart M Hoover, *Religion in the news: Faith and journalism in American public discourse* (Thousand Oaks, CA: Sage, 1998), vii-viii.

31 여기서 '사사화'나 '개인화'는 비판적 대상으로서의 의미를 갖지 않는다. 이는 탈구조적 사회에서 집단적이며 구조적인 교회를 벗어나 개인의 영성을 추구한다는 의미이며, 나아가 개인적 신앙을 통한 타인과 사회로의 나아감을 말한다.

32 Joseph W. Carey, "Preface," *Journal of Media and Religion* 1/1 (2002): 1-2.

33 로빈 던바, 『발칙한 진화론』, 김정희 역 (서울: 21세기북스, 2011), 82-93.

III. S모임과 새로운 복음주의

1 Peter Berger,*The sacred canopy* (New York: Anchor, 1967), 127.

2 *Ibid.*, 134.

3 *Ibid.*, 151.

4 배덕만, "복음주의를 말한다 ─ 그 난해하고 복잡한 역사," 「피어선 신학 논단」 1/1 (2012), 69.

5 Wes Markofski, *New Monasticism and the Transformation of American Evangelicalism*

(Oxford: Oxford University Press, 2015), 137.

6 *Ibid.*, 115.

7 Stephen Ellingson, "The Rise of the Megachurches and Changes in Religious Culture: Review Article," *Sociology Compass* 3/1 (2009): 19-20.

8 E.J. Dionne Jr, *Souled Out: Reclaiming Faith and Politics After the Religious Right* (Princeton, NJ: Princeton University Press, 2008), 6-7.

9 Ellingson, "The Rise of the Megachurches and Changes in Religious Culture."

10 Dan Kimball, *The Emerging Church: Vintage Christianity For New Generations* (Grand Rapids, MI: Zondervan, 2003), 26.

11 Andy Freeman & Pete Greig, *Punk Monk: New Monasticism and the Ancient Art of Breathing* (Ventura, CA: Regal Books, 2007), 37-38.

12 Markofski, *op. cit.*, 90.

13 *Ibid.*, 221.

14 *Ibid.*, 155.

8장

I. S모임의 특성과 한계

1 http://ichungeoram.com/10139. (2017. 12. 14. 검색)

2 양희송, 『가나안 성도 교회 밖 신앙』, 95.

3 같은 책, 95-96.

4 같은 책, 96.

5 정재영, 『교회 안나가는 그리스도인』, 57.

6 같은 책, 55.

7 필자가 보기에 α대표는 모임의 규모가 커지는 것을 바라지 않는 것 같았다. 이는 현재의 모임성격이 변할 수 있는 가능성에 대해 긍정적으로 생각하지 않는 것을 의미하는 듯하다.

8 이런 '새로운 교회 운동'은 서구에서 이미 일어나고 있고, 상당한 성과를 보인다. 하지만 이런 교회들은 기존 교회의 선교적 교회 형태로 구성된다는 점에서 가나안 신자들을 만족시키는 것에는 한계가 있다.

9 가톨릭은 '한 교회'로 구성된다. 따라서 이에 대항한 종교개혁은 서구 유럽 전체에 영향을 끼쳤다. 개신교가 개교회 중심적이라는 점에서 새로운 종파 운동은 지역적, 국가적으로 일어나는 것에 그칠 수 있다.